大學叢書

西洋哲學史

梯　利著

陳正謨譯

臺灣商務印書館發行

U0040112

目錄

譯者序

這本書是由美國康乃爾大學哲學教授 Frank Thilly 所著 A History of Philosophy 翻譯而成原書雖名爲『哲學史』但是僅限於西洋方面，所以譯之爲西洋哲學史。

原書初版出現於一千九百一十四年；民國八年，胡適之先生在北京大學教西洋哲學史時指定爲必須參考書，並約定十二個學生分任翻譯，預備編入商務印書館出版之世界叢書內。譯者是當時從事翻譯的十二個人中之一人。後來祇有六個人翻譯了各人所擔任的一部分，因而未能出版。民國十三年，譯者任職於商務印書館編譯所時，擬於館務之餘，重行翻譯；歷時未久，因辭職回到湖北，從事教育界，無暇翻譯，於是擱置。直至民國十七年譯者到內政部工作，因『等因奉此』的文稿草擬之後頗有優裕時間，又檢起原書，繼續翻譯。民國十八年譯畢，乃送交商務印書館印行。到了民國二十年十月排版完竣，經友人李伯嘉先生檢示三校清樣一册，囑作最後之校正。當年十二月間校對完畢，作成刊誤表，連同清樣寄還。不料一二八之役發生，所有清樣、紙版、譯稿俱成刼灰！

我的譯文原有底稿。到了民國二十年夏，南京大水。我的寓所在信府河，適在秦淮河的右岸，房內進水，譯文底稿的一部分爲水所淹。因知譯稿已由商務印書館排印，遂卽棄去而不顧惜。迨後聞知譯稿未能出版，已遭國難，始覺懊悔。但因原書是一種名著，前此翻譯時，曾費一番心血，頗欲重譯損失譯稿的一部分（約佔全書三分之二），以便貢獻於吾國學術界。商務印書館亦贊成此計劃，乃抽暇譯之。

這本哲學史的長處是原著者不把哲學局限於認識論一方面或宇宙論一方面。他在敍述歷代哲學家的思想時，不僅着重於他們對於宇宙萬有根本問題的思想，幷注意於他們的重要的倫理的、宗教的政治的、法律的、經濟的與教育的思想。所以這本西洋哲學史不僅宜於研究哲學的人閱讀，幷宜於非專門研究哲學的人閱讀。其所以稱爲名著的多半就因此。但譯者也不能不把他的缺點指出。原著者是一個唯心論者，對於唯心論者的思想敍述的較詳，而爲宗教張目的思想，尤不憚煩勞的敍述。這種地方雖爲嗜好宗教者所崇尙，但處於相反地位者必不甚滿意。對於近代學術大有影響的達爾文，在這本哲學史中，祇有他的名字發現兩三次，幷無一章或一節的文字敍述他的思想，這不能不是一個大缺點。但這種成見在胸的短處，爲各哲學史家所難免，原著者在其序論中業已說過，已是直認不諱了。至於原著者抹殺了現時吾國一部分學者所注目之辨證法的唯物論，則是歐美正統派的哲學家所共有之態度，算不了本書之缺點。

譯者的譯文原是想用漢文代替原著者表現意思。譯完了，也曾再三校改。倘有譯的不對之處，經閱者指正，自當感謝。

譯者陳正謨草於南京中山文化教育館。

民國二十五年三月二十五日

序論

哲學史的目的，在把那些「解決萬有的問題或說明經驗的世界」的各種想頭，做成一種有聯貫的記載。這種記載是有理性的人類之思想從古到今的發展之故事，不是僅僅的按着年代列舉各種哲學學說，解釋各種哲學學說，乃是研究各種哲學學說彼此的關係發生的時間及其主張的學者。各種思想系統，雖然多多少少的有賴於他所由發生的文明以前的思想之性質及其主張者的個性，然一經成立，又大有影響於其當代與後代之思想與制度。所以哲學史必須竭力的把每一種宇宙觀安插到他的適當的位置上，認他是一個有機的全體之一部分，把他的現代過去及將來之知識的、政治的、道德的、社會的和宗教的原素連接起來。哲學史又必須追蹤人類思想上之進步的線索，指出哲學怎樣產生，所有的各種問題及學者提出的解決怎樣喚起新問題與答案，並且指出在各個時代中對於最後的解決進步到什麼地步。

當究研各個不同的思想系統時，我們要留意讓那些主張者的思想盡量表現出來，不要拿我們主觀的見解去批評他。哲學史多半是哲學自己的最好的批評者；因爲一個思想系統由他的後起者之祖述、改變、發揮或推翻，其中種種錯誤與破綻，由此可以暴露出來；而且他常常做新思想的出發點。哲學史家在研究哲學史時，必須持一種無偏無頗的客觀的態度，並且要盡量的預防插入其個人的哲學於其所討論的範圍之中。然而要完全免掉個人的成分是不能做到的。哲學家的成見，在某種的範圍內，往往流露於他的著作中。流露他的成見之方法有好幾種：有時側重某種特別的哲學，有時自以爲某種哲學是進步、是衰退，——有時甚至對於各個思想家記載的有詳細、有簡略。這都是不能免的。然而哲學史家對於各哲學家須得讓他有個圓滿的機會，陳述了他的學說，然後加以反對的言論，並且不要單拿現在的眼光批評他。換言之，不要拿現今的標準衡量他。初期希臘的宇宙觀，若與近世學說相比，那就覺得是質樸幼稚和粗魯了，不僅不是知識的大光明，而且很可笑了；然而若就當時的觀點看起來，——希臘人民初次努力了解宙宇時，——那種宇宙觀，又可以成爲畫時代的事情了。我們評斷一個哲學系統，必須由他本身的目的上和歷史地位上着眼，由他的前因後果着眼，由他所引出來的發展着眼，祇能把他同他的直接的前後的思想系統相比，不可與太遠的前後的思想系統相比。所以哲學史的研究法是歷史的批評的。

研究哲學史的價值有下列諸點：好學之士，都注意於萬有之根本問題，及歷來學者對於這些問題的答案。哲學史正所以適合這種要求。除此之外，哲學史的研究可以幫助人了解其自己的時代及別的時代，又可以使人知道過去與現在之倫理的、宗教的、政治的、法律的與經濟的思想，因其指示這些思想所根據的原理。哲學史之研究，又爲建立哲學的思想之有益的預備，由簡單的思想構造，來到複雜的困難的思想構造，論述民族之哲學的經驗而訓練吾人之抽象的思想之心理。由是可以幫助吾人建立宇宙觀與人生觀。假若有人想建立哲學系統，絕對的不顧前人之言論，其結果必與文化初期之粗淺的學說相去不遠。

科學和哲學可以說同發源於宗教，或者更可說科學與哲學和宗教始而是一源，這個源就是神話。神話是了解宇宙之一種原始的嘗試人類始而解釋現象，多半是在實用上令他注意的現象，其解釋那些現象，是根據他自己的粗淺的經驗。他把自己的本性納之於那些現象中，按照自己的想像形成那些現象，賦予那些現象以生命，而認之爲活的有生靈的東西。在許多民族中，這種曖昧不明的精靈論的概念，變而爲判然明瞭的有人格的神靈之概念——其等級較人類高些，然實質上還類似人類（多神論）。然而這些神話的創造，皆不能認爲個人的創造，或邏輯的思想之結果；他們是民衆的心理之表示，想像與意志爲其中重要的脚色。

一種概括的哲學史將包括各民族的哲學。然而各民族實際上並不曾都產生過眞實的思想系統，其中只有少數民族的思想能夠說得上有歷史。許多民族的思想皆未超過神話的階級，雖至東方民族的哲學，如印度、埃及與中國的哲學，大半皆含有神話的和倫理的思想，而不是完全透澈的思想系統，他們皆由詩歌和信仰裏頭滾出來的。所以本書的研究只限於西洋各國，開端於古希臘的哲學。他的文化尙有若干部分爲西洋的文明之基礎。今依通史的分類法，分爲「上古哲學」、「中古或基督教哲學」及「近世哲學」三部分。

哲學史的研究的材料是：（一）哲學家的著書，或他們著作裏剩下來的斷章殘篇，這叫做原料（primary sources）。（二）前兩種都沒有時，我們要靠着別人對於他們的最可靠的和最精確的記載來研究他們的學說。這些材料當中能在這裏幫助我們的是那些特別的哲學家之傳記和學說之記述，哲學史上的專論和通論某種學理的批評及其他相關的參考書。這種副料（secondary sources）爲原料散佚時所必不可少的。然而即或原料未散佚，副料亦有重大的價值，因其可以對於明瞭其所研究的思想有所幫助。哲學史家須求助於對於他的研究有貢獻的著作，這些著作中副料是重要的部分。他又須借助於人類一切活動的歷史，如科學史、文學史、美術史、道德史、教育史、政治史和宗教史。因爲這些歷史可以使他了解他所研究的時代的精神。

哲學史（包含古代、中古和近世的）的參考書：

關於概論者：

K. Fischer, History of Modern Philosophy, vol. I, Book 1, transl. by Gordy: B. D. Alexander, A Short History of Philosophy; Weber, History of Philosophy, transl. by Thilly; Schewegler, History of Philosophy, transl. by Seelye; A. K. Rogers, A Student's History of Philosophy; Wendelband, History of Philosophy, transl. by Tufts; Turner, History of Philosophy; Stöckl, Handbook of the History of Philosophy, transl. by Coffey; Cushman, History of Philosophy; J. B. Bury, History of the Freedom of Thought; J. M. Robertson, Short History of Free Thought, 2 vols.

關於高級者：

J. E. Erdmann, History of Philosophy, 3 vols., transl. by Hough; Ueberweg, History of Philosophy, 3 vols., transl. by Morris (from the German ed. of 1874, which has been frequently revised and Supplemented by M. Heinze. and is now in its 10th ed.); Hegel, Lectures on the History of Philosophy, 3 vols., transl. by Haldane; Allgemeine Geschichte der Philosophie (prepared by a numder of German scholars for the series Kultur der Gegenwart; contains also sections on primitive philosophy, Hindu, Mohammedan and Jewish, Chinese, and Japanese philosophy); Deussen, Allgemeine Geschichte der Philosophie, vol. I (three parts) contains Oriental philosophy; vol. II, Greek philosophy and philosophy of the Bible; Grosse Denker, by many German scholars; Schwarz, der Gottesgedanke in der Philosophie.

關於各論者：

Lange, History of Materialism, 3 vols., transl. by Thomas; Lasswitz, Geschichte der Atomistik; Willmann, Geschichte des Idealismus, 3 vols.; Richter, Der Skeptizismus in der Philosophie, 2 vols. Logic: Prantl, Geschichte der Logik, 4 vols.; Uphues, Geschichte der Philosophie als Erkenntniskritik; Adamson, Short History of Logic. Psychology: Dessoir, Outlines of the History of Psychology, transl. by Fisher; Klemm, History of Psychology, transl. by Wilm; J. M. Baldwin, History of Psychology, 2 vols.; Bosanquet History of Æsthetics: Schasler, Kritische Geschichte der Aesthetik. Ethics: Paulsen, System of Ethics, ed. and transl. by Thilly, pp. 33-215; Eucken, Problem of Human Life, transl. by Hough and Boyce Gibson; Sidgwick, History of Ethics; R. A. P. Rogers, Short History of Ethics; Wundt, Ethics, vol. II; Martineau, Types of Ethical Theory, 2 vols. (Hyslop, elements of Ethics, Seth, Study of Ethical Principles, Thilly, Introduction to Ethics, contain historical material.) Rand, Classical Moralists (selections from writers); Watson, Hedonistic Theories from Aristippus to Spencer; Janet, Histoire de la philosophie morale et politique. Politics: Pollick, History of the Science of Politics; Dunning, History of Political Theories; Bluntschli, Geschichte des allgemeinen Staatsrechts. Education: P. Munroe, Text-book in the History of Education; Graves, History of Education, 3 vols.; Davidson, History of Education; Williams, History of Education; Schmid, Geschichte der Erziehung. Science: Whewell, History of Inductive Sciences, 3 vols.; Bryk, Geschechte der Naturwissenschaften; German words by Strunz, Bryk, Schultze; H. F. Osborn, From the Greeks to Darwin; Hannequin, Etudes d'histoire des sciences; histories of mathematics by Cajori, Ball, Cantor, Montucla, Chasles; of Chimistry by Kopp; of astronomy by Berry, Dreyer Wolf, Delambre.

關於哲學辭典者：

Baldwin, 2 vols.; German works by Eisler, Mauthner, Kirchner; Eisler, Philosophen-Lexikon. Consult also articles in encyclopedias, especially Encyclopedia Britannica, Hastings, Encyclopedia of Religion and Ethics, Catholic Encyclopedia, Jewish Encyclopedia, P. Munroe, Cyclopædia of Education.

關於書目提要者：

Bibliographies in Rand, Bibliography of Philosophy; Baldwin, Dictionary of Philosophy, vol. III; Ueberweg-Heinze, op. cit., 10th German ed. Complete bibliographies of books published since 1895 in Archiv für systematisch Philosophie; since 1908 in Ruge, Philosophie der Gegenwart.

關於哲學雜誌者：

Philosophical Review, International Journal of Philosophy, Psychology, and Sc. Methods, Monist, Mind, Proceedings of Aristotelian Society, Archiv für Philosophie, Kant-Studien, Zeitschrift für Philosophie, ierteljahresschrift sitivistsche Philosophie, Philosophisches Jahrbuch für Philosophie, Logos, Revue philosophique, Revue de metaphysique et de morale, Revue Philosophie, Année philosophique, Revue des sciences philosophiques et theologiques, Revue néoscolastiques, Revue thomiste, Annales de philosphie Chrétienne, Rivista di filosofia Rivista di filosofia e scienze affini, La cultura filosofica, Rivista neoscolastica.

關於心理學雜誌者：

Psychological Review, American Journal of Psychology, British Journal of Psychology, Archiv für Psychologie, Psychologische Studien, Zeitschrift, für Psycholgie, Archives de psycholgie, La revue psychologique, Année psychologique, Rivista di psicologia, Annales de psicologia.

第一編　希臘哲學史

西洋哲學史

第一篇　自然哲學(Philosophy of Nature)

第一章　初期希臘思想的起源和發展

第一節　希臘哲學史

西洋古代的民族中其思想很少有超出神話的階級以上者，除了希臘人之外，也許無一民族曾發生過一種眞正的哲學。因爲這個原故，我們就以希臘哲學爲起點。希臘哲學家不僅建立了後來的西洋哲學系統之基礎，並且差不多把二千年來歐洲文化中之問題與答案都提出來了。他們的哲學是人類思想「從簡單的神話開始至現在世界上最複雜最概括的思想系統」之進化的一種最好的例證。希臘哲學家所以有生氣的，是因爲他們的愛眞理、好獨立的精神。這種精神自古以來沒有人家超越過的，並且比得上的也很少。因此希臘哲學之研究，應該是有意於高深思想的學者之一種動心的和可貴的學科。

吾人所謂之希臘哲學史，就是那起源並發展於希臘版土上之知識的運動。然其中所包括者，不止希臘本國人民的哲學，並且包括發揚於雅典、羅馬、亞歷山大城（Alexandria）或小亞細亞（Asia Minor）各處帶有希臘思想之根本色彩的哲學，而為希臘文化所演生之哲學。

第二節　環境

我們現在要研究他們的哲學的這種民族，住在希臘之山嶺的半島上，這個地方的自然的環境，最宜於產生一種強壯的活潑的民族，其許多海港不僅足以鼓勵航行與商業，並可以用作向海外殖民的出路。希臘的殖民地是連接不斷的一串，從本國直到小亞細亞的海岸，最後至埃及、西西里（Sicily）、南意大利及赫邱利標柱（Pillars of Hercules），皆接聯不斷；因為殖民地與祖國沒有斷絕關係，所以殖民地的人民，常將其所處的各地方的風俗、遺訓與制度帶回祖國。希臘處在這種情形下，經濟有了長足的進步——商業、工業之發展、城市之興起、財富之聚積、分工之增加，大有影響於希臘全部的版土上之社會的、政治的、知識的及宗教的生活，並且開一條較新的豐富的文化之途逕。這種自然的與人文的環境，激動了希臘人民之理智與意志，開拓了他們的宇宙觀與人生觀之見解，活潑了他們的批評與反省之精神，發展了他們的特立的人格，使他們向着人類的思想及行為之各方面進步。希臘民族原來稟有聰明靈利的智慧，渴求知識的慾望，優良的美感及實行的毅力，好勝的心理。今環境復供給以試驗其權力與才能之材料，遂使其在政治上、宗教上、道德上、文學上及哲學上有長足之進步。

第三節　政治

希臘的市府國家的政治命運，無論在本土上和殖民地上，都表現出一些共通的特性，到處可以發見從家長專政，經過貴族政治而至平民政治的一種政治的變遷。荷馬（Homer）的史事詩中所描寫的社會，是一種階級制度的社會，其政體是一種家長式的專政。迨後因爲少數人發了財，有了教化，遂演成貴族政治；又因時代遷移，又演成寡頭政治。中間因爲社會的情形變了，市民階級發生了，就開始與特權階級的領袖相抗衡。到了紀元前六七世紀，因與人主爭權力的有勇敢、有野心的人之努力，暴民專政遂布滿希臘全土。最後人民得到政權，暴主專政之政治遂變成平民主政的政治。

第四節　文學

這些情形我們可以認爲希臘人心覺悟之結果，這種新運動是啓蒙時代的一個徵兆和原因，他是新思想之標幟，舊思想之批評，其結果發生對於舊制度的一種反抗及新改革的一種要求。紀元前第六世紀以前的希臘文字史，表出一種反省和批評的精神之發展，好像那表現於政治生活上的一樣。荷馬詩的愉快性和客觀性，——兒童時期的天眞爛漫的特性——漸次消失，詩人們逐漸減少了樂觀的色彩，增加了批評的和主觀的色彩。本來在荷馬的著作中，已經間或可以發見他對於人類的行爲衆生的愚笨、人生的困苦與短遽、及不義的罪惡所發生之道德的批評在希西阿（Hesiod）的著作中，那批評與悲觀之論調更其顯然。他的工作和日程（Works and Days）是一本倫理學教科書，攻擊當代的弱點，提出道德的格律和人生實用的規則，贊美樸素的道德，悲傷古代黃金時代的衰微。第七世紀憫世譏俗的一班詩人，如阿爾喜阿斯（Alcaeus）、施蒙尼迪（Simonides）、阿啓羅卡斯（Archilochus）以悲惕的和嘲諷的詩調，詆毁虐政的發生，悲傷人民的軟弱，以鼓舞其勇往，並盡其在我之職分，而聽結果於天命。這種意含教訓和悲觀的精神，在第六世紀的詩歌中還很顯着。人民的政治命運成爲討論的材料，而事物的新秩序常拋棄不顧。屬於這時期的詩人，有寓言的詩家伊索（Æsop）和那些格言的詩人（gnomic poets）、梭倫（Solon）、福西里底斯（Phocylides）、提奥格尼斯（Theognis）。他們的聰明的箴言，含有倫理的思想，爲後世道德哲學的胚胎。個人開始分析人生、批評人生，再不對於他的種族中的習慣與理想隨聲附和，並欲表出他自己的倫理的、政治的、宗教的思想與希望。其結果這種批評與研究的精神，——由廣大的複雜的經驗所產生的這種精神——引起政治學及倫理學中人類的行爲之哲學的研究。

第五節　宗教

希臘宗教的發展，是與政治及文學遵循相同的路逕。始而原是一種自然崇拜（nature-worship），繼而演進爲多神教（polytheism），並由詩人的想像創出一種神的社會，其中住有很多的神仙。在這裏面也有批評與反省的精神，並促成了倫理的及合理的宗教。詩人所想的衆神之品行（如荷馬所描寫者）及道德心之精鍊，合在一起生出較純粹的天皇神(Olympus)之概念，後因文化的進步，衆神本身都變成道德的而宙斯神(Zeus)成爲神的社會中之領袖，天上地下之正義之保護者。

在他一方面，關於衆神之起原，彼此之關係，以及世界之始末，都需要玄學的解釋，於是一班人們開始思量傳統的神話，思索衆神如何發生；他們用傳統的神話爲他們的思索之根據，用粗淺的方法說明萬事萬物。希西阿之神譜(Theogony)是最先論道衆神的系統之最老的例子。屬於這類的文獻，還有紀元前五百四十年西洛斯之斐勒喜第斯(Pherecydes of Syros)的神譜和奧福斯的創世說(Orphic cosmogonies)。這些文獻也許是根據較古的一種神譜（也許是紀元前第六世紀的神譜，）但其現今的形式上，則不顯其爲先於紀元前第一世紀的東西。照希西阿的神譜看來，最初發生洪荒混沌(Chaos)，其次有大地(Gaia)，又其次有愛情(Eros)。從這洪荒混沌生出黑暗(Erebos)和夜晚(Nux)，又從這兩者的結合而生光明(Æther)與白晝(Hemera)。大地生海，大地與天結合而生河。天的種子生愛。天降雨而播種生命的種子於自然界。這種想頭也是想說明萬有之起源，惟其態度不是科學的、邏輯的，祇是借助於詩人的想像及通常的神話。一班詩人對於萬事萬物如何發生的問題之答案，按着日常簡單的經驗，認爲有類於人類的意志之效果，黑暗與夜晚合而生白晝，天與地配而生河流。

第六節　哲學

上節所說的神譜，雖不是哲學，卻是哲學之先驅。本來，在神話中已經有了哲學的思想，因爲神話是某種說明的要求這種要求雖是根據意志，並且容易由想像滿足之，但是哲學思想的意味。神譜與創世紀是神話的進步。他們是想把神話的世界弄成合理的，並且是想說明管理自然中之變化、人生中之事情者之起原。不過他們大半還是祇能滿足詩人的想像，不能滿足邏輯的理智，并且他們訴之於超自然的勢力和動作，而不是訴之於自然的原因。哲學發生於理性克服了空想，理智克服了想像。換言之，不用超自然的東西為說明的原理而以經驗的事實為研究和說明的基礎，方纔發生哲學。哲學解釋萬事萬物，其態度無偏無黨，不懷成見，不為通常的神話所束縛，不為直接的實際的需要所牽制。哲學發生於希臘，約當紀元前六世紀，所謂（啓蒙時代）是也。有了上頭所說的研究的精神及希臘人一切精神生活中所表現的精神，自然而然的發生哲學。

參考書：

Gomperz, The Greek Thinkers, vol. I; Zeller, Outlines of the History of Greek Philosophy, 及 Philosophy of Greeks, vol. I.

第七節　希臘哲學概觀

希臘哲學開始是研究客觀世界之本質，其始大半注意於外界的自然，迨後漸漸的轉其眼光於人類的本身，所謂人本主義的（Humanistic）是也。他們開首的大問題是：自然是什麼？因而人類是什麼？其次的問題是：人類是什麼？因而自然是什麼？他們的興趣由自然移到人類，就引起人類精神的問題之研究，卽是人類心理和人類行為的研究邏輯、倫理學、心理學、政治學及詩的研究。迨後更注意於倫理學的問題：什麼是至善？什麼是人生的究竟和目的？倫理學成為研究的主要的對象，邏輯和玄學成為解決道德問題的輔助學問。最後神及人與神的關係的問題——神學的問題——成為主要的問題。故希臘哲學是以宗教始，以宗教終。

（一）希臘哲學上最先提出的大問題是辨士派以前的時代（Pre-Sophistic School）的問題。這時代大約從紀元前五百八十五年起，到紀元前第五世紀中葉止。最早的希臘哲學是自然主義的（naturalistic），注意於自然方面；那種哲學多半是萬物有生論的（hylozoistic），因其認自然是有生命的或活的；那種哲學是本體論的，因其研究萬物的本質；他大半是一元論的，因他用一種單一的原理，解釋一切現象；他是武斷論的，因他眞樸的假定人類心理有解決宇宙問題的能力。這時代的哲學的舞台在殖民地的方地，愛奧尼亞（Ionia），南意大利和西西里各地最興盛。

（二）辨士派時代是一個過渡的時代，在第五紀的時候。這時代的哲學漸漸的不信任人類心理有解決宇宙問題的能力，并且漸漸的不相信向來的種種思想和制度。這種運動是懷疑的、急進的、革命的、輕視或反對玄學的思辨的運動。然而因其注意於人的問題，所以對於知識的問題和行為的問題有比較透澈的研究，並且開蘇格拉底時代（The Socratic Period）的先聲。雅典就是這種新啓蒙時代的大本營，又是偉大的哲學派的家鄉。

（三）蘇格拉底時代是一個改造的時代，從紀元前四百三十年起，到三百二十年止。蘇格拉底擁護知識，以對抗懷疑論的攻擊，并且指出眞理怎樣可用一種邏輯的方法得到。他努力去規定善的意義，因而又為倫理學開了一條路逕。柏拉圖和亞利斯多德根據蘇格拉底所建立的基礎，構成合理的知識論（邏輯）行爲論（倫理學）、和國家論（政治學）。他們又組成了一些概括的思想系統（玄學），並且以心靈或理性或精神解釋宇宙。所以我們可說這種哲學的特色是批評的，因其考究知識的原理；是理性論的，因其承認理性有探求眞理的能力；是人本主義的，因其研究人是唯心論的，因其以心理爲說明實在的主要元素。因其以物質爲次等元素，故又是二元論的。

（四）最後的時代從紀元前三百二十年起，直到紀元後五百二十九年查士丁年帝（Empero Justinian）結束哲學家的各派時止，是爲後期亞利斯多德時代（Post-Aristotelian）在這個時代中，哲學的舞台是在雅典、亞力山大城和羅馬。有兩點應該注意：一是倫理學的方面，一是神學的方面。斯托亞學派（或譯苦行派，The Stoic）的芝諾（Zeno）和快樂派（The hedonist）的伊壁鳩魯（Epicurus）所研究的主要問題就是行爲的問題：什麼是有理性的人類的努力之目的？什麼是至善？伊壁鳩魯派以幸福爲人生之最大的目的，斯托亞派以德性的生活爲人生之最大的目的。這兩派都注意邏輯與玄學，前者以邏輯與玄學足以破除迷信及愚昧，而且有助於幸福；後者以其足以使人知道各人的責任爲合理的宇宙的一部分。伊壁鳩魯派是機械論者（mechanist），斯托亞派以宇宙爲神聖的理性之表現。神學的運動發生於亞歷山大城，是希臘哲學與東方宗教接觸的結果。新拍拉圖主義（Neo-Platonism）是其發達到極點的形式，以世界由超絕的神發生而出，這超絕的神是萬有之根源，也是萬有之目標。

參考書：

關於普通者：

Marshall, History of Greek Philosophy; Windelband, History of Ancient Philosophy, transl. by Cushman; Zeller, Outlines of History of Greek Philosophy, transl. by Alleyne and Abbott; Benn, Philosophy of Greece, 2 vols.; J. Burnet, History of Greek Philosophy; Adamson, Development of Greek Philosophy; Schwegler, Geschichte der griechischen Philosophie.

關於高等者：

Zeller, Philosophy of the Greeks (the standard work), transl. by Alleyne and others, 9 vols., Gomperz, Greek Thinkers, transl. by Magnus, 4 vols.; M. Wundt, Geschichte der griechischen Philosophie, 2 vols.; Doring, Geschichte der griechischen Philosophie, 2 vols.; Siebeck, Untersuchungen zur Philosophie der Griechen, 2d. ed.

關於專門科目者：

H. O. Taylor, Ancient Ideals; Mahaffy, History of Greek Civilization, and What we owe to the Greeks; Cornford, From Religion to Philosophy (treats Greek philosophy as an evolution from Greek religion); Robert Eisler, Weltenmantel und Himmelszelt (Greek philosophy a continuation of Iranian traditions of mysteries of Asia Minor and India); Campbell, Religion in Greek Literature; Caird, Evolution of Theology in the Greek Philosophers, 2 vols.; Rohde, Psyche; Gilbert, Griechische Religionsphilosophies; Krische, Die theologischen Lehren der griechischen Denker; Heinze, Lehre vom Logos, etc.; Hall, Geschichte der Logosidee, etc. Logic: Beare, Greek Theories of Elementary Cognition; German works by Natorp and Freytag. Psychology: works by Siebeck (from Aristotle to Thomas of

Aquino) and Chaignet. Ethics; by Schmidt, Luthardt, Ziegler, Kostlin; Denis, Histoire des theories et des idees morales dans l'antiquite; also Heinze, Eudamonismus in der griechischen Philosophie. Education: works by Mahaffy and Laurie; Davidson, Aristotle and Ancient Educational Ideals. Science: histories of mathematics by Gow, Allman, Brettschnieder, Handel.

關於希臘史者：

Bury, Grote (12 vols.), Meyer (5 vols.) Histories of Greek literature by Jevons, Murrary, Croiset, Mahaffy (3 vols.), Christ, Bergkh (4 vols.)

關於原料者：

Windelband Ancient Philosophy, pp. 8—11; Zeller, Outlines, pp. 7, 14; Ueberweg-Heinze, Part I, Section 7.

關於佚文彙集者：

Collections of fragments and passages relating to philosophers by Mullach, 3 vols., Ritter and Preller, Diels, Fragmente der Vorsokratiker (Greek and German), 2d ed., Doxographi Graeci, and Poetarum philosophorum fragmenta. Consult always Aristotle, Metaphysics, Bk. I.

英譯集佚：

Fairbanks, First Philosophers of Greece; Bakewell, Source-Book of Ancient Philosophy. See also Jackson, Texts to Illustrate the History of Philosophy from Thales to Aristotle.

第二章　辯士派以前的哲學的發展

在這一章中我們要研究愛奧尼亞的物理學家或自然哲學家，畢達哥拉斯學派(Pythagoreans)的赫拉克利塔斯(Heraclitus)，伊里亞學派(Eleatics)的恩拍多克利斯(Empedocles)，原子論派(Atomist)的安納薩哥拉斯(Anaxagoras)。愛奧尼亞的物理學家之思想大有進步，他們解釋森羅萬象想以自然的原因而不願訴之於神話的東西。他們的問題是：組成宇宙的根本質料的是什麼？他們解決這個問題是靠感官知覺；有以爲是水的，有以爲是「氣」的，有以爲是一種假設的不可分的物質的。他們力圖用單一的原理（一元論）去解釋各種物體的性質和變遷。認萬物的性質和變遷爲原始的質料之轉變。據他們觀察，一切實體可以變化爲別種實體（例如水變爲汽），所以原始的原素必定會經同樣的轉變爲我們現今經驗的世界上各種實體。古代希臘的思想家皆默認實在是活的，他們用這種見解說明變化的事實本身。他們以原始的實體本身內有運動和變化的原因（萬物有生論）。畢達哥拉斯派注意於感官知覺的實體，不如其注意於世界上萬物中的關係、秩序、一致或諧和之甚。因爲這種關係可以拿數目來表現，他們於是認數目爲實體，以數目爲萬物之根本原因。赫拉克利塔斯與愛奧尼亞的學者類似，認活的實體（火）爲原理，但只特意的提出變遷或變化的事實，而認之爲重要的東西。依他看來，世界是在繼續不斷的變化之中；萬物都是一種流動的狀態；萬物之中絕無眞實的永久不變性。他還提出一個比較先輩更明白的觀念，以世界上有一種管束其所發生的事情之理性。伊里亞學派也注意於變化的觀念，但是認其爲絕對不可設想的。他們覺得一種原素（如火）將要變成別種東西，是不可設想的；一種東西不能變爲本身以外的東西；原來是什麼樣的東西，終究是什麼的東西；實在的重要特性是不變，是永恆。恩拍多克利斯出與伊里亞學派表同情，主張沒有什麼東西眞能變成別的東西，沒有什麼東西能夠生於無，沒有什麼東西能夠變成無。沒有什麼東西能變成絕對不同的別種東西。然而他還與赫拉克利塔斯一樣，主張萬物有變化，不過變化祇是相對的，不是絕對的。不變的原素或分子原是有的；這些原素或分子合起來組成物體，就是發生；物體的部分分離了，便是消滅。宇宙間沒有什麼東西眞能絕對的發生、變化、消滅；唯永久不變的各原素實際上能夠變更其彼此間的關係。原子論者大體上承認恩拍多克利斯之新理論，但亦有不同的數點。他們不像他假定土、氣、火、水四大原素及儼然有人格的愛與惡兩種原動力，他們假定了無數細微的不可分的物質微細點，叫作原子(atoms)，比土、氣、火、水更根本些；並認運動爲原子本身所固有。安納薩哥拉斯對於恩拍多克利斯及原子論者所提出之原理，也有不同之處。他假定有無數的根本的性質，並另外提出一種心理的觀念來解釋他們的運動之起源。最後一班辨士派對於這些學說，都持一種相反的態度，聲言這種解決宇宙問題的嘗試是無用的，其所持的理由，是這種知識是不能成功的。

參考書：

Burnet, Early Greek Philosophy, 2d ed.; Heidel, Study of the Concept of Nature among Pre-Socratics; Teichmuller,

Studien; Byk, Vorsokratische Philosophie; Goebel, Vorsokratische Philosophie; Schultz, Pythagoras und Heraklit. Translations of fragments in Fairbanks, Burnet, and Bakewell. Bibliographies in Ueberweg-Heinze, op. cit., Part I.

第三章　實體之問題

第一節　闥里斯

闥里斯(Thales)大約於紀元前六百二十四年生於希臘的一個殖民地米里塔斯(Miletus)，死於紀元前五百五十四年與五百四十八年之間。他是一個有名的政治家、數學家和天文家，並且是希臘的第一個哲學家。相傳他曾於事前預料着紀元前五百八十五年五月二十八日出現的日蝕。所有的著作家都把他尊爲希臘的七哲之一。闥里斯也許從來未曾著作過什麽書，無論如何，我們不能得到他的著作。有人以航海占星學(Nautical Astrology)是他的著作，其實是僞作。故我們對他的學說的知識，只限於哲學史上的副料。

闥里斯的重要，在他公正的提出哲學的問題，並且不用神話的東西來解決。他主張水爲萬物之本質。他的推論的根據，也許因他看見生命所必需的許多元素（滋養、熱氣、種子）都涵有水分。他以萬物都生於水；其如何生於水，他未曾說過，大概他覺得一種實體變成另一種實體，是經驗的事實，全不成什麽問題。他明明白白的把自然看作活動的變化的，像一班古代希臘哲學家的主張一樣。據亞利斯多德說，他的學說至少是如此。據希壚里塔斯(Hippolytus)說，闥里斯他以萬物不僅生於水，並返於水，也許他認水爲一種滓泥，可以極圓滿的說明固體、液體

安納西曼德(Anaximander)是閩里斯之同鄉，生於紀元前六百一十一年，死於紀元前五百四十七年或五四六年。相傳他是閩里斯的學生，但依公平的推測，他們兩人既是同鄉，他一定熟悉閩里斯的見解。據說他對於天文學、地理學和宇宙論有興趣。他曾製過地理圖、天體圖，並且曾把日規介紹於希臘。他的一篇自然論(On Nature)現在只剩下斷章殘句，那是希臘文的第一種哲學的著作，也是希臘文的第一種散文的著作。

安納西曼德的學說大概如下：萬物的本質或原理，不是閩里斯所設想的水，——因爲水的本身還待解釋，乃是一種無窮的永久不滅的實體，萬物由他構成，最後又變成他。安納西曼德大概把這種實體認爲一種無限的、充滿空間的、有生命的物質。惟其性質如何，他未曾特別的說明，這是因他認一切性質皆由之而生。照他的推論，這種實體一定是無窮的，因爲如果不然，在萬物創造之中，就有時要耗費盡淨。

從這種渾然不可分的物體的大塊，因永久的運動而演出各樣的實體；最先生熱，其次生冷，熱繞着冷，便成了一塊火焰。火焰的熱把冷變成汽，又變成氣，氣擴張，火又滅裂，火以成許多輪狀的圈。這些圈兒有許多開口，好似一個笛的小孔一般，火從這開口裏流出來，這卽是天體。那圍繞着衆天體的空氣，強迫他們繞着地球而動。太陽是最高的天體，其次爲月，又其次爲恆星和行星。地球乃是在中間的一個圓筒體，由乾了的原始的濕氣組織而成。海是還剩下的濕氣。

因為太陽蒸發了濕汽，最初的生物就發生出來了。到了後來，有些動物從水中爬到陸地，適應其新環境。人類與其他動物一樣，在初時，原是一種魚。無論什麼東西，最後必須要再回到他所從出的原始的物質，再由這原始的物質重新產生東西，如是輪迴，以至於無窮。這種宇宙轉變為最早的思想所共同的。萬物的創造是不公道的，因為損了「無窮」，才能變成他們的狀況。

安納西曼德的思想是闥里斯的思想之進步。第一，他想把闥里斯認為基本的元素，解釋為演生的東西；第二，他想描寫變化的程序的各種階段。他又好像有一種物質不滅的觀念。他不願意去規定這無窮的物體的性質，表示他趨向於思想之抽象的形式，不像闥里斯之應用具體的感官知覺的實體。他的原始的生物學說是進化論的先驅。他的天體論在天文學史上佔一個最重要的位置。

第三節　安納西門尼斯

安納西門尼斯（Anaximenes）生於紀元前五百八十八年，死於五百二十四年，也是米里塔斯（Miletus）的市民。據說他是安納西曼德的弟子。他曾以愛奧尼亞的土話著作一種散文的書，現在只剩下了一些殘篇斷句。依他看來，萬物的第一原理或基礎的實體是『一個』和『無窮』，全像他老師所講的一般，但萬物的第一原理（或基本）非不能決定，實則是空氣或蒸氣或霧。因為空氣或呼吸是我們生命之基本的元素，所以是宇宙的原理。因為我們自己的靈魂（氣、支撐我們的五官百骸，所以呼吸和空氣圍繞着全宇宙。這種氣是有生命的，在空中無限的擴大。

空氣之變成萬物，全靠稀薄和凝結的兩種作用。當其稀薄時，就變成火；當其凝結時，就依次的變成風、水、土及石。其他萬物都從這些東西合組而成。一切變遷生於運動，運動是永久的。

米里塔斯學派的後輩有喜坡（Hippo，紀元前第五世紀的）、愛杜斯（Idaeus）和帶奧澤尼斯（Diogenes，生於紀元前四四〇年，死於四二五年）。

第四章　數之問題

第一節　畢達哥拉斯及其學派

上頭所說的那些思想家，都是注重於萬物的本質的問題，他們所研究的問題是：什麼是組成世界的質料？他們都認那些質料為一種具體的有定的實體，如水、或氣、或這些元素所由分化出來的東西。如今且說那些特別注重法相（form）或關係（relation）的問題的一派哲學家。他們是數理家，所以都注重可以度量的數量關係，並且開始去考察世界上的齊一性（或常然性）和規律性的問題，意欲構成數的實在，以說明這種事實而認數為萬有的原本。

此派的創始者為畢達哥拉斯（Pythagoras）。他死後幾世紀的著作家，記載他的奇聞軼事的著作很多。相傳他周遊很廣，他的種種思想，即由其所遊各地抽演而來。但這種記載不可靠。他在紀元前五百八十年與五百七十之間，生於薩摩斯（Samos），大約在五百二十九年遷居南意大利的希臘殖民地。據說他之所以離去本土，是因為他反對當時的暴君坡力克拉提（Polycrates），而盡忠於貴族黨。他卜居於克洛托那（Crotona），創立一個學社，以為宣傳其倫理、宗教和政治之用。他的理想在要發展政治的道德，教生徒去為國家做善事，把自己附屬於國家全體之下，以國家為重。他要實現這種理想，故特別注重道德訓練：各人須要曉得自制，克服情慾，調和心靈，須要敬重尊長、教師和國家的威權。他的會社似乎是一個公民的實際訓練學校，在這裏頭試驗他的理想。這團體裏的人員都去培養以友誼的道德，練習自省的工夫，以圖改善他們的性格。他們結合一個團體，共同生活，好像一個大家庭，同衣共食，從事研究美術、手工、音樂、醫學，尤其注重數學。團員通常須做過徒弟，其格言是學而後知。這種團體始而或許是當時發生於希臘的一種通俗的宗教復興的團體，而其目的在淸淨人生，參與全民的信仰，尤其是神祕的信仰。這種神祕的信仰，以靈魂之將來的命運由現今之生活行爲而定。這種信仰並立定了支配人生行爲的規則。據說畢達哥拉斯的這種會社的目的在推廣這種流行於下層階級的宗教於有知識的貴族階級中。

畢達哥拉斯會社的這種大同主義的政治思潮，與各城市的人民之思想不合，因各城市有來附和者之故，所以最後遇着嚴重的迫害。因爲有了嚴重的迫害，畢達哥拉斯就逃避於麥他邦頓（Metapontum）。於紀元前五百年，死於其處。他的許多弟子都被逐出意大利，而逃入希臘。他的弟子雖然繼續宣傳他的主義有數百年，但這種主義的社會終歸銷滅。

參考書：

Porphyry, Life of Pythagoras; Jamblichus, Life of Pythagoras.

上面所舉，Gomperz, Zeller, 各人所著哲學史第一卷都可參考。

畢達哥拉斯自己的著作沒有遺傳下來。我們只可得到上面所說一些關於他的倫理的、政治的和宗教的學說。然而他大概是數論(The number-theory)的始祖，因爲這種數論是這派的中心觀念。傳至於今的數論，是由紀元前第五世紀後半期的匪羅勞斯(Philolous)建立的。而第四世紀之亞開塔斯(Archytas)與來息斯(Lysis)亦與有力焉。

第二節　畢達哥拉斯的數論

畢達哥拉斯派注意於世界上法相和關係的事實。他們發見度量、次序、比例、以及常規的循環都可用數目表現出來。他們以爲若是沒有數目，便不能有這樣的關係和循環，不能有次序，不能有法則；所以數目必定爲萬有之本。數目必爲眞的實在，必爲萬有之實體和基礎；萬有是他的表現。他們以數目爲實體，說數目是萬有之根原，恰如今之許多人以自然法則爲實體。他們認絃長與音調之間，是數目的關係，數目的表現。數目是關係之原因，是現象之基本原理與基礎。

若果「數」是萬物的本質，那末無論什麼，在「數」是眞的，在萬物也該要眞。故畢達哥拉斯派專心研究那些在「數」上可以發現出來的無限的特性，而推之於宇宙的全體上。「數」有奇有偶；奇數不能分爲二，偶數能分爲二；所以前者是有限的，後者是無限的。所以奇與偶、有窮與無窮、有限與無限，組成實在的本質。自然界也是奇與偶、有限與無限兩種相反的結合。他們舉出了十種相反的東西，列爲一表：有限與無限、奇與偶、一與多、左與右、公與母、靜與動、直與曲、光與暗、善與惡、正方與長方。從一到十各個數都有其特性。

物質世界是數目的，因其以單位爲基本點是一，線是二，面是三，體是四。土是一個立體；火是一個四面體；氣是一個八面體；水是一個二十面體……。物體的線和面都被認爲具有一個獨立存在的實體；因爲沒有什麼物體能夠沒有線與面，而線與面沒有物體還是能夠想得到。空間的式形是物體的原因，又因爲這些形式能夠由「數」表現出來，故「數」是最後的原因。這個同樣的理由可以應用到非體的東西上：如愛情、友誼、公道、道德、康健等，都是以「數」爲根本愛情和友誼，是數目八的表示，因爲他們是諧和，而諧和是第八音（the octive）。

第三節　天文學

畢達哥拉斯學派也注意於天文學之研究，並產出一班著名的天文學家。他們認宇宙之中心爲火球，諸行星爲他們所依附之透明的氣團推動，都繞着他而運行。恆星繫於天的最高處，三萬六千年繞火球一週；其下爲土、木、火、水、金諸星及太陽、月亮和地球，都迴繞一個天體中心。但是『十』既是完全的數，須得有十個天體；因此畢達哥拉斯派安上一個「相對的地球」（a counter-earth）。介在地球與中心的火球之間，遮蔽由中心的火球放射於地球上的光線。地球和相對的地球每天繞着中心的火球運行，地球迴繞的時候，常把他對着相對的地球之一面對着火球，因此住在地球反面的人都看不見這中心的火球。太陽每年繞行中心的火球一週，反射這火球的光。諸星球的運動，代表第八音，故是諧和的。因每個球體產生其自己的音調，於是天體就發生諧和的情境。

這種天文學說雖似荒誕，卻是紀元前二百八十年頃薩摩斯之亞利斯達卡斯（Aristarchus）之太陽中心說之先驅。後因時代之進步，相對的地球及中心的火球都廢掉了，而喜克塔斯（Hicetas）及額克範塔斯（Ec-phantus）乃想及地球之旋轉軸。赫拉克里得斯（Heraclides）出提出理由否認衆行星圍繞地球而行，而以衆行星之運行與太陽之運行有關係。亞利斯達卡斯由太陽的形體較大，推論到太陽不繞地球而行，而地球繞太陽而行。（參看 Gomperz, op. cit., vol. I.）

第五章　變化之問題

第一節　永恆與變化

愛奧尼亞學派的物理學家注重於萬物的實體的性質，畢達哥拉斯派注重於數量的關係、次序、諧和和數目。其次令人注意的問題，就是變動或變化的問題。最初的哲學家都是依着一種樸素的物觀方法來論道變化、轉移、起滅的程序，完全沒有把他認爲問題。他們未嘗思索變化的觀念。他們祇在各種說明上用之，然未加思索。他們指出萬物怎樣從他們假定的原始的根本裏面發生出來，及其如何復歸於原始的根本。例如氣怎樣變成雲，雲怎樣變成水，水怎樣變成地，以及這些實體怎樣復返於原始的實體。在這實體轉變說中，含有一種思想，認實體雖有千變萬化，然無絕對的創造與消滅：無論其爲水、爲雲、爲土，要其源本則是一樣。因此有些思想家特別的注重於變化、生長、發生、衰滅的現象，而且以之爲思想系統的中心，這也是很自然的。赫拉克利塔斯即是專重這現象的一個人。他深有感於世界上的變化的事實，而推論到宇宙的眞生活是變化，沒有什麼東西是實在的常久不變，常久不變是幻想；萬物雖然似乎是固定的，但實際上是在連續不斷的變化程序之中，在一個流動不居的狀態中。然伊里亞學派所見與此相反，他們否認變化的可能。他們以爲實體發生變化，一個東西眞要變爲別的東西，這是不可思議的。所以他們說變是幻想，是感覺的現象，實體是常在的，永久的。

赫拉克利塔斯（Heraclitus）生於紀元前五百三十五年，死於四百七十五年，是額勿所士（Ephesus）的一家貴族的兒子。他生平極富於貴族氣，極恨平民政體。他的意見與衆不同，好對人吹毛求疵，好批評、好武斷，性情莊重、驕傲、悲觀。他輕視希西阿（Hesiod）、畢達哥拉斯、色諾範尼斯（Xenophanes），甚至於藐視荷馬，而矜誇自己的修養。他說『博學多能（polymathy）不能訓練心靈，假如能夠，必使希西阿、畢達哥拉斯和色諾範尼斯諸人多才多藝。』他的文章曖昧不明，也許是故意如是，所以人稱他為曖昧者（The Obscure）。然而他是一個有力的著作家，立言多新穎而玄妙，唯沒有證據以支撐之。他的著作只有斷篇殘句流傳下來。他的自然論（On Nature）共分三部分：物理、倫理、政治。他的書札是後人的偽作。

參考書：

Patrick, Heraclitus on Nature; Bywater, Fragments of Heraclitus; Diels, Heraklit (Greek and German), 2d ed.; Schäfer, Die Philosophie des Heraklit; monographs by Bernays, Lasalle, E. Pfleiderer, Spengler, Bodrero.

第二節　相反之結合

上面已經說過，赫拉克利塔斯的學說之基本思想：在宇宙是在永不停止的變遷的狀態中。他說：『吾人不能在同一的河流中停站兩次，因為剛立河水中，所立處之河水已流走了。』他為表出繼續不斷的流動之觀念起見，而擇流動不止的東西，永不停止的東西為他的基本根源。這種東西，即是炎炎的火，有時他稱為蒸汽或呼吸，而認之爲有機體及靈魂之生機的源本。有些解釋家以這火的源本是永不停止的活動或行程中的一種具體物質的表現，不是一種實體，乃是實體的否定，是純粹的活動。然而赫拉克利塔斯未曾推論到這樣精細的一點，他只以爲找出一個永久變化的源本，繼續不斷的變化性質，已經滿足了；而「火」便足以滿足這種的要求。

火變爲水，再變爲土，土又變爲水與火。『又火與水變而爲土，與由土變而爲水與火，皆是一樣的。』『萬物變化爲火，而火又變化爲萬物，好像貨物換成黃金，黃金又換成貨物一般。』萬物之所以像是始終如一的，因爲我們不見其常常的變動，又因爲他們纔在這一方面失掉的東西，在那一方面又得着了。太陽是日日新的，昇時照耀起來，沉時便熄滅了。

原始的么匿一是常動的、常變的、永不靜止的。他的創造，就是他的毀滅；他的毀滅，就是他的創造。例如火變爲水，火就消滅而另成一種新的東西的形式；無論什麼東西，都是這樣的變成他的相反的東西。所以無論什麼東西，都是兩相反的性質之結合；沒有什麼東西能夠保存他本來的性質的；沒有什麼東西能夠具有永久的性質。照這樣講來，無論什麼東西都兼有矛盾兩面；凡能表示他的相反的，同時也可以表示他的本身。唯有這樣的「相反」性，方能造成世界。譬如音樂上的諧和，即是高音與低音的結合，就是相反的結合之結果。

換句話說，世界受制於衝突：『戰爭是萬有之父，爲萬有之王。』如果無衝突或「相反」的原故，世界便沒有了，停滯了，熄滅了。『甚至一點之微，如果不受攪動，也是要分解而成爲他的最小分子的。』相反和矛盾連合起來，產生諧和；其實無矛盾、相反、運動或變化，便無這種秩序。最後，他們結合起來，成爲宇宙的源本。世界終要復回到火的原狀變化的程序又要重新開始，這也是合理。這樣講來善與惡是一樣的；『生與死、醒與睡、少與老，都是一樣，因爲後者一變便成爲前者，而前者一變復歸於後者。』由神看來，萬有都是公平的、善良的和公正的；因爲神命令萬有必須如是，神使萬有在全體中諧和，但是人類則以爲有些是不公正的，有些是公正的。

第三節　理性之法則

故宇宙的程序，不是偶然的或呆板的，卻是依照定規的；我們可以說是依照法則的。『這個法則既不是神造的，也不是人造的，古往今來，永是一種炎炎的火，按着定規而燃，按着定規而熄。』赫拉克利塔斯有時說這法則是命數的使然，或天公的使然，是必然的觀念之表示。在一切變化和矛盾之中，唯一始終如一的東西，卽是暗藏於一切運動、變化和矛盾中之法則；這種法則是萬物裏面的理性，是『大道』（logos）。故第一源本是合理的源本，他是活的，賦有理性。赫拉克利塔斯說：『了解萬有所用以運行於萬有中之智慧爲唯一的聰明。』他是不是把這種智慧看作有意識的智慧，我們不能絕對的確定，但假定他是如此，則不失爲公平。

第四節　心理學與倫理學

赫拉克利塔斯的心理學和倫理學，都是根據於這種宇宙論。他以人類的心靈就是普徧的火的一部分，而且受火的營養。人類呼吸火，並且由感官得到火。最乾燥的最溫暖的心靈，便是最好的心靈，最像宇宙的火的心靈。

「感官智識」不及理性;耳目都是不可靠的沒有反省過的知覺,便不能指出深奧的眞理,這種眞理祇能靠着理性尋出來。

人類的統御元素就是心靈,這心靈與神聖的理性相近。人必須要把自己附屬於普徧的理性之下,附屬在運行於萬物中的法則之下。『凡有智慧的人,必須謹守萬物中的普徧原素,恰如一個都市,要謹守法律,並且還要強些。因爲一切人類法律都是由神聖的法律茲生出來的。』所謂道德就是生活於一種合理的生活中,服從理性的命令,這不僅人類如此,全世界也是如此。然而『理性雖然是世人所共同的,但是大多數人民的生活卻好像是具有他們自己的特殊見解。』道德的意思,就是守法、律己、節制情欲;換言之,就是拿合理的原理來管理自己。『人民應該爲擁護他們的法律而戰,如同爲擁護堡壘而戰。』『品性是一個人的守衞神。』『防止放縱,必須要過於防止火災。』『情欲是難滿足的;滿足情欲就要損害心靈。』『我以爲如果有一個人是最好的,可以比得上一萬人。』

赫拉克利塔斯輕視民衆,以他們『是隨聲附和之徒,利用羣衆爲導師而不知羣衆中壞的多,好的少。』『且祇知放飯流歠。』『人生不過是一種悲愁的兒戲,是兒戲世界。』『人生在世,有如夜裏的光,忽明忽暗。』他又輕視通俗的宗教。他說:『宗教家用血去洗濯他們自己,好像跑在泥中的人,還要用這泥去洗濯。如果有人看見別人這樣做,必定要以爲別人是癲狂了。他們不知什麼是神靈與英雄,卻向那些偶像祈禱,恰如人同房子說話一般。』(註)

(註)參看 Fairbanks 譯的 First Philosophers of Greece.

第五節　伊里亞學派

赫拉克利塔斯注意於變化和運動的現象，伊里亞學派卻說變化和運動是不可設想的。萬物的原理必定是常住的、不動的、永不變化的。這個學派的名稱起於南意大利的伊利亞（Elea）城，這個城是這一派的始祖巴美尼底斯（Pormenides）的本土。我們且把這種哲學分成三方面：（一）色諾範尼斯（可以稱爲一個發起人），首建這派神學的基本思想；（二）巴美尼底斯把他發展爲一種本體論而完成其系統；（三）芝諾（Zeno）和美里瑣士（Melissus），都是這派學說的擁護者，都長於辨論。芝諾是先指出他們反對派的荒謬以證明他們伊里亞學派的學說，美里瑣士提出積極的證據以維持其理論。

參考書：

Freudenthal, Über die Theologie des Xenophanes. Diels, Parmenides.

第六節　神學

色諾範尼斯（Xenophanes，生於紀元前五百七十年，死於紀元前四百八十年）；從小亞細亞的柯羅豐（Colophon）遷居於意大利南部，是一個漫遊各地唱詩度生的人；專以背誦他的倫理的、宗教的詩歌爲事。他的著作留存於今的祇有些許殘篇斷句。他是一個思辨的神學家，而不是哲學家。他與畢達哥拉斯一樣受有第六世紀通俗宗教運動的影響。他攻擊流行的「天人同類說」（或譯擬人論 Anthropomorphism）及「多神論」（Polytheism），主張神的統一性和不變性。『但是世人總以爲神的產生與他們相似，而且有像他們一樣的知覺，並且有聲音和形狀。』『是的，若是牛或獅都有了兩手，能用他們的手去描畫產生同乎人類所能作的藝術品，那嗎，馬就要畫神象以像馬，牛就要畫神象以像牛了，各依其形以畫其神。』『所以亞非利加之黑人（Ethiopians）把他們的神弄成黑的，並把神的鼻子弄成偏的；色雷斯人（Thracians）也把他們的神弄成紅髮藍眼。』其實，神只有一個，其身體與心理都不像人類。他以他心裏的思想去駕馭萬事萬物，並不費什麼勞苦。他住在一個地方全不移動。他是無所不見，無所不思，無所不聞，卽無所不包。神是一個；無始無終。由神之無所不包言之，神是無限的，但由神不是一個無形式的無窮，而是一個有完全的形體言之，神是有限的。他是一個不動的全體，——因爲移動便和統一性不相符合，——但祗他的部分裏面卻是有運動或變化。

色諾範尼斯是一個汎神論者（a pantheist），把神看做宇宙之永久的原本，宇宙萬物同屬一體，換句話說，神就是宇宙，他不是一個純粹的神靈，但是有生靈的自然之全體，這是初期希臘人所常有的自然觀（萬物有生論）。如果他相信多神論的諸神，他就把他們看作宇宙的各部分，看作自然的現象了。

色諾範尼斯又貢獻了一些自然科學的理論；他從石頭上之海產的甲殼和痕跡的證據，推出我們人類及萬物皆發生於土及水中；地曾與海混合一起，因年代的遷移，漸除掉潮溼之氣。地將來仍要變爲海、化爲泥。人類重新復生。他以太陽和羣星爲火雲，天天燃滅。

色諾範尼斯所提出的宇宙觀，後來由這學派的玄學家巴美尼底斯（大約生於紀元前五百一十五年，是伊里亞地方的一個富家的兒子）所發揮而補充之。巴美尼底斯嫻習赫拉克利塔斯的學說，也許是畢達哥拉斯派。他的訓誨體的詩叫作自然論（On Nature），現在還存有殘篇斷句，共分為兩部分：一是論眞理，一是論意見。

第七節　本體論

赫拉克利塔斯以為萬物都有變化：火變成水，水變成土，土復變成火；萬物始而存在，繼而消滅。巴美尼底斯便問道：這是怎樣可能呢？一件東西怎麼能夠既是有又是非有呢？一個人怎樣會想出這樣的一個矛盾來呢？怎樣一件東西能變成他的性質呢？怎樣一種性質能變化為別種性質呢？要是說這是可能的事，就無異於說一些東西既是有，又是非有了；就是說無可以生有，有復可以變無了；換言之，如果由變化而生「有」，他必定來自非有或有，如果來自非有，便是來自無，這是不可能的；如果來自有，就是來自他的本身，這是無異於說他和他的本身是相同的，或始終是有的。

這樣看來，可見「有」祇能從「有」來，沒有一種東西能夠隨便變成別的東西。凡現在是什麼樣的東西，其過去與其將來及永久也還是這樣。東西所以祇能有一個永久的、無始終的、不變的一個「有」。既然「有」是始終如一，「有」之外沒有別的，「有」必須是繼續不斷的了。再者，「有」必須是不動的，因為既「有」不能再

「有」又不能變無，並沒有「非有」（空間），讓他去移動。更有進者，「有」和「思想」是一個東西，因爲凡是不能思想的便不能有而不能有的——「非有」便不能思想。凡是可以思想的就是「有」，故「思想」和「有」是相同的。實體賦於心靈，就此而言「有」和「思想」也是一個東西。

「有」或「實在」是一個和諧的繼續的無限的質體——巴美尼底斯的美術的想像把他描畫爲一個渾團，——賦有理性，永久不變。一切變化是不可思議的，故感覺界只是一種幻象。設如把官覺所得的東西看作眞的，那就把「有」和「非有」看成同樣的了。巴美尼底斯確信理性，他覺得凡與思想矛盾的便不能是眞實的。

巴美尼底斯除了眞理論之外，還提出一種根據感官知覺的理論，按照這種理論說便有「有」和「非有」，有運動和變化。宇宙就是兩種原本的混合的結果，其中一種是溫和與光明的成分，又一種是寒冷與黑暗的成分。有機物發生於黏土。人類的思想靠着他的體內各成分的混合，溫和的成分看見宇宙的溫和與光明，寒冷的成分看出寒冷與黑暗。

巴美尼底斯在他的眞理論中說，論理的思想要我們認宇宙是統一的、不變的、不動的，在他一方面感官知覺又指出宇宙是多元的、變動的，——這是表面的及意爲的世界。這樣世界怎能存在，或怎樣能夠看見，他沒有告訴我們。

第八節　辨證法

芝諾（Zeno）——大約生於紀元前四百九十年，死於紀元前四百三十年——是伊里亞的一個政治家巴美尼底斯的弟子。其立論之法是指出反對派的荒謬證明他的學說。他的意思以為如果我們假定「多」和「動」，我們便矛盾了。這類觀念是自相矛盾，所以不能承認。如果有許多東西，他們必須是兼有無窮小和無窮大。何以有無窮小？因為我們能把他們分至小到無形而為無限小。何以有無窮大？因為我們能把各部分加至無量的大而成為無窮大。既兼有無窮小與無窮大，這便是荒謬之詞。所以我們必定要排斥之。「運動」和「空間」之不可能，是同樣的道理。如果我們說一切「有」是在「空間」中，我們必須假定這個空間是在那個空間中，那個空間在另一空間中，如是前進，未有止境。同樣的道理，我們假定一個物體在空間中移動，當其經過某空間之前，必須先經過某空間的一半；當經過這一半之前，又必須先經過這一半的一半；依此類推，可至無窮的一半之半。簡單說來，就是這物體永不能實在的達到某一處，而運動成為不可能的。

薩摩斯的美里瑣士（Melissus of Samos）是一個有功的將官。他對於伊里亞派的學說想提出一種積極的證據。他說「有」不能有來源的，因為要是有來源，那就是「有」之先有「非有」，其實不能從「非有」來。「有」也只是一個，因為如果有一個以上的「有」，「有」就不是無限的了。世間沒有虛空的空間，或「非有」，所以動是不可能的。如果沒有「多」，又沒有「動」，便不能有「分」，有「合」，更不能有變化。所以感官指出的「動」與「變」，是欺騙我們的，不可信賴。

第六章　變之說明

第一節　解謎

古代自然哲學家都隱然的假定沒有什麼東西有生有滅，絕對的創造與毀滅，是不可能的。然而他們意識中並未曾明白認識這種思想他們不加批評就去承認這種思想；這種思想在他們的心裏，與其說是顯然的，不如說是隱然的。惟有伊里亞派的思想家很注意這種思想；他們推論時，不但默然的假定這個道理，並且審愼周詳的確定他爲思想的絕對原理，而勇往直前的去應用他。他們以爲沒有東西能夠有生有滅，並且沒有一種東西能夠變成別種東西，沒有一種性質能變爲別種性質；因爲要是說一種性質能有變化，便是那種性質有消滅，有創造。其實「實在」(reality)是常住的、不變的，而變化只是感官所生之幻象。

萬物似是固定，又似有變。萬物如何能似乎固定而又似有變呢？這種思想的矛盾又如何能解除呢？哲學不能便這樣置之；不能不用方法解決這種固定而又有變之謎，不能不想法解決這種靜而又動之宇宙問題。赫拉克利塔斯及巴美尼底斯之弟子，乃想法解決這種難題。

他們說，絕對的變化是不可能的；所以伊里亞派這樣的主張是對的。一個東西不能來自無，不能變爲無，不能絕對的變化。但我們可以說萬物有相對的生滅、變化。實在之本質或原子，是始終不變的，永久如一的。然而這種本質或原子能聚而成物體，又能散而爲原子。實在之原始的原子，不能創造、毀滅或變化其原性，惟能變化其彼此之關係。這是我們所謂之變化。換言之，絕對的變是不可能的，相對的變是可能的。發生是原子之集合，消滅是原子之分散，變化是變化原子之關係。

恩拍多克利斯——原子論者——及安納薩哥拉斯對於赫拉克尼塔斯和巴美尼底斯所提出的問題，予以大體相同的解答。他們承認絕對的變是不可能的，但是有相對變化。然而他們對於下列各題的解答便有些不同的地方：（一）組成宇宙之實在分子之性質是什麼？（二）什麼東西使這些原子聚合散離？依恩拍多克利斯和安納薩哥拉斯說來，這些原素都有一定的性質。依原子論者說，一切原子都沒有性質。依恩拍多克利斯說，宇宙有四種原素：土、氣、火、水；依安納薩哥拉斯說，有無量數的原素。依恩拍多克利斯說，祇有愛和憎兩種神祕的東西使這些原素聚散離合；依安哥拉斯說，有一種心靈在諸原子之外，使諸原子發起運動；依原子論者說，運動是諸原子本身所固有的。

恩拍多克利斯（Empedocles）於紀元前四百九十五年生於西西里的阿格利更塘（Agrigentum），是一家富而好義者的兒子。他在本國曾做過民主政治的領袖多年，據說他推翻了王室。他也許於亡命之中，於紀元前四三五年死於比羅奔尼蘇（Peloponnesus）。有一個故事，說他自己跳進伊提拉（Mt. Ætna）火山口中自殺。這是無稽之談。他不但是一個政治家、演說家，並且是宗教家、醫生、詩人、哲學家。有許多故事論道他的奇蹟，好像他自也很相信他的魔力。他的著作留傳於今的，只有兩種殘缺的詩：一種是宇宙論的，叫作天論（On

Nature）一種是宗教的叫做清潔論（Purification）——一千九百零八年由李昂納（Leonard）翻成詩文。

依恩拍多克利斯說宇宙間無嚴格的生滅，祇有混合與分離。『無論什麼東西不能發生於無，亦不能消滅；萬物常在，永久保存。』宇宙中有四種原素（或萬物之根），這四種根是土、氣、火、水，各有其特別的性質。他們無始無終，不變不滅，充塞宇宙之間。物體之成，成於這些原素的結合；物體之毀，毀於他們的分離。一種物體影響別種物體，是一種物體裏頭的流出物，流入與他相合的別種物體的氣孔中。

但什麼東西使這些原素集合分散呢？恩拍多克利斯乃假定兩種神祕的東西：愛和「爭」或「憎」，來解釋這個道理。這兩種力——我們可以叫做引力和拒力——常常在一塊動作，以形成物體，毀滅物體。然而宇宙初起時，一切原素混成一團。愛在他裏面做一個主宰。但是恨漸漸的佔居上位，諸種原素乃各自分開，各自存在，任何樣的物體都沒有。後來「愛」走進這亂雜無章的宇宙裏，產生一種回旋的運動，使那同類的分子互相結合。其結果氣或「以太」首先分開出來，構成弧形的天；其次火又出來，構成低下的衆星；「水」因旋轉運動由土逼榨出來而成就海，天火蒸發水而產生最下層的大氣。這種結合的歷程繼續不斷，直到了那些原素再由愛的動作結成一團，又由分散的作用使諸原素分散，如是循環不已。

有機的生命（organic life）都發生於土，最初是植物，其次是動物的各部分：如臂、眼、及頭，這些部分偶然的結合，以成一些奇形怪獸——如具有雙首的動物，牛身人面的動物，人身牛頭的孩子。迨後由種種的試驗產生適於生存之形體，一代一代的延長下去。

人是由四種原素組織而成；人之認識各種原素的能力，卽靠此各種原素同類認識同類，身體中的土認識土，水認識水，氣認識氣……。感覺卽是物體對於感官作用之結果。例如視感，就是物體中所放出的原素（水與火）與眼孔中所放出之同類原素因吸引之作用而相遇。影像乃是物體與眼睛之原素在眼睛附近接觸之結果。然而也祇有水火土等原素影響眼睛。聽覺是氣闖入耳中而生聲；味覺嗅覺是一些原素走進鼻孔口中而知識之中心機關乃是心臟。

恩拍多克利斯依照初期希臘的自然哲學家所主張的萬物有生論，將萬物都認爲有精神生活。他說：「萬物都有思想力。」他的宗教的著作裏面講人類的墮落和靈魂的輪迴這種學說，與奧弗斯派（Orphic）接近，影響了一切希臘人。

第二節　安納薩哥拉斯

安納薩哥拉斯（Anaxagoras）生於紀元前五百年，死於紀元前四百二十八年；原來生於小亞細亞，後來移居雅典與大政治家伯里克里斯（Pericles）友善。這位大政治家要想把他的本城弄成希臘政治的和思想的中心。安納薩哥拉斯被仇人攻擊爲無神，住了三十年（四六四—四三四），乃離雅典而遷居蘭沙苦斯（Lampsacus），後來卽死於其地。他是一個有名的哲學家、數學家和天文家。他作的天論（On Nature）現在還存有殘篇斷句，是用簡單明白的散文寫的。

參考書：

Breier, Die Philosophie des Anaxagoras.

Heinze, Über den Νοῦς des Anaxagoras.

安納薩哥拉斯研究的問題同恩拍多克利斯的問題一樣，是要說明變化的現象。他承認伊里亞派的概念，以絕對的變化是不可能的，沒有這種性質能變成那種性質，實在的本質永久不變：『萬物是不生不滅。』但祇他不否認變化的事實，主張有相對的變化；萬物的生滅不過是原素的合離。然而原素之數不止四種，宇宙這樣豐富，性質這樣複雜，少數原素決不能解釋。且而土、氣、水、火，並非單獨的元素，都是由他種實體混合而成。故安納薩哥拉斯假定有無量數的具有特別性質的實體，各有其形狀、顏色和氣味，爲肉、髮、血、骨、金、銀等類的分子。這些無窮小的，但並非不可分的分子，都是無因的、不變的。不然，『肉怎能從非肉的東西而來？』他們的數量和性質都是有定的，既不能加，又不能滅。他以爲身體是由明暗冷熱剛柔等等不同之皮骨血肉等所做成的。身體由食物而營養，所以食物必含有構成身體的各種實質的分子。但是食物的成分來自土、水、氣和太陽。所以土、水、氣、太陽，必供給構成食物的實質。因此，恩拍多克利斯所說的單純的原素，其實都是極複雜的東西。他們都是各種無窮小的物質分子的貯藏所，他們必含有有機體裏面的一切物質，不然，我們怎樣能解釋身體裏面的血皮骨等等呢？

宇宙未成以前，無窮小的物質分子，——安納薩哥拉斯叫作胚胎或種子，而亞里斯多德叫做和諧的原子，——都混在一塊，充塞宇宙中，彼此不相分離。太極（the original mass）是無量數的無窮小的種子的一個混合體。現在的世界就是組成這太極的分子之分散集合之結果。然而這些種子怎樣從洪荒的境地分散而集合成一個有秩序的宇宙呢？那是由於機械的方法或運動的法則使然。然而什麼東西使他們去運動呢？安納薩哥拉斯不像萬物有生論者說他們秉有生命，不像恩拍多克利斯假定有愛憎二力使其運動。他同現今人一樣，主張是由於天體的旋轉運動使之而然。渾沌的一團中之一點，遇着迅速而又銳利的旋轉運動，種子乃分開，這種運動漸漸推廣，把同樣的分子併在一起，而又繼續推廣下去，一直到了這原始的渾沌一團完全分散。最先的旋轉，使濃厚離開稀薄，寒冷離開溫暖，黑暗離開光明，濕離開乾。濃厚、潮濕、寒冷、黑暗，聚而成今之土地。稀薄、溫暖、乾燥、光明，散而至太空之甚遠的地方。分散作用繼續不斷，以至構成天體（這些天體都是固體的，依着旋轉力從大地旋轉出來的），並且構成大地上的種種物體。太陽的熱漸漸的把潮濕的地晒乾，那些充滿空中的種子被雨打下來，埋在泥土裏，便發生種種有機體；這種種有機體，安納薩哥拉斯認為有靈魂，以便說明他們的運動。

我們知道現在的複雜的世界是從原始的旋轉而來的長期運動的結果。但是什麼東西使他成為這樣的呢？安納薩哥拉斯假定是一種智慧的原理、一種心靈或『羅斯』（Nous）、一種世界秩序的精神。他以這種東西為一種絕對單純的同質的實質，——不與別的成分或種子相混合，絕對的獨立，——有支配物質的力量。他是一種自動的東西，為世界上一切運動和生命之自由的淵源，知道過去、現在、未來的物事；支配一切物事，而為一切物事的原因；主管一切大小有生命的東西。

安納薩哥拉斯所謂之『羅斯』，或心，到底是純粹的精神，或極精緻的物質，或者全不是物質的，或全不是非物質的東西，解釋之者，各不一致。雖然他有時模糊的說『羅斯』是萬物中最清純的東西，絕不含有別的東西，但祇我們可以說他的出發點是曖昧的二元論，界線不顯的二元論。心雖然創造世界歷程，但仍存於世界中，存於有機體中，甚至存於鑛物中，任何地方都須以心說明一切運動，不然，就不能說明了。心在四周圍的物中，在已分離的物中，又在要分離的物中。用近世的名詞說，他是超然的，又是內在的（transcendent and immenent）；這種思想中有神論與汎神論無劃然的界線。亞里斯多德批評的好：『安納薩哥拉斯以心為一種構造宇宙的計劃，當他窮於解釋必然的原因時，就拉入心解釋別的事情時，又用非心的東西。』其實，安納薩哥拉斯是竭力用機械的原理來說明萬事萬物，其以心為運動之智慧的原因，不過是一種最後的依歸。

第三節　元子論者

恩拍多克利斯和安納薩哥拉斯開宇宙之自然科學的見解（原子論）之路，逕在今日之科學中，還是大有勢力之主張。然而他們的學說很多待修正之處，到了原子論者出，纔加以修改。然而原子論者承認他們所主張的實在之原始不變的分子，否認他們所說的分子的性質，並且否認分子之運動是由外面的神或心所主持。原子論者主張土、氣、火、水不是「萬物之根」，并無各種不同性質的無量數的種子。這些東西都不是眞實的原素，乃是許多簡單的單位構造而成。這些單位是不可見的、不可入的、不可分的、具有空間的實體（元子），惟形狀、重量、大小不同，其本身中具有運動。

元子論學派的鼻祖是魯息帕斯（Leucippus）和德謨克利塔斯（Democritus）。關於魯息帕斯的事蹟，現在幾乎一無所知，並有人疑心沒有這人。但又有人認他爲原子論的眞實鼻祖（亞里斯多德亦其中之一人）。後一種見解多半是對的。相傳他來自米里塔斯，在伊里亞從學於芝諾；并且在阿布第剌（Abdera）創立一學校，教授弟子，得弟子德謨克利塔斯而彰其名。他的著作很少，相傳都已混入他的弟子的著作裏面。

德謨克利塔斯大約於紀元前四百六十年生於塞拉斯（Thrace）海岸的阿布第剌商業城，死於三百七十年。他周遊很廣，著作很多，物理學、玄學、論理學、歷史學無所不有，并博得一個數學家之名，可算博學宏儒。

他的著作傳到現在的比較很少，其中亦不能確定那些是他的，那些是他的先生的；但我們可以由現有的材料，得着原子論的概念。

參考書：

Brieger, Die Urbewegung der Atome; Lortzing, Die ethischen Fragments des Demokrit; Natorp, Die Ethika des Demokritos; Dryoff, Demokrit-Studien.

原子論者同意於伊里亞派所主張之絕對的變化是不可能的；實在的本質是常住的，不毀不變的。同時，萬物之繼續不斷的運動變化，亦不可否認。然而若無空虛的空間，或巴美尼底斯所謂之「非有」，則變化與運動亦不可設想。所以元子論者主張「非有」或空虛的空間是有的；空間雖不是眞實有形的東西，但是確有；空間有（物體）并不比非有（空間）眞實些。沒有身體的東西也能眞實。有與非有，實與虛，都能存在。實在不是伊里亞學派所主張之永久不可分的、不能動的東西，乃是許多東西的一個複合體，——由空虛的空間分開的無數的東西。

這些東西都是不可分的、不可入的單純的原子。原子不是一個數學的點或一個力的中心（如近人所設想），却是有體積的；他不是數學上的不可分，只是物理上的不可分，即是他的裏面沒有「空的空間。」一切原子在性質上都是相似的；他們既不是土、氣、水、火，又不是特殊的種子。他們只是極小而又堅實的物理的么匿，惟其形狀、大小、重量、排列和位置各不相同。他們是永久不變不滅的，他們現在是什麼樣，過去也是什麼樣，將來依然是什麼樣；換言之，原子就是巴美尼底斯所謂之不可再分的有。

萬物都由此原子與空的空間構成，好像喜劇、悲劇都從文字組成。一切物體都是許多原子與空間的結合；物之生，即原子之結合，物之滅，即原子之分散。物體之不同，由於原子結合法之不同。原子之彼此互相影響，是由於接近時互相壓迫，互相擦摩。若是彼此距離太遠，便不能互相影響。原子聚合離散，是由於其本身中所固有之運動。萬事萬物之發生，沒有無因者；其發生皆有一種緣由，且是必然的。運動是無因的，與原子本身相似，原子開始即運動，中間絕無停止。原子的形狀有多種多樣：有的有鈎，有的有眼，有的有凸，有的有凹，所以易以鈎結一起。

世界的演化，可以說明如下：原子沉重而下墜，其大者下墜得迅速，遂將輕者擠之上昇。因此，遂發生旋轉運動，逐漸擴大。其結果大小重量相同的原子積聚一起，比較重的居其中，先構成氣，次構成水，更次構成固體的土地；較輕的落在四周，構成天火與以太。許多世界皆由此生，各個世界皆有中心，皆是球形；有的無日月，有的有大而且多的恆星。地球就是這樣造成的。一個生命是從濕地或黏泥發生出來的，秉有火性的元子散佈於全部有機體之上，為一切有機體的熱力之根原。其在人類心靈中，尤為豐富。心靈是由最精緻的、最圓滿的、最敏捷的秉有火性的原子組織而成。這種原子散佈於全體，——兩個不同的原子之間，常有一個心靈原子，——此種原子產生身體的種種運動。各種特別的心理作用，在身體內有一定的器官。腦髓是思想的機關。心臟是忿怒的機關。肝臟為慾望之機關。各種有生物或無生物之抵抗四圍的壓力，即賴其體中的靈魂。吾人呼吸靈魂原子；生命賴以保存。死即靈魂原子之散逸，換言之，盛靈魂的原子之器具破壞了，靈魂原子跑了，生命就斷絕了。這是根據唯物論之生理的心理學之濫觴。

感官知覺為類似於所感覺的物體之放射或影像之作用在靈魂中所起之一種變化。影像由物體流落出來，而現形於空氣中；始而改變物體附近之分子之位置，繼而改變較遠之分子之位置，逐漸進行，以至與感覺器官所流露出來的分子相接觸。同類的分子知覺同類的分子，換言之，知覺之成立，成立於物體流露出來的影像與感覺機關所流露出來的影像之相同。這種知覺論，大體上與近世科學之以太波動說相彷。

德謨克利塔斯以這種散佈於各處的影像之理論，解釋夢境、預知與神的信仰。他說神是有的，但與人相倣，有生有死，惟生命較長而已。宇宙間有一種宇宙靈魂，是由比組織人之靈魂還精細的原子組織而成。

一切可感覺的性質，——色、聲、嗅、味等——吾人認之為各種物體之屬性，都不在萬物的本身中，只是原子的結合，對我們感官的影響。此種原子除了不可入性及形狀、大小之外，沒有其他性質。所以感官知覺不能給我們以事物的眞知識，祇是告訴我們以萬物怎樣影響我們。（這是近世哲學上第一性質和第二性質的區別。）我們雖不能看見原子是什麼樣，卻能想到他們的樣子。感官知覺是模糊的知識；思想超越我們的感官知覺和現相，而達於原子，是唯一的眞知識。德謨克利塔斯是一個理性論者，與初期的希臘哲學家相同。然而思想不是獨立於感官知覺以外的；思想——有一個比較精細的機關——之起，起於吾人感覺經驗無能爲力的時候，起於深密的研究，而非感官知識所能達到的時候。再者，德謨克利塔斯，認靈魂與理性爲同物，這是不可不記着的。

德謨克利塔斯的倫理學的斷簡殘篇裏面，可以尋出一種精密的快樂論的大旨。他以人生的眞目的是幸福。幸福是隨心靈的安靜、諧和及無畏而起之內的滿足或快樂之狀態。幸福不在物質的舒服或身體的快樂——這種快樂是短期的、有痛苦的、——乃在快樂的適度，生活的調和。慾望愈少，失望愈少。欲達此種目的，最好是運用精神的能力，——深思熟慮好的行動。

一切道德之價値在實現最高的善（幸福）；其中最重要的，便是正義和仁愛。猜忌、嫉妒、毒辣，發生不睦，而且害人。然而吾人之正當行爲，不要出於畏罰心，而要出於責任心；要爲一個好人，不僅要免於惡行，而且要對於惡行絕不設想。『君子小人之分，不僅以其事績爲根據，且以其慾望爲根據。』『心地光明的人，常常傾向於正當的、合法的行爲，日夜快樂，身體強壯，不爲思慮所困。』我們應該忠心於國家，『因爲統治好的國家，是我們的最大保障。』『國家太平，萬物繁盛；國家腐敗，萬物敗壞。』

第二篇　知識及行爲之問題

第一章　辨士派之時期

第一節　思想之進步

哲學自神統論及宇宙論之後，大有進步。舊的宇宙觀及人生觀因哲學之影響，大加改變；其改變之程度，由充滿神話的樸素的宇宙觀與原子論者之機械的宇宙觀互相比較，卽可明瞭。自由研究的精神，不僅限於各派哲學家，思想界之各方面莫不皆然，並且新的觀念逐漸驅逐了舊的觀念。這種變動可於希臘之戲劇的詩中看出，如伊士奇拉斯（Æschylus 紀元前 525—456）、索福克尼斯（Sophocles, 496—480）、幼利披底斯（Euripides, 480—406）諸人詩文中之人生觀及宗教觀，皆因批評與反省而更加深刻廣寬。史學家及地理學家之著作中亦見此狀況；無稽之談與迷信始而爲人所信任者，現皆不爲人所信任；而希羅多塔斯（Herodotus 生於四百七十一年）開歷史之批評的研究之端，修昔的底斯（Thucydides, 生於四百七十一年）尤爲古代此學之最好的代表。其在醫學上，舊時荒誕的思想與技術，皆爲醫學名家所廢棄，自然及人類之研究，感覺爲必要，而哲學家之物理學說亦被應用於治療術上。——許多哲學家本人就是醫生。希波庫勒第斯（Hippocrates, 生於四百六十年）

之大名，可為希臘醫學之科學的研究之標幟。醫學之研究，對於哲學之研究，貢獻了一種很大的價值；因其指出觀察與經驗之重要。(註)

(註)參看 Gomperz, The Greek Thinkers, vol. I; Moon, Relation of Medicine to Philosophy.

現在來講希臘哲學史上偉大思想系統之建設暫形停頓之時期。這個時期中有些思想家祇是紹述並發揮已存的學說；有些思想家祇在想法子綜合古代哲學家與現代哲學家的學說以成折衷的思想；有些思想家專注於醫學所追隨之自然科學的研究；有些思想家專注於精神訓練之研究，以為道德法律政治之基礎。龔勃爾斯(Gomperz)說此時期研究學術的熱忱深而且廣，其所研究之問題多種多樣，舉凡國家之起源與目的以及行為、宗教、美術、教育之原理等問題，都加以研究。各種專門學科的書籍著作的很多。人類各種的活動，自飲食烹飪以至藝術創造，自步武以至戰爭，皆立成規則。幷僅可能便欲構成原理。哲學成了一塊醱酵菌。希臘初期的哲學中之獨立批評與思索之特有的精神，侵入各種研究中，而開後來偉大的思想時期之先聲。但在達到開明極點的時期之先，人類的心理，仍不免誤入許多迷途。我們且來敍述紀元前五世紀後半期之哲學——希臘史上及一般文明史上的最重要時期。

第二節　希臘之啓明時期

我們已經看見希臘人民之政治的、道德的、宗教的、哲學的發展中，漸趨於自由與個人主義之趨勢。這種對於生活及制度之批評的態度，在早期的詩歌中已經發現；荷馬之詩中固隱然有之，而希西阿及紀元前第六七世紀之詩中更加有力。這些詩人深思熟察當時的風俗、習慣，社會的與政治的制度，宗教的觀念與儀式，鬼神之起原、性質與行動，而發揮了一種比較清純的神祇之概念，並且在他們的神統論與宇宙論中，建築了哲學降臨的道路。第六世紀之哲學中，獨立思想的趨勢幾乎已發揚蹈厲。第六世紀及第五世紀之前半期，專注於自然科學及自然哲學之研究；探究之心理轉向於外面之物質世界。全幅的精神在了解宇宙之意義；前後各種思想全在想解決宇宙之謎；最大的興趣之對象是宇宙及其法則，人類在自然界的位置由玄學的結論來規定。

紀元前第五世紀，希臘人民之政治上、經濟上、知識上的各種經驗，最適宜於啓蒙時期的精神之發展。波斯戰爭（紀元前五〇〇—四四九）使雅典成爲海上之霸主，執當時希臘之牛耳；並使他成了希臘商業的、知識的、美術的中心點。詩人、教師、美術家及哲學家皆來雅典幫助教養其富庶的公民，建立許多偉大的建築物及銅像，以裝飾其城市，設立許多劇院以娛樂其自足的人民。我們若想起第五世紀下半期的雅典的許多名儒——伯里克利斯（Piricles）、安納薩哥拉斯、修昔的底斯（Thucydides）、菲狄亞斯（Phidias）、索福客尼斯（Sophocles）、幼利披底斯（Euripides）、亞理斯多芬（Aristophanes）、希波庫勒第斯（Hippocrates）、蘇格拉底，——便知道伯里克利斯在一個大的追悼會中的演說辭，——雅典是希臘之學府，——不爲誇張之辭。

秩序更新之後，經濟上發生大的變動，政治上建了民主制；因此對於獨立的思想與行爲給以更大的刺激；而希圖權力與發生權力之事物，如財富、名譽、文化、能力、成功等等欲望，亦隨之而來。向來的宗教、道德、政治、哲學、科學、美術之見解，概加以批評；一切舊根基，概行估量一番；其中頗多廢棄者；排斥舊文物制度之精神，遍地皆是。了解新文化之要求，逐漸強烈；公共生活予擅長公開演說之人以良好機會，因而修辭、演說、辨證各術，成爲實際上必需的預備。

上述情形，是啓蒙時期之大概。在這個時期中，人類心理的態度，自足以鼓舞個人主義之發生。個人欲掙脫團體之威權，乃爲他自己努力，爲他自己思想，爲他自己救濟，獨立於陳訓之外。這種批評的思想之習慣，往往不免走到極點，流爲詭辨遁辭，或吹毛求疵之論；又不免流爲主觀主義：我想到是眞的，卽是眞的；我信爲是對的，就是對的。這個人的意見與那個人的意見是一樣的好，這個人的行爲與那個人的行爲是一樣的好。各有各的道理，彼此都是好的。在這種情形之下，無論何人的意見，都不是出衆的，其在學理上便發生懷疑主義，實行上便發生自利主義：這是不足怪的。修昔的底斯有一段話，——這段話常被人引用，——雖然也許有言之過當之處，然也足以明此新運動之大概。他說凡論著之通義，俱隨人之興會以爲解釋；最不顧利害的勇悍的人，是最可友愛之人；謹愼溫和的人，是膽小的人；守規矩的人，是愚人。人之受尊敬，與其兇暴不法的行爲成正比；兇暴不法的行爲愈甚，愈受人尊敬，不然便愈不受人尊敬；除了擅長以詐勝人的人以外，無人能在社會上出風頭；如果有人想誠心免除巧詐詭計，便被認爲黨中之反動份子。遵守盟誓的時期，未有長過需要的一瞬間；事實上捉弄敵人，使其相信你的話，而受摧毀，則格外可樂。亞理斯多芬的喜劇中，也指出新文明之黑暗的方面。據他說：『古代的教化，在當時幾乎完全廢弛。富人懶惰而奢侈，貧人作奸犯科，少年動輒欺侮老輩，宗教成爲嘲弄品；各階級人都專注於得錢，以爲滿足感覺的快樂之用。』這是自由思想的個人主義的時代之潮流之一面。但另一面又有代表保守的舊思想者，反對新思想、新教育、新道德，或巡謂之曰新罪惡。因爲他們認新文化是『非宗教的、不道德的，使青年人不類其長老的，並且連帶着散漫的社會與逼促的生活。』

第三節　辨士派

新運動之代表卽是辨士派（Sophist）。『西文』辨士派之原意是聰明伶俐的人，這種人各處遊行，專以教育爲業，徵收學費以爲生。教人以演說術、思想術，並教青年人以政治生活的預備。（Sophist 一名，原含有譏誚之意，半因其要學費，半因其後來的極端派侮辱守舊者太甚。「譯者案：日本人譯 Sophist 爲詭辨家，卽是此意。但近代人有認之爲有思想的哲人，又寓有褒獎之意。今譯爲『辨士』似覺中立不倚」）。

他們操持這種職業，熱度甚高。據說勃洛大哥拉斯（Protagoras）對一青年人說：『如果你來從我學，不久就要好過你未來之前。』蘇格拉底問他何以有這樣力量，他答應道：『如果他來從我學，他就要學得他所想學的。這祇在公私事務持以審慎周到；果能如此，就能把家務調理的極好，並能把國事治理的極順。』（註）辨士派以爲青年人如欲事業成功，須精於辨論、文法、修辭、演說。他們以實用的目的，研究這些學科，遂開一個研究學術之新局面。他們也注意於道德、政治的問題，所以對於倫理學、政治學之有系統的研究，給了一種生動力。因爲當時道德心衰頹，成功心強烈後來的辨士中有些急於望其生徒之成功，不免走入極端。他們教授的目的，專注於如何用詭辨以制勝反對者；如何把壞的弄成像好的，如何利用邏輯上似是而非之論以愚弄人。使之在噪雜大衆之眼目中為所訕笑。

（註）Plato's Protagoras.

這個時代的批評精神，大半是由哲學滋生的，然而反影響到哲學之本身，引起對於玄學的思想之暫時的輕視。這是因為思想批評自己發見自己的缺點，可以說是哲學為其自挖坟墓。關於實體之本質之問題，沒有兩個思想家的答案是相同的。有些哲學家說實體之本質是水；有些說是氣；有些說是火；有些說是土；有些說是這四種東西合成的；有些說變化是不可能的；有些說宇宙中除了變化之外，沒有別的。主張有變化者說，如果沒有變化，便不能有知識；因為一不能變為多，我們就不能預料事物。主張無變化者說，萬事萬物如果變化，也不會有知識；因為若無固定不變的事物，我們如何能預料事物？有些哲學家說，我們知道事物是因為事物影響我們的感官，但又有人謂我們不能知道什麼，因為我們的感官捉不到事物之眞性。這些主張之歸結，卽是說我們人類不能解決宇宙之謎。辨士派乃主張人的心理為知識的程序中之重要的要素。辨士派以前的思想家，曾假定人類的理智能得到眞理，他們的批評很是銳敏，卻忘了批評理智的本身。辨士派乃着眼於認識的主體，其研究的結果，以認識專靠各個認識者；凡我認為眞的便是對我是眞的；知識中祗有主觀的意見，沒有客觀的眞理。所以勃洛大哥拉斯說：『人是萬事萬物之尺度。』這就是說個人卽是他自己的知識之法則。由這種理論上的懷疑主義發生實踐上的懷疑主義認個人即是他自己的行爲之法規。如果知識是不可能的事，是非之知識當然是不可能的事；普遍的是非也當然是不可能的事，是非善惡惟賴主觀的良心以評斷之。這種結論不是早期的辦士如勃洛大哥拉斯與哥爾期亞（Gorgias）所唱導的，乃是後期的極端派：如波拉斯（Polus）司剌息馬卡斯（Thrasymachus）、喀里克爾（Callicles）及攸息底馬斯（Euthydemus）諸人所唱導的，這幾個人都是柏拉圖對話篇中的對話者。他們以爲道德不過是一種盟約，代表強者對於弱者要求之志願。道德規則與『自然』相反。他們有些人說法律是弱者——多數人——立來抵抗強者——最優者阻擋最適宜者能得到他們應有的權利；所以法律是阻礙自然正義之原理的。自然權利原是強者的權利。有些辦士說法律是少數的強者——有特權者作成的，所以保護他自己的利益；換言之法律是上等人之利益，別人服從法律他們更便於宰割別人。

喀里克爾在柏拉圖之對話篇中哥爾期亞一篇中說：

製造法律者是多數的弱者；他們製造法律定立賞罰，是爲自己的利益計；他們威嚇強者及較彼等能佔優勝者，使其不得佔優勝。他們說不誠實是可恥的，不公平的。他們所說的『不公平』的意義，是指一個人希望所得多過於其鄰人而言；他們自知其遜色，就歡喜平等。所以較人多有所得的圖謀，通常叫作不公平。然而天公則認其爲公平，他以爲好者應該超越壞者，強者應該超越弱者；他在各方面表示出來這種意思，人類、動物、各國家、各民族中皆優者治理劣者，而所得超出劣者之上。若薛西士（Xexes）之侵略希臘，或其父之侵略塞種人（Scythians）究根據於何種公平之原則耶？（其他之例尙多不及申述）蓋此等人乃依自然之道而行，而非依人爲之律而行。人爲之律將強者自幼從根拔去而馴之若幼獅，謂彼應以平等爲滿足，而平等卽爲光榮及正義。假若強有力者出，必破壞一切羅網，推翻一切反乎自然的法律——反僕爲主的法律——自然的公道，乃照耀於人間。

司剌息馬卡斯在柏拉圖之共和國中，有一段相似的話：公道的人與不公道的人比起來，公道的總是受損的人。第一，在私人的合同上，不公道的人與公道的人合股營業，若是合股的事業解體，不公道的人所得常多，公道的人所得常少。第二，關於向國家納稅的事，如納所得稅，公道的人與不公道的人所得雖相等，而繳納所得稅時，公道的人總比不公道的人所納的多；假若有所取得，不公道的人所得的總比公道的人多。再就官吏說，公道的人因公忘私，由此受到他種損害，由公衆方面一無所得；這是因他公道的緣故。更有甚者，公道的官吏，因爲不以非法的行爲與朋友周旋，常被朋友怨恨。而不公道的官吏則恰與之相反。所以我認不公道爲不公道的人之最大利益；如果再看那犯罪的人是最幸福的人，不做不公道事的人，是最痛苦的人，此意更覺顯明。試看暴虐的君主，以欺詐與強權敲剝人之財產，並不是零零碎碎的敲剝，乃是整個的搶奪。其所搶奪的，不管是神聖的或凡庸的，也不管是私人的或公家的；這種行爲無論是單做那一件，若被人察覺，都要受很大的恥辱的，——單做一件的，不是叫做強盜，便是叫做騙子，或叫做拆白黨。卻是君主便不然，他剝奪了人民的金錢，還把人民用作奴僕，不僅不受責備，且被人民及其他聽使此不公平之事完成之稱之爲有福祿。人類譴責不公平爲的怕受其害，但非縮手而不爲之。所以由我看來，不公道比公道有力些、自由些、尊貴些；公道是強者的利益，不公道是各人自己

的利益

第四節　辨士派之價值

因爲有了柏拉圖與亞里斯多德之仇視的批評，及若干少年辨士派之虛無論的主張，辨士派的運動之價值，在思想史上蒙着不白之寃，是很長久的。一直到了黑格爾與顧羅特（Grote）想給這派思想家以公正的評價之後，這派思想家纔得到公正的批評。這派思想家之學說中本有壞的成分，卻是也有好的成分。反省與批評，爲哲學、宗教、道德、政治及一切人類思想的努力上所不可缺的。辨士派之思想訴之於理性，是可稱許的；惟不能用理性爲一切建設之工具，是其短處。西塞祿（Cicero）說的很對，他說辨士派把哲學由天上移到人間，把目光不注射於外面的自然，轉而注射於人之本身，他們認定研究學問之應當的對象是『人。』但他們的短處是未認識人之普遍性質；他們不認得森林是許多樹之集合，不曉得集合個人是衆人。他們專宣傳人之異點，忽略了人之同點。他們過於重視感覺之虛妄，他們專注人類的知識與行爲中之偶然的、主觀的、純粹個人的成分，而於衆所公認的客觀的成分，未嘗公平的看待。

然而他們對於知識之批評，使知識問題感覺有深沉的研究之必要。往日的思想家，老實的、獨斷的承認人類心理能得着眞理，辨士派否認確切的普遍知識之可能，迫着哲學去研究思想程序的本身，開了認識論之先聲。他們利用種種邏輯上似是而非之論，以責難別人，遂使人覺得有研究正確的思想律之必要，而促成邏輯之產生。

道德的知識與實行上，亦是如此。辨士派主張道德須訴之個人良心是對的；前此之盲目的、無理智的、順從風俗習慣之道德行爲，經此一番批評，乃變爲反省的、個人的選擇之行爲。然而專訴之主觀的意見與個人的利益，亦有毛病。獨立的思想，易流於知識的、道德的無政府狀況；個人主義易流於純粹的自私。然而辨士派之思想對於思想界終有貢獻，因爲他們把普遍的是非、善惡、公私、道德之概念，從根本上加以批評破壞，遂促成倫理學、政治學之深沉的研究，——此種研究，不久即見非常的好效果。

要之，辨士派的運動之最大價值，即在激動思想，使人根據理性以考察哲學、宗教、風俗、道德及各種制度。因爲他們否認知識之可能，遂使知識之研究成爲必要，迫着哲學去研究知識之標準。因爲他們極端攻擊傳統的道德，遂使道德防備流於懷疑主義與虛無主義，而發見是非之合理的原理。因爲傳統的宗教信仰被他們批評破壞了，遂使許多思想家覺有發揮比較鞏固而清純的神之概念之必要。因爲國家之政治、法律遭了他們深刻的批評，遂使思想家覺有發揮哲學的國家學說之必要。這樣一來，各種學說必須重新建立一個鞏固的基礎，而歸本於根本原理。知識是什麽？眞理是什麽？什麽是對的？什麽是善的？什麽是神之眞的概念？什麽是國家及人文制度之意義與目的？這些問題，後來逼着希臘思想家重來用着新的眼光考察；那已經暫時停頓了的，而今又成爲不可忽略的老問題。什麽老問題呢？就是宇宙是什麽？人在自然界的位置是什麽？

參考書：

Grote, History of Greece, vol. VII; Hegel, History of Philosophy, vol. II; Zeller, Philosophy of the Greeks, vol II; Sidgwick, The Sophists, in Journal of Philology, vols. IV and V, 1872, 1873; Gomperz, op. cit., vol. I; Benn, op. cit., vol. I; articles on "Sophists," Socrates, and "Plato" in Britannica, Schanz, Die Sophisten

第二章　蘇格拉底

第一節　蘇格拉底之生平

紀元前五世紀之情形，我們已經敍述了。此時須有一個人來把這個時代的知識的、道德的混亂狀態整飭一番。把眞的東西由假的東西中拿出，把本質的東西由偶然的東西中拿出，安定人心，使人由萬事萬物之正當的關係以觀察萬事萬物，——他是一個調和者，可以持平於極端的保守與極端的維新之間。此人之出世，即是蘇格拉底(Socrates)，他是思想史上最大的偉人；他是哲學家之父；他的觀念與理想在西洋文明上照耀二千年，到現在對於思想上還有影響。

蘇格拉底於紀元前四百六十九年生於雅典；家世貧苦，父爲彫刻匠，母爲接生婆。他如何得到教育，現在不得而知；但他愛好知識，在雅典文明的城市中，有種種機會可以促其知識之進步，則是顯然可見的。他初操其父業，後來覺得自己應該操一種神聖的事業。他有一種習慣，愛在街道上、市場中、運動場中與各種各樣的男女談話，討論各種問題：如戰爭、政治、婚姻、朋友、愛情、家政、藝術、商業、詩歌、宗教、科學，尤其是道德。他於人事無所不研究。人生及一切有關人生之事，是他的研究之主旨，而對於宇宙之物理的方面之研究，則甚淡然。他說他由樹木與石頭中學不到什麼。他精細靈敏，頃刻之間，即能發見辨論中似是而非之論。他談話極能中肯。他的性情雖然溫和謙讓，但愛批評時務，指責弱點。

蘇格拉底的行爲是他所主張的道德之標準；他最能克己、自尊、勤儉、忍耐，又是一個極有豪氣的人；他的慾望極少。他生平在戰征中、在政治責任上表現出很多的勇敢的道德的事例。他在對他的審判案子中，表出他的道德的尊嚴與持正不阿。他死於國人之手；他們誣他主持無神，誘惑青年。他自己於紀元前三百九十九年飲毒鴆而死。但由他自己服從法律，並主張別人也應該服從法律，可以證明他尊敬主權，盡忠國家。他判決死刑後，朋友勸他逃走，他不情願，其所根據的理由，是他生平尊重法律，不願臨死時不服從法律。

蘇格拉底的形狀醜陋，身短而胖，爛眼塌鼻，嘴大唇厚，衣服襤褸，面不修飾。他雖有此等醜陋之點，但一到說話之時，皆令人忘卻，可見其人格之偉大，談話之魔力。

參考書：

Xenophen, Memorabilia, transl. by Dakyns; Plato's Diagogues, especially Protagoras, Apology, Crito, Phaedo, Symposium, Theaetetus, transl. by Jowett; Aristotle, Metaphysics (1, 6; XIII, 4), transl. in Bohn Library also by W. S. Ross; Aristotle, Ethics, transl. by Welldon. A. E. Taylor, Varia Socratica, criticises the traditional interpretations of Socrates, See also Joel, Der echte und der xenophontische Socrates.

Chaignet, La vie de Socrate; Labriola, La dottrina di Socrate; Fouillee, La philosophie de Socrate, 2 vols.; Zuccante, Socrate; E. Pfleiderer, Sokrates, Plato und ihre Schuler; Pohlmann, Sokrates und sein Volk; Doring, Die Legre des Sokrates als soziales Reformsystem; Wildauer, Sokrate's Lehre vom Willen. See the extensive bibiliography in Ueberweg-Heinze, Section 33.

第二節　眞理之問題

蘇格拉底之重要事業在反對辨士派，因爲他們貶損了知識，搖動了道德與國家之基礎。他以哲學的思想爲當時之急需，懷疑主義若不消滅，虛無主義的人生觀便不能免掉。他認定當時流行的道德上、政治上各種謬誤，是發生於荒謬的眞理論，解除這些荒謬之關鍵，在知識之研究。他有見於此，並且相信人類理性之能力能够解決當時實際上的難題，乃以此種事情爲其自己的使命。他的目的不在建立一種哲學的系統，乃在激動人愛好眞理與道德，使人思想不誤，生活正當。他注重實際而不注重懸想；他注意於取得知識之正確的方法，未嘗有意貢獻一種方法論。他未貢獻一種理論，祇在實用一種方法，藉以生活，並且以身作則，勸人倣傚之。

蘇格拉底想到吾人如欲得到眞理，切不可輕信侵入腦子中的偶然意見。我們心中充滿了混淆空虛的思想；我們有一堆未經考查、未經消化的意見，一堆根據信仰而承認之成見，對於這種成見並不了解其意義；我們並有許多無根據的武斷。實際上我們完全無知識無信念；我們的知識的基礎，建立在沙堆之上，全部的根基遭小小的打擊，便可毀滅。我們的事業在洗清我們的觀念，了解文詞之眞意，正確的規定我們所用的概念，確切的了解我們所談的眞象。因此，我們還要有理性以支撐我們的意見，證實我們的假設。——要思想，不要猜想，——用事實以證實理論，修改理論，使其合於事實。

辨士派說世上沒有眞理，人不能知道什麼；各人彼此不同，意見彼此相反，此亦是也，彼亦是也。蘇格拉底說這是不對的。思想不相同，本屬實情，然學者之本分，即在由異中尋求同，尋求共通之原理。蘇格拉底的方法之目的，即在尋求這種普遍的判斷。他用他的方法於各種討論中。他同別人討論一個題目，自己裝作不知道什麼，往往好像一無所知。他的方法是使別人覺得自相矛盾，以他為師。他雖然裝作不知道什麼，卻是談論起來，即刻被人發見他是一個有學問的人。有一次有一個聽講的人，埋怨他說：『你慣於追問你原來熟知其意義之問題。』他用層層追問的方法，把原來混亂謬誤的有爭論的意義逐漸弄到清晰明瞭而成為形體，最後乃同一個好看的造像之出現。所以蘇格拉底學習彫刻，並不是毫無裨益的。

第三節　蘇格拉底的方法

蘇格拉底討論一個問題，通常以一般通俗的意見為起點。他以日常生活的事情為例證，以指出他們之無根據，與乎有待修改。他用問答法舉出各種事例，以暗示他的對話的人，使他作成正當的意見。他不使眞理逐漸發揮出來就不止息。我們可以取一個有名的例子以證明之。蘇格拉底以精巧的發問法，使一個青年人名叫攸息德馬斯（Euthydemus）的，自認他要變為一個大的政治家。他暗示這個青年，不可不希望成一個公道人。這個青年人就覺得自己已經是一個公道人。色諾芳（Xenophon）在他的追念錄中，記述這段事情如下：

蘇格拉底說：

然而必須也有種種公道的行爲。與技巧的行爲一樣。

倐息德馬斯說：自然。

蘇格拉底說：然則你必能告訴我那是公道的行爲。

倐息德馬斯說：自然；我並且能告訴你那些是不公道的結果。

蘇格拉底說：對；我們再來設立兩相反的行列：一行載記什麼是公道之結果；一行載記什麼是不公道之結果。

倐息德馬斯說：我贊成。

蘇格拉底說：虛假是什麼？應列在那一行？

倐息德馬斯說：自然該列在不公道一行。

蘇格拉底說：

欺騙是什麼？

攸息德馬斯說：

欺騙應列入不公道一行。

蘇格拉底說：

偷竊是什麼？

攸息德馬斯說：

偷竊也該列入不公道一行。

蘇格拉底說：

壓迫是什麼

攸息德馬斯說

不能列入公道一行。

蘇格拉底說：

假設一個將官，討伐一個對他的國家做了很大的不對的事情的敵人，他戰勝了敵人，壓倒了敵人，那也是不對嗎？

攸息德馬斯說：

自然不得爲不是。

蘇格拉底說：

假若他用詐術，刼奪了敵人的財貨，欺騙了敵人，這是什麽行爲呢？

攸息德馬斯說：

自然都是很好的行爲。

蘇格拉底說：

但是我想你是講要欺騙虐待朋友了。那末我們應當把有些行爲放在兩行裏嗎？

攸息德馬斯說：

我想應如此。

蘇格拉底說：

好，我們就專來講對朋友。假設一個將官的軍隊無勇氣，無組織。他對他的軍隊說，後援隊來了，使其軍隊信任其言鼓起勇氣，戰勝敵人。這也算是欺騙朋友嗎？

攸息德馬斯說：

我以爲這還是公道一方面的行爲。

蘇格拉底說

假設一個小孩子病了，應該吃藥而拒絕吃藥；他的父親欺哄他，說是好吃的東西；他吃了，病就好了。這也算是欺騙嗎？

攸息德馬斯說：

這還算是公道一方面的事。

蘇格拉底說：

假設一個朋友是很癲狂的，我們把他的刀子偸拿了，以免他自殺；我們也算一個扒手嗎？

攸息德馬斯說：

這還是公道一方面的事。

蘇格拉底說：

但是我想你說過必定不可欺騙朋友的話嗎？

攸息德馬斯說：

我將要取消前言。

蘇格拉底說：

對。但我還有一點要問你。你想到有意敗壞公道的人，與無意敗壞公道的，那一個不公道些呢？

攸息德馬斯說

蘇格拉底，由我說來我再不能相信我的答話。因爲全體事情都與我原來所想的相反了。

蘇格拉底用這種方法，藉歸納的程序，演成定義。藉許多事例之幫助造就暫時假定的定義，更由別的事例以考驗之、擴大之、縮小之以應一切需要至得到滿意的結果而後止。培根（Bacon）所說的消極的事例，對於這種程序上很有重大的功用。這種方法的目的在發見問題之根本性質以得到判然明瞭的槪念。蘇格拉底有時又依根本原則以正當的定義來批評種種主張。這裏的方法便是演繹法。例如你說這個人比那個人是一個較好的公民。但是若沒有正當理由，你的這種言論不過是一種主觀的意見沒有什麽價值。你必須要知道什麽是好的公民；你必須要規定你所說的意義。

當其有人同他的觀點相違，而又不能道出其所以然，又或有人毫無證據的謂其所稱的人是比較蘇格拉底所稱之人更聰明更技巧或更勇敢則蘇格拉底將以下述方式再返回其辯論於基本的論題：你說你所稱的人較我所稱的人是個更好的市民麽？是的，我這樣說的。那末我們爲什麽不首先決定什麽是一個好市民的責任呢？我們就來決定罷。

他不應該是一個辦理公共財政而能使國家更富的人麽？無疑是的。他不應該是一個在戰場中制勝敵人的人麽？當然。他不應該是一個奉使而能變敵爲友的人麽？毫無疑義的。

他不應該是一個對衆人講演而能使各人意見調和以趨一致的人嗎？我想是如此。

當其討論歸結於基本的原理遂使反對者恍悟眞理之所在。

當他進行辯論任何題目，他便採取普遍承認有眞實性的論說，以爲由此可以形成他的推理的確實基礎。因此，當他講話的時候他最容易使聽者贊成他的辯論。他常說，荷馬描述優利斯這個決斷的演說家的風度，是他的推理之形成根據於人類所公認的觀點上。

參考書：

Xenophon, Memorabilia, Book IV. ch. 2. (Tranl. by Marshall, Greek Philosophy)

總之，知識畢竟是可能的。我們如果靠正當的方法，如果確定我們的字義，如果歸本第一原理，我們就能得到眞理。知識是關於普遍的標準的東西，不是關於特殊的偶然的東西。辨士派不懂這一點，蘇格拉底纔糾正了這一點。然而蘇格拉底與辨士派亦有相同之點，他也相信物理的與玄學的思辨終歸失敗；研究宇宙之本性、宇宙之來源及天體之成立諸問題，是繳撓腦子之愚笨的勾當。他的興趣祇在實用一方面，不在思辨一方面。他說：『學者之所研究當期與自己或他人之利益有所裨補。若祇研究萬象如何發生，自己能隨意創作風雨、調節時令、成爲豐年嗎？能爲其所欲爲，以應其需要嗎？』他自己對於各種人事問題，論究不倦。什麼是虔誠？什麼是不虔誠？什麼是美？什麼是醜？什麼是貴？什麼是賤？什麼是公道？什麼是不公道？什麼是廉潔？什麼是放縱？什麼是勇敢？什麼是怯懦？什麼是國家？什麼是政治家？什麼是治人者？什麼是治人者應有之性格？類此種種問題，是他所研究不倦的。他以爲有這些知識的人，應該給以貴族的特權，無這些知識的人應該降爲奴隸。

第四節　倫理學

蘇格拉底對於知識及明晰而合理的思想之信心極強；乃至認爲此種信心足以醫治吾人一切弊病。他應用他的方法於一切人生問題之上，——尤其是道德上，并欲爲人之行爲求一理性的基礎。如前所述，急進的思想家，認當時之倫理的觀念與實行不過是習慣而已；即正義畢竟爲强權之製造。而保守派則認之爲自明的；他們認行爲之規律非可以理解，惟必須服從。蘇格拉底力圖了解道德之意義，發見是非之原理，爲測量道德之標準。他的心目中最大的問題，是如何規定我們的生活。什麼是生活之合理的規則？理性動物的人類應該如何行爲？辨士派說人是萬事萬物之尺度，以爲我認爲對的便是對的；沒有普遍的善：這是不對的。其義當不止此，必有原理或標準或善，而爲一切理性動物所公認的，——如果要研究這些問題。

什麼是善？什麼是至善呢？蘇格拉底說知識是至善。正當的思想，是正當行爲之根本。想駕船，必須知道船之構造與作用；想治國，必須知道國家之目的與性質。同樣的道理，除非人知道什麼是道德，什麼是克己，什麼是公道，什麼是勇敢，什麼是虔誠，他不能成爲有道德的人。但是如果知道什麼是道德，必定會成爲一個道德的人。『世上無人有意爲惡，無意爲善。』『無人願去爲惡或去作他所認以爲惡的事。趨惡避善，非人之本性；如果遇着不可免的兩種罪惡，如能避重就輕，無人不願避重就輕。』反對者說，『世上原有了解善、並贊成善反而作惡的。』蘇格拉底則說沒有這樣的事；沒有眞知善而不擇善而行者。他以爲是非之知識，不祇是理論的意見，乃是躬行實踐的確信，不僅是理智之事情，並是意志之事情。且而道德原是人類的利益。誠實而有用的行爲，足以使生活快樂而不痛苦；故誠實的行爲，是有益的、善的。道德與眞幸福是一致的；無論何人若非克己、勇敢、聰明、公道，決無幸福。蘇格拉底在他的辨護篇（Apology）中說：『我別的不做，但我要勸你們老的少的不要祇想子孫及財產，首先要注意你們的心靈最大的進步。我告訴你們，道德不是由財富而生，財富是由道德而生，公私財富無不由道德而生。』他被判決死刑時，他說：『我還要要求你們——原告及裁判官——一件事。我的兒子長大了，我要請你們責罰他們，如果他們祇顧及財富而不顧及道德，我請你們責備他們，如我責備你們；如果他們實在是空虛而假充飽學，請你們譴斥他們，如我譴斥你們。你們如允我的請求，我們父子就食德不淺了。』

第五節　蘇格拉底之弟子

前面已經說過，蘇格拉底既未建立一種玄學的系統，也未貢獻一種知識論或行爲論。他的學生乃根據他所立下的基礎，建立種種學說。有些學生以他的方法論所提示的邏輯問題，爲他們研究的對象；有些學生專注於他所提出的倫理的問題，而建立倫理學的學說。攸克里德（Euclides，紀元前 450–374）所建立的麥加利學派（Megarian School），融合他的道德卽知識之學說與伊里亞派之『有』論，而組成善爲萬有之久永的本質之論，其他——物質運動或感官所得之變化的世界——皆非實有。所以祇有一個「善」；一切外表的善皆無價值。攸克里德之門徒，專注於蘇格拉底之辨證法的方面，恰如伊里亞派之芝諾及辨士派而鑽研於辨析毫末之論。

此派學者有攸克里德、亞力息那斯(Alexinus)、底阿多羅斯(Diocorus)、斯提爾坡(Stilpo)、伊里斯之斐多(Phœdo)，建立伊里學派(Eretrian)而表同情於麥加利學派。

有兩派倫理的學派，皆根據於蘇格拉底之學說：一種是古利奈城(Cyrene)之亞利斯提保(Aristippus，大約生於紀元前四百三十五年)所建立之快樂學派(the Cyrenaic)，一種是安提斯尼(Antisthenes)所建立之犬儒學派(The Cynic)。前一派以快樂為至善，後由伊壁鳩魯派(Epicurean)紹述而完成之；後一派反對快樂說，以道德之目的在道德，後由斯托亞派(The Stoics)發揮而光大之。

第三篇　改造時期

第一章　柏拉圖(Plato)

第一節　柏拉圖與他的問題

上述蘇格拉底之門徒俱未能建立一種全完的透澈的思想系統，這種事業似乎須待一個大學者來完成之。有一個大學者認蘇格拉底所提出之諸問題彼此都有關係，皆與萬有之根本性質之問題有關，不把他們認為彼此有關爲一個大問題之諸部分決不得到一種正當的解決。換言之，人生之意義、人的行爲、知識及制度等問題之圓滿的解決，全在實體之意義一問題之解決。從事此種工作者是誰？他就是蘇格拉底之高足弟子柏拉圖。他一生作此種事業。他不僅建立了知識論、行爲論、國家學，並且建立了一種宇宙論以聯貫之。

柏拉圖生於紀元前四百二十七年，是一個貴族家庭的兒子。據說，他始而從別人學音樂、詩辭、繪畫、哲學，到了四百零七年，乃從蘇格拉底學，直到蘇格拉底死後，纔含淚而去。據說，他曾遊歷過埃及、小亞細亞，遊歷過意大利，拜見過畢達哥拉斯派；爲官於息勒古斯國（Syracuse）暴主底奧尼昔斯一世（Dionysius）之朝，後爲此暴主賣於人爲奴隸。但許多記載俱否認此說。他在阿加底馬斯(Academus)之森林中建立一個學院（Academy），教授數學與各門哲學，其方法爲講演與對話，與近世之硏究所相彷彿。有的記載說他的學院停閉過兩次（三百六十七年一次，三百六十一年一次）因爲又跑到息勒古斯國，意欲助其當道以實現自己的理想國，不過未達到目的。他死於紀元前三百四十七年。他是一個詩人、神祕家、哲學家、兼辨論家；融合論理的分析、抽象的思想、詩意的想像與神祕的感情。他生於貴族家庭，性情高雅而不凡庸。

柏拉圖之著作盡存在。有對話（Dialogues）三十五篇，書札（Letters）十三篇，定義（Definitions）一集。然書札與定義都是僞作。對話篇中黑爾曼（Hermann）祇認二十八篇是眞的；詩萊爾馬哈（Sehleiermacher）認二十三篇是眞的；芝勒爾（Zeller）與亨茲（Heinze）認二十四篇是眞的；魯托斯羅斯克（Lutoslawski）認二十二篇是眞的。很多人想把他的對話篇按着年代排列次第，然不能得到確切的次第。所以完美的柏拉圖之思想史，現在還得不到。然我們可以把他的著作勉強分爲三大期：第一期、其著作是一切倫理的對話篇；如：Apology, Hippias Minor Charmides Laches Lysis, Euthyphro, Crito, Protagoras。其思想不出蘇格拉底之範圍。第二期、發揮自己的思想，拿出自己的方法，其著作爲：Phœdrus, Gorgias, Meno. Euthydemus, Theœtetus, Sophist, Polticus, Parmanides. Cratylus。第三期是思想的組織完成期，其著作爲 Symposium, Phœdo, Philebus, Republic, Timœus, Critias, Laws。

參考書：柏拉圖之著作：

一千八百七十五年 Schanz 所編纂之柏拉圖之著作；一千九百零二年 Burnet 所編纂之柏拉圖之著作；Jowett 所譯之五大本。

學者論述柏拉圖之著作：

Ritchie, Plato; A. E. Taylor, Plato; Pater, Plato and Platonism; Adam, Vitality of Platonism; J. A. Stewart, Plato's Doctrine of Ideas, and Myths of Plato; Nettleship, Lectures on the Republic; and Plato's Theory of Education; Grote, Plato, etc., and History, vol. VII; Windelband, Plato; Riehl, Plato; Ritter, Plato, and Neuere Untersuchungen; Natorp, Plato's Ideenlehre, and Plato's Staat; Fouillee, La philosophie de Platon; Benard, Platon; Huit, Platon, 2 vols. Indexes to Plato's works by Michell and Abbott.

蘇格拉底以爲欲生活好，須得到「善」的知識；而得到「善」的知識，是可能的。但他未曾指出如何得到「善」的知識之方法，他祇在對話的形式中，用過發見眞理之方術。柏拉圖巧妙的運用此法術於他的著作中。他更進而思索眞理之法方與意義，並論述方法論（辨證法或邏輯），在方法論中討論形成概念或得到眞理之方術。此爲知識論與形式邏輯之開端。然柏拉圖並不以指出得到眞概念與眞判斷之方法爲滿足；他的主旨在由精神、物質、道德各方面以了解實體，——了解整個統一的實體。若不了解宇宙之本性，知識問題不能解決，這是他認爲顯然明白的事情。因此，他就以他所理想的大思想家之精神，發揮一種宇宙論。柏拉圖雖未顯然的劃哲學爲邏輯、玄學（物理學）、倫理學（實用哲學包含政治學），但他的著作是按這種區分。所以我們敘述他的思想，就依這個次序。

第二節　辨證法

當時的哲學中知識問題最關重要，這是柏拉圖所明知的。一個人對於知識之起源與本性之見解，常規定其對於當時所發生之問題之態度。柏拉圖說，如果我們的主張是出自感官知覺與意見，則辨士派所說的「世上無眞知識」是十分對的。因爲感官知覺發現不出眞象，祇能發現現象；而意見則有眞有假，僅僅的意見沒有什麽價値。意見不是知識，因其建立於感情或信仰之上，不能知道眞假，不能批評自身。眞知識是建立於理性上之知識，能夠檢查自身的眞僞。大多數人的思想不知其爲何思想，他們的意見沒有根據。尋常的道德沒有價値；也是因其建立於感官知覺及意見上，不明瞭其本身之原理。常人不知其行爲之所以然；他們的行爲概是本能的，其根據是風俗或習慣，有如蜂蟻；他們的行爲是求快樂與利益，是自私的；所以多數的民衆，是無意識的辨士派。辨士派之謬誤，在混亂現象與實體，快樂與善。

吾人必須超過感官知覺與意見，進而求得眞知識。吾人若無一種慾望或愛好眞理之心理，便不能得到眞知識。愛好眞理之心理起於探求美的觀念；吾人有了美的觀念之探求，而後有眞理之探求。愛好眞理的心理驅使我們運用辨證法；並驅使我們超過感官知覺，而趨向觀念，趨向概念的知識，由個體以得到共相。這種辨證法，第一，是了解一個觀念中散漫的個體；第二，是把這個觀念劃爲若干部分；換言之，辨證法含有概括與分類兩種程序。本着辨證法方有明晰鞏固的思想。我們綜合概念，分析概念，翻來覆去，使概念成爲由大理石中彫刻出來的最好的美術品。判斷是表示這個概念與那個概念的關係，調整這個概念與那個概念；至於推理，則是結合這個判斷與那個判斷。辨證法就是運用思想於許多概念中之方法思想之根本對象是概念，不是感覺或影像。例如我們若無公道之概念，便不能說某人公道或不公道；我們知道了什麼是公道，而後能說某人公道或不公道。

但柏拉圖說，概念或觀念（例如公道之概念或觀念）不是由經驗中生的；吾人不是用歸納法由個別事物中求出概念或觀念。個別事實祇是把已經隱然存於吾人靈魂中之概念，弄到顯然明白。如果這種概念發展出來了，別種概念即可由此演繹而出，更可發揮他的意義，以得到新的與絕對確切的知識。所以人為萬事萬物之尺度，是確實之論；何以呢？因為人之心靈中原有普遍的原理、概念或觀念，為其一切知識之出發點。

經驗不是吾人之概念之源；經驗中沒有什麼東西與眞善美之概念恰相當。個別的物象，不是絕對的美，絕對的善。吾人檢討感覺世界，是用眞、善、美之理想或標準。柏拉圖認眞、善、美之概念為靈魂中所固有；並且又認數學的概念、邏輯的概念或類別（如有與無、同與異、一與多）皆為先天的。

概念的知識是唯一的眞知識；這原是蘇格拉底之學說。但問題從此發生，即我們何所據而以之為眞呢？柏拉圖的答案，是根據於幾個前輩的玄學學說。他說，知識是思想與實體相符合；知識必有一個對象。所以如果觀念是有價值的知識，必有與之相符的實在東西，因為各種實體是與吾人之普遍的觀念相符合的。換言之，有價值的概念或普遍的概念，不是我們腦子中的思想之曇花一現；數學之眞理，眞、善、美之理想，必是實在的，必有獨立的存在。如果我們的觀念的對象不眞實，我們的知識便不成其為知識；所以觀念的對象必實在。

由別種方面亦可得到這種結論。原來眞理是實體之知識。吾人以感官所知覺之世界，不是眞世界；是變化不停的世界，今日是這樣，明日是那樣（赫拉克利塔斯之主張）。感覺世界不過現象而已，幻象而已。眞實體是永久不變（巴美尼底斯之主張）。所以想得到眞知識，必須知道萬事萬物之永久不變的本質。想得到這種永久的不變的本質，唯有概念的思想方能夠。概念的思想能知千差萬別變化不停中之不變不異之性質，能知萬事萬物之根本的形式。

總之，柏拉圖認知識之確實證據，必須求之於玄學，求之於他的宇宙觀。感覺知識——辨士派所信任者——祇能給我們以變化的、偶然的、個別的、流動的東西，不能指出眞理，指出實體之眞象，所以不能作爲眞知識。概念的知識，指出萬有之普遍的、不變的根本的情形，所以是眞知識。哲學之目的，卽在知道普遍的、不變的、永久的東西。

第三節　觀念論

如上所述，觀念是許多個體所共有之本質之集合，是萬事萬物之本質所構成的必然形式。我們很易於把觀念認爲祇是心理歷程，很容易認爲祇有個體存在心之外，沒有什麼與觀念相當。據說安堤斯尼（Antishenes）曾說過：『我祇見到馬，我未見過抽象的馬。』柏拉圖不承認此說，他說觀念或法式（form）不是人心中、甚至神心中僅僅的思想（實則神聖的思想也都靠着觀念）；他認爲觀念本身是存在，有眞形實體，具有實質之性質，是萬有之根本的、永久的、超越的原型；未有萬有之前，他已存在，萬有消滅之後，他仍存在，獨立於萬有之外，不受萬有之變化之影響。吾人所感知之個體物象，是這些永久的原型之不完全的影本；個體有生有滅，而觀念或法式（原型）永久如一。人有生有死，而人型或人類永久存在。物象或影本甚多，但同屬一類的事物，祇有一個觀念。這種獨立的法式或觀念，是無數的：有事物、關係、性質、行動之觀念；有桌、椅、牀、聲、色、康健、運動、休息之觀念；有大小相似之觀念；有眞善美之觀念；無論什麼，無不有眞觀念。

這些觀念或原型雖是無數，然非亂雜無章；他們構成一個井然有序的宇宙。觀念的秩序成爲彼此關聯的有機整體，各種觀念排成論理的序列。諸觀念中有一個最高觀念，卽善之觀念，其下有無數的觀念。善之觀念爲一切觀念之源，居於最高地位，沒有別的東西在其上位。眞實與眞善是一樣的；善之觀念是『邏各斯』（logos）——宇宙的目的。所以整體包含複體；在理想的世界中，離了整體就無所謂複體，離了複體就無所謂整體（巴美尼底斯之主張）。柏拉圖認宇宙爲一個衆觀念之論理的系統，這個系統是一個有機的、精神的整體，由宇宙之目的——善之觀念、統治之，所以是一個合理的道德的渾一體。宇宙之意義，非感官所能得着；感官祇能得着宇宙之流轉的、不完備的反映，得不着眞象。哲學之職務，卽在藉邏輯的思想，認識宇宙之本質，了解宇宙之內部的秩序與關係。

柏拉圖之學說，實由希臘哲學名家之思想中轉變融合而成。他認現象的知識是不可能的，這一點，與辨士派之主張相似；他認眞知識常是概念的，這一點，與蘇格拉底之主張相似；他認現象是繼續變化的，這一點，與赫拉克里塔斯之主張相似；他認觀念的世界是不變化的，這一點，與伊里亞學派之主張相似；他認實體是多數的觀念，這一點，與原子論者之主張相似；他以實體是一個，這一點，與伊里亞學派相似；他以宇宙是合理的，這一點，與希臘所有的思想家之主張相似；他認統治宇宙者是心，而心異於物質，這與安納薩哥拉斯之主張相似。他的思想可說是自希臘哲學之開端以至他當時的哲學之結果。

第四節　自然哲學

現在來看理想世界與所謂現實世界之關係。前頭已說過，自然界之各個物象，是諸觀念之影本。這是如何得知呢？純粹的完全的不變的原理，對不完全的變化，不停的感覺世界有何任務呢？這是因爲另有一個原理，他是一切事物，而觀念則否。他使感覺世界成爲不完全的。這個原理，亞里斯多德稱爲『柏拉圖的物質』（Platonic Matter），爲現象世界之基礎，他好比是原料，各種形像由他鑄成。他是可消滅的，非眞實的，不完全的，——非實體；——而感覺世界之有實體，法式，及美觀，皆有賴於諸觀念。有些註解人認『柏拉圖的物質』爲空間，還有些註解人認爲無法式的、充塞空間的質塊。柏拉圖想解釋感覺世界，不得不於觀念之外，假定另有這樣東西。所謂感覺世界或自然界，不是感覺之幻覺，乃是較之不變化的理想世界的一種下層秩序。這個下層不接觸理想原理，必是無法式、無規定，不可知覺。自然之存在，是靠着理想世界對於非實體或物質之影響。觀念被物質化爲許多物體，恰如光線經過三稜鏡，發出許多光線。無法式的東西，稱之爲非實體（non-existent），並非謂其不存在，不過謂其存在之秩序低下而已。非實體一詞，是表示價值的判斷。感覺世界具有法式，始有實體。柏拉圖對於感覺世界與觀念世界間關係之性質，並未說十分明白；但觀念爲一切事物之實體之根據事物之實體卽觀念之表現，則說得甚明白。同時非實體爲現象界各個物體之不完備與歧異之原因；後世有人稱之爲第二種「原因」，或盲目的不規則的必然之「原因」。所以宇宙間有兩種原理：一爲精神，二爲物質。精神是眞的實體，是最有價值的東西；萬事萬物之法式與宇宙中秩序及法則之原理，皆由精神而來；物質是第二等的粗笨的不合理的指抗的勢力，是心的黠傲奴僕，而多多少少的不完備的取得心理的印痕。法式是自動的因，物質是協作的因。物質可以爲心理之友，但又是心理之敵，他可以輔佐心理，又足以障礙心理。牠是自然與道德之罪惡，是變化與不完全之原因。因爲觀念世界卽是善，所以非觀念——物質，必是罪惡。由此看來，柏拉圖之學說可稱爲二元論（dualism）。由其認精神爲基本原理，物質爲第二原理言之，可稱之爲觀念論或唯心論。由任何點觀之，他的學說完全是反唯物論的，反機械論的。

柏拉圖在他的 Timœus 篇中，努力於說明自然之起源；這可以促起我們回憶此乃早期的蘇格拉底以前的哲學的任務。他指出宇宙中有很多神祕的成分，常與他的別的學說相反。在這個宇宙論中，說有一個類似藝術家的『德米爾』（Demiurge）或造物主，按照理想世界之模型製造世界；他按照善的觀念用物質的原本以構成完美的世界。『德米爾』並不是眞實的創造者，不過是一個技術士而已；因爲物質與精神兩種原本，是已有的東西，僅待一個造物者將二者合併製成東西而已。爲實現他的目的起見，乃給水、火、土、氣四種原素構成之世界以靈魂與生命。這種世界靈魂，是由精神與物質構成，以便知道觀念世界與感覺世界。世界靈魂有其原來的運動，爲一切運動之因；當其自動時，也移動別的物體；他散佈於世界各處，爲世界上調和、秩序及美之根源；換言之，他是神之影像，是一種可見的神世界靈魂又是觀念世界與現象世界之媒介物。他是一切法則、調和、秩序、齊一、生活、精神、知識及數學關係之根源；他根據他的本性之固定法則以運動使物質散佈於宇宙中。『德米爾』創造了世界靈魂之外，又創造諸行星之靈魂，與合理的人類之靈魂。而動物及沒有理智的人類的靈魂則是下級的神所創造。萬物皆是爲人而造的；植物是爲人的營養而造的；動物的身體是爲墮落的靈魂之住所而造的。

柏拉圖之宇宙論有許多神，未經明言其有人格，也許因爲他以爲這是當然的，而以這些神與人之靈魂爲一類；如善之觀念、整個觀念世界、『德米爾』、宇宙靈魂、恆星靈魂及通俗宗教中之諸神。

柏拉圖的這種宇宙論，就其神祕的方面言之，是目的論的宇宙觀，想說明實體是一個有目的有條理的宇宙，由理性與倫理的目的支配的智慧所造成。目的或最後的原因是宇宙之眞原因，物理的原因是協作的原因。凡宇宙中好的、合理的、與有目的的，皆是由於理性；凡是惡的、不合理的、無目的的，皆是由於機械的原因。

第五節　心理學

如上所述，知識論分知識爲感官知覺、意見與眞知識三種。柏拉圖之心理學亦受此區分之影響。在感覺與意見中，心靈是依附於肉體；當牠認識純粹的觀念世界時，纔是純粹理性。所以肉體是知識之障礙，心靈必須解脫肉體之束縛以便發見純粹的眞理。現象界中純粹觀念的影本僅激動合理的心靈之思想，感覺僅激動觀念，並非產生觀念。所以心靈在未與經驗世界接觸之前，必已有觀念。柏拉圖說心靈以前曾見過觀念，但以後忘記了；感覺世界中不完全的觀念之影本，又提醒之，使其認識以前曾經見過的東西；所以一切知識，皆是心靈的一切學問，皆是心靈的復醒追念。故心靈未與肉體結合之前，已經存在。

所以人類的靈魂一部分是純粹理性，而此合理的部分是其本色。及其鑽入身體之後，便加上了有生滅的不合理的部分，以便生存於感覺世界中。這種劣等的部分，更分為兩部分：一部分為精神的部分，——柏拉圖認之為高貴的衝動（忿怒、野心、權力之貪戀）居於心臟中；一部分為慾望，——柏拉圖認之為低等的嗜好（愛好、飢渴、等）居於肝臟中。靈魂與肉體之結合，為靈魂對於知識之障礙；衝動與慾望之存在，為理性之倫理的障礙；但柏拉圖在他的倫理學中說，謂理性本身自然會克服衝動與慾望，探求純粹的永久的觀念之靈魂，必須類似純料的、永久的觀念，因為唯有同類方能認識同類。追念論（追念原有之知識）即足證明靈魂之預先的存在與繼續的存在。靈魂不死之其他證據，是靈魂之單純性（單純則不可分析），及靈魂之生命（生命無死亡，不消滅）。

然則純粹的合理的靈魂怎樣與肉體結合起來了呢？關於這一點，柏拉圖是乞援於神祕的解釋。他融合他的知識論與經驗的心理學所提示的概念，與奧爾斐派及畢達哥拉斯派之神祕主義於一爐。他說為『德米爾』所創造之純粹合理的靈魂，曾居住於星辰界。但後來想來到感覺世界，遂被囚禁於肉體中。他若克服了他的本性中之低等的慾望，還可以回到星辰界之位置；如果不能，便要逐漸沉淪，經過許多種動物之肉體（靈魂輪迴說）。如果靈魂能拒絕慾望，默念觀念，保持本來的面目，便能超然的存在。但須用純化作用之工夫。

柏拉圖之心理學之重要的方面是慾望論。感官知覺在靈魂中引起純粹觀念——眞理——之記憶，恰如感覺的美之概念在靈魂中引起理想的美之記憶，而追想起原有的美之概念。這種追想，引起對於高尙的生活或純粹觀念之世界之慕渴。對於美善之渴慕及感覺的愛是同一的衝動；皆是渴慕永久的價值。靈魂渴慕他的不滅。感覺的衝動追求種類之繼續的存在；高等的衝動，追求名譽，如創造美術、科學與人文制度。這些衝動也足證明靈魂之不滅，因爲靈魂所欲望者必可達到目的。

第六節　倫理學

蘇格拉底認爲最重要之問題，是善之問題。什麽是善？什麽是善的生活？合理的人應該怎樣生活他的生活？支配原理是什麽？蘇格拉底雖提出這些問題，解決這些問題，但未貢獻出來有系統的人生哲學，不過立下其基礎而已。柏拉圖提出這些問題，而欲以統括全體的宇宙觀以解決之。他以人生及人文制度之價值與意義之問題，包含於一個更大的人生及宇宙之意義與性質之問題中。所以他的倫理學與他的知識論一樣，也是建立於他的玄學上。

宇宙畢竟是一個合理的宇宙，宇宙是一個精神的系統。感覺的對象——圍繞吾人四週之物質的現象——不過是永久不變的觀念之幻象，不能永久，並沒有價值。唯有經久不變的是眞實的、有價值的；唯有理性方有絕對價值，方是至善。所以人之理性的部分是眞的部分，人必須修養理性，培養靈魂之不死的方面。肉體與感官不是眞的部分；肉體乃是靈魂之囹圄；解脫肉體之束縛，是靈魂之最後的目標。我們須趕快超脫地面，飛入天堂，變成神仙。人生最高的目的，即在脫離肉體，探求美的觀念世界。

靈魂帶着理性及有生氣部分與嗜好，拘禁於暗牢中，有各種問題須得解決。合理的部分是聰明的，牠藉全體的靈魂，發動意思。所以其根本作用是發號施令。個人的理性統制靈魂之其他的衝動時，便是聰明。有生氣的部分（意志），必須與理性相聯合。音樂與體操可以把理性與有生氣的部分兩種原本結合起來。若把理性與有生氣的部分加以訓練與培養，便能支配嗜好。理性發號施令，意志遵從理性之命令，並勇敢以從事。若是個人的有生氣的部分，苦樂不能移，懼怕不能屈，總是確守理性的指導，便是勇敢。若果個人的意志與嗜好同受理性之支配，便是節制。換言之，節制或克己，就是約束一切快樂與慾望。若果聰明勇敢節制三者調和得當，各如其分，此人便是正直。若是一個人聰明、勇敢、克己；或能調和自己的靈魂，便是有道德。這種人不肥己、不偸竊、不欺友、不賣國、不作壞事。所以理想的人物，是能統一他的靈魂，是兼具聰明、勇敢、克已及正直之四德的人。理性的生活——道德生活，是最高的善。人靠着他去得到幸福；正人終是幸福的人。但快樂本身不是目的，是靈魂生活之劣等的東西。

柏拉圖之倫理學說中，還有一點，曾經說過，就是注重靈魂中合理的成分，而以不合理的成分，不僅應該制服之，且應該剷除之。這一點，不與尋常希臘思想相同，似有遁世之意，在原始的基督教中有這種意思。柏拉圖以經久的東西為理性，為眞理，其餘別的東西概是空虛的。物質是不完全的，為靈魂之重累，脫離此束縛，探求美的觀念（基督教之上帝），為靈魂之至願。就這一點言之，柏拉圖之學說已達神祕主義之極峯。

第七節　政治學

柏拉圖之政治學或國家學發表於他所著的共和國中，是根據他的倫理學來的。因爲道德是至善，個人不能在離羣的狀況中得到善，須在社會中方能得到善；所以國家之任務，在實現道德與善。國家制度及法律之目的，在產生使多數人能變爲善之條件；換言之，卽在產生公共的幸福。社會生活是達到個人之完善之方法，其本身不是一個目的。個人須將其私利放置於公共福利之下，因爲個人的眞善，離不了社會的福利。如果人人皆是歸本理性，遵守道德，便無需乎國家與法律。無如完美的人爲數甚少，所以法律是實現吾人眞善之必需品。國家之發生，卽由於此種必要。

國家之組織，須像一個大的宇宙與個人的道德的靈魂；換言之，國家須由理性統治之。社會上之階級，與靈魂之機能之數相等，各階級之關係，亦須與靈魂中各機能之關係相仿。有哲學知識的人，代表理性，應該爲治者之階級；軍人代表有生氣的部分或意志，其職務在保衞國家；農人、工人、商人代表低等的嗜好，其職務在生產貨物，懋遷有無。各階級各做其分內所應做之事務，便是實現了國家之正義。各階級能如是，國家就是聰明、勇敢、節制。國家有好的統治時，多數人之慾望，由少數人之智慧與慾望節制之；治者與被治者對於應該治理之問題，沒有衝突。各個人在國家中須有一種職業，這種職業，須得恰與其自然的秉賦相適合。正義就是各做其分內之事，各守其本分。

理想的社會是一個完備的一體，是一個大的家庭；所以柏拉圖反對私有財產制與私有妻子制，而主張治者及軍人（這兩階級由農工商供養之）應該共產、共妻、共子。他主張國家監督婚姻與生育（優生學），捨棄軟弱的嬰兒，施行國家強迫教育，爲供應戰爭與政府者之婦女教育並檢查文學美術之作品。柏拉圖無高尙的美術意見，他認美術是模仿感覺世界，而感覺世界本身是模寫萬事萬物之本質，所以美術是模仿之模仿。然美術可爲道德教育之手段。

國家是一個文化教育的機關，其基礎不可不建立於最高的知識，卽哲學上。『若非哲學家在一國之內握有國王之權力或國王具有充分的哲學知識，換言之若非政治權力與哲學知識集合於一人之身上……則對於國民或人類無所裨益。』國家要執行（上等階級的）兒童教育，其教育要依一定之計劃，未滿二十歲之男女要用相同的教育。其課程要包括身體的運動（嬰兒時期）、神話會話（以寓道德教育之意）、體操（以便發展身體與意志）、誦讀與寫字、詩歌與音樂（以便引起調和、均勻美之情感及引起哲學的思想）、數學（以便使兒童不專注於感覺的東西，而專注於眞實的東西）；此外並須加以軍隊的訓練。選擇到了二十歲的品質出衆的青年，使其研究兒童時代所學之各種課目而聯貫之。到了三十歲，查其對於各課之研究已有最大之成績者，令其再學五年辨論術，便可使之充當軍事官佐及學習官吏。到了五十歲，再加以審查，如其有學有能者，再致力於哲學的研究，以便可候補爲國務大員。

柏拉圖之共和國是一種完美的國家理想，是地上神國之夢想，人常稱之爲烏托邦。然柏拉圖所謂之國家，是小的市府國家；他的理想中的許多點，在當時的斯巴達已經實現過，在今日認爲是事實者亦屬不少。

他在他的晚年著作——法律篇(Laws)中,大大的修改了他的政治學。他的修改的政治學,以好的國家除理性之外,還須有自由與友誼。一切市民,須有自由,須參與政治。他們須私有土地,商業貿易可以委之於農奴與外國人。家庭可以存在。知識不包括一切道德的行爲,還有快樂、友誼、痛苦與恨惡諸動機。然道德依舊是理想,道德教育依舊是目標。

第八節 柏拉圖在歷史上的地位

柏拉圖之哲學,就其主張宇宙之合理的知識是可能的,及知識之起原在理性,而不在感官知覺等說言之,則是理性論的。但他也主張經驗爲引起先天的觀念之必要的工具。就其主張有眞實世界言之,則是實在論的;就其主張眞實世界是理想的或精神的世界言之,則是唯心論的或觀念論的;就其主張感覺世界是眞實世界之表象言之,則是現象論的,也可稱之爲極端的反唯物論的。就其主張一切現象爲包含一切的宇宙靈魂之表現言之,則是汎神論的。就其主張有『德米爾』或造物主(其說雖然神祕,而不在其哲學系統中佔一位置)言之,則是一神論的。就其主張理想世界超越於經驗世界之上言之,則是超越論;就其主張宇宙靈魂佈滿空間言之,則是內在論的。就其由最後因或目的論中探求宇宙之究竟的學說言之,則是反對機械論的,主張目的論的。就其主張有心物兩原理言之,則是二元論的。就其主張全宇宙之最後的因是善之觀念言之,則是倫理的。但是他的倫理學說是反對快樂主義的,主張直覺論的、唯心論的、自我實現論的。他的政治學說是貴族主義的與社會主義的。

柏拉圖之思想對於後世希臘的思想與基督教大有影響，則是顯然可見的。基督教徒想把他們的教義化爲合理的、可理解的，以傳佈於有教育的羅馬人，乃把柏拉圖的思想當作思想之寶庫。舉凡他的唯心論、二元論、目的論、神祕論、倫理的國家論、人類墮落、靈魂不滅、觀念爲宇宙之模型、——種種理論及其他許多學說皆借來裝飾新信仰之門面。以後還有機會指出基督教襲取了若干希臘思想，及基督教最初的大思想家聖奧古斯丁（St. Augustine）受了柏拉圖如何大的影響，此處暫不詳說。他的唯心論對於歐美哲學有如何偉大的勢力，至今日依然未滅，此後亦可以逐步明瞭，暫不贅述。

第九節　柏拉圖學派

柏拉圖所建立之阿加底米學院，到他死後，還有他的弟子繼續主持之。最初是歸本柏拉圖所採取之畢達哥拉斯學說，以數與觀念是一樣的東西，也注重倫理之研究。此爲舊阿加底米派（Older Academy）；其中領袖有柏拉圖之侄子斯標西保（Speusippus，自紀元前三百四十七年至三百三十九年）、色諾庫拉底（Xenocrates 自紀元前三百三十九年至三百一十四年）、坡勒模（Polemo，自紀元前三百十四年至二百七十年）、庫勒底（Crates，自紀元前二百七十年至二百四十七年）。此外有名的有邦塔斯之希拉克里底（Heraclides of Pontus）、奈達斯之歐度蘇斯（Eudoxus of Cnidus）等人。承繼庫拉底者爲阿色希勞（Arcesilaus，自紀元前二百四十七年至二百四十一年），引入懷疑論，成為中期的阿加底米學派。及加里亞底（Carneades）出，乃建立第三或新阿加底米學派。

第二章　亞里斯多德（Aristotle）

第一節　亞里斯多德的問題

柏拉圖是希臘思想家中想以包括一切的眼光，建立唯心論的第一個人。然而他的思想系統中有很多困難與矛盾，必須加以討論，如能推翻，必須推翻之。初期的柏拉圖之弟子，對其師說少有發揮，唯將其所承受者傳之於後而已。到了柏拉圖之高足弟子亞里斯多德，乃改造師說，重建鞏固的科學的學說。首先改造超越的觀念，柏拉圖所認爲超越現世界之永久的法式（亞里斯多德所題之名）。次乃精細的規定柏拉圖的物質——第二等原素——之意義，使其成爲滿意的解釋之原理。法式與物質間之隔閡，須得剷除；不然，超越的不變化的觀念，如何能將其印象嵌入無生命的不合理的物體中呢？還有其他的難點：如萬物之法式爲何不斷的變化呢？不死的靈魂怎樣攢入有死的人體中了呢？『德米爾』與宇宙靈魂之說不過是遁辭，而乞援於神話與通俗宗教又是無知識之供狀。要之，二元論充塞柏拉圖之思想系統中，種種問題，都未解決；其弟子須解決之。

亞里斯多德保留其師說之永久不變的法式——唯心論，而排斥其超越論。他把種種法式由天上移到地面。他說法式不在事物之外，而在事物之內；不是超越的，乃是內在的。物質不是柏拉圖所謂之「非實體」，不過是活動的而已。物質與法式不是分離的，乃是永久聯在一起的。物質實現事物之法式或觀念，不斷的向前移動、生長、變化或進化感覺世界不是眞實世界之影子或印本；他就是眞實世界，因為法式與物質是一樣的東西。感覺世界或現象世界是科學之眞對象。亞里斯多德有鑒於此，即專心的研究之，而對於自然科學給以很大的鼓勵。

亞里斯多德於紀元前三百八十四年生於斯他旣拉（Stagira），是馬其頓王菲力（Philip of Macedon）之官醫尼哥馬卡斯（Nicomachus）之子。十七歲入柏拉圖之阿加底米，在其中歷二十年之久，做了學生又做先生。柏拉圖死後（紀元前三百四十七年），遊歷四方，後又回雅典，建立修辭學學校。紀元前三百四十二年，菲力招之使教授其子亞歷山大。七年後，復回雅典，創辦高等文科學校，教授哲學，題為 Lycean Apollo，為後世 Lyceum（高等文科學校）之源起。（因為他教授學生時，有散步講演之習慣，又稱之為散步學校（Peripatetic School）。）他的教授法是講演與對話。紀元前三百二十三年，亞歷山大大王死後，希臘反對馬其頓之黨徒啣恨亞里斯多德，控其為瀆神，乃逃於攸比亞（Euboea），到了紀元前三百二十二年，死於其處。

亞里斯多德之品性高尚，希臘人之適度調和之理想，皆實現於他的人格中。他的愛好眞理的心理甚強烈；他的判斷正大而精細；他長於辨證法，精於觀察，又是一個專門科學家。他的文章的氣派，如同他的思想，是端莊的、科學的、可愛的，無空想，甚至有嫌乾燥。從來少有在他的著作中發見過他個性的烈情，很少機會表現他情緒的激盪。這些地方不像他的老師。我們研究他的著作時，好像處於沉靜而無主觀的推理當中。他在思想史上是一個最偉大的人物。他的著作甚多，邏輯、修辭學、詩學、物理學、植物學、動物學、心理學、倫理學、經濟學、政治學、玄學，無不有所論著。

亞里斯多德之著作傳至於今的甚多，其中似有許多散佚。芝勒爾按其著作之內容分爲六類：

（1）邏輯 （亞里斯多德之門徒稱之爲機關（Organon），爲取得知識之機關或工具）。內中著作：有範疇（Categories），命題（Propositions），分析術（Analytics，內有三段論法定義、分類證明），論題（內有九章討論機率末附辨士派的謬誤一章）。

（2）修辭學 內分 Rhetoric to Theodectes （是根據亞里斯多德之學說著的，不是亞里斯多德本人之著作）；Rhetoric to Alexander （這是僞作）Rhetoric（共三章，末章不可靠）；Poetics （內有美術論，唯一部分傳流至今）諸篇。

（3）玄學 內有十四章專論第一原理，在安多尼卡斯（Andonicus）所集之亞里斯多德著作中，居於物理學之後，因得『Meta ta Physica』（在物理學之後之意）之名而爲 Metaphysics （玄學）之起源；亞里斯多德本人未嘗稱之爲玄學，不過稱爲第一原理而已。十四章合爲一部，並非亞里斯多德之意，其中第二章（a）與第十一章皆是僞作。

（4）自然科學 內有 Physics，（共八章，第七章是插入的）；Astronomy（四章）；Origin and Decay（二章）；Meteorology（四章）；Cosmology（僞作）；Bontany（僞作）；History of Animals（共十章，末章是僞作）；On the Parts of Animals（內中有些不可靠）。心理學方面有 On the Soul，有八章，就

中有三章討論感覺、記憶、睡與醒；其餘皆小篇文章，名爲 Parva Naturalia。

（5）倫理學　內有 Nicomachean Ethics, Eudeméan Ethics, Magna Moralia（名大倫理學，爲前二書之合編）諸篇。

（6）政治學　Politics, On the Constitution of Athens，（爲前書之一部，一千八百九十年發見出來的。）

參考書：亞里斯多德之著作譯成英文者：

Posterior Analytics and Sophistici Elenchi by Poste; Metaphysica by Ross; Psychology by Hammond, Hicks, Wallace; Parva naturalia by Beare and Ross; Nicomachean Ethics by Welldon, Peters; Politics by Welldon, Jowett (2 vols.), Ellis; Constitution of Athens by Kenyon; Poetics by Bywater, Butcher, Lane Cooper, Wharton; Rhetoric by Welldon. (Nearly all these Works also in Hohn Library; in Addition: Organon and History of Animals.) Burnet Aristotle on Education, translations of parts of Ethics and Politics.

A. E. Taylor, Aristotle; E. Wallace, Outlines of the Philosophy of Aristotle; Grant, Aristotle; Grote, Aristotle; T. H. Green, Aristotle in Works; Chase, Ethics of Aristotle; A. C. Bradley, Aristotle's Theory of State in Hellenica; Davidson, Aristotle and Ancient Educational Ideals; Jones, Aristotle's Researches in Natural Science; Siebeck, Aristoteles; Brentano, Aristoteles und seine Weltanschauung; Piat, Aristotle; special works by Bernays (on theory of the drama), Maier (syllogism), F. Brentano (psychology).

第二節　哲學與科學

亞里斯多德紹述柏拉圖之觀念論與目的論，以宇宙為一理想世界。內部彼此相關，而為有機的全體，也就是永久不變的觀念或法式之系統。此等法式或觀念為萬物之根本原因與本質，使萬物之為萬物之原動力。然觀念不離開感覺世界，是感覺世界之一部分，在感覺世界之內給感覺世界以法式與生命。經驗世界是實在的世界，不是不可信賴的現象。所以經驗世界是吾人研究之對象；經驗是吾人知識之基礎與出發點，而學問之根本原理即由之而生。這種實在之概念，使這醫生的兒子亞里斯多德尊重個體與具體的東西，注意自然科學，並且規定了他的方法。然真知識不是僅僅的認識事實，乃是認識事實之理性、原由或根本。哲學包含一切這樣有理性的知識，並包含數學與專門科學。凡研究事物之根本原因者，亞里斯多德稱之為第一哲學，現在稱之為玄學。玄學研究這種實體，各門科學研究實體之一部分；例如物理學即是研究實體之物質與運動。研究實體之部分之科學，亞里斯多德稱之為第二哲學。

亞里斯多德更分科學為三種：（一）理論的科學（數學、物理學、玄學）；（二）實用的科學（倫理學與政治學）；（三）創造的科學（機械學與美術）。他將這些分為物理學（物理學、生物學、天文學等等）、玄學、實用哲學。假如我們加上一個倫理學，便是柏拉圖的普通分類法（論理學、玄學、倫理學）。

第三節　邏輯

亞里斯多德以邏輯之功用在論述得到知識之方法。蘇格拉底與柏拉圖本已為邏輯立下基礎，但詳細的研究邏輯，並把邏輯研究成為一種特別學問者，則以亞里斯多德為第一人。他是科學的邏輯之鼻祖，他說邏輯是取得眞知識之重要工具，若不諳練分析學，不要去研究哲學。所以邏輯是哲學之入門或預備科學。

邏輯之主旨在分析思想之法式與內容，在分析得到眞知識之程序，是正確思想之學問。思想是由推理（科學的證明）而成，由共相（universal）推演個體（particular）。推論是由判斷而成，表示於文字中，名之為辭（或命題 Propositions）；判斷由概念而成，概念表示於文字中，名之為端（或名辭 terms），亞里斯多德又討論判斷之種類、性質、彼此之關係，及論證之各種程序；今日之形式邏輯大部分還是以之為根據。亞里斯多德之論理中，未曾詳論概念，然論過狹義的概念，如定義及定義之規則，並論過最高的概念或範疇。

亞里斯多德注意於論證法，這論證法是根據三段論法，——這是柏拉圖所未留意的。芝勒爾說他是發見思想運動之基本法式而名之為三段論法（syllogism）之第一人。三段論法是由某種前提（premises）必然發生新的東西（結論 conclusion）之論法，這種論法是由共相推演個體，是一種演繹推論法。歸納法與之相反，由經驗之個別事實歸納成普遍原理；欲其完全確實，須根據一切事件之知識。

所以確實的或科學的論證，必是三段論法的形式，是演繹的法式。欲論證之眞實，其結論必須由前提而生。而前提本身必須是普遍的與必然的；所以必須根據別的前提以證明之。知識之目標是完全的證實（亞里斯多德時之理想科學是數學；所以演繹法在他的邏輯中最重要。他的目的在得到數學之確實性。）而完全的證實，惟有靠着一串三段論法；結論靠着前提；前提又是其他前提之結論……。然這種手續亦不能繼續前進，以至無窮；最後必須靠着不能由演繹法證明之原理，而又爲絕對確實之原理。吾人原有這種自明的直覺的原理，即數學之公理與矛盾之原理。各專門科學，各有其自己的這種原理，又有各科學所共有之普遍原理，或第一哲學之原理。

基本原理是靈魂之最高部分——理性，所固有的，是理性之直覺。根本原理，也能由歸納法證實；歸納法是由個體推論共相；人類理性有由個體抽繹其法式之能力。這種法式爲事物之本質，是實在的東西。然而他們不僅是事物之本質或原理，並是理性之原理，因其潛伏於心中。經驗是使人知道事物本質之必需品。換言之，事物之本質，隱然的存於人之心中，由經驗使之顯然。事物之本質，既是思想之法式，又是實在之法式。這就是亞里斯多德之基本觀念：思想與實體相符合；眞理是思想與實體之一致。

所以知識是以感官知覺爲起點，是由個體的事實出發，而以得到普遍概念爲依歸。普遍概念（共相）雖是吾人思想之終止點，卻是自然界之開端，是第一原理。

所以歸納法是演繹法之第一道門徑。科學之理想必須在由共相推演出個體，必須在供給必要的證據；但不做過歸納法的工夫，不能達到這種理想。亞里斯多德如此主張，遂調和了經驗論與理性論。知識沒有經驗是不可能的；但用歸納法由經驗中演出之眞理，不甚確實，僅是或然，——所以眞理又必是先天的，潛伏於心中的。換言之，眞理離了經驗，不能知道；若不潛伏於理性中，不能確實。

亞里斯多德所謂之範疇是指斷定（predication）之最普遍的法式而言。他列舉了十種（有時是八種）

範疇實質（是什麼）、性質（怎樣構成的）、數量（如何大）、關係（如何的關係大小）、空間（在那裏）、時間（什麼時候）、位置（在什麼地方）、狀態（穿衣服執干戈）、自動（做了什麼）被動（受了什麼）。這都是說我們經驗之對象俱存於時間空間中，能度量計算皆與別的事物有關係，能自動能被動，有根本的屬性，有偶然的屬性。範疇不僅是思想或語言之法式，且是實在之表示；各個文字與概念皆有實在東西與之相當。各個可知覺的實體皆是此等範疇之倚伏物，皆能斷定。所以實體之範疇最爲重要；其他皆依之而存在。哲學研究實體之範疇，研究事物之根本性質，這就來到亞里斯多德之玄學了。

第四節　玄學

玄學之問題，在發見根本原理。世界是什麼樣？他的本質是什麼？德謨克利塔斯及其門徒，以世界之本質是運動不息的物質的原子，柏拉圖認之爲能夠影響物質之超越的觀念。亞里斯多德否認二說，而欲從中調和之。他以爲觀念或法式，不能像柏拉圖所主張的能離開物質而自存的實質；一種性質不能離開其對象而存在，沒有物質，便沒有法式。但吾人所見之變化不停的實在，也不是像原子論所主張之無目的的物質之運動。離了目的或法式，亦不能有物質。柏拉圖認具體經驗之對象，僅是普遍觀念之不完全的模本，是偶然的東西，又認法式爲實體。亞里斯多德與之相反，以個體物象，皆是眞實實體。但個體物象之本質或眞性，是由其法式構成的，由其所系屬的種類之普遍性質構成的；所以他畢竟認法式或觀念爲本體。

然各個體的物象皆有變化或生長；換言之，一切可知覺的東西，俱有變化；時而有，時而無；時而能有，時而不能有；時而表出這些性質時而表出那些性質；時而是種子，時而是嫩芽；時而是樹，時而是果。然而我們怎麼解釋這種變化歷程呢？這裏面必有變的東西，必有變中不變的東西。這種東西就是物質；物質永存；物質之本身不能消滅。物質必定有一些屬性：吾人從未經驗過無法式的物質；所以物質與性質或法式，是存在一起的。我們所謂之物體變了形式，並不是說形式變成了別的樣子；沒有什麼法式能變成別樣法式。物質具有各種法式；物質是永久存在的，其所原有的法式也是不變的，但是物質有了新的形式，就變成新樣式了。各種法式永久存在，沒有忽然變成的。所以無論是物質、無論是法式，皆不生不滅；他們都是事物之永久的原理，為解釋生長、變化起見，我們必須假定一種既歷久而又變化的基礎（物質）與許多負有變化責任的性質（法式）以解釋之。

物之長成，即是實現了物之意義、物之目的或物之法式；法式是物之真的實體、物之實現或完成。物之完成，即物之可能性實現了，潛伏於物中的東西實現了。例如橡子變為橡樹；橡子就是潛伏的橡樹，橡樹是實現了他的潛伏性，是他的法式實現了。所以亞里斯多德稱物質為可能之原理，稱法式為實在或實現之原理。原始的物質即無形式的物質，我們雖能夠設想，但不曾有之，不過是一種可能性而已；具體的物質常有法式，是實現物；但對其他的法式及實現物而言，又僅僅是可能性，例如橡子是橡樹之物質，大理石是彫像之物質。

為解釋變化之世界起見，我們必須假定有法式與物質。各個法式與柏拉圖之觀念一樣，是永久的；但在物質之內，不在物質之外；物質與法式，永久的共存；故宇宙是永久的。法式在物體中實現本身，他使物質運動，各個目的無不由物體實現。美術家想製成一種美術品，必有一種觀念或計畫在心中；他的手的運動是受他的計畫之支配，由是而實現其目的。這種程序中我們可以發見四種原理或原因：形式原因（美術家心中之畫形），物質原因（繪畫所用之材料），運動原因（繪畫之運動），目的原因（繪畫之目的）。自然界中，尤其是有機界中也有這四種原因從中發生作用；不過自然界中美術家及其作品是一體而不能分離；換言之，美術家卽在其作品中。計畫與目的是一致的，有機物之目的是有機物之法式之實現。且而法式（或觀念）又是運動之原因，所以究竟祇有兩種根本原因——法式與物質——構成不可分的渾然一體；如欲區分之，惟思想上能夠。

法式是有目的的勢力，在物質中實現其本身。各個有機物之成其爲有機物，是由一種觀念或目的之動作。凡種子中皆有一種指導的原理，使甲種種子不能變成乙種物體。因爲法式不變，故種類亦不變，種類始終如一，惟個體有生滅。

如果法式指導物質，爲什麽自然界常有喪失原形（或不完全）的東西呢？亞里斯多德把這委之於物質之不完全。由這一點看來，物質不單是僅僅的可能性，且有阻礙法式之能力。個體之多種多樣，男女之差，醜惡之別，皆是此抵抗力之所致。

運動或變化是法式與物質之結合。觀念或法式使物質中發生運動；觀念是運動者，物質是被運動者。運動是物質的可能性之實現。怎樣實現呢？由觀念使之實現；物質想實現法式，常欲得到法式，遂因法式之出現而引起物質之動作。因爲法式與物質是永久的，故運動亦是永久的。這裏要留意：有抵抗力的物質表示其抵抗力，而欲向目的之方向以運動；亞里斯多德若不是一種比喻的話，便是希臘古代之萬有生論之復活。

據亞里斯多德之意，物質方面，這種永久的運動在理論上可以假定有一個永久自身不動而發生運動者。如果他自身運動，必有使之運動者，而使之運動者，必更有其使之運動者，如是追根溯源，運動便不能解釋了。然無論如何，運動之始必不賴別的運動的東西使之運動。所以宇宙間有一個永久自身不動的第一發動者，爲自然界一切動作之究竟原因。這個第一發動者既不動，他必是一個離開物質的法式、純粹法式、絕對的精神；因爲如有物質，便有運動與變化。

這種第一原因是絕對的完善，是世界之最高目的，爲世界之至善，是神。神之影響世界，不是運動世界，是用美觀或理想以影響靈魂。世界上之萬物，如植物、動物、人類想實現他們的本質，皆是爲此至善或神；神之生存，其萬物之慾望之因。所以神爲宇宙之統合的原理，是萬物爭欲向往之中心點，是宇宙中一切秩序美觀生命之原理。神之活動在思想，在探求萬物之本質，在洞察美的形式。他是一切實現性；一切可能性，皆由他實現。他無印象、無感覺、無嗜好、無慾望、無性緒，是一個純粹的智慧。吾人之智慧是論理的知識，是零碎的運動，是一步一步的；神之思想是直覺的，一剎那之間，看見萬物，看見萬物之全體。他超脫痛苦與情感之束縛，是最快樂的。他是哲學家所希望的東西。

第五節　物理學

亞里斯多德之物理學（物體與運動之學）之特別色彩，在反對德謨克利塔斯之機械的原子論。他反對物質世界中一切數量的變化爲原子之位置的關係之變化。他雖然有時給物質以萬物有生論所給與物質之性質，但照上節所述他有意認物質爲被動的與惰性的，這一點他與德謨克利塔斯之意見是一致的。還有與原子論表同情的是否認眞空的空間。他的空間的定義是：空間爲圍繞的物體與被圍繞的物體之間之界限。空間內沒有不被其他物體所圍繞的東西，所以恆星之外，沒有空間因爲無物體以限界他們。凡無多數物體的地方便無空間。故無無限的空間，世界是有限的；空間不是全部運動，是部分有變化。既然空間不能認爲無運動，神當然不在空間中，因爲神不運動。

亞里斯多德所謂之運動，是各種變化之義；他根據他的目的論而定的運動之定義說：『運動是可能性之實現性。』他列舉了四種運動：（一）實質的（生與死），（二）數量的（物體形狀增減之變化），（三）性質的（這種東西變爲那種東西），（四）位置的（位置之變化），而位置之變化規定各種變化。據亞里斯多德說，宇宙原素有四種（有時主張有五種），各原素能相互變化；多數實體混合起來，就發生新的實體。性質不僅是原子論者所謂之數量上變化之主觀的影響，并是萬物之眞性質。所以性質上之變化，不能作機械的解釋，而認之爲原子的安排之變化；某某力量作用於物質上，就產生性質上絕對的變化。

以上種種概念，皆與原子論者所主張之自然科學相反。這種差異是很重要的：亞里斯多德以自然不能作機械的解釋；因爲自然是有目的的，是活動的；自然界中沒有什麼東西沒有目的。根據他的玄學前提，他常以科學解釋許多事像不能發生。因爲根據他的玄學不能思議，故無發生之可能。由機械論言之，他的主張算是思想進步上之退步；但是現今也還有一些自然科學家贊同他的活動的或有能力的自然觀，而採取他的目的論者，也還不少。

宇宙是永久的不生不滅。地球是中心；周圍繞以水、氣、火，其次繞以天體，天體由『以太』（ether）而成，附以遊星日月及恆星。爲解釋遊星之運動起見，亞里斯多德乃引入許多向反面運動之天體。神居於恆星之最外邊，使這最外邊運動；這最外邊運動，就引起其他天體運動。然這種觀念，亞里斯多德持之並不甚堅，因其主張各天體有一個神靈司運動。

第六節　生物學

亞里斯多德是有系統的與比較的動物學之鼻祖。他在生物學上與在物理學上一樣，反對純粹的、數量的、機械的、因果的自然觀，而主張自然之性質的、活動的、目的的、目的論的解釋。自然界中有種種勢力創製運動，指導運動，前面已經說過；法式是活動的、有目的的、是有機體之靈魂。肉體是一個機關或工具，所以備靈魂之運用的；靈魂運動肉體，固定肉體之組織，是生命之原理（生機主義（vitalism））。人之有手，因其有一個心。肉體與靈魂雖合組成一個不可分的統一體，但靈魂是主宰的原理。換言之，全體之存在先於部分；目的之存在先於其實現；捨了全體，不能了解部分。

凡自然界中，如有生命之處，亦莫不有靈魂。全自然界中，甚至無機物的自然界中都有生命的痕跡。靈魂的等級之差別，與生命之各級形式相當。無論什麼靈魂，皆不能無肉體；而其肉體必是其特有的；人類的靈魂，必須有人類的肉體，不能寄居於馬之肉體中。有機界中萬物之身體是由最低等逐漸進至最高等；靈魂也有這樣的一個次第，由植物之靈魂（司滋養、生長與萌芽之功用者為植物之靈魂）進而至於具有更多與更高功用的人類之靈魂。

第七節　心理學

人是一個小宇宙，為自然之最後的目的其與別的生物不同者，惟有理性而已。人類的靈魂，就其司下等的生機功用之點言之，類似植物之靈魂；就其有知覺、想像、記憶、快樂、痛苦、慾望、厭惡種種官能之點言之，則類似動物之靈魂。感官知覺是所感着的對象，經過感覺器官，產生於靈魂中之變動。感覺器官是可能性的，知覺的對象是實現的。各種感官告訴靈魂以物體之性質；共同感官（心臟）是一切感覺集會之所；人由共同感官把其他感官所送來之知覺結合一起而生感覺對象之全景；又生感覺對象之種種屬性——數目、大小、形狀、運動、靜止。共同感覺又能造成類屬的影像——湊合的影像，並有記憶之能力（聯想的思想）。苦樂之感情，是靠着知覺各種機能發展時，就發生快樂，如被阻礙，便覺痛苦。快樂與痛苦之感情，引起欲望與厭惡之心理；身體之運動，卽由此心理而生。欲望起於靈魂所認為好的對象之呈現，附隨有深思熟慮之欲望，叫作合理的意志。

人類的靈魂，除有上述各種功用外，還有概念的思想之能力，能思想萬物之普遍必然的本質；靈魂在知覺作用認識感覺的對象又恰如理性一樣能得着概念。理性卽是其所能想像或思想的潛伏的東西概念的思想是實現的理性。然理性如何能思想概念呢？這是因爲有兩種理性：一種是自動的（或創造的）理性，一種是被動的理性。創造的理性是純粹的實現性；概念實現於其中，他能直接了解之。在這裏思想與思想之對象是一而非二，有如柏拉圖所說之探求觀念世界之純粹的靈魂。在被動的理性中，概念是潛伏的（有如亞里斯多德所謂之物質：被動的理性是創造的理性——法式——作用於其上之物質）；使其實現者，是創造的理性。據亞里斯多德說，凡無實現的原因者，不能實現。例如完全的法式或觀念之存在，乃因有機體之物質須實現之。他又主張完全的法式必存於理性中，因爲理性欲實現之。他爲這種思想能通行於精神界起見，乃劃分理性爲形式的與物質的、自動的與被動的、實現的與潛伏的兩面：潛伏於被動的理性中之概念，實現於自動的理性中。

知覺、想像與記憶，皆與肉體相關聯，是隨肉體而死滅的。被動的理性含有感覺影像之成分，也是有死滅的。這種影像是引起被動的理性中概念之機會，但無創造的理性，則不能引起。創造的理性，先靈魂與肉體而存在，是絕對非物質的、不死滅的、不受肉體之束縛的。他是由外面攢入靈魂中之神靈之閃光，不類其他心理作用由靈魂之進化而來。既然創造的理性非個人的理性，則個人的不死顯然是不能的。亞里斯多德的這種創造的理性，有些解釋者，認之爲普遍的理性或神心。

第八節　倫理學

學。

亞里斯多德之倫理學之基礎，是建立於他的玄學及心理學上，是倫理學史上第一次有組織的科學的倫理學。其所討論的問題，是蘇格拉底之至善之問題。他以爲人類一切行爲皆有目的。這目的是達到較高的目的之手段；較高的目的是達到更高的目的之手段；如此遞進，最後達到至高目的，以便尋求其他的善。什麼是至善呢？事物之善，在其特性之實現；各個生物之目的，在實現其特質以別於其他生物。人類不僅運用其動植物的機能，並運用其理性的生活。故人類之至善，在完全發揚其所以爲人之各種機能。此卽亞里斯多德所謂之幸福。然幸福並不是快樂之意。據亞里斯多德說，快樂是隨着道德的活動而生之第二等的效果，所以包含在至善中，不與至善同等。

然靈魂不皆是合理的，有合理的部分與不合理的部分。理性須調協感情、欲望與嗜好等不合理的部分；靈魂爲實現其目的起見，其各部之作用必須適當，肉體的作用亦須適當並須有適當的經濟條件（奴隸與兒童不能達到道德的目的；貧窮病苦亦然。）道德的靈魂是一個有好秩序的靈魂，理性、感情與欲望之間有正當的關係。這樣理性之完全的行爲，是理智的效力或道德（聰明睿智）；感情的衝動之完全的行爲，是倫理的道德（如節制、勇敢、自由等。）有若干行爲便有若干道德。吾人對於肉體慾望、忿怒、恐懼、好貨求名等行爲，不可不抱着合理的態度。

然則什麼是合理的態度呢？亞里斯多德說，處乎兩極端之間之中庸，是合理的態度。例如勇敢是殘暴與膽怯之中庸；仁慈是揮霍與貪冒之中庸；禮節是無恥與羞赧之中庸。這種中庸不是各個人及一切情境之下皆然，其對於吾人是相對的，是『由理性規定或正直人所規定。』然此種中庸也不是個人主觀的或隨便的意見；道德的行爲是由正直人決定的；正直人是萬事萬物之尺度與標準；他們判斷事物極正確；一切事物中的眞理都呈現於他們的眼前。更有兩點須得記着：（1）道德的行爲含有意志之習慣或氣質，爲品格之表現。（2）道德的行爲、自由意志的行爲，是自由選擇的行爲；『德與不德皆在吾人能力範圍中。』亞里斯多德把這些觀念表現於下列的定義中：『道德是一種氣質或習慣，包含審愼的目的或選擇；他的本質是中庸；中庸是由理性規定的，由正直人規定的。』

是故人之至善，爲自我實現。雖然，這種學說不可解作自利的個人主義。人之實現眞我，是愛護其理性的部分，——至高的部分，是依尊貴的動機而行動，是尊重他人的利益，是盡忠其國家。要了解亞里斯多德之愛他的學說，祇須讀他的倫理學中論述友誼與公道的部分。倫理學中說，有道德的人之行動，常是爲其友人與國家之利益，遇有必要時，雖以身殉之，亦所不惜。他避讓衆人所競爭之金錢、榮譽及財貨；他寧願短時的享受深厚的快樂，不願受長時的享受平庸的快樂；他寧願過一年高尚的生活，不願過多年無聲無臭的生活；他寧願做一件高貴的行爲，不願做許多下賤的行爲。這是眞實的爲他人而捨棄生命；爲自己擇取高貴。有道德的人之自愛，是專心做高尚的事情。人是社會的動物，有願與他人共同生活之趨向；他需要有別人，以便向之爲善。『有道德的朋友，自然是有道德的人所想望的；』換言之，有道德的人爲好善的目的而好善，不得不愛好有道德的朋友；有道德的人認他的朋友是他的第二個自我。

正義（或公道）是與他人有關係之道德，因其增進他人的利益，不管是治者或被治者之利益，皆增進之。正義有合法與公平二義。法律是爲全社會或上流社會之幸福而設立。一切道德皆包含於正義之觀念中，皆是以一般人之幸福爲依歸。正義又有給各人以其適當的待遇之意義。

然此說不可認爲快樂論。快樂是道德的行爲之必然的與直接的結果，但非人生之目的。快樂是行爲之完成，是伴生的、附加的。『行爲最完美時，最感快樂。』快樂足以完美吾人的生活，而生活又是吾人所欲望的，故希圖得到快樂，也是合理的。快樂與生活是相隨而不相離，無行爲則無快樂，而行爲又由快樂完成之。據亞里斯多德說，有道德的人所認爲可敬的、與可樂的，是眞可敬的可樂的。然祇知肉體之樂而未嘗過純粹的與自由的快樂者，必不知純粹的與自由的快樂之可貴。

最高的幸福，是吾人本性中最好部分之行爲，是思辨的行爲。這是最高等的、最持久的、最快樂的、最充分的幸福。這種生活對人是最好的。人之享受這種生活，不是賴其人性之力，乃是賴其神性之力。如果理性與人性之其他部分相比而顯其是神聖的，則根據理性之生活與人類普通的生活比較起來，當然是神聖的。俗人謂人之思想不可超出人性之上，這話是不對的，不可遵循；因爲人須尋求不死不滅，須盡力按照其本性中最高部分以生活。

知道道德之本性，還不可以爲已足；吾人必須有之，必須勉力實行之。理論足以激動思想已經自由之青年，但不能激動多數民衆。人於幼年時期若不以道德法訓育之，決不能有正當道德的傾向。成人以後須有法律以範圍之，使其知道人生之本分；因爲多數人之活動，不是受理性與自重之支配，乃是受刑罰之恐怖之支配，或迫於必然之趨勢。國家須設法訓育其人民。無論如何，凡欲治理人民者，不可不了解法律之原理。所以亞里斯多德爲完成其人生哲學起見乃進而研究政治學。茲述其政治學於後。

第九節　政治學

人是社會的動物，惟在社會與國家中，能實現其眞自我。家族與鄕黨，就時間上言之，皆先乎國家而存在；但國家是人生進化之目標，再準之亞里斯多德之全體先乎部分而存在之學說，則國家又是高於家族、鄕鄰及個人。這個意思是說社會生活，是人生之目的。然國家之目的，又在產生好的公民。這是「人生之目的是個人」與「人生之目的是社會」兩種意見之調和意見。社會由個人組織而成；社會之目的在使各公民過道德的與幸福的生活。

國家之憲法必須適應人民之性質與要求。國家之公道在給同等的人民以同等的權利，不同等的人民以不同等的權利。人民有材能、門第、教育、自由之差異，按照其等級而待遇之，卽是公道。

憲法有好的與壞的；君主政治、貴族政治、市民平等政治是好的政體；暴主專政、寡頭專政、平民專政是壞的政體。亞里斯多德所認爲當時最好的國家，是貴族政體的市府國家；由有門第、有教育的公民治國家。他稱贊奴隸制度，以其是自然的制度；外國人應用作奴隸，因其天然的遜於希臘人，不能與希臘人享同等權利。

第十節　亞里斯多德學派 (Peripatetic School)

亞里斯多德之哲學，由其弟子紹述之。弟子中有獨立思想者亦不少。他的高足弟子提奧夫拉斯塔斯 (Theophrostus）著有植物及醫學史。歐德馬斯（Eudemus）以天文數學史之著作聞名於世；亞里斯托色拉斯（Aristoxenus）以樂論之研究著聞；底夏卡斯（Dicœarchus）以地理與政治學著聞；提奧夫拉斯塔斯之弟子斯提拉脫（Strato）專心致志於自然哲學之研究。自斯提拉脫之弟子尼可（Lyco）之後，亞里斯多德學派便失其重要了，老師的著述也就等閒置之了。到了紀元一世紀，此派乃專注於注解老師之著作，歷數百年而未止。賴這個運動之力，亞里斯多德之著作得以保存傳流下來。

第四篇　倫理的運動

第一章　倫理的運動之大觀

　蘇格拉底之主要問題是實踐的問題；他以「用道德與眞理矯正當時之俗弊」爲己任。他信明白的思想是正當的行爲之根本；發見實踐的原理，唯有理性的人爲能。他對於知識問題之興趣，即是由此種信念而起。蘇格拉底之門徒雖有麥加利學派（Megarians）喜歡辨論術之討論，然其餘亦多注重倫理的問題。柏拉圖早年的著作，頗多帶他的老師的倫理的色彩，就是在他的後來的發展的思想系統中，亦未捨棄至善之見地。他的全部哲學，就是爲他的倫理的唯心論建立合理的基礎。亞里斯多德在神的概念中雖抬舉理論的行動，但亦以道德的人格爲宇宙之最高貴的目的。亞里斯多德與柏拉圖死後，弟子門紹述他們的學說，在思想上未嘗有進步，祇是靠着老師所遺下的衣鉢吃飯。快樂學派照常宣傳其快樂說；犬儒學派照常宣傳其節慾說；麥加利學派斯提爾坡（Stilpo）受了犬儒學派帶奧澤尼斯（Diogenes）之影響，亦轉而注意於倫理的問題。

　蘇格拉底死後，使蘇格拉底運動所由生之社會的情景，依然未消滅。當時的道德無進步，利慾未減少，宗教信仰不健強。希臘諸市府間之頻年戰爭，使各市府先後削弱而爲馬其頓所吞併。紀元前四百三十一年與四百零四年間，比羅邦尼蘇之戰，雅典喪失其政治的主權；紀元前三百九十五年與三百八十七年間之科林斯戰爭，使科林斯（Corinth）喪失其政治的主權；紀元前三百七十年與三百六十二年間之底比斯戰爭（Thebans），致使斯巴達敗北。經過這種長期的紛爭後，馬其頓王菲力於三百三十八年戰敗雅典與底比斯之聯軍，而奄有希臘全土。及亞歷山大大王克服波斯而死後（三百二十三年），諸將分離，各霸一方，奄有世界之大部土地。迨後羅馬強盛，希臘遂於紀元前一百四十二年由馬其頓之手轉而為羅馬之領土。

在上述情形之下，倫理的問題自然不失為重要的問題。當那種時候，舊制度破壞，公私生活頹廢，人生意義之問題，自然不能消滅。到了國家失其獨立自主，人民政治的權利降而為屈意的順從；於是不得不使有識之士，想及如何營救自己之問題。人民之疲憊，如何能免掉？心靈如何能安逸？這種問題是亙古常新的問題，因為每逢到了生活複雜困難之際，有識之士，必想及這種問題。這種問題是價值之問題，是至善之問題。宇宙間什麽東西最貴重？人生應如何？人所努力追求者為何？對於這些問題的答案，當日與今日相仿，各說不能盡同。據伊壁鳩魯派說，至善或理想，是快樂或幸福（快樂論）。快樂或幸福為唯一有價值之目標。其餘的東西，若為得到幸福之手段，則為有價值；而其價值亦祇因其有此手段。生當亂世，各人的聰明才能，應該用到使各人能得到利益。但據斯托亞學派說，最可貴的東西，不是幸福，是品性、道德、克己、義務、重公輕私。

伊壁鳩魯學派與斯托亞學派之學說，皆通行於當時，比柏拉圖與亞里斯多德之學說，流傳尤廣。然兩家皆看出有為其倫理問題建立合理的基礎之必要。他們都相信若不知道萬有之本質，決得不到關於道德問題之滿意的答案；除非知道宇宙之意義外，吾人不能教人如何生存於宇宙中。人類的行爲，是由其所生存的世界之種類規定；人生觀是由宇宙觀規定；倫理學是由玄學規定。兩家雖注意於實際的問題，猶未喪失希臘人好思辨之精神。

既然爲實現至善起見，必須知道宇宙之意義，知道眞理。於是發生下列的問題：什麼是眞理？什麼是眞理之標準？什麼是眞理之起原？我們如何知道有眞理？這些問題是靠着邏輯來答復；邏輯供給吾人以知識之標準，使吾人區分眞理與謬誤。所以伊壁鳩魯學派與斯托亞學派之人生哲學，皆是根據玄學與邏輯。

伊壁鳩魯派之善之概念，是建立於德謨克利塔斯之機械觀的唯物論上。此論以宇宙爲無數的物質的原子交互影響之結果，無目的或智慧指導之。人是擁擠遊移的原子之結合之結果；其生存之日短，最後還要歸於其所從來之物質的原子。所以當其生存時，不要讓其爲當時與後來的種種迷信所累，當讓其享受其生存之一時之快樂。斯托亞學派與之相反，以宇宙有一個有智慧的原本或目的主宰之美善而有秩序。他們認宇宙是調和的、整齊的，是一個活神。人既然是這個大而合理的全體之一部分，自當盡其一部分之義務，聽命於宇宙的調和，服從理性與法律，以幫助實現神之意志。人之所以必須如此者，不是爲其個人之狹隘的利益，不是爲其個人的快樂，乃是爲完成此全體起見。斯托亞學派以爲除非服從宇宙之理性與法律，不能得到幸福。

第二章　伊壁鳩魯主義(Epicureanism)

第一節　伊壁鳩魯與他的問題

代表古代快樂說的倫理學者爲伊壁鳩魯(Epicurus)。他的玄學完全是歸本德謨克利塔斯之學說。他的倫理學說之要旨也是歸本德謨克利塔斯與快樂學派之學說。

伊壁鳩魯於紀元前三百四十一年生於薩摩斯島(Samos)，父母爲雅典人從羅息範尼斯(Nausiphanes)學而得到德謨克利塔斯與比羅(Pyrrho)之學說。在希臘各城市教學後，乃於紀元前三百零六年建立學校於雅典，以教授生徒；弟子與朋友很多，就中婦女尤夥。至紀元前二百七十年而死。從古至今，恐怕沒有比他被冤枉與誤解還甚的；他的名字竟成爲西洋文中罵人的一個字。

伊壁鳩魯是一個著作豐富的人(一部自然論竟有三十七卷)，但留傳於今者皆斷簡殘篇而已。他撮他的學說的大要成爲四十四條，是一種問答體；其精義見於勒夏・帶奧澤尼斯(Diogenes Laertius)之意見(Opinions)一書第十卷中。他的門弟子們對於他的學說少有變動，大半唯重述其思想而已。他的哲學自紀元一世紀後，很多人剽竊之。他的著名的弟子爲羅馬詩人魯庫勒夏(Lucretius，生於紀元前九十四年，死於五十四年)。他用他的詩集——萬物之本性(On the Nature of Things)宣傳唯物論的哲學，繼以奧古斯丁時期的多數詩人與學者使之普遍。

參考書：

W. Wallace, Epicureanism; R. D. Hicks Stoic and Epicurean; A. E. Taylor, Epicurus Pater, Marius the Epicurean, 2 vols, 1910; Joyau, Epicure; works on Epicurus's ethics by Guyau and P. von Gizicki. Good bibliography in Hicks.

據伊壁鳩魯說，哲學之目的，在使人得到快樂的生活。科學不能實現此種目的，而無實用的價值者，——音樂、幾何、數學與天文、——皆是無用的。邏輯是必要的，因其足以供給知識之標準。吾人須知道物理學或宇宙論（玄學，）因為藉此可以了解萬物之自然的原因。這種知識是有用的，因其可以使人不怕鬼神、死亡與自然現象。知道了人性，就知道什麼東西應該取求，什麼東西應該避免。然重要的事情，在了解萬物是由自然的原因而生，不是由超自然的原因而生。所以我們可以把哲學劃分為邏輯（Canonic）、玄學與倫理學。

第二節　邏輯

邏輯上的問題在指示吾人的立言（Proposition，或譯為命題）如何組織而後為眞實。什麼是眞實之標準？（伊壁鳩魯在他的著作 Canon 中名之為 Canonic）。一切立言（或說話）須根據感官知覺。吾人所見、所聞、所嘗、所嗅、所感，皆屬眞實。吾人若不信任感覺，便無知識。一切錯覺，都不是感官之過，乃是判斷之過。感覺之錯誤原因甚多，如感官之差異，物象映入感官之途逕、變化等等，皆是的。然錯誤可由重複的觀察與他人的經驗矯正之。

普通的觀念或影像之眞確，與其所依據之感覺之眞確相同。然而無抽象的性質與這種觀念符合，無獨立的本質（如柏拉圖與亞里斯多德所說者）與一個觀念相合之唯一的實在，是同類中各個具體的物象；因此普通觀念不過是一個符號而已。

感覺與觀念之外，尚有意見與假設。欲其眞實，必須由感官知覺證實之，至少不能與感官知覺相牴牾。原子論是一個假設；從來無一人見過一個原子，將來能否看見原子，也還是疑問。但吾人之原子觀念，是由吾人普通經驗類推而來，是把我們的感官所得自大的物體之性質加於其上的。

由此看來，在理論上，感覺便是眞理之標準；我們知道我們所知覺的；我們能想像我們所未知覺的東西，與已知覺的東西相同。伊壁鳩魯對於感覺眞實可靠之全部的證明，是根據於德謨克利塔斯之感官知覺說。凡是吾人所知覺者，皆非對象本身，不過是其模本而已，由對象射入吾人之感官之影響而已。所以他的眞理論，成敗皆因於他的感覺論。在實用上，苦樂是眞理之標準。發生快樂者謂之善；發生痛苦者，謂之惡。錯誤原是生於這些感情所下之錯誤的判斷。依據這種標準，可以避免之。

第三節　玄學

吾人感覺所詔示的，除了物體以外，沒有別的東西；所以唯有物體是眞實。但是如果祇有物體，則物體之中必不包含別的東西，必不能有別的東西在其中運動；所以必是眞空，必有「非有」（non-being）。既然沒有什麼東西能夠絕對的創造與毀滅則物體之發生、成長、變化、消滅、便祇能以原子之聚散離合解釋之。這些原子是非常小的物質之分子，不能知覺，不能作物理的分析，不毀亦不變。（但非無限的分析，亦非數學上的無限；如果是無限的分析，是數學上的無限小，則萬物可以化爲無。）據伊壁鳩魯說，各原子藉其自己的勢力而存在，是絕對充實的，其中無眞的空間；他們是絕對堅實的，無物可以透入的，不能破碎（所以名之曰原子。）原子除有這些性質外，還有形狀、大小、重量，這是彼此不同的。原子是在運動不息的狀態中。物體之不同，是由於原子之大小、形狀、重量與關係之不同。然據伊壁鳩魯說，形狀之數目是有限的。既然原子數目無限，必有無限的空間，——無限的宇宙，以容納之。

各原子依其重量，以等速律作垂直線向下降。但是原子若作垂直線下降，則恆爲雨般的原子，不能產生世界。所以我們必須想像原子下降能夠屈折，如魯庫勒夏所說的『一切生物，有力量往其意志所欲往之處所。』伊壁鳩魯認各原子有自由性；其所以如此者，半因其欲解釋現存的宇宙，半因其想給人以自由意志。原子若無自由行動之力，人即不能有自由意志；因爲無中不能生有。生物也可以這同樣的原理解釋之；他們是由地生的。始而產生的是怪物；因其形狀不適於環境，故不能生存。各種天體，也是自然產生的，不是神之創造品。他們無靈魂；因爲靈魂不存於生物之外。

神是有的，但不如愚民們在他們的恐懼與無識中所認的樣子。神之存在，可由衆人相信有神而證實之——神是一種自然的觀念——因有假定吾人此種觀念發生的原因之必要而證實神之存在。但神不能創造世界。最快樂的神爲何要創造世界呢？他們由何處引出這種世界之觀念呢？這種完美的神如何造出不完美的世界呢？神具人形，唯比人更爲美麗他們的身體是光明之體；他們居於世界與世界之間（intermundia）；他們男女異性，也需飲食甚至能說希臘話。他們與人事世變無關係，唯享受和平與幸福脫離煩悶與苦海而已。

第四節 心理學

靈魂是物質的，與其他萬物相同；不然，便不能有施設，亦不能有所感受。他是極精細圓滿敏捷的原子組織成的；即是由火、氣、呼吸及更美妙而活動的物質構成的；這種原子是靈魂之靈魂。他散佈於全體中；身體上凡有感覺之處，都由於那裏有靈魂。居於胸中者爲合理的或命令的部分，其餘的部分順從其意志與傾向。靈魂是有生死的；肉體解體時，靈魂亦分解爲其原來的成分，而喪失其能力。人死則無意識，無恐懼，因爲死後一切皆杳決，不畏懼來世之何事。魯庫勒夏說：「愚人顧及來生，不如其顧及今生，」況死人乎？

感官的知覺是感覺對象中噴出之細微物體，對於感覺器官所影響之結果（此與德謨克利塔斯之解釋相同。）錯覺、幻覺、夢及相同的心理狀態，是由往日遇着的對象之影像產生的，或由與其他影像有密切關係之影像產生的。意志是心理（靈魂之合理的部分）上發現的影像（如遊行之影像）；心理有所欲（如遊行，）即激動靈魂之力量散佈於全體；靈魂激動身體，身體就運行。

第五節 倫理學

人生是趨向快樂的；其實一切動物，自生下地後，即依其自然本能，以求樂避苦。所以快樂是正鵠，是人所向往的目的，是人所應該向往的目的；而幸福實爲至善。凡是樂，就是善；凡是苦，就是惡。但吾人選擇快樂時，須有審愼的訓練。一種快樂如與他種快樂是同樣的經久而強烈，則與他種快樂是同樣的善。但是使放蕩的人感覺快樂，感覺心地舒服者，不一定是善。一切快樂，不皆足取。一切痛苦，不皆可避。有些快樂須經過痛苦或失掉快樂而後得之；有些痛苦隨着的有快樂，所以比快樂還好些。再者，快樂有大小之異。精神的快樂，大於肉體之快樂；精神的痛苦，大於肉體之痛苦。因爲肉體祇感覺現時的苦樂，而靈魂則覺察過去、現在與未來；不僅精神的快樂大於肉體的快樂，而且離了精神，肉體的快樂亦不可能。所以伊壁鳩魯說選擇理智生活之快樂，是智慧之職務。這是很明顯的道理。吾人懼怕天災、神怒、死亡、身後；躭心過去、現在、未來；所以得不到快樂。欲解脫恐懼，須圖了解萬事萬物之自然原因，須研究哲學。『人若不知道宇宙之本性，便不能免於恐懼；所以無自然界的知識，不能享受純粹的快樂。』

滿足慾望或絕去慾望，足以得到快樂。因滿足慾望而得之快樂（與飢餓相仿）不是純粹的快樂，乃是雜有痛苦之快樂。純粹的快樂，生於慾望滿足或消滅時，生於不再有慾望時。脫離了痛苦，是最大的快樂，其大無以復加。想再超過此種快樂，便是無厭的貪求。

想解脫煩惱與恐懼，須知道事物之原因：曉得什麼快樂可取，什麼痛苦該避；換言之，就是應該格外審愼。人如謹愼，必有道德，必服從道德法則；因爲不謹愼正直，生活必難舒服。所以道德是達到幸福或精神安慰之手段；其本身並不是目的；吾人所以誇奬之，實行之，是因其有效用。但是感覺的享受與放縱恣睢，不能實現幸福；幸福是與

「柏拉圖、亞里斯多德及斯托亞學派所說之智慧、勇敢、節制、及正義」相聯的。

第六節　政治學

社會生活是建立於自利的原理之上各個人結合而成團體，目的在自衞（契約說。）世上無所謂絕對的正義；所謂自然法是衆人因其有益於己而贊同的行爲之規則。一切法律與制度，皆爲保全個人之安寧而設。有些法規，由經驗上發見其爲社會共同生活所必需的法規，於是變成普遍的法律；但法律因各國的各種情形不同，亦不能完全一致。

吾人所以必須公正的，因爲公正對吾人有益；不公正，並無所謂惡，惟到了裁判者之手中而懼怕責罰，方是惡。因爲參與公共生活，不能有助於幸福，所以智者竭力避免之。

伊壁鳩魯之快樂說，雖不是縱慾說，但其門徒則解爲縱慾說；其所以然的，是因其可以適應他們的慾望，以圖耳目口體之樂。如果快樂是各個人之至善，則與人以快樂者便是善。如果嗜好感覺的快樂而不嗜好高等的快樂，如果沒有理智的生活沒有哲學的思想而能脫離迷信的恐懼，得到精神的安慰，誰又能阻止他？還可以借邊沁(Bentham)的話說明之：『快樂之分量如相等，則刺繡與作詩是同等的善。』伊壁鳩魯的哲學根本上是開明的自利說。如以探求個人的幸福爲人生一切努力之目標，則此種人生觀便易引人趨於自私自利，而不顧及他人的利害之途徑。

參考書：

Lecky, History of European Morals, vol. I, Friedländer, Die Sittengeschichte Roms, 2 vols

第三章　斯托亞主義(Stoicism)

第一節　芝諾及其學派

與唯物論的宇宙觀及快樂論的唯我論的人生觀相反之哲學是蘇格拉底、柏拉圖與亞里斯多得之哲學。這些大師死後，將其人生觀之主要的成分構成通俗的學說者爲斯托亞學派。此派始祖爲芝諾(Zeno)，在希臘時代已多信徒，到了基督教時期，仍多奉信之者。芝諾受有犬儒學派與麥加利學派之影響，又受有柏拉圖與亞里斯多德之影響。他刪除了犬儒學派的偏狹之處而給以邏輯的與玄學的基礎。他借用柏拉圖與亞里斯多德的許多概念，而變更其形式；但否認法相(form and matter)之不同，而復返於赫拉克利塔斯之萬物有生論。

芝諾於紀元前三百三十六年，生於希臘之隨勃魯斯(Cyprus)，該城有很多異族，或許是閃族人(Semitic)。紀元前三百一十四年來至雅典，從學於犬儒學派之格拉底（Crates），麥加利學派之斯提爾坡（Stilpo），及阿加的米之坡勒蒙（Polemon）。這些人對於他的學說皆有影響。二百九十四年，建立學校於斯托亞波開爾（Stoa Poikle，有彩色的廡廊之意）；因此他的學說就得了『斯托亞』之名。芝諾之品性高尚，生活樸素，感化力強，道德心厚；死於紀元前二百六十四年。

繼芝諾而爲斯托亞學校之領袖者，爲其弟子克林斯（Cleanthes），時在紀元前二百六十四年與二百三十二年之間。他的品行似乎不免被伊壁鳩魯派與懷疑派所資以攻擊。繼克林斯者爲梭尼之基利西保(Chrysippus of Soli)，時在紀元前二百三十二年與二百零四年之間。

基利西保是具有大才力之人，他明白的立定了此派之學說，使此派思想統一，並辨駁懷疑派之攻擊。他的著名的弟子有塔蘇斯之芝諾(Zeno of Tarsus)、巴比侖之帶奧澤尼斯(Diogenes of Babylon)與塔蘇斯之安提拍特(Antipater of Tarsus)。斯托亞主義經基利西保之發揮，在羅馬共和時代風行於世。其第一個著名信徒爲班里夏(Panœtius，生於紀元前一百八十年，死於一百一十年。)到了羅馬帝政時代，分爲兩支：一支是通俗的，其代表有魯福斯(Musonius Rufus，是紀元後第一世紀之人、)散勒卡(Seneca，生於紀元後三年死於六十五年、)伊壁克特塔斯(Epictetus，第一世紀人)及奧理流士大帝(The Empero Marcus Auerelius)。另一支是科學的，其唯一目的在解釋並完成舊說。科林蘇(Corinthus)與希羅克尼斯(Herocles)之倫理學是最近發現的，其內容應屬於此支。本章就希臘的斯托亞派的哲學之重要方面述之。

我們對於初期的斯托亞派（自紀元前三百零四年至紀元前二百零五年之間）與中期的斯托亞派（自紀元前二百零五年至羅馬帝政時代之間，）除了『Hymu of Cleanthes』一書及後世著作援引的外，沒有別的原料。我們對於此派哲學全賴一些副料；其中最重要者，爲勒夏帶奧澤尼斯(Diogenes Laertius)、西托完斯(Stobaeus)、西塞祿(Cicero)、布魯塔齊(Plutarch)、辛普利夏(Simplicius)及安皮利卡斯(Ccxtus Empiricus)諸人之著述。我們由這些人的著述中，雖不能確實的區別此派大師中各個人的貢獻，但可以知此派哲學之精神。後期的羅馬的斯托亞派，很有些希臘文與羅馬文的著作存在。此派除了上述的幾種集佚外，還有 J. von Arnim 的集佚三卷。Pearson, Fragments of Zeno and Cleanthes; Diels, Doxographi Grœci.

參考書：

Translations of Epictetus, Discourses (with Encheiridion and fragments) by Long, Higginson; of Marcus Aurelius, Mediations, by Long. Lecky, History of European Morals, vol. I; Hicks, Stoic and Epicurean; Arnold, Roman Stoicism; Bussell, Marcus Aurelius and the Later Stoics; Watson, M. A. Antoninus; Barth, Die Stoa, 2d ed. Hatch, Influence of Greeks Idea and Usages on the Christian Church; Hirzel, Untersuchungen zu Cicero's Philosophie (Part II, pp. 1—566 on Stoics); Weygold, Die Philosophie der Stoa; Schmekel, Philosophie der mittleren Stoa; Heinze, Lehre vom Logos, etc.; Ogerau, Systeme philosophique des Stoiciens; Bonhoffer, Epiktet und die Stoa, Die Ethik des Stoikers Epiktet, and Epiktet und das neue Testament; Dryoff, Ethik der alten Stoa. Susemihl, Geschichte der Litteratur in der Alexandrinerzeit; Wendland, Hellenistisch-romische Kultur. Good bibliography in Hicks.

第二節　邏輯

斯托亞派的哲學之目的，在為倫理學建立合理的基礎。我們若無眞理之標準與宇宙論，換言之，若不研究邏輯與玄學，便不能了解善之意義。斯托亞派把哲學比作耕田，邏輯是籬笆，物理學是土壤，倫理學是收穫，研究哲學，須先由邏輯着手他是思想之科學，討論概念、判斷、推論及其在語言上之表示。斯托亞派把文法包入邏輯中他們是西洋傳襲的文法學之祖宗吾人必須專心辨論學（邏輯）之研究因其討論知識論上之兩種重要問題：（1）什麼是知識之起源或吾人如何達到眞理？（2）什麼是知識之標準？

我們的知識來自知覺無所謂先天的觀念（如柏拉圖之所主張）；靈魂初生如空白版，可以感受事物之印象，如同蠟版之感受圖章之印記。基里西保說感覺爲意識之變化。印象久存而成爲記憶印象當記憶與印象結念起來時，就成爲經驗普通的觀念是由感覺與印象構成的，當其根據普通經驗自然產生時，便叫做公共的概念；公共概念對衆人皆是一樣毫無錯誤。然料學的概念則是有意構成的，用方法構成的，是思想之結果。

感覺知覺爲吾人知識之根本人之心理有一種官能，可以構成普通觀念，又能由多數的個別的事例中依其類似之點構成概念，并以同類者爲基礎構成一般的判斷。這種官能叫作理性，是思想與語言之官能。這種官能，就本質上言之，是與鑄造世界上事物之普遍理性相同的。人之所以復生神之思想，因而認識世界者，即賴此官能。但欲求概念之眞實，必須與「表現於世界上諸性質中之神聖的思想」相符合。斯托亞派反對柏拉圖的觀念論，主張共相是主觀的抽象品，唯個體是實有。

所以我們的知識是靠着知覺及由知覺產生之普通觀念與概念。感覺影像，若是其對象之確切的模版，便是眞實。但知覺與概念亦時有虛假；吾人之觀念很多是明明白白的不能發生眞理；有些是虛幻的。吾人如何能夠區別眞僞呢？什麼是我們的標準呢？我們怎樣能說有無什麼東西與我們的觀念相符合呢？我們又怎樣知道觀念不僅是我們的幻想之創造品呢？我們的一切知識，概是來自知覺；想求知識之眞確，知覺必須與對象相符。知覺與對象之相符，具有三種條件（一）感官處在常態的情形之下；（二）知覺是淸晰而明白的；（三）自己與他人重複的觀察一下，仍然證實得了第一次的印象。這種知覺，芝諾名之爲概念的印象（a conceptual impression），有人譯之爲理會的表現（The apprehending presentation）

是以知覺之標準，是印象或概念之自明；換言之，是概念與實體相符。我們有些概念，必有實體與之相符；有些概念則不然。僅僅主觀的或想像的觀念，無實體與之相符。這種觀念，不要相信，不要依之下判斷，不然，我們自己便要負錯誤的責任；因爲這種判斷是自由下的。但概念的印象或觀念，吾人不能否認。

眞理的知識，不是科學或哲學之獨佔品。所有的人都可由其普通觀念認識眞理。惟此種普通概念不如眞知識之可靠，因爲眞知識得自推理。科學是眞判斷之有組織的系統，其中的每個言論，皆是由別的言論推演出來的；而其推演是根據論理的必然性。所以正確的推論之官能，是得到眞理之另一手段，而辨論術卽斯托亞派之根本的修善。斯托亞派極重形式的邏輯，尤重三段論法；他們補充了亞里斯多德的邏輯，修改了他的範疇表。

斯托亞派的邏輯之主要目的，在指出人心本身不能創造知識；知識之源泉，是知覺；換言之，知覺供給知識之材料。然斯托亞派並不否認思想之活動；他們主張知識之進步，是由於經驗上之反省，由於組織原來的材料爲概念，由於由近及遠，由個體到異相之推論。

斯托亞學派同意於亞里斯多德之萬事萬物生於自動與被動兩種原理。又同意於他的這兩種東西是不能分離之本質；縱然兩者在思想上有區分，其實在實體上是一體。他們與亞里斯多德不同之處，在其對於此等原理之性質之概念。他們以爲凡非自動的或被動的，俱非眞實；既然物體皆是自動的與被動的，則物質與法式或勢力便是有形體的。但我們可以說物質與法式或勢力有形體上之差異；法式是由精細的質料構成的，物質是粗糙的無法式的不動的。法式與物質是離不開的；無法式便無物質，無物質便無法式；有物質之處，即有法式（或勢力）侵入之。世界上之萬事萬物無不有形質，靈魂與鬼神亦不能爲例外。甚至一切性質也是有形體的性質，是由火與氣相混而成的一種類似氣體的實質構成的；各個物象之成其爲各個物象，即賴此類似氣體的實質。火與氣是自動的原素，是生命與精神之原理；水與土是被動的原素，無生命，有惰性，爲窰匠手中的泥土。類似氣體的實質，滲透於物質之各分子；他不僅塡滿了原子間之空間，並存在實體之毫末中，彌漫宇宙，而與宇宙同其悠久。各個物體有其性質以別於其他物體，物體之存在就是由於其體中滲透有此種物質的東西。

惟勢力有因果性，而原因之作用惟及於物體之上。但結果常是無形體的；一個原因產生一個狀態（變化或運動）於別的物體中，這種狀態，既不是一個物體，又不是物體之性質，乃是物體的一種狀態——運動或變化。原因與勢力是同一的；原因祇能作用於物體上；結果不過是物體之偶爾的狀態。如果結果是一個物體，則勢力必要產生別種物體，這是不能的事。各種關係也是無形體的。然自動的原本是有生氣的，有智慧的，這是須留意的；這一方面，斯托亞派頗與亞里斯多德的概念相近。由他們的感覺主義的觀點觀之，他們僅否認自動的原本爲純粹的法式或精靈。他們的玄學是由柏拉圖與亞里斯多德的哲學改變而成的萬物有生論。

宇宙間之一切勢力，組成一個無處不有的力或火（赫拉克利塔斯之主張），而此原理爲合理的，爲宇宙之活動的靈魂。這種原理必祇有一個，因爲宇宙是一個統一體，各部分皆調和；又必爲火，因爲熱產生萬事萬物，運動萬事萬物而爲生命之主宰。他必是理性，——是有智慧的、有目的的、善的，——因爲宇宙是美觀的，有秩序的，完善而無缺的（目的論）。他是一切生命與運動之本源；他是神靈。他與世界之關係，有如人類之靈魂與其肉體之關係；世界是神之肉體，神之活的有機體。他又是宇宙之靈魂，含有一切生命的種子；宇宙是其中之潛伏的勢力，猶如種子中之植物。這就是汎神論。

普遍的理性或靈魂，彌漫於全宇宙中，正如人之靈魂，彌漫於人之全體中。人之靈魂之主管的部分，既居於中心，則世界靈魂之主管部分，——神——必居於世界之遼遠邊際，以便散佈於全世界。然世界靈魂有兩部分：一部分規定世界之法式，一部分保存世界之原形。爲萬物之主宰之神——完美而有福的東西——具有先見與意志，愛人惠物，賞善罰惡。就此等方面觀之，斯托亞派的神是汎神論的神。但是亦有差異。他們所說的神，畢竟不是一個整個，一個自由的人格、一個世界之創造者，不過是萬事萬物依自然之必然的程序所從生之實質。他們認神有意志與先見，但是又把神與必然法則視同一體。實際上他們的思想未曾劃分明白，汎神論與一神論混同一起。

第四節　宇宙論

斯托亞派對於宇宙由原始的神聖的火進化而來的理論，說的很詳細。氣、水、土皆起於火；但此神聖的火並彌漫於低等的原素中。（低等原素如土、水，皆由火凝結而成，換言之，火喪失其勢力後而成水土物質，是一種消廢的餘物。）神聖的火的本身分化爲各種不相同的形式，其不同之處，在其純粹的程度之差異；其作用於無機界者，爲盲目的因果律；其作用於植物界者，雖是盲目的，但是有目的的自然力；其作用於動物界者，爲由觀念指導之有目的的衝動；其作用於人類者，爲合理的有意識的目的。自然物爲四種原素（火、氣、水、土）之結合；其所以千差萬別的半因原素混合之比例不同，半因神聖的火之形式的動作之不同。宇宙是一個完全的球體漂浮於空中，由其靈魂維繫之長養之。宇宙生於火，將來復歸於火，復歸於純粹的生命及理性；宇宙由大火而來，繞一大圈，復歸於大火，循環不已，漫無止境。每個復生的世界，畢肖其從前的世界，因爲各個世界，皆是由同樣的法則產生的。一切事物皆是絕對祇決定的，就是人類的意志，亦莫不然；宇宙是一個不斷的因果鍊鎖，沒有什麽東西是偶然生的。一切事物必然的生於第一原因或運動者。人之自由，在其能聽命於運數，但不管聽從命運與否，必須服從。然而因爲宇宙之法則與理性，是來自神之意志，所以一切事物，皆聽命於神之意志。換言之，凡由第一原理生者，皆是依據神聖的目的，皆是神之潛伏的目的之實現。就這個意思說來，命與神並不相牴牾，因爲命運或法則，是神之意志。

如果一切事物是神之表現，則世界上之惡，又將如何解釋呢？斯托亞派有時否認世界上有惡，主張世界是完美的；所謂惡不過是相對的惡，世界上之有惡，猶如畫中之有陰暗，樂中之有不諧適，所以完美全體，或者爲實現善之手段。有時他們認惡爲自然界必然之結果，是必然的惡。再者，自然的惡，不能影響人之性格，所以不是眞實的惡。在道德上，沒有惡，亦顯不出善，善有惡相比，越顯其爲善。宇宙實在是一個美滿而完善的全體，其中之各部分有其固有的位置與目的。

第五節　心理學

人是由肉體與靈魂構成的；靈魂是一種物質的實質，是神聖的火之閃光，由血滋養之。靈魂之主宰的部分，居於心中，運用一切心理的機能：知覺、判斷、推理、感情與意志。隨時間之進行，變而爲合理的，因而得到概念的思想之能力。人之自由在其有論理的思想；人不像獸類，僅由影響與衝動主宰之，他能熟慮選擇，以聽命於理性。所以人之自由在其行爲依歸理性，在其聽命於自然界之永久的法則。聰明人所想做者與自然所命令者，沒有什麼衝突。哲學家如具有各種完全的眞理，其自由與神一樣。

斯托亞派關於靈魂不滅，主張不一致。有些學者主張靈魂與宇宙同其悠久；有些學者主張唯聰明有德者之靈魂能永久。但是到了宇宙復生之時，一切靈魂亦復生。人是自然界之目的，亦是神之目的。

第六節　倫理學

斯托亞派之倫理學，是根據上述各種學說而來的。他們認宇宙不是機械的、因果的鏈鎖，而認其爲有機的合理的系統，美滿而有秩序的全體，其中各部分各有其機能，各事其事，以實現全體之善。宇宙是一個有生命的有智慧的神。人是宇宙之一部分，是一個小宇宙，其本性與全宇宙相同。所以人之行爲須與宇宙之目的相調和，須實現宇宙之目的，須達到最高的可能的完美。欲如此，必須使其靈魂有秩序，必須依理性而行動，如宇宙之依理性而行動。人之意志須服從宇宙之意志，服從宇宙之理性，認識自己在宇宙中爲宇宙之一員，盡其自己的本分。這就是斯托亞派所謂之準諸自然而生活，因爲準諸自然而生活，是準諸理性或天道而生活，是善的生活。所以道德是至善至樂，因爲唯道德的生活，方能爲快樂的生活。且而這樣生活，是實現自我；因爲實現自我，是實現普遍的理性之目的，是向往普遍的目的。這裏面的意思含有具有同等權力的有理性的人類之大同社會，因爲理性是衆所共同，而衆人爲同一宇宙靈魂之諸部分。

由人之自然衝動研究之，亦可得到同樣的結論。因爲據斯托亞派說，天道（The universal logos）表現於下等生物的本能中，不亞於表現於人類理性中。衆生皆力圖保持其自身；所以快樂不是衝動之目標，乃是衝動實現成功之附隨物。自衛也不是目標，因爲衆生皆有保存其種類之本能。人類因理性之發達，乃認其合理的本性爲其眞自我，而以完成理性，促進合理的目的爲滿足。

在己者愛之，在人者亦不得不愛之。但斯托亞派這種說法，並非專以理論的思辨爲目的；他們所以尊重理性者，是因其指示吾人所有之義務。

所以道德是唯一的善，不道德是唯一的惡，其他皆無關輕重；健康、生命、榮譽、財富、爵位、權力、朋友、成功，本身上皆無所謂善；死亡、病疾、侮辱、貧窮、門第卑下，本身上皆無所謂惡。快樂也不是絕對的善；他是行爲之結果，切勿認之爲目的。這些東西不在吾人權力範圍之內，但吾人之行爲應該如何顧及這些東西，則在吾人權力之內。他們的價值，在吾人如何利用他們，在他們對於我們的品性的影響；其本身是沒有什麼價值的。祇有道德能使我們快樂。

眞德道的行爲是有意識的趨向至善，是根據道德原理而行的。換言之，道德的行爲，是完全確切了解善而有意的實現至善。無意識與知識之行爲，不是道德。由此觀之，道德是一個，因爲諸事皆靠善意，皆靠心向；一個人不是有那種心向，便是無那種心向；沒有中立的餘地。若非智者，便是愚昧。一端是道德，一切皆道德。道德是同一的心向之表示，所以彼此不能分開。（基利西保不承認此說。）道德不是人之天賦，乃是得自實行與教訓。因爲道德含有完備的知識，所以唯成人能有之。這種假定，是以人之行爲依其自己的判斷，是以人自然要努力實現其自以爲善者，而避免其認爲惡者。所以壞行爲是錯誤的判斷或意見之結果。斯托亞派有時認錯誤的判斷爲不中正的情感之原因，有時認之爲結果。這樣的情感有四種：快樂、慾望、恐懼、憂愁是也。誤斷現在的善而引起快樂（或是由快樂引起的誤斷）誤認將來的善而引起慾望，誤認現在的惡而引起痛苦，誤認將來的惡而引起恐懼。此等情感皆是不合理的感情、謬誤的見解、心靈的病疾，必須斬除之。所以擺脫此等情感，是斯托亞學派之理想。想實現此事，必須有完備的知識；而這種知識是與意志之力量相關係的。故解脫情感之束縛，卽是勇敢與節制之意。然人之順從道德律與否，在其個人之意志，意志是自由的。由此看來，斯托亞學派在玄學上主決定論，在倫理學上又主意志自由論。

第七節　政治學

如上節所述，斯托亞派之倫理觀不是自利的。人不僅有自保的衝動，還有社會的衝動，使其次第發展其團體的生活。合理的思想喚醒自然的本能理性指示吾人爲合理的動物之大同的社會之分子，各人有其向往之義務，（公正與仁慈）這種社會是大同的國家，其中祇有一種法律，一種權利，因爲祇有一種普遍的理性。在這種大同的國家中，道德爲區分人民之唯一的標準；神仙與聖人雖是特出的個人，然人人皆可與之自由往來。四海之內皆是兄弟，皆是同一的父親之子，皆是同源同本皆聽命於同一的普遍理性，皆受同一的法律之支配，而爲一國之人民；縱是吾人之仇敵，亦應救援寬容。理性要我們把公共的利益、公共的幸福，看得比個人的利益還重要；我們遇有必要時，須犧牲自己因爲實現了公共的幸福，就是完成了我們的眞正的使命，保存我們的眞我。這是斯托亞派之大同主義(Cosmopolitanism)。

伊壁鳩魯派不顧公共事業，斯托亞派與之相反，主張參與政治生活；各人之義務，在以世界之公民之精神，參與社會的與政治的生活，以增進其同胞及國家之福利。如此而行，決不致流爲狹義的愛國者；因其國家主義已由其包含全世界的人道主義（Humanitarianism）所擴充。各個國家之法律須根據大同的法律與大同的國家之主義。自然權利是積極的法律之基礎。他們並重視交友與結婚，以及凡個人所能服從公意的一切社會生活之形式。

第八節　宗教

斯托亞派認宗教與哲學是一樣的東西他們辨護通俗宗教，以宗教在民衆中所得之普遍的信仰，爲宗教之眞理之證據他們又認宗教爲維持道德之必需品。然而他們反對宗教中迷信的與天人同體的成分而給以寓意的解釋——這是把宗教解作寓意之初次的有系統的嘗試。

虔信是知神而敬之，是構成神之適當的概念而模倣其完全順從普遍的意志是宗教之眞實的本質。

第九節　希臘倫理學之撮要

希臘的道德學說所共通的是秩序與調和之理想；人須順從理性，克制自己；萬事萬物須有秩序。唯物論者與唯心論者都承認智慧之重要，都以正當行爲依賴正確思想。達到好生活之行爲，反正兩派亦無歧異：快樂論者以聰明、克己、勇敢及公正爲根本的道德，反快樂論者亦以爲然。兩派皆認得到幸福、精神安寧、心理和平，皆賴聰明、節制、勇敢公正。其不同者，快樂論者主張吾人要勉行道德，以圖得到幸福；而倫理的唯心論者，則以有秩序的美滿的心靈本身中有善，縱不能給吾人以幸福但有追求之價値。各派皆尊重對同胞友愛、仁慈、親密，而伊壁鳩魯派與斯托亞派竟將同情心之範圍，推至於一切人類。不過伊壁鳩魯之根據在自利；他以爲吾人若與四週之人衆不和睦央得不到幸福。斯托亞派以爲愛鄰這事本身就是善的；吾人之鄰人不僅是達到吾人幸福之手段，乃是吾人之行爲之目的。

斯托亞派之倫理學認人類之價値比柏拉圖與亞里斯多德之倫理學所認之人類之價値高。柏拉圖與亞里斯多德皆受國家的偏見的影響，辨護奴隸是對的，皆以外國人是劣等民族，奴隸制度是天然的公道的制度。他們無萬人同胞萬人平等之理想。他們認國內平等的市民可以享受公道與平等的權利，又認國家是爲和平而設，不是爲戰爭而設。但是他們心目中所認爲平等的市民，是希臘有自由與知識之市民。迨後，希臘失其自主，及亞歷山大征服了所謂的蠻人，萬衆同胞及人類權利平等之觀念始發現於一些學者之心目中；斯托亞派遂提出此種理想。人類體戚相關之思想遂爲他們思想系統中之主要點。人類尊嚴之概念於是發展：萬民皆一父之子，一國之民，有同等的權利與義務，俱隸屬於同一法律、同一眞理、同一理性之下。人之價値不在富貴，全在道德或善意。道德不歧視希臘人或野蠻人、男人或女人、窮人或富人、自由人或奴隸、聰明人或愚者、強健人或病疾人。品性爲最高標準，無人能取之，無人能與之。

第四章　懷疑主義與折衷主義

第一節　懷疑學派

前面所論述的各種哲學運動，其主要興趣雖在倫理的問題，然亦欲組織概括的玄學系統，證實人類之理性能夠得到眞理。他們蹈襲蘇格拉底以後諸大哲之故轍，辨護知識，反對懷疑主義，尊崇思想本身之能力。但是與此相反之思想，此時亦漸成熟。當伊壁鳩魯派及斯托亞派時，已發現一種新的懷疑哲學。這種懷疑哲學是比羅(Pyrrho of Elis)倡的，又名比羅主義。

比羅生於紀元前三百六十五年，死於二百七十年；幼從德謨克利塔斯之弟子學，而研究其學說；並知伊里亞學派及麥加利學派之學說；生平無著作，其學說由泰蒙(Timon of Phlius)傳下來，但散佚不全。泰蒙死後，懷疑論侵入柏拉圖「阿加的米派中。」阿塞息雷阿(Arcesilaus, 315—241)即首先拋棄「阿加的米」之傳統的學說，而專注於批評伊壁鳩魯派與斯托亞派之學說者；他認此二派之學說爲冒名哲學。

他以辨證法教授學生，使學生知證實及駁倒各個理論之方法。他主張不要輕易對玄學的問題下判斷。阿加的米中最大的懷疑論者是卡尼亞底(Carneades, 213—120)；他與比羅相同，也無著作；繼他而起者，有克來托馬卡斯（Clitomachus）斐諾（Philo of Larissa）及安泰奧卡斯（Antiochus of Ascalon）。

中期的懷疑論時期的阿加的米由斐諾與安泰奧卡斯之力解脫懷疑主義，而懷疑主義又變爲獨立的運動，其領袖爲厄尼西低墨（Ænesidemus），時在基督教初期而紀元後一百八十年至二百一十年間。懷疑主義最興盛其代表爲綏克斯都安拍利卡斯（Sextus Empiricus）。厄尼西低墨著有懷疑論的書，文多散佚，賴綏克斯都保全些許。綏克斯都著有 Against the Mathematicians 及 Pyrrhonic Hypotyposes。

參考書：

Maccoll, Greek Sceptics; Patrick, Sextus Empiricus; Robertson, Short History of Free Thought; Goedeckmeyer, Geschichte des Griechischen Skepticismus; R. Richter, Der Skepticismus in der Philosophie, 2 vols.; Staudlin, Geschichte des Skepticismus; Kreibig, Ethischer Skepticismus; Brochard, Les sceptiques grecs; Waddington, Pyrrho et Pyrrhonisme. See also Hirzel and Schmekel, cited on p. 105.

第二節　懷疑論派之理論

這派共同的思想是以人不能知道萬物之本性。感覺祇能指出萬物之表象不能指出其眞象。如果感覺是我們的一切知識之源泉，除了感覺不能有所知道，我們如何能知道物象是否與感覺符合呢？再者我們的思想與我們的感覺衝突時我們也無標準以區分眞與假（比羅之學說）。伊壁鳩魯派認感覺爲眞理之標準，斯托亞派以爲具有信念之感覺爲吾人所聽從，此皆不足爲安全的標準。感覺常常騙人；無對象與之符合之知覺，可以恰似眞的知覺之清楚明白與眞實（阿塞息雷阿之學說。）吾人不能說一個感覺是否是眞實對象之寫眞，因爲我們決無對象可以與之相比。再者，吾人不能陳述一個觀念，祇能陳述一個判斷，而判斷已經是思想，仍需有一個標準（卡尼亞低之學說。）卡尼亞低又說吾人不能證實任何東西。想證實任何東西須斷定眞理所由生之前提，而此前提又須根據別的前提以證實之。但如此進行，終無已時，而結論終難達到眞確之域。

吾人若不能知道任何東西，切不要輕易下判斷，換言之，決不要下判斷。我們所能說的是：我們有某種意識狀態，某種對象似是白的或黑的，不是某種對象是白的或黑的。這種意識狀態就足以應實際的運用了（比羅之主張。）這種主張，在道德上亦無問題，關於道德上亦須勿輕易下判斷。不輕易下判斷，不努力以求達到種種理想，即足以免掉許多不幸之事，且可以使精神安靜。然而卡尼亞低又說，雖然吾人無知道萬有之本性之標準，但有相當確切明瞭的知覺，足以指導實際的行爲。有種種程度的或然性；所以不必不下判斷。聰明人可以依一種觀念之或然性之程度以承認之，但須要記着或然性最高的度數，仍不能保證眞理。卡尼亞低這種意見，遂引起折衷主義或常識哲學。

卡尼亞低攻擊斯托亞學派之思想，指摘其矛盾無用之處。他反駁斯托亞派所主張之有神之目的論的證明；其所持的理由是：宇宙不是合理的、美麗的、善的，縱是美的、善的、合理的，亦不足以證明神之創造世界。他批評他們的神的概念說：以神如有感覺或感情，便是有變化的；有變化的神，不能永存。反之，神若無變化，便是死板無生命的東西。再者，神如有形質，便是有變化死滅的；如其無形體，便無感覺或感情。神如是善的，便是由道德律所規定的，所以不是至善；如果他非善，便不如人。神之觀念充滿矛盾，吾人之理性捉摸不住他，所以不能知道他。

拉里薩之斐諾說，斯托亞派之眞理標準雖不適當，但知識終非不可能的。他不相信阿塞息雷阿或卡尼亞低所主張之知識之不可能。安泰奧卡斯遂捨棄懷疑論，而主張折衷論。

第三節　後期的懷疑論者

後期的懷疑論者厄尼西低墨及綏克司都把懷疑論發揮的更爲詳細。厄尼西低墨對「知識之不確實」所舉之重大理由是：同一物體，其狀況因觀察之人而異，因觀察之感官而異，雖同一人或同一感官，但在不同時間及不同的主觀與環境之下，其狀況亦顯然不同。各個感覺皆是由主觀及客觀的原因而定，故永無相同的。他又舉出各種論證反駁證論之可能，反駁因果概念與神之存在之理論。

懷疑論在哲學史上不是無影響的。他緩和了許多學派之極端的獨斷論，並使許多學者修改其主張。他們指出各派思想中之歧異與矛盾，使許多思想家放鬆其差異而注重其一致，並由各種思想系統中選出常識所認爲對的思想。因此，就發生一種折衷主義的哲學運動。

第四節　折衷論

折衷論又因希臘學者與羅馬人間發生了知識的往來所激勵。羅馬人無哲學的天才，他們缺乏思辨的能力、不大注意宇宙觀及人生觀之理論。到了紀元前一百六十八年，羅馬征服了馬其頓，希臘變作了羅馬之屬地（紀元前一百四十六年）始發生哲學的思想之興趣。希臘學者跑到羅馬，羅馬青年來到希臘的哲學書院遊學，羅馬人始認希臘哲學爲高等文化不可少的東西。但羅馬思想家從未組成一種獨立的思想，他們都是一些折衷派，唯摘取各派思想中自認爲適當的部分以組成思想系統而已。縱然全體的採取了某種思想系統，亦必修改之以合於其自己的口味。他們不耐煩希臘人之深思細索，又不願詳細辨論。他們不是深沈的思想家，祇注重常識。登尼斯（Denis）說羅馬人之研究哲學愛好哲學，並非爲別的，祇是想尋求政治與道德之準繩而已。

折衷論流行於阿加的米、來栖安（The Lyceum）、斯托亞各學派，惟伊壁鳩魯派中無之。其重要代表爲新阿加的米學派之安泰奧卡斯、中期斯托亞學派之帕泥細阿斯（Panœtius, 紀元前一八〇年——一一〇年）、坡息多尼阿（Posidonius）、西塞祿（Cicero, 紀元前一零六年至四三年）綏克細阿斯（Sextius, 生於紀元前七十年。）

第五篇　宗教運動

第一章　猶太希臘哲學

第一節　哲學與宗教

我們已經敍述過柏拉圖與亞里斯多德諸大師後之各種哲學運動，現在且來敍述哲學逃匿於宗教中之時代。伊壁鳩魯派認宇宙爲一個機械，專注於他們的用處而竭力以圖取得快樂。斯托亞派認宇宙爲一個有理智有目的的系統，以服從普遍的意志與幫助實現全體的目的爲聰明智者。懷疑派對於任何問題不下答案，拋棄一切了解宇宙之念頭，而以順從自然、風俗及或然爲實際行爲之指針。折衷派擇取向來的諸學說中之優點，以組成滿意的宇宙觀。

然此諸說不足以滿足各種人之心理。有些人認機械論的宇宙觀，或祇迷惘於神爲不可能；有些人認服從普遍的意志由自己純粹的心中討求和平與權力，亦爲不可能。懷疑論亦未能根本的剷除理解神之慾望；他們幷不順從盲目的命運，——他們不僅想知道神，並想看見神。芝勒爾（Zeller）在其所著希臘哲學（The Philosophy of Greek）之著作中，敍述這一期的特色，說：「疏遠神之感情，希望最高的默示，爲舊世界後幾世紀之特色。此種感情表出古典的人文之衰落，新世紀之興起，引起基督教、異教及猶太亞歷山大主義之發生。』

此種態度引起一種哲學滿帶着宗教的神祕主義的色彩，而長久的理智所成功之希臘哲學，遂與其開端時相仿，沒入宗教之中。此種宗教的運動，生於希臘思想與埃及的宗教，尤其是猶太的宗教之接觸。當時埃及的首都亞歷山大城爲撮合此兩種勢力之最適宜的媒介。在這種宗教哲學中，可以分出三種潮流：（一）想調和東方宗教（猶太教）與希臘哲學，——猶太希臘哲學；（二）想根據畢達哥拉斯之學說，建立世界宗教，——新畢達哥拉斯主義；（三）想把柏拉圖的學說化爲宗教哲學，——新柏拉圖主義。此三派共同之點，是超越的神之概念，神與世界之二元論，神之啓示之觀念，魔鬼與天使可爲媒介物之觀念，及遁世之主義。這些成分多半是猶太教之特徵。但這三派思潮皆是表示希臘文化與猶太文化之混合則無疑義；不過新柏拉圖主義，希臘文化的成分較重，而猶太希臘哲學中，東方文化的成分較重而已。

參考書：

Lecky, History of European Morals, vol. I; Cumont, Oriental Religions in Roman Paganism; Gibbon, Decline and Fall of Roman Empire.

第二節　猶太希臘哲學之發端

紀元前三百三十三年，亞歷山大大王所建立之亞歷山大都市，到了他的大將托勒密（Ptolemy）之子孫統制之時（三百二十三年至一百八十一年間），變爲商業與智識之中心點，亦爲希臘文化與東方文化薈萃之淵藪。托勒密二世建立一有名的科學博物館，藏書七十萬卷，誘引希臘各地之詩人、科學家及哲學家來集於此。就中著名的詩人有卡林馬卡斯（Callimachus）、提奧克立塔斯（Theocritus）、羅得斯之阿坡羅尼阿斯（Apollonius of Rhodes）、著名的數學家歐克里得（Euclid）、天文學家別迦之阿坡羅尼阿斯（Apollonius of Perga）、亞里斯提挪斯（Ariystillus）、廷謨卡魯斯（Timocharus）及主張地球中心說之托勒密；地理學家有埃拉托色尼（Eralosthenes）。當托勒密二世，猶太之經典譯爲希臘文（the Septuagint）以爲猶太人民中不識祖國文字者之用。然希臘文化之影響於猶太思想者，不限於亞歷山大城一域，並伸至巴勒斯廷（Palestine），由安泰奧卡斯第四（King Antiochus IV）之竭力的用希臘文化化育猶太人及耶路撒冷（Jerusalem）之知識階級頌揚安泰奧卡斯第四之功德觀之可以知之。

最先調和猶太思想與希臘思想者，爲亞里斯多德派猶太人阿立斯托標托（Aristobulus 大約在紀元前一百五十年之譜。）他曾注解舊約之首五卷，想指明舊約與希臘哲學家之學說有一致之處，而斷定希臘學者，如奥缶斯（Orpheus）、荷馬、希西阿（Hesiod）、畢達哥拉斯與柏拉圖都伺竊過猶太經典。他爲證實這種主張起見，並在希臘詩人之詩中，摘引許多詩辭，以證明之；但那些引證後來俱被證明其爲僞作。他又想效法斯托亞派，用比喻的解釋，免除猶太經典中之擬人論，以圖與希臘思想融合。他認神是超越的東西，是不可見的；除了純粹的智慧能見他之外，無人能見之。斯托亞派所說之世界靈魂，不是神之本身，乃是主宰萬有之神聖的權力。這種地方可以看出亞里斯多德與斯托亞派之影響是很顯然的。希臘哲學滲合於猶太的著作中，又可由 Wisdom of Solomen, Book of Maccabees, Sibylline Oracles, Wisdom of Sirach 諸書中見之。

第三節　斐諾

前面幾種思潮，在斐諾（Philo）的思想系統，算是登峯造極了。斐諾是一個猶太教的家庭的兒子，生於紀元前三十年，死於紀元後五十年。他著了很多的歷史、政治倫理及注解聖經的書，現在存留的，也還不少。據他說，猶太教算是人類智慧之總匯。希臘哲學家如畢達哥拉斯、柏拉圖、摩西（Moses）及預言者皆是相同的思想。他爲證實這個主張起見，乃精讀希臘哲學，尤其柏拉圖主義與斯托亞主義；讀畢，乃用當時所通用之比喻法，以解釋猶太教之聖經。他把亞當代表精神或心，伊佛（E、）代表感覺，雅各（Jacob）代表禁慾主義，諸如此類。

參考書：

Drummond, Philo-Judaeus; Conybeare, Philo; Schurer, History of the Jewish People; Pfleiderer, History of Philosophy of Religion; Heinze, Lehre vom Logos; Reville, Le Logos; Arnim, Quellenstudien zu Philon; Falter, Philon und Plotin.

諸斐思想中之根本觀念，爲神之觀念。神是一個絕對的、超越的東西，不能了解，亦不能解釋，高出於知識及道德之上，而爲至善。吾人由吾人之最高理性或純粹智慧知其爲實有，但不知其是什麼樣。其爲實有，可以證明。神爲萬物之根源，萬物俱包涵於其中。神是絕對的權力、完善、幸福，又是純粹的心智或理性。他過於高超不能與不純潔的物質接觸。斐諾爲解釋神對於世界之動作起見，乃插入許多權力，這些權力皆是借用猶太的天使、幽鬼及希臘之世界靈魂與觀念等概念。有時候，他認這些權力爲神之屬性，神之觀念或思想，理性，或普遍權力之部分；有時又認之爲神之奴僕；有時用希臘哲學上之術語表之；有時用猶太宗教上之術語表之。他把這些權力合而爲一，而稱之『邏各斯』（logos），稱之爲神聖的理性或智慧。（吾人由吾人本身中之『邏各斯』以認識此『邏各斯』；吾人本身中之『邏各斯』是第二等的知識官能，與純粹智慧不同。）宇宙的『邏各斯』是一切觀念之總匯（如建築家之心靈包涵建築城市之計劃），包括諸權力之權力，最高之天使，神之初生子、神之印像、第二神、神人等。實際上，斐諾所謂之『邏各斯』是斯托亞派所謂之宇宙靈魂、宇宙之原型、柏拉圖之觀念世界，神與世界交通之媒介。有時候，他把這個原理認作神光之流露，隱然成爲拍羅提挪（Plotinus）之放射論（Enmanation-theory）之先聲。他是否把『邏各斯』認作人，尙不能確定。

『邏各斯』是神之「智慧、權力與完善」之實質化。爲說明神可以有所動作起見，乃說神是無性質的物質之根源。神以『邏各斯』爲機關，由這亂雜無章的物質造成可感覺的萬物之世界，而這些可感覺的萬物皆是觀念之模本。吾人由感官知覺以認識『邏各斯』之感覺印象、或感覺世界。這感官知覺，即人類知識之第三種官能。這種感覺世界，在時間上是有始的，但無終止（這是猶太教之創造論）。宇宙創造成功了，就有了時間空間。因爲『邏各斯』是完美的，所以世上的缺陷與罪惡必發生於物質。

人體如同宇宙，是靈魂與物質構成的；人可爲一小宇宙，是萬物中最重要的東西。但是純粹思想，則是其最重要的本質。其肉體靈魂之不合理的部分，是屬於物質方面；其主管的部分，則爲慾望、勇敢與理性所構成的。無形體的精神或純粹的智慧，是由神加給靈魂的；由是而使人爲神之影像。肉體爲人之罪惡之源；靈魂與肉體結合，即行墮落，而有發生罪惡之傾向。如果墮落了的靈魂不能脫離感官之束縛，便要沈淪於別界有情的動物中。據斐諾說，雖然人類的智慧常與神心接聯，但他向背神是自由的；他沈淪於感覺性中，或超越於其上，是自由的；不過這如何可能，則未明白言之。人須依沈思熟慮，以脫離肉體之束縛，剷除情感與感覺（禁慾主義）。但人想如此，力頗單薄，必須神之援助。神必定光照吾人，透入吾人之靈魂中。『覺悟之光必定降臨』。此即謂之馳心冥漠，而入於無我之狀態中。在此狀態中，吾人能攢入神中，而直接認識神（神祕主義）。

第二章　新柏拉圖主義

第一節　新畢達哥拉斯主義

畢達哥拉斯生於紀元前六世紀。他的學說重在倫理、政治與宗教；他的學說的目的，在倫理與宗教之改革。他死之後，他的學說之實用的方面尙存而未滅，尤其是在意大利最風行；但他的講授哲理的學校在第四世紀時便消滅了。柏拉圖晚年，頗鑽研他的數論與宗教神祕的原素；柏拉圖之親近弟子亦曾注重之；及亞里斯多德主義與希臘後期哲學興起，『阿加的米』學院乃捐棄畢達哥拉斯主義而不講。然奉信其神祕說者，祕密結社，依然未斷。直至紀元前一世紀，羅馬帝國時，宗教的要求興盛，而恢復其勢力；更緣時代潮流之驅使而恢復其哲學的研究。但這種運動中之領袖，未嘗回到初期的畢達哥拉斯主義，乃是歸本柏拉圖所賞識者，並且按當時折衷的方式滲合了別的許多希臘哲學。他們竟把畢達哥拉斯認爲神聖啓示的知識之淵源。新畢達哥拉斯派所承認之眞理與他們在柏拉圖、亞里斯多德、斯托亞派等之著作中所見到的，他們皆歸宗於他們的老師。

新畢達哥拉斯派之重要人，紀元一世紀有尼機底亞斯・非圭拉（P. Nigidius Figulus）、綏克斯都之弟子梭巡（Sotion）、提雅那之阿坡羅尼阿斯（Apollonius of Tyana）、摩德拉圖（Moderatus）；第二世紀，有尼可馬卡斯（Nicomachus）及非羅特剌塔（Philostratus）。阿坡羅尼阿斯說畢達哥拉斯是救世主；非羅特剌塔說阿坡羅尼阿斯本人是救世主。新畢達哥拉斯運動，並影響了柏拉圖派的學者。

第二節　新柏拉圖主義

根據希臘思想以建立宗教的哲學之嘗試，在新柏拉圖主義中算是登峯造極了。這種宗教的哲學以柏拉圖之思想爲骨幹，又滲合別派——尤其亞里斯多德派與斯托亞派——中他們所認爲對於他的理論有價值的一種獨立形式之思辨。他們認神爲萬事萬物之根源與目的；萬事萬物由神發之，由神收之；神是萬有之起點、中點與止點。與神交通，爲吾人一切努力之目的；宗教爲宇宙之中心。

此派可分三個階段：（１）亞歷山大・羅馬派（The Alexandria-Roman School）；其中健將有阿摩尼阿斯・薩克卡斯（Ammonius Saccas，生於紀元後一百七十五年，死於二百四十二年），爲此學派之建設人，無著作傳於今。柏羅提挪（Plotinus，生於二百零四年，死於二百六十九年）功在發揮此派學說，及柏羅提挪之弟子坡菲立（Porhyry，生於二百三十二年，死於三百零四年）。（２）敍利亞派（The Syrian School），其代表爲詹布里卡（Jamblichus）。（３）雅典派小波盧塔（Plutarch the Younger）及蒲羅克魯（Proclus，411—485），爲此派之要人。

參考書：

A. Harnack, article on "Neoplatonism" in Britannica, and History of the Dogma; Bigg, Neoplatonism and Christian Platonists of Alexandria; Whittaker, The Neoplatonists; R. N. Jones, Studies in Mystical Religion; Hatch, cited p.105; Dill, Roman Society from Nero to Marcus Aurelius; A. Drews, Plotinus und der Untergang der antiken Weltanschauung; works of Susemihl and Heinze, cited p. 105; Matter, Simon, Vacherot; also works on p. 123.

柏羅提挪於二百零四年生於埃及之來可坡尼斯（Lycopolis），在亞歷山大城從薩克卡斯研究哲學，凡十一年。二百四十三年，赴羅馬，建立學校於其地但他在五十歲以前無哲學著作出版；二百六十九年，他死後，弟子坡非立收集遺稿，公佈於世。

神爲萬有之根源，爲精神與物質、法式與質料、反對與差異之根源；但其本身則無複雜差異反對之性質，而爲絕對的渾一。他包涵萬有，而爲渾一體，爲第一因。萬有由他而生；多之先須有一；一先於萬有，超出萬有。神是超越的，非吾人所能限量；所以吾人不能說神是美、或善、或有思想、有意志，因爲這些屬性，皆是有所限定，實際上是使神不完美。我們不能說他是什麼，祇能說他不是什麼。我們不能說他是有，因爲有是可想的；凡可想的，皆含有主體與客體，所以是有限度的。他高出於美、眞、善、意識與意志之上，因爲這皆倚靠他。我們亦不能認之爲思想，因爲思想包含一個思想者及思想；縱是一個自我意識的東西，當其自己思想時，便分爲主體與客體。說神有思想、有意志，便是以神所思、所欲者限制神；所以反是剝奪了神的獨立自主。

世界雖然出於神，但神不創造世界；因爲創造，則意涵意識與意志或限量，而神並未曾打算創造一個世界；世界也不是由神演化出來的，因爲神是最完全。宇宙是由神流露出來的東西，是神之無限權力中所不能不流露出來的東西。柏羅提挪爲說明此意起見，引出許多例子。他說神是一個無限的淵泉，水出其中，源源不息；神又如太陽，放射陽光，而於太陽毫無所損。柏羅提挪用這些例以說明第一原理之絕對的權力與獨立。原因不消失於結果中；結果亦不限制原因。世界倚賴神，神不倚賴世界。如動物生子之後，仍不失其爲動物。

吾人去太陽愈遠，距黑暗愈近（物質）。創造爲由完全而流於不完全之墜落。人類去本源愈遠，愈是不完全，愈是複雜而變化。每一後階段皆是前一階段必然之結果。但後一階段皆力圖到較高的階段，歸復原始，以期達到原來階段的目的。

第三節　本源之三階段

神之流露萬有之程序，共分三個階段：純粹思想、靈魂與物質。在第一階段上，神之本體，分爲思想與觀念，換言之，神探索純粹理想的宇宙。但思想與其觀念、主體與客體在此一階段上，是同一的，其在時間或空間上並不分離；在神聖的心理中，思想者與思想是一而非二。假若神的思想是完備的眞理，這是勢所必然，因爲眞理之意，卽是思想及其對象是合一的。神思想他自己的思想，那是由他的本質中流露出來的。在神聖的心理中，思想的活動，思想者及思想是合而不分的。神之思想不是推理的，不是由這個觀念到那個觀念，由前提到結論，乃是直覺的、靜止的；其思索一系觀念是頃刻之間，便看出全體的。神的心理中有許多觀念，——與現象世界之個體相等——彼此不同，但是一系，如柏拉圖之主張。神之絕對的統一，是反映於此混雜的觀念之系統中。

感覺世界中之各個體，皆有一觀念在神之心中。所以純粹思想是現象世界之模型，無時間性，亦無空間性，是一個永久完全而和諧的理智世界。但不僅是一模型而已；諸觀念皆是有充足的原因；在神之流露萬有之程序中，前階段皆是其後一階段之因。

靈魂是神聖的流露之程序中之第二階段，是由純粹的思想流露出來；其中有許多觀念皆想實現其本身，而產生一些東西。靈魂是純粹思想之結果、影像或模本，比純粹思想略欠完美。他是超感覺的，有理智的，是自動的，有觀念的，有推想之能力的，——雖然不如純粹思想之完備。靈魂又是自我意識的，——雖然無需知覺與記憶。靈魂有兩方面：一方面趨向純粹思想，一方面趨向感覺世界；前者之作用在思想探索純粹的觀念，後者之作用在安排物質之秩序，顯出他有慾望。柏羅提挪稱前者為宇宙靈魂，後者為自然；有時候他說似乎有兩個這樣的宇宙靈魂，第二個是由第一個流露出來的，構成有形質的萬有之無意識的靈魂。前者因有觀念，——趨向純粹思想，所以是不可分割的；後者因有慾望，——趨向感覺世界，所以是可分割的。

然而靈魂若無別的東西可為發生作用的對象，亦不能實現其能力。於是發生物質，以實現靈魂之能力。這是第三階段。這種物質無法式、性質、能力，亦無統一性；他是絕對無能的，又為萬惡之源。物質去神最遠；其中毫無神之痕跡。我們不能描寫他的影像；我們祇能假定他為感覺界中變化不停的現象背後之必需的底子。靈魂作用於此物質上，乃形成感覺的影像，或可了解的世界之模型。各靈魂作用於物質上，產生了時間空間中各個感覺的對象之後，仍包含於不可分的世界靈魂中。諸靈魂與世界靈魂俱無空間性。物體之空間的分佈專由於靈魂中之物質。

現象的宇宙之美秩序與統一，則專靠宇宙靈魂。

柏羅提挪認宇宙由宇宙靈魂流露出來，爲其本性之必然的結果，不是意志之行爲。這三階段宇宙靈魂之流露，物質之創造，物質之形成物體，——組成一種程序，這種程序，抽象的思想雖可分析爲三階段，其實是一個永久的，不可分的動作。所以柏羅提挪主張宇宙之永久性，是與亞里斯多德相同的。同時，他又主張物質是隨時取得其形式，宇宙靈魂爲顯其作用起見，乃創造時間。他又承受斯托亞派之時間循迴說（periodical recurrence）。這些意見如何能調和，他未曾說過；他以世界過去曾經如何，將來仍將如何，感覺世界之各部分雖有變化，其全體則是永久如一的。

第四節　人類的靈魂

人類的靈魂是宇宙靈魂之一部，是超感覺的，自由的。當其未與肉體結合之前，依着神祕的直覺，探索永久，趨向神一方面，知道善；及其着眼於俗塵及肉體方面，就墮落了。這種墮落，一部分是宇宙靈魂想形造物質之必然的結果，一部分是各靈魂對物質生活不可抗的衝動之結果。因此，靈魂遂失其原來的自由，因原來的自由不受感覺性之束縛，而依歸其高尙的本性。靈魂如不能依歸其高尙的本性，而沈溺於肉體的生活，則肉體死後，即因其罪惡之程度，而降入非人的、動物的、或植物的身體中。但攢入物體中的靈魂，不是眞靈魂的本身，不過是靈魂之影子而已，是靈魂之不合理的、動物的部分，是感覺肉慾之府庫，罪惡之本源，亦爲德行之本源。靈魂之眞的本身，由思想與

『邏各斯』(Logos)組織而成；他能脫離感覺生活，趨向於思想，而達於神，以實現其職務。但靈魂在俗塵的生活中，能返歸於神，是少有的機會。

第五節　神祕主義

欲達此目的，哲學家之尋常的道德尚不足。衝動之節制亦不足，必須靈魂滌除感覺生活，不受肉體之腐化。然尙有比此清潔尙高一着者，卽是觀念之直覺或理論的探索之預備；理論高於實行，因其足以使人到距神較近之地，以察觀神。然僅此尙不足與神合一，惟入於一種無我之狀態中(in a state of ecstasy)，靈魂超越其自己的思想，沒入神之靈魂，而後與神合一。這是神祕的與神合一。

這種思想系統，是希臘思想與東方宗教之結合。就其主張一個超越的神言之，則是有神論的；就其主張萬物——雖下等物質——皆出自神言之，則是汎神論的。這種思想是宗教的唯心論，因其主張靈魂之最後的目的，在求依皈於神，心縱然不能達到目的，人亦須存心於神，脫離感覺桎梏，以爲預備。

柏羅提挪未曾駁斥多神論；他以諸神爲唯一無二的神之表示。他又相信地面上有善惡之魔鬼，在距離較遠的地方，能發生精神作用，因全宇宙是精神的。幽鬼彼此同情的互相影響，是自然而然的。他的許多門弟子讚揚這些迷信，辨護通俗的多神教，攻擊基督教，而流連於魔法巫術中。

柏羅提挪之弟子太爾之坡菲立(Porphyry of Tyre)發刊其師之著作，並爲之作傳記。他的目的，祇在解釋其師之著作，而不在發揮其師之學說。他比他的先生還注重禁欲主義與通俗宗教為清淨之手段；他採取各種迷信為清淨之手段。他對於畢達哥拉斯與柏拉圖及亞利斯多德之著作皆有註釋。

卡爾息斯之哲姆布里卡斯（Jamblichus of Chalcis，死於三三〇年）為新柏拉圖主義與新畢達哥拉斯主義之徒，極力利用哲學以辨護證明其多神教的宗教。他的學說中之迷信比坡菲立尤富。

第六節　雅典學校之倒閉

第五世紀，普羅克魯（Proclus）為雅典阿加的米院之院長，新柏拉圖主義因之復新。繼其後者，為美立阿斯（Marius），以錫多（Isidorus）與達馬細阿斯（Damascius）。到了五百二十九年，查士丁年帝（The Empero Justinian）以勅令封閉雅典學校，希臘哲學史遂死於此勅令之手。此後雖有辛普利夏（Simplicius）、波伊細阿斯（Boethius）諸人刊布柏拉圖與亞里斯多德之著作之註釋，然因當時哲學既失其生命，對於擁護多神教與維持舊文化，仍是徒勞，不過對於中世紀初期希臘哲學之認識有貢獻而已。此後世界，即屬於希臘哲學反對最烈的新宗教之世界，而這種新宗教既霸佔了知識界，又容合了希臘哲學。

第二編　中古哲學

第一篇　基督教神學之興起

第一章　基督教之開端

第一節　宗教之復興

上面已經敍述了希臘哲學自神話時期至通神的思想與空想的崇拜時期之發展。由這發展史中，可以見其後期轉爲倫理與神學兩種思想，其所討論的問題：爲人之起源與歸宿，人對神與世界之關係，人之墮落與救濟。這些問題的討論，在羅馬帝國時代，興趣益增，此風不僅表現於哲學家之社會中，一般有學問的階級中，亦無不如是。但希臘人之創造與勇敢已經喪失了，不能吸收東方思想之精神以復興其哲學之死骸。

第二節　基督教

當希臘思想之末期，有一種適合潮流的新宗教，成爲羅馬帝國之時髦宗教。這種宗教發生於猶太，頌揚一個慈悲的、正直的、愛民如子的神父，並宣傳由神父之子基督（Jesus Christ）拯救人類。依這種基督教說，無論何人皆可救濟，一切人皆有希望，基督還要復臨，建設其天國，先建設於地上，後建設於天上，但是無論在天上的或在地上，皆是正義與愛的國土。到了裁判的那一日惡人縱然富而有權，必要受罰的，純潔人無論是窮而卑賤，都是要升天堂的。這種救濟罪惡降福來世的基督教頗能滿足當代之要求。救濟之條件，不在外面的、一時的善，而在淸心懺悔，愛神愛人。向來爲猶太教中法利賽派的(the Pharisaic)字面上的正義觀念，今爲基督教之創設者改爲神靈上的正義之說。依這基督教之教義說，人之行事，不要出於恐怖之念頭，須要出於敬愛神之念頭。淸心比祭儀祭祀之外觀要緊些，內部的精神比外表樣式的價値還大些。欲得救濟，唯有一法，其法卽是斷絕嫉妬、忿怒、憎惡、復仇諸惡情；縱是恨我之人，亦須寬宥之，因爲受過強似犯過。捨棄恨與復仇之心理，而代之以愛與寬宥之心理；愛鄰如愛己；衆人皆可視爲鄰人。

第三節　基督教與古典文明

基督教挾其唯心的一神教、來世生命說、愛之福音說及基督遭難之實例，漸次盛行於羅馬帝國內。因其在知識階級中之人數增加，於是不能不顧及當代文化中的哲學思想。其實基督教受當時文化之影響不小，因爲猶太教決抵不住盛行於羅馬之倫理的、宗教的、政治的、社會的、知識的種種勢力之摧殘。基督教卽是這些勢力之產兒。「使基督教能夠實現」之原因有下列幾種：世界的帝國之存在，斯託亞派所主張之大同說，當時哲學家所主張之心靈的神祇說，希臘神祕主義與東方宗教所主張之靈魂不滅說，猶太教中之有人格的神之理想。所以基督教是時代之產兒，是猶太教與希臘、羅馬文化混和起來的產兒。當時的文化不祇滲溶於當時之世界中——與當代的希臘人及羅馬人相接觸——幷逐漸同化當時的世界，使之趨奉其潮流。設使此教中之猶太基督教派——該派專以猶太教解釋基督教——勝利，則所謂基督教或早已湮沒於耶路撒冷之地了。

基督教爲達到其使命起見，不得不解決許多重要問題。他須證明其信仰合於理性，表示其教義合乎道理，辨駁反對者之攻擊。基督教之領袖對付其對手方，必須根據其所熟悉的哲學思想，必須以其自己的哲學爲武器。因此護教者(Apologist)遂成爲必要的人物。但另外須要規定信條，建設教義。於是又要研究哲學以便對於基督教之傳統的信仰給以合理的說明。在這種事業中，希臘思想又給了基督教以重大的影響。基督教徒爲規定教條起見，乃開教會大會議以決定之；當共同一致的教條未決定之前，經過許多激烈的辯難，其得最後的勝利者，乃定爲正統的教條；其規定此教條最有力之思想家謂之教父(Fathers of the Church)。

參考書：

A. Harnack, What is Christianity? transl. by Saunders, and Expansion of Christianity, transl. by Moffatt; Pfleiderer Origin of Christianity; Development of Christianity; and Primitive Christianity; McGiffert, History of Christianity in Apostolic Age; Gibbon's Rome, chap. XV; Mommsen, History of Rome (especially the volume on the provinces); Lecky, op. cit., vol. I; Friedlander, op cit.; Wendland, Die hellenistische-romische Kultur. See also: Cheyne, Encyclopædia Biblica; Hatings, Dictionary of the Bible, and Encyclopædia of Religion and Ethics.

第四節　經院哲學

基督教之根本教義建設了，又被採用為國教了，於是到了哲學的建立時期。其所建立的哲學，為基督教哲學，佔中古時期哲學之最大的地位，其目的在註釋、組織、論證基督教教義——依據基督教以建立宇宙觀與人生觀。這派思想家叫做經院哲學家(Schoolman)，這種哲學叫做經院哲學(Scholastic Philosophy)。經院哲學家解決前述種種事業中之問題，多有賴於希臘哲學之幫助。不過其心理的態度，則不類於希臘哲學家。希臘哲學家之目的在超脫通俗的宗教，為宇宙下合理的解釋，他們多多少少有點科學的精神，甚至於有反對流行的教條之精神。經院哲學家則不同，認基督教之真理為不可駁的，務求有以證明之，而以之為思想之出發點與根本原理。為達此目的起見，經院學者乃認希臘哲學為無上之憑藉；所以到了經院哲學家的手裏，哲學簡直成了宗教之奴婢。

最初在基督教教義所定範圍之內，人之心智可以自由運用。祇要不抵觸基督教建成的真理，無論你如何解釋宇宙，都無妨礙。迨歷時既久，人之心智更加自由，乃超出神學劃定的領域之外，以圖滿意的活動；及其證明了經院哲學的態度與方法不能滿足人意，乃思依據獨立的根基另行建立思想系統。然在另一方面，則對此理智的運動，大起反對的議論：批評教條與教規，竭力去改變，以聖經及良心為人生之指針的、人心內部之宗教的生活。這種改良基督教之理論的與實行的兩方面之趨勢，到了近代初期之文藝復興與宗教改革而達於極點。

中古哲學之參考書：

除卷首緒論後所指之參考書外，另參看：

Paulsen, System of Ethics, Book I, chaps. ii, iii, iv, vi; de Wulf, History of Medieval Philosophy, transl. by Coffey, and Scholasticism Old and New; A. Harnack, History of Dogma, transl. by Buchanan; Townsend, The Great Schoolmen; H. O. Taylor, The Classical Heritage of the Middle Ages, and The Medieval Mind, 2 vols.; Poole, Illustrations of the History of Medieval Thought; Lecky, History of Européan Morals; T. C. Hall, History of Ethics Within Organized Christianity; Brett, History of Psychology; Baeumker in Allgemeine Geschichte der Philosophie, mentioned p. 4 (excellent short account); Eicken, Geschichte und System der mittelalterlichen Weltanschauung; Picavet, Esquisse d'une histoire des philosophies medievales; Prantl, Geschichte der Logik im Abenlande, 4 vols.; Stockl, Geschichte der Philosophie des Mittelalters, 3 vols.; Haureau, De la philosophie scolastique; Morin, Dictionnaire de philosophie et theologie scolastiques; Baeumker and others, Beitrage; Grabmann, Geschichte der scholastischen Methode, 2 vols.; Siebeck, Geschichte der Psychologie von Aristoteles bis Thomas von Aquino; histories of Christian ethics by Gass, Luthardt, Ziegler; A. D. White, A History of the Warfare of Science with Theology; Strunz, Geschichte der Litteratur des Mittelalters. Robinson, Introduction to the History of Western Europe; Emerton, Medieval Europe; Adams, Civilization during the Middle Ages; Cambridge Medieval History.

Paulsen, German Universities, transl. by Thilly and Elwang; Rashdall, Universities of Europe in the Middle Ages; Denifle, Universitaten im Mettelalter; books of Munroe and Graves mentioned p. 5.

第二章　基督教神學之發展

第一節　早期的神學

如上所述，基督教不得不從速規定其教義，建立其神學，以與猶太及希臘之思想相對應。想達到這種目的，亦唯有借重猶太哲學與希臘哲學。芝勒爾說舊約中之比喩的解釋，爲調和新信仰與舊啓示之必要的方法；而融和猶太基督教之斐諾（Philo）之『邏各斯』說，成爲後世基督教神學運動之中心點。

最初的基督教神學可於使徒保羅（Paul）與其門弟子之著作中見之。保羅是建立基督教神學或根據基督教以建立歷史哲學之第一人。他的使徒傳中露出類似所羅門之智慧中所用之各種概念及斐諾之哲學。他以基督與上帝之權力、智慧、『邏各斯』相齊一；基督先於人之原型而有，而爲上帝之所創造。這種概念並散見於別的使徒傳及第四福音中。

第二節　基督教初期的宗教哲學家

因有此等觀念，就有一種正確的神學。基督教之歷史的要素借希臘之『邏各斯』說以說明之；宗教與哲學結合一齊，而偏重宗教一方面，以『邏各斯』是一個有人格的東西，一個活的父親之子，不是一種冷酷的哲學的抽象的東西。然而另一些思想家傾向於思辨一方面想以其哲學的成見，說明基督教而使之理性化把信仰變爲知識。這是第二世紀宗教哲學家之工作。昔日斐諾曾用希臘哲學解釋猶太教，並想調和希臘玄學家與猶太學者之思想。今則一般宗教哲學家乃努力於此種工作他們的思想即是根據他們的信仰，以建立一種基督教的哲學，使信仰與知識、宗教與科學互相調和。

這種基督教哲學，無論其如何粗淺空虛要不失爲經院哲學之胚胎。基督教中的斐諾門徒說他們的教義，是由耶穌所傳給他的能守祕傳的門徒祕傳得來的。他們說基督教是嶄新的神聖的教義，猶太教是腐敗的宗教異教是惡鬼之所造。猶太神——德繆爾（Demiurge）是假神與眞神相反。基督——最高的一個神——之鑽入人體，意在解放德繆爾所拘入物質中之光明之神靈。能了解基督之眞教義者，爲宗教哲學家；他們能解脫物質之束縛；其方法是淸淨寡欲。不能解脫物質的束縛，則與物質同其朽滅；而能解脫者，便可升入天堂。現世界是墮落之結果；物質是罪惡之淵源；教義又有顯明的與奧密的：顯明的教義含在信條中；奧密的教義，祕密的傳授。

然而基督教初期的宗教哲學家，未曾完成其工作，他們未曾建立哲學的系統，不過貢獻了一種半基督教的神話而已。且而，他們的教義與流行的耶穌教之種種概念相反；他們詆毀舊約區分顯明的教義與奧密的教義，認定耶穌是神與天使以下之生物信仰特種的自然造作，種種比喻的解釋，都是護教者及基督教之保守者所反對的，並指爲異教徒。但這種宗教哲學之運動，對於基督教及其神學大有影響。他給信仰或神學之哲學的研究以發動力。其由希臘哲學取來之各種根本觀念，乃插入初期基督教學者之著作中，並是教理發達之主因。

第三節　護教者

護教者之普通目的在使基督教易於了解：這是與當時之宗教哲學家無異的；他們也是憑藉哲學，努力的辨護信仰，以抵禦異教及宗教哲學家之荒誕的解釋。他們以基督教是哲學，又是天啓；基督教之眞理是發生於超自然，並是絕對的確切；雖然祇能由神聖的靈通的心理了解之，但是合理的眞理。哈勒克(Harnack)在他的教義史綱(Outlines of History of Dogma)中說『護教者共同之心理可以綜合如下：基督教是哲學，因其內容是合理的，能給眞正的哲學家所想解決的問題以滿意的答案；但又不是哲學與哲學處於相反的地位，……因其是天啓的眞理，有超自然的神聖的根基，爲其教義之惟一根據。』

護教者皆熟悉當代之哲學與文學，而常與有知識階級相往還。當時教會之領袖，皆是執新宗教之牛耳與得民衆歡心之人。他們的著作中通常帶着很重的哲學色彩，其骨子裏含着純粹的宗教色彩，卽是這個緣故。

護教派中之名人爲 Justin the Martyr, Tatian, Athenagoras, Theophilus, Origen 諸人。此種運動至教義問答派(the catechetical school)而達於極點。此派起於亞歷山大城，爲斯托亞派的哲學家潘提挪斯(Pantoenus)所建立。其目的不僅在辨護新宗教，證明其道理，乃在組織教義，以便傳教師拿去感化異教徒。亞歷山大城學派之最大的領袖阿利根(Origen)建立了一種完備的基督教神學，其中受新柏拉圖主義之影響最大。

第四節　護教者之學說

護教者之根本思想如下：世界雖有消滅變化，但露出的有理性與秩序之痕跡，並指出了一種永久不變的善與正的第一原因——一切生命與生物之源泉。這種第一原因超絕一切生命與萬有，神之森嚴、權威、智慧、恩惠與善，皆是超絕人類之一切概念，非人類所能描寫。然而第一原因必是合理的；理性潛伏於神中，而爲神之內性之一部分。宇宙中之秩序與目的，全賴此理性或「邏各斯」之表現。換言之，理性與善，皆藏在宇宙之根底中，而神爲一切變化之永久的根本的原理。

神以自由意志之動作產生「邏各斯」，「邏各斯」由神產出，恰同於光線由太陽產出。光線由太陽生出，而不離開太陽；「邏各斯」或理性由神生出，而不離開神；神雖生出理性，而其自己的理性未失；理性聯其根源，而與神共悠久。「邏各斯」爲一個有人格的獨立體——就數目上說，雖不同於神，但就本質上說，是與神相同的，——是與神共存的第二神。「邏各斯」變爲人，即是耶穌基督；基督是「邏各斯」的化身，是肉體化的「邏各斯」。聖靈 (the Holy Ghost) 也是由神產生的。

在上述諸說中，都是把神聖的理性人格化，神聖的理性本來常見於希臘宗教哲學中：理性是宇宙所由形成之機關，神依之以直接影響宇宙。他們高唱神之超越性，同時又想維持「邏各斯」之獨立性；他們認「邏各斯」與神共悠久，就其本性言之，是與神相同，而潛伏於神中。然據愛里泥阿斯 (Irenaeus) 說，神是「邏各斯」之活動及本質之根源，所以『邏各斯』似乎是附屬於神。尤其是說『邏各斯』依神之意志變而爲人，這無異說有一個時間無『邏各斯』，而『邏各斯』是神創造的。阿利根爲解決這種困難起見，乃將這兩種觀念結合起來，以『邏各斯』是永久的創造；蓋創造之作用，不是某時間中之作用，乃是永久的作用；神之子乃是永久繼續的創造。

他們對於宇宙之創造，是按照希臘人之說法以說明之。神是萬有之本根與目的，萬有由神而生，並復返於神；然『邏各斯』是一切被創造的萬有之原型；萬有皆是依理性之影像與權力創造而成的。換言之，造物者按其心中之合理的計畫，由無形的物質創造宇宙，——由無造有。護教者認造物者爲一個有人格的實體，像自動的原因，造就萬物，保持萬物，並制御萬物。

創造是神之愛與善之結果，是爲着人之利益而創造。據多數的護教者說，創造是有時間性之作用；據阿利根說，神永久的創造，所創造的東西永存。他認宇宙是永久的，與亞里斯多德同，但現存的世界有始有終，來了這一個替代那一個。

世界是爲人類而造的。然人類之目的，不在現時世界，而在未來世界。靈魂擺脫感覺的世界，而來到神之世界，是爲至善。護教者皆主張肉體與靈魂之復活；有時雖認肉體與靈魂有死滅，但神依照靈魂之作用，恩賜肉體與靈魂以不滅性（Justin 之主張）；有時認人具有肉體與靈魂之外，還具有一種不滅的高等靈魂，肉體與靈魂由此高等靈魂而得着不滅性（Tatian 之主張）；有時認爲這種靈魂，祇賜給能制御其情緒之人。

護教者所共同之其他論點，爲自由意志與人類墮落。神之創造靈魂，賦有區別善惡，自由選擇之能力。有些選擇，違背神意，趨向肉體因而墮入罪惡之中，過下等生活，如果人過基督教之生活，藉神之恩惠與『邏各斯』所啓示之眞理，還可以矯正其過失。到了裁判之日，公正者則得永久的生活，不正者卽永被放逐。但阿利根相信衆人皆有最後的贖罪。他說最先的一個人或天上的幽鬼把罪惡帶到世上來了，世人就受其害而有犯罪之事；但人如擺脫感覺生活，而與神相近，卽有最後贖罪之希望。

第五節　『邏各斯』教義

基督教最初期之基本信條爲：人類之罪惡，由上帝之子——耶穌基督來赦免；換言之，耶穌基督來拯救人於罪惡之中。這種簡單陳詞，生出許多問題，基督教神學者辨論了幾世紀，後經長期的激烈的論爭，始有定論。這種主張中包含三大概念：上帝、耶穌與人。這三者彼此之關係，到底如何呢？

初期基督教神學中有聲有色之邏各斯教義並未透入初期教會中。第一世紀之基督教徒，因其頭腦簡單，生活於多神教的社會中，對於上帝、耶穌、神靈之信仰，絕未作哲學的思考。他們認耶穌這個人是上帝之子，聖靈是另一個超自然的東西，至其彼此間之關係與本性，則絕未深思。教會中之智識階級，爲竭力的辨護其信仰，以反對初期的宗教哲學家及異教哲學家起見，乃精深的研究希臘哲學，一直使其猶太的福音爲希臘思想化。然邏各斯教義受各方面之嚴重的反對，遂不能不力圖把信仰之基本，少作哲學的說明，亦屬自然之趨勢。當時發生許多宗教派別，對於基督教的教義作淺明解釋，使那不熟悉神學之人得以了解。紀元後一百三十年至三百年內，基督教之教義最盛行者爲三位一體說（Modalism），其在西羅馬爲帕提帕新教（Patripassianism），其在東羅馬爲薩伯里教（Sabellianism）。據前者之說上帝有了肉體，卽變爲人而受肉體之累；據後者之說上帝自己繼續的表現於上帝、耶穌、聖靈三段中。二說皆認上帝、耶穌、聖靈三者是一，是上帝之三種異形。

然這些意見尙未能與邏各斯教義相對抗；到了第三世紀之末，哲學的神學竟大勝利。如海拉克（Harnack）說「宗教哲學已訂入信條中」，一般思想家皆受了阿利根之影響。他的門徒把信仰弄成哲學化，以至一般俗人皆不能了解。救世之觀念漸衰，而宇宙論的及哲學的色彩乃大伸張。其立說之中甚至基督之名亦不得見。阿利根之新柏拉圖主義竟有顚覆了基督教之勢。

「邏各斯與上帝」或「耶穌與上帝」之關係之問題，爲三百二十五年尼西亞（Nicœa）會議時阿利阿斯派（Arians）及反阿利阿斯派——阿塔內細阿（Athanasius）爲此派之領袖，——爭論最激烈之問題。據阿利阿斯（Arius）說，基督是上帝所創造，賦有自由的意志；上帝預知其用自由意志以爲善，故創造時，給以上帝之尊嚴。據阿塔內細阿說，耶穌是上帝生的子，與父同實質，共永久，子秉其父之本性甚充分，而父未因之有絲毫的損失。歷史上之耶穌是『邏各斯』與神相結合之人體，完全是『邏各斯』與神之化身。聖靈是第三種東西。結局還是同一實質之三種樣式。

尼西亞會議之結果，反阿利阿斯派戰勝，而阿利阿斯派之教義被駁倒，阿利阿斯及其黨徒亦被革除。『耶穌是上帝生的，』成爲信條，而名之曰『尼西亞信條。』（註）迨後有人想調和阿利阿斯說與阿塔內細阿說，主張耶穌與上帝不是同一的本質，而是類似的本質，未能成功，由是遂分爲羅馬教會與希臘教會。二者皆以阿利根之新柏拉圖的哲學爲護身符，皆以邏各斯教義爲基礎。

還有耶穌與邏各斯神之關係之問題，亦引起了爭論。這種爭論引起各種解答，各有各的理論，到了四百五十一年，迦爾西頓之西諾德（The Synod of Chalcedon）採取一說，謂基督有兩種本性，各種皆完善，彼此皆不同，唯完全的結成一體，是上帝，同時又是人，此說遂成爲正統派的教條。

（註）尼西亞信條訂立之後，基督教哲學遂爲亞歷山大城中之阿利根學派所研究。主要的是採取正統派教義，而阿利根派與正統派相牴牾之處，悉予放棄。在此改革工作與有大力之代表中有里薩（Nyssa）之格里哥利（Gregory）、巴西爾大帝（Basil the Great）及那西安倫（Nazianzen）之格里哥利。

第六節　自由意志與原始罪惡

還有待於公同解決的第三個問題：在救濟說中，人類是一種什麼情境，據一種流行的意見，說全體人類是被第一人或墮落的天使之罪惡所污穢，人類欲圖救濟，非借神之幫助不可。耶穌由天上來到地面，以救濟人類之說，似與此說最相契合。如果救濟人類之罪惡，爲必不可少的，人便是罪惡之奴隸；其本性即是罪人，無論如何不能自由。此說曾受波斯人摩尼（Mani）與其門徒之擁護。摩尼曾將波斯之二元論與初期的宗教哲學家之學說，納入聖經中，而結合基督教與祆義（The Doctrine of Zoroaster）。摩尼派說人類光明之原理，受制於物質——黑暗之原理，若能清淨或擺脫酒肉、婚姻、財產、勞動，還能回復光明。然另有一說，能與基督來救濟人類罪惡之信仰相契合。其說爲罪惡是犯罪，犯罪是歸犯罪者負責，唯有選擇善惡之自由者，方能爲一個罪惡人。所以人類若有罪惡，必有自由。此種結論也可由別種說法得到。神是萬能的，所以人是無能而不自由的，不能解脫其自身之罪惡，唯奇蹟能救濟之。或者神是絕對善的正的，所以不能負罪惡之責，因而人必是自由的，是罪惡之創造者。

紀元後四百年，有一個僧侶名叫皮雷吉阿斯（Pelagius）來到羅馬，持論與原始罪惡說相反。他說，神是善而正的，神所造的萬物皆是善的，所以人類的本性，不能是根本的壞。亞當（Adam）對於犯罪與否是自由的，他的惡的感覺本性，使他犯罪。然犯罪不能一代傳一代，因爲各人有自由犯罪，含有自由之意。自由是神所賜之恩惠，所以人無需幫助，自能避惡而就善。但亞當犯罪之例甚有害，人類模仿其惡例，養成一種習慣，難於制服，遂爲人類犯罪之原。然而教會中人或難之曰：如果人爲罪惡之奴隸，人有選擇之自由，神的恩惠與基督教在人類贖罪中又有何用呢？皮雷吉阿斯派答之曰：經典中、耶穌之教範中與教會之教義中所啓示之知識，使人類自由的選擇善，便是神的恩惠之作用。洗禮與信仰耶穌基督，卽是入天國之要途。上帝無所不知，確知人一生要選擇些什麼事情，而預先規定其應有的賞罰（命定論）。

第三章　奧古斯丁之宇宙觀

第一節　奧古斯丁

奧古斯丁反對皮雷吉阿斯派之說。他是一個最偉大的建設的思想家，是初期基督教中最有力量的大師。在他的思想系統中，討論了當代最重要的神學上與哲學上的問題，發揮了基督教的宇宙觀，達到了護教家的思想之極點，成爲後幾世紀基督教哲學之嚮導。中古時期，宗教改革時期，近古時期之哲學，皆受其影響。吾將於討論其思想各方面時述之。

奧古斯丁（Aurelius Augustinus）於三百五十三年，生於北非洲之塔格斯特（Tagaste）。其父爲異教，母爲耶教，受其母之影響最大。他始而爲鄉城之修辭學教師，繼而移於米蘭（Milan），而專注於神學與哲學問題之研究，使他由摩尼主義轉而爲懷疑主義。心神爲之不安。到了三百八十六年，他開始讀柏拉圖與新柏拉圖派之著作，給了他的思想以定心針；又受米蘭長於言辭之教主安布羅斯（Ambrose）之影響，感動了他的心境。及至三百八十七年，改宗之後，回到塔格斯特，住了三年。過他的獨身生活，而爲一個僧侶。三百九十六年，被舉爲阿非加希波之教主，專注於正統教之發揮與宣傳；任職至四百三十年而死。

第二節　知識論

據奧古斯丁之意見——即是全部基督教時期之精神之特色——有價值的知識，是關於神與自我之知識。其他學問如邏輯、玄學、倫理學之價值，均在其指示吾人關於神之知識吾人之責任，在了解吾人所堅信的對象，明瞭我們的信仰的道理。『了解之以便信仰，信仰之以便了解。有些東西非了解之不足以發生信仰；另有些東西非信仰之不能了解』除了關於自然界的學問以外，信仰神的啓示，是認識神之法門。知慧是了解所信仰者之所必需；信仰是信任所了解者之所必需。直而言之，理性必須首先決定天啓曾否實現。若依信仰而理會了天啓，則不能不依理性了解之，說明之。然吾人所信仰者，不能一一皆了解之，必須承認代表神之教會所主張之信仰之眞理。

我們知道我們存在，我們的「思想與存在」是確實無疑的。我們又曉得有永久不變的眞理，我們的懷疑證實了我們認識眞理，我們說一個判斷是眞或假，便是指出了眞理之存在。由這種意思看來，奧古斯丁確有柏拉圖之風，認眞理是眞實的存在，人心具有眞理之本能的知識。有時他的話，似乎是說人能直悟神的觀念；有時似乎是說上帝創造這些觀念於人的心中。這兩種說法，皆是以眞理爲客觀的，不是人心的主觀製造品，眞理是獨立的，無論我們存在與否，他永久是存在的。「眞理之永久不變的本源」是上帝，神心就是柏拉圖所說之觀念、法式、原型或本質，甚至各個事物之觀念。

第三節　神學

奧古斯丁之神學之根本意義，是上帝之絕對與尊嚴，上帝所創造的東西，離開上帝，便無意義。——這即是新柏拉圖派的思想。上帝是全能全智全德之永久超絕的實體，有絕對的統一與絕對的自由，換言之，是絕對的心靈。但意志雖絕對的自由，其決擇與其本性相同，無有更改的。他是絕對的神聖，不能爲惡。上帝之意志與行爲是一而非二；其所欲者卽其所行者，中間無須『邏各斯』或其他之幫助。萬有之觀念或法式，皆在上帝之心中；上帝創造世界，是合理的；萬有之法式皆得自上帝。奧古斯丁承認阿塔內細阿所主張之三位一體說，但其說明，則着薩伯里教之色彩。

上帝由無中造世界；世界不是上帝之本質中之必然的出產品。上帝的創造是無間斷的創造，不然，宇宙將歸於破碎零落；宇宙是絕對的依靠上帝。我們不能說宇宙是在某時間或空間中造成的，因爲在上帝創造宇宙之前，旣無時間，又無空間；空間與時間皆是上帝創造的；他自己無時間性，又無空間性。然而上帝所創造的不是一個永久的創造品；宇宙是有始的被創造的東西，是有限的，是有變化消滅的。上帝又創造物質；我們雖然可以在論理上假設物質爲法式之根本，但物質不先於法式而有。因爲上帝旣是無所不能的，則各種可以設想的東西，甚至最無意義的東西，必皆呈現於宇宙中。

奧古斯丁爲證明上帝無所不能起見，乃主張上帝爲萬有之根源。爲證明其爲善的起見，乃將惡驅逐於世界之外。創造是上帝之善之一種啓示；上帝創造宇宙，是由於他的無限的愛。（奧古斯丁恐怕剝奪了上帝的無限權力，遂加添一個意思，說：上帝的愛，不曾強迫上帝有所創造，其創造乃是出於自由意志之行爲。）所以我們若果不由人類的利用方面着想，萬物皆是善的。如果上帝是一個絕對善的東西，其所創造與所豫定的萬物，必欲其皆爲最好的，甚至惡亦必是相當的善。此猶一副圖畫中之陰影，亦為其全副中之美之要素；惡雖非善，黑雖非白，但皆是好的，因其能助長善。或者也可說惡是本質之缺乏，即善之缺乏；這個意思便是說：若無善，即無惡。無惡，善是可能的；無善則惡為不可能，因為萬物皆是善的，至少其本質皆是善的。缺乏善即謂之惡者，即因其缺了自然所應有的東西。道德上的惡亦不能摧殘宇宙創造之美。道德上的惡，發生於人或墮落的天使之意志；惡是惡的意志之結果，不是積極的意志所以道德上的惡，僅代表一個欠缺的意志；也是善之缺乏。極端的惡，是舍上帝或至善而趨向於塵世。神之創造萬事萬物，未始不能免去惡；但他寧願利用之以為保持善之工具。宇宙之光榮，是由惡之存在所增進（樂天主義）。例如神預料着人將舍善而趨惡，他就允許其存在，而預定其懲罰。奧古斯丁想維持神之全能與其至善，乃（1）否認有眞實的惡，而認之為相對的惡；（2）主張惡為善之缺乏；（3）移轉惡之責任於人之身上。

第四節　心理學

人——感覺世界中最高等的創造品，——是一個肉體與靈魂之結合。這個結合，不是罪惡之結果；肉體也不是靈魂之牢獄。靈魂是單純的、非物質的或精神的實質，本質上完全與肉體不同；他是肉體之生命，又是支配肉體之原理；但其如何作用於肉體上，尚是祕奧而未知的事情。感覺是一個精神的歷程，而非物質的歷程。感官知覺、想像與感覺的欲望，是感覺的或次等的靈魂之機能；記憶、智慧與意志，是理智的或上等的靈魂之機能。這個上等的靈魂不能附於肉體上。但是這些機能是一個靈魂之機能，即一個靈魂之三樣的表現——三位一體之影像。因為意志為靈魂之一切作用，所以這些機能，不是別的，祇是意志。

靈魂非由上帝產生各個人皆有其自己的靈魂。靈魂並不先於其與肉體結合而存在。但靈魂如何發生，奧古斯丁則置而未論，這是他所不能解決之問題。當時對於靈魂有兩說：一為創造說（Creationism），一為傳承說（Traducianism）。持創造說者謂上帝為各個將生之嬰兒創造一個靈魂；持傳承說者謂嬰兒之靈魂由其父母之靈魂產生，嬰兒之肉體由其父母之肉體而生。奧古斯丁對此二說皆難同意。

靈魂在時間上，雖有發生之時，但無死亡之日。奧古斯丁之證明靈魂不死，是應用柏拉圖以至當日所通用的論證。如由實現永久福利之意言之，靈魂本非必然的不死，然由靈魂繼續存在之意言之，則為不死。神之內靈魂的永久的賜福是不能證實的，吾人對於這事的希望祇是信仰之作用。

第五節　倫理學

人類最高的目的在與神結合，這是一個宗教的神祕的理想。這種結合不實現於不完全的世界，惟實現於將來的生命中，——眞正的生命中。吾人之塵世的生活，祇是一個達於神之路；若與永久的福利相比，不得為生，祇得為死。在這裏，關於感覺的宇宙，則有初期基督教之悲觀主義的特色；關於未來世界，則有快活的樂天主義：一方面是輕神，一方面是愛神。然而奧古斯丁想用上面所述的無所謂絕對的惡的理論，以調和好上帝與惡世界之二元論又想依據那個理論以溝通至善與日常道德之倫理的二元論。

吾人之與上帝或至善相結合，是由於愛；所以愛乃爲至高的德性，爲其他一切德性之源；節制或克己（愛上帝而不愛世界）、剛毅（由愛以克服痛苦與災難）、正直（敬奉上帝）、智慧（正當的選擇之權力）——種種德性，皆由愛而生。愛神爲眞的愛己與愛人之根基，使異教的德性變而爲光明的德性；惟有愛神，除非被這種愛激動，異教的德性終不過是『好看的不德。』

神之愛是作用於心內之神恩之功用，在神力支配下之教會之聖禮中所實現之神祕的作用。信仰、希望、仁慈，是道德變更上之三階段，愛則爲最高的。『凡愛正當的，決然無疑的亦相信幷希望正當。』『無愛則信仰無效；無希望，則無愛；無愛亦無希望，無信仰則希望與愛都不能有。』

這種學說能使人對於塵世生活與人文制度之態度，比原始基督教所主張的積極的多了。初期的基督教徒，對於婚姻、國事、戰爭、司法、商業等人文制度，概取消極的態度。逮及教會組織逐漸發達，基督教成了羅馬帝國之國教，於是不得不發生一種變動，這種變動所發生之直接的結果，即猶豫於否定世界(world-denial, 即出世)與肯定世界(world-affirmation, 即入世)之間，而不能決定。奥古斯丁亦猶豫於出世的與入世的理想之間，而不能決定。他的態度就是中古世紀的道德學者之特徵。所以他承認財產之權利；否認前人所說之財富是可憎惡的掠奪品，財產起於不公平，衆人對於財產有同等的權利諸說。他幷認富人與貧人有同樣的救濟之可能。然而他又認私有財產之所有權爲靈魂之障礙，而以貧窮對於靈魂之價值較高，所以他說，讓我們制止私有財產之所有權，即不如此，亦當讓我們制止對於此所有權之愛好。他對於結婚與獨身之估價，亦有此同樣的二元論；他說，婚姻是一種聖禮，然獨身之品格尤高。

他對於國家的觀念亦露出此同樣的二元論。他說，世俗的國家之根基在愛己，甚而至於輕神；神聖的國家之根基在愛神與輕己。然而暫時的世俗的國家，是一個倫理的團體，其使命在促進世俗的幸福，而用公道以支配之。但世俗的國家之目標之價值，是相對的；而教會的目標之價值，則是絕對的；所以國家附屬於教會，因為教會是神國之表現，其權威是不衰落的。

總之，奧古斯丁有兩種理想。至善是超越的善，縱屬基督教徒，亦不能於其肉體中實現之，因其受慾望之支配；所以人之至善在愛神與善意。然某種限度的善，可由外表的行動達到：如輕的罪惡，可由祈禱、斷食、慈善以贖之。但至高的目標，畢竟是遁世脫俗，模仿基督，僧侶生活，奧古斯丁認為基督教的理想的人生觀。

這種倫理學說之特點，在其唯心論；宇宙間最重大的東西，不是物質，乃是精神；人之最重大的東西，不是肉體，不是感覺衝動的本性，也不是嗜好之滿足，乃是精神。

第六節　意志之自由

奧古斯丁反對皮雷吉阿斯之意志說。他說，人在亞當時，對於犯罪與否，實屬自由；上帝造人，不僅賦予自由，並且賦予不死、神聖、公正以及不受悖逆的欲望之束縛之自由等等超自然的天資。但亞當憑其自由，選擇了違背上帝之路因而喪失其天資，毀壞全體人類，使其成爲沈淪的羣衆。因爲亞當是第一個人，代表人類全體，遂將其犯罪的本性與被懲罰的傾向傳於其子孫，到後來人不犯罪成爲不可能；犯罪是自由的，不犯罪是不自由的。亞當之犯罪，不僅是先例，且是遺傳的犯罪。其結果使全體人類俱屬有罪，除了倚賴神之恩惠與慈悲外，不能贖之。神能改善墮落的人。神之給與恩惠非根據受之者之善行，——實則就善之眞義言，罪人之行爲何得有善之可言，——祇是神所選擇爲其恩惠表徵之人能做善事。『人類非由自由的行爲以得到恩惠，乃由恩惠以得到自由。』這個意思，卽是說上帝能變化人類的靈魂，使其有亞當未墮落以前之愛善之心理。愛至善或上帝，認識至善或上帝，可以恢復人之做善事的權力，使人捨感覺生活，而就上帝之生活；換言之，恢復人之意志自由之權力，而解放肉體之束縛。自由之意，卽是愛善；換言之，唯善意志是自由。

這種學說之根本思想是：除非人有善之概念，除非人知道什麼是眞善而愛好之，是不能救濟的。有些人有善的意志，有些人無之。奧古斯丁之問題，卽在論述其原因，而委之於神之自由的恩賜。

上帝爲何選一些人，使之有永久的幸福，另一些人有永久的懲罰，這是不可思議的。但上帝之選擇，絕非不公道，因爲人沒有要求救濟之權。然則預定論與命定論是相同的嗎？預定之意不是上帝預先規定誰可救濟，誰不可救濟，其選擇純粹是呆板的嗎？預定是上帝依其恩惠指導這個人或那個人到永久的生活之永久的決心。預定含有上帝選擇之前知。但奧古斯丁以爲預定對於人之自由無關；人有選擇永久的生活之自由，而不選擇之；上帝知其不選擇之，而決定誰應救濟。還有一件事例，可以見得奧古斯丁對於上帝之絕對的權力之概念；他不願限制上帝之自由他認上帝對人可任意而爲。人在亞當時有其機會他們濫用特權神巳知之但神並未強過他們去作惡；所以他們也無權力怨恨未被選擇。但人們若眞的愛神若有神聖的意志就可邀赦免。

上帝所選擇而被赦免的人組成天上的國家；未被選擇的人組成地上的國家，——罪惡的國家。人類之歷史，代表這兩國之競爭，至其末期，基督出世，上帝的恩惠，由基督而賦予於世。天國在基督教的教會中，達其完成之域；教會是地上之天國。教會以內之人，雖不是個個人均可被救濟，但是教會以外之人，無人可邀救濟。誰可被救濟，無人知之。到了正義戰勝之日，善惡勢力間之戰爭，卽告終止；於是來了大安息日在這個時期，天國中之人員，將享永久的福利；而罪惡之種子與惡魔，將被罰處於永久的火坑中。

第二篇　經院哲學之開端

第一章　黑暗時期

第一節　新民族

神父哲學(Patristic Philosophy)到了奧古斯丁的思想系統中，算是達到極點，這是古典的基督教的文化之最後的大出產品，也是正在消滅的古人傳給其蠻族的承繼者之遺產。這時候西羅馬帝國滅亡了，興起了北方少壯勇敢的民族。西高斯族人(Nisigoths)佔領了高盧(Gaul)與西班牙，汪德爾人(Vandals)征服了阿非利加，東高斯族人(Ostragoths)取得了凱撒(Caesars)之王位。現在的問題，在溶合羅馬基督教與日耳曼人之思想及制度，這須經過一千年之久而後成功。這個時期，叫作中古時期。溶合了各不相同的民族之人文制度，而政治上、社會上、知識上、宗教上皆發生了新面目，因而逐漸的發展一種新文明。觀乎許多新國家、新語言、新習慣、新法律、新宗教、新人生觀之演進及舊文化之消滅，可知當時一切改革之澈底。這種改革之成功，開近世紀之端倪。

溶合各不相同的人文制度，以產生新的人文制度，其進行甚遲緩，良以陳訓及舊制，除了逐漸溶化外，沒有別的法子。無論何人不能立卽改變其人生，亦不能完全改變其人生。當北方蠻族服膺羅馬基督教的文化之前，他們還有多少東西應該學習；他們必須用他們自己的器官接觸新文化，吸收新文化，於他們的有長久歷史的野蠻靈魂中。還有不足異者，卽舊世界高等文化現在無人重視，而舊哲學——基督教徒有一部分功勞在其中之哲學，將沉淪數百年。其故由於：（一）當時的人無暇建設玄學的與神學的思想系統，他們祇顧得注意人們一切活動範圍內嚴重的實際問題。（二）哲學是成人的事業，而一班蠻族尙在少年學習時代，不能着手研究。蠻人想了解並欣賞高等民族之高等文化，必先得到知識之要素與工具。當時最緊要的問題，是教育問題，所以自奧古斯丁起至第九世紀止，教科書之教材祇限於七藝（seven libral arts）與基督教教義。

當時的哲學，是基督教神學之奴隸，其任務祇在維持過去的陳訓。在文化較高的東羅馬帝國中，研究神學問題的興趣雖很普遍，然皆白費的教義的論爭，與百科全書之編纂，教義之蒐集，如第七世紀頃達馬細阿斯之約翰(John of Damascus)之所爲。在西羅馬帝國中，則有馬細安那・卡珀那(Martianus Capella, 四百三十年之頃)、波依細阿斯（Bœthius, 生於四百八十年，死於五百二十五年）、卡息奧多剌（Cassiodorus, 生於四百七十七年，死於五百七十年），著科學、邏輯、哲學教科書與註釋；但是當時學者多無創造能力。塞維爾之以錫多（Isidarr of Seville）及比德（Bede）在學術界雖略負勝名，然創造力則甚少。在幾百年間文學界實際上有並駕齊驅之兩派：一派爲古典文學，一派爲基督教文學。但後者之著作，爲有學問的希臘人與羅馬人所不齒。古典哲學仍是蹈襲斯托亞主義、新畢達哥拉斯主義與新柏拉圖主義之線索以進行，這在希臘哲學一部份之末已經說過了。

第二節　學問之開端

羅馬帝國時代因知識階級之改變與教會組織之發展，基督教之僧侶逐漸執往日哲學家所掌握之學問之牛耳，東西羅馬之大學者幾乎皆是僧侶。然而中古時期之開始因日耳曼人之興起，知識之火焰逐漸就消弱，基督教僧侶大部份爲蠻族子弟感覺教授希臘哲學、文學與美術之無快樂無聲譽。第七、第八兩世紀，恐怕是歐洲文明史上最黑暗之時期，多數人皆野蠻無知，古代的文學美術之成績，摧殘零落殆盡。在此黑暗時期中僧院不僅爲被虐待的與被壓迫的人之逋逃藪，且爲被輕視的文學美術之藏身處。一班僧侶在其中保存並研究文學、科學、美術，抄寫經典，而高尚的精神的理想之愛好，亦在其中活躍着。僧院並開設學校，施行教育，唯簡陋不完備而已。及至查理曼（Charlemagne），獎勵教育，招納學者，建設學校，教授七藝（文法、修辭學、邏輯、算術、幾何、天文與音樂），乃爲較有希望的時期之開始。查理曼所招納的學者有倫巴底歷學家——保羅（Paul the Deacan）、愛因哈德（Einhard）、阿爾琴（Alciun, 735–804）等名人。就中最偉大的人爲阿爾琴，是約克地方經院學校之學生，爲查理曼帝之教育主要顧問，獎勵經院學校中哲學之研究。阿爾琴著有文法學、修辭學、辨論術、心理學之教科書。心理學頗有柏拉圖、奧古斯丁之影響。他的弟子夫勒得旣撒斯（Fredegisus）、剌巴努斯・毛魯斯（Rabonus Maurus）創辦日耳曼人學校，各人皆有著作。

然而在此時期，對於思想史上尚無關係重要之著作，到了第九世紀之中葉，始有約翰・斯科達斯・伊烈基那(John Scotus Erigena)著一書，可爲神父哲學之繼承與基督教思想史上革新之先趨。這個時期，叫做經院哲學時期，我們在講經院哲學之前，先略述中古時期之普通的特徵。

參考書：

Church, Beginning of the Middle Ages; P. Munroe, History of Education; Graves, History of Medieval Education; chaps. i-iv; Mullinger, The Schools of Charles the Great; Lecky, op. cit., chap. iv; Gaskoin, Alcuin; West, Alcuin and the Rise of Christian Schools; Werner, Alcuin und sein Jahrhundert. Feasy, Monasticism; Wishart, Short History of Monks and Monasteries; Gasquet, English Monastic Life; Zockler, Askese und Monchtum; Heimbucher, Orden und Kongregationen, 3 vols.; A. Harnack, Monasticism, transl. by Kellett and Marseille.

第二章　中古世紀之精神與基督教哲學

第一節　教權

在中古時期中，『教權』『服從』『附屬』諸術語爲人生日常字典中最重要的術語。政治、宗教、道德、教育、哲學、科學、文學、美術、——舉凡人類一切活動——中無不有教會至大之影響。教會是上帝在地上之代表，天示的眞理之本源，所以是教育之指導者，道德之保護者，知識的精神的事務之最後的法庭，——簡而言之，是文明之機關，升天堂之樞紐。教會旣直接由上帝那裏得到眞理，則探求眞理豈不是白費力氣，而哲學除了供神學之驅使而外，又有何用呢？人類的眞理，祇限於把天給的眞理，或基督教的教義組織起來，而使其容易了解。就各人的宗教信仰與實際行爲說，各人是附屬於教會，而教會則處於個人與上帝之間，舉凡生死大事，無不經過教會，而有十字架之影子在其中。各個人自生至死，皆有教會看守之，並給以升天堂之階梯，人若自處於教會之外，便無救濟之途。教育也是教會行政之一種機能，因爲除了直接承受上帝之眞理之教會以外，誰能教授上帝之眞理，除了掌握地上的正義公道之權力之教會以外，誰能指導人類的行爲？教會又自認其地位高於國家，教會之於國家，猶之太陽之於月亮，前者是大於後者的。此種理論用之於實踐上者，可以證之於教會與日耳曼諸帝王之衝突。教皇英諾森第三（Pope Innocent III，生於一千一百九十八年，死於一千二百一十六年）之時，教會權力達於極點，頗有爲世界之王之野心。迨後國家欲擴大其威權，對於人民也持與教會同樣之態度，謂君王依神聖的權力統治國家，人民依神聖之命而服從之。政治團體中之各個人無論社會上，經濟上，皆處於約束與訓練之下，大多數民衆以服從爲生活之法則；服從統治者，服從君主，服從團體，服從主人，服從家長權威與陳訓，高於公共意見與個人良心信仰，高於理性，團體高於個人，階級高於人。

第二節　經院哲學之問題

當時哲學的思想，是時代精神之反映。陳訓與教權爲哲學思想之中心。學者皆依傍教會，依傍奧古斯丁、柏拉圖或亞里斯多德，依傍僧院或學校的命令。他們一方面認定教會所說之眞理爲是，他方面又有哲學的思索之強烈的慾望，乃盡其力之所能，以調和信仰與哲學，或將基督教的信仰嵌入哲學中，或將哲學嵌入基督教信仰中。但是他們研究的出發點與終止點，俱在信仰。故神學實爲一切問題之主宰，實爲統治的學問。宗教之眞理，縱或有爲知識與理性所不能說明之處，然須信仰之，因其玄妙更須確信之。至於思辨的神學，不認爲徒勞無益而拋棄之，則認爲與信仰的眞理幷立，而分理性的眞理與信仰的眞理的雙重眞理。

神父哲學已經發揮並構造了各種信條，並且已經把這些信條組成理性的系統。經院哲學現在祇來研究那些已成的教義，至於發揮的作用，實際上已經終止。他又研究教會的行政，擁護教會的眞理，以教會與國家爲武器，以抵禦反對者。他的問題在構成符合教義之思想系統，以調和科學與信仰。經院學者與希臘學者一樣，目的在求得萬物之合理的解釋，惟欲根據一定的目標之成見，達此目的而已。許多基本的眞理，是已經曉得了的；救濟方法已經成了普通的事實哲學的事務，祇在說明之，使之與別的學問相關聯，或使之容易了解。

中古世紀之學者假設宗教之眞理是合理的，理性與信仰是一致的，上帝的啓示與人類思想之間是無衝突的；又假定宗教之眞理縱然有些超越人類的理性，但須由信仰保證之，而爲知識之另一本源。

在這種情形之下，很有選擇的可能。學者可以基督教的宇宙觀爲起點，而藉哲學之幫助以證明之；也可以發揮他自己的與基督教的原理相符合之哲學系統；也可以注意研究與神學無直接關係之問題。但是在這裏面無論那一種工作中，教義終爲統治的原理，而經院學者切不可明明白白的承認與根本之信條相抵觸的言論爲眞實，至少亦不可發出與教義眞理不相符合之言論。他可以認兩種互相矛盾的言論爲眞實以自解，但不可拋棄教義。

第三節　經院哲學之特質

經院哲學之目的，規定了經院哲學之方法。因其目的在證實已被承認之斷論，故其方法概爲演繹法。經院學者最有興趣之對象，爲超越的世界、神的世界、天使及聖人。他們對於現世界之思索，不如對於神世界之思索之固定。這種情境表明他們認神學爲最重要，自然科學與精神科學比較的不甚重要。這並表明他們雖對心理學與倫理學有興趣，但因不用經驗的方法研究之，得不到好結果。他們對心靈之如何活動，不如對於心靈的根本性質與定命之注意他們的意見以爲心靈不能由分析其內容而知道他們以爲解決倫理學的問題不能訴之經驗世界。至善是上帝賜福的生活此乃天定人們無經驗的方法以尋求達到這種生活之途徑這種途徑是由上帝的恩惠賜於依照上帝的意志而行事的人的服從上帝之意是是非之標準上帝之意志如何不能由經驗之分析而發現祇能由啓示發現總之經院哲學的倫理學逃不出神學的範圍經院學者所專注的世界不是感覺的世界他們唯靠他們的思想以求其所欲求得之知識所以邏輯——尤其是演繹的或三段論式的邏輯是他們的最重要的研究因其可爲他們探求眞理之方法他們對於這方面的研究有很精細的工夫不僅在分析邏輯的程序且在發揮許多善惡概念這些概念還有一部分爲現今的知識的遺產知識論未被他們研究知識之可能與限度通常未成爲他們的問題他們所愛好的是教義的信仰虛名論者（Nominalists）本來提到知識效力的問題但虛名論者不是眞正的經院學者。

第四節　經院哲學之階段

經院哲學可以分爲幾種階段經院哲學之運動由約翰·斯科塔斯·伊烈基那開其端雖然他的思想系統不能算作模範的經院哲學這個時期起於第九世紀而止於十二世紀柏拉圖的影響最大柏拉圖主義、新柏拉圖主義與奧古斯丁主義爲哲學界最興盛的勢力觀念或共相被認爲萬有之本質先於萬有而存在這是柏拉圖的實在論安瑟倫（Anselm）爲其代表十三世紀亞里斯多德之哲學復興基督教依爲泰山之靠雖認共相爲眞實的，但不認其先於萬有而存在，而認之爲在萬有之內。這是亞里斯多德的實在論，大亞爾伯特（Albert the Great）與托馬斯·阿奎那（Thomas Aquinas）爲此派之大師。此種運動盛於十三世紀，而衰於十四世紀。到了十四世紀思想家就認共相非萬有之本質，不過是吾人心中之概念或名字而已；唯有個體是實在，這是虛名論。約翰·鄧·司科塔斯（John Duns Scotus）與奧坎威廉（William of Occam）爲此運動之領袖。這個運動之結果，打破了經院哲學的設想。經院哲學的實在論有如柏拉圖與亞里斯多德，以宇宙爲一個理想的宇宙——爲種種觀念或法式的系統，反映現象的世界，而爲萬有之本質。他是一個合理的、邏輯的世界，所以能夠想到表現於其中的理性與表現於人心中的理性是一樣的。構成萬有之法式與吾人思想或普遍的概念是一致的。如果普遍的觀念僅僅是我們腦中的思想或僅是些名字，如果萬事萬物之內外無與之符合者，則吾人不能由觀念而得萬有之知識，亦不能有宇宙與共相之合理的知識。因此，理性有得到眞理之權力之信仰便被削弱，或完全打破了。換言之，中古時期之哲學已與經院哲學之眞髓不符，而經院哲學在十四世紀中已失其聲勢了。

這個意思是表示理性與信仰——哲學與宗教——間之難有一致。自此以後，理性與信仰一致之見解，逐漸改變。此後的學者，有些人說有些教義可以解釋，或可以使之容易了解；有些是超越理性的；有些人說教義完全不能解釋，完全非哲學的對象，宗教之眞理在理性所能及之範圍之外，非理性所能捉摸。後者之主張，是排斥經院哲學，解放哲學，使之不爲神學之奴隸。

第三章　約翰·斯科塔斯·伊烈基那

第一節　伊烈基那略傳

第五世紀之末發現一種論文集頗饒新柏拉圖主義的氣味。這部文集頗令人注意，對於中古時期之思想大有影響。受其中神祕的汎神論之影響最深者，為斯科塔斯·伊烈基那，他把那部文集譯為拉丁文而自己依據那種基礎建立其哲學系統。他生於愛爾蘭，時在八百一十年。他受教於愛爾蘭學校曾任巴黎 Palatina 學校校長。其死期不明，有謂其活至八百七十七年者。他的哲學表現於他的著作"De divisione Natural"中。

第二節　信仰與知識

斯科塔斯·伊烈基那以神學與哲學，教權與理性是一致的，宗教的眞理是合理的眞理。眞宗教與眞哲學是一而非二。信仰不僅承認一種斷論而信賴之，並且這種承認有理性支撐之；這便是合理的可知的信仰。他以為教義是理性發見的，由教會的長老傳下來。他想保持他的理性論的地位，所以當其解釋經典與教會之著作時不得不用比喻解釋之。

第三節　汎神論

斯科塔斯·伊烈基那之神學，接近於新柏拉圖主義與奧古斯丁主義。神是萬有之起點、中間與止點，萬有由神而來，由神而存在，并存在於神中，終乃返歸於神。神由無或他自己——無原由的第一原因——創造世界。神是一個不可被創造的創造者——不可被創造的創造原本（natura creans）。他依照他的心（邏各斯）中計劃或典型，創造世界，這是他的本質之表現；他的智慧規定萬有之法式與秩序，並繼續不斷的管理之。『邏各斯』是一個被創造的創造者，其所產生的萬有，是被創造的，無能力創造別的東西。萬物無論是物質的或精神的，皆要返歸於神，而以神為永恆的安息所，因為神是一切創造物之究竟的目的。根據這個意思，故斯科塔斯又謂神是非被創造者亦非有所創造。總之，神是父；『邏各斯』是子，生命是神靈。

宇宙是神的本質之表現或結果，萬有——神的思想、邏各斯、現象世界——皆由神而生。但是萬有並不與神分離；不過是神之活動的服裝而已。神與他的創造物是一而非二；因為他在他的創造物裏頭，創造物也在他裏頭。他的不可見不可解的『渾一』，即是他的本身的可見可解；他的無法式、無性質，即是他的法式與性質。宇宙，由人觀之，雖是可分的複雜的，但在原理上，是一個不可分的宇宙，其中一切矛盾皆是調和的。

所以神是含在世界之內，但同時又超越於世界之上。這是斯科塔斯·伊烈基那不願承認宇宙消耗或毀滅了神性。他認宇宙不過是神性一部分的表現，其未表現者當無限量。一個光線與一個聲音被許多人見了、聽了，仍無損於這個光與這個聲，故萬有表現了神性之一部分，也無損於無限的神性。歸根結底，神是不能用任何語言或術語形容的，遠在思想的範疇之外。說神是什麼東西，便是限制了神，確定了神的一種性質，便否定了其他的性質。

神是超本質的他超越善神明眞理永久與智慧之上。由此說來，神是不會失敗的不能了解的，不能限定的原理，不能用任何東西說明之。

這種汎神論的歸結，必以人也是此神聖的原理之表現。但斯科塔斯．伊烈基那未嘗有此結論。他以此種結論可以發生人類的命定論，而將罪惡委之於神了。人不僅祇是他現象的身體的樣子，幷是一個小宇宙——一個活動神靈負自己墜落的責任。神非罪惡之源；神心中無罪惡之觀念。罪惡不過是善之缺乏（如奧古斯丁之思想）。由於邏各斯與人類本性結合，幫助人贖罪，使有些人與神結合，有些人回復他們的原來的愛神心。

第四節　神祕論

因爲萬物皆出於神，所以皆努力以求返於神；所以神爲萬物之根源與目標。欲返於神，祇能由神祕的超渡，由默探神聖的本性，由超脫感覺與性理，而將神之不可了解的超絕性存放心中。在這種神祕的無知狀態中，我們可以沒入神聖的幽冥界中而忘却自性。

斯科塔斯．伊烈基那可以稱爲經院哲學之先趨，因其將基督教的概念納入一個普通的系統中，而使之容易了解，並因其哲學含有中古時期的實在論之胚胎。但是他的思想太孤異，少與正統派的意見相合，基督教徒少有歡迎之者。當時人所傾向的思想是奧古斯丁的思想，當時需要與他同時的 Paschasius Radbertus 之著作，因其撮述奧古斯丁的思想之大概。

第四章　共相的問題——實在論與虛名論

第一節　初期的經院學者

伊烈基那之出現，爲中古黑暗時期中之一點光明，逮其死後，知識的努力又長期的衰歇。一般教授七藝之教師，繼續教授流行的教科書中之因襲的辨證術，而無創造神學之努力。他們歸本奧古斯丁，而徵逐於伊烈基那之汎神論中。然而他們的邏輯研究中頗注意於關於知識論與玄學之問題；逮後成爲經院哲學史上重要之爭論。那種問題是：共相（種與類）到底是眞實的本體，還是僅存於心中；假若是實體，到底是有形質的呢，還是無形質的呢，到底是離具體的可感覺的物體而存在呢，還是存在於具體的可感覺的物體之中呢？這是柏拉圖的觀念與亞里斯多德的法式之實體問題，是希臘大哲學家思想中一部最重大的問題。中古時期的學者對於這種問題有各種不同的答案。有的人主張柏拉圖的實在論（共相是實體先萬物而有）；有的人主張亞里斯多德的實在論（共相是實體，而在萬物之中）；有的人主張虛名論（Nominalism）——以共相是個體的名稱，不先於個體而有，不在個體之內，而在有了個體之後。坡菲立（Porphyry）是嶄然的實在論者；波斯細阿斯（Boëthius）、馬克羅比阿（Macrobius）與卡爾息狄阿斯（Chalcidius）處中立的地位，馬細安那・卡珀那（Martianus Capella）是明目張膽的虛名論者。伊烈基那是一個實在論者，他以共相先個體而存在，但又存在個體之中；現象世界是神的思想之表示不能離共相而存在。這些意見在第九、第十兩世紀中已略為發展，惟不如第十世紀以後之確定。許多邏輯學者未嘗講過亞里斯多德之著作，而採取亞氏之概念，以個體是眞實的實在；但其解釋則是曖昧的虛名論之意義。他們不明瞭虛名論所含的確切的意義。

第二節　洛塞林之虛名論

實在論與虛名論之充分的意義，及對於神學與玄學之關係，至十一世紀之中始明瞭。洛塞林（Roscelin）主張顯明的虛名論，用之為解釋三位一體說之基礎。他的論斷是：唯個體實在，共相或普通概念不過是吾人藉以規定個體之名稱或文字而已。所以無一個單獨的實體與普通名稱相符合；吾人用以說明三位一體之「神」之概念，不過是一個名或字而已。宇宙間無一個實體的「神」，祇有三個個別的實體；然此三者之權力皆是同等的。

第三節　實在論之意義

洛塞林的這種見解，與傳統的教義直接相反，遂引起很大的憤恨與反對。一千零九十二年，索遜斯會議（The Council of Soissus）推翻這種意見，而強迫洛塞林取消之。這種虛名論雖未嘗排斥盡淨，然其威權則已喪失，一直到了十四世紀，方纔死灰復燃。通十二世紀中，經院學者仍是採取柏拉圖的實在論，雖經許多修正與發揮，但其本意則仍昌熾。這種實在論適足以抵禦洛塞林之虛名論，而給教會教義以合理的保障。如果共相是眞實的實體，不是一團個體之名稱，則三位一體之概念便不是三個人格，或實體之總合，而有更深的意義了。共相問題的爭論，不僅是邏輯的爭論並含有玄學與神學之意義。因爲吾人若以普遍概念邏輯思想，不僅是心理中主觀的觀念並有其離開吾人心理存在之實體，則這種見解便含有宇宙是合理與可知之意義。此乃眞理不是主觀的意見，而是客觀的眞理，有普遍確切性，哲學之任務卽在實現此客觀的眞理於概念的思想中。這也就是生生死死的個別現象之外，有永久的實體，決不消滅。教會的學者在此學說中，找出一個鞏固的基礎，以建設其神學。神是這種普遍的觀念，超出於現象之上；人類是一個普遍的實體，腐化於亞當之時，而基督又使之復原；教會是超出於組成教會之份子以上之實體，份子，其組成份子雖有生來死去，但不妨礙此理想的教會之實體。由此可以看出正統派的教會學者之排斥虛名論，而依歸柏拉圖的實在論，乃是想選擇一種可以供給基督教的宇宙觀與人生觀以意義之學說。

第三篇　經院哲學的實在論之發展

第一章　坎特布里之安瑟倫

第一節　安瑟倫之哲學

安瑟倫（Anselm or Conterbury，生於一千零三十三年，死於一千一百零九年，）是坎特布里之大教主，根據柏拉圖與奧古斯丁的主旨，反對洛塞林的虛名論。他是經院學者的眞正代表，堅信基督教教義之眞理，但又有強烈的哲學衝動，他想把教會所承認的教權證明於理性之前。他大膽的想把神之存在、教會救濟、三位一體、化身、人之贖罪等信仰俱說明爲合乎理性而無所牽強。吾人必須信仰天主教之教義，吾人還要圖了解吾人所信仰的東西，並要了解其爲何是眞理。然而還要記着，凡理智所不及之處，必須虔誠的依靠信仰。

參考書：

Church, St. Anselm; Rigg, St. Anselm; Rule, Life and Times of St. Anselm; Pire Ragey, Historie de St. Anselme; Pire Ragey, St. Anselme Professeur; de Norges, St. Anselme.

安瑟倫對於神之存在之有名的論證，是根據柏拉圖的概念共相離個體而獨立。他在他一千零七十年著的

Monologium中是應用宇宙論的論證，即是奧古斯丁所用過的論證，這裏無庸重述。他在他的Proslogium中應用本體論的論證，也是根據柏拉圖的實在論。這個論證使他的名字在思想史上佔一地位。所謂本體論的論證，即是由神之概念演繹出來神之存在，指出神之觀念含有神之存在。神之觀念是另一種觀念無較之大者，是一種完備的本體之觀念。如果神不存在，則此觀念不是最大的可以設想的東西的觀念，必有還大的東西。有本體的東西的觀念是表示比無本體的東西的觀念更完備的東西的觀念。所以最完全的本體——神，必定存在。這就在安瑟倫所說之神之完全含有神之存在之意。

然此結論並非出自安瑟倫之前提。安瑟倫之推論，不過證明當吾人想及存在的實在時，就是想及一個實在比非存在的實在更爲完備。有存在的實在之性質比非存在的的實在之性質多些。然此並非證明神之存在，僅證明實際存在的神之觀念比主觀上的神之觀念有更深的意義。由推論方面看來，這種證明是對的；但不一定由完全的本體之概念產生神之存在之觀念。然而這種本體論的論證可使承認實在論的假定——共相有超心理的實在——的人信服，則是不可忘却的。

安瑟倫之論證之謬誤，曾被高尼諾（Gaunilo）指摘出來。高尼諾說心理上的神與心理上別的東西，其存在皆是一樣，因其皆是想當然爾。安瑟倫所用以證明神之存在之方法，別人也可用以證明一個完全的島之存在。逮後一百多年，托馬斯阿奎那對於此種論證又作精密的分析。然而本體論的論證依然是經院哲學中所慣用的，——例如奧舍爾之威廉（William of Auxerre）及黑爾茲之亞歷山大（Alexander of Hales）皆是如此。

安瑟倫在贖罪論中，說贖罪是由公正與神之慈愛間之衝突而來。亞當之墮落，使全體人類因之犯罪。神之公正必須圓滿無缺。又因其慈愛不忍責罰人類使之公正。故潔白無疵的基督來到世上，爲人類犧牲，以滿足公正之要求。

第二節　安瑟倫之同曹

洛塞林之唱虛名論，頗引起當時人士及後代人士對於共相問題之注意。安瑟倫根據實在論，批評虛名論，頗合於他的正統派的趣旨；共相是實在個體是組成共相之實在單位。他說同種類中之多數人是一個人，三位中之三個人格——每個人格是一完全的神——是一個神。然共相與個體之間就成了問題：共相對於個體是什麼關係？個體在此共相中有什麼作用？宋漂之威廉（William of Champeaux，生於一千零七十年，死於一千一百二十一年）以個體系屬於共相，而共相表現於各個體中，各個體之差異，祇起於其暫時有的屬性，但其本質上則是完全無差異的。阿柏拉德（Abelard）反對其說。他說果然如此，則同一的實體將有不同的，甚而至於相反的屬性；例如在同一的時間，將有不同的地位之實體。如果人類的本性，完全表現於蘇格拉底的身子中，便不能表現於柏拉圖的身子中；倘如也表現於柏拉圖的身子中，則柏拉圖必是蘇格拉底，而蘇格拉底的身子也就是柏拉圖的身子。迨後威廉見其破綻被人指出，乃改變其說；他再不願否認個體之本質上的差異了，但他不曾發見其有實在論的邏輯上之困難。有一種著作，名叫種與類，出現於十二世紀之初，不知其作者之姓名。據這部著作中說，共相不依附於各個體中，祇依附於同類的個體中。同類的各個體所共有之原素是質料；使同類的各個體分化之原素是法式，

第二章　阿柏拉德與十二世紀之經院哲學家

第一節　阿柏拉德之學說

十二世紀之經院哲學家中最令人注意者，爲阿柏拉德。阿柏拉德生於一千零七十九年，死於一千一百四十二年；生平與教會發生很多的衝突。他是一個很有才幹的人，爲當時最著名的教書先生。他的教學的方法是討論了各種重要的理論，再舉出有權威的不同的意見，並暗示解決這些問題的原理，使人自己解決這些問題。他的學生倫巴彼得（Peter the Lombard）依據這種方法著神學教科書，爲他以後的中古時期之模範。

阿柏拉德似乎佔在洛塞林之虛名論與威廉之實在論之中間（二人皆其老師），唯對於共相的問題，無確定的解決。他反對共相是實在，除非在神心之中者。他說我們不能就一物以論定一物，祇能說許多物之一個共相所以一個共相不是一個物。共相也不是僅僅的一個文辭，其所以爲文辭者，因其爲一團同類物體之稱謂，所以不是一些文辭，乃是一些說法（Sermons）。也許他所說之共相是一羣物體所共有的屬性之普通觀念，是心中之概念，表示這種概念所用之文詞是說法。這可以稱爲阿柏拉德之概念論（Conceptualism），但是他似乎未曾構成之。他所最愛說的是，共相不是離個體而獨存的實體，個體間有本質的差異。他自己對於這種正當的見解似乎又有點懷疑。他極崇拜柏拉圖與亞里斯多德，因而覺得二人皆是對的，他所最重的是思想必須有物，語言之目的在表示思想但思想不可不與物相符合。

他著有神學一書，一千一百四十年笙斯會議(The Council of Sens)禁止其出版。他在這部著作中所注重的是：檢點信仰是學者之急務，免得成爲盲目的信仰。爲達到這種目的起見，他主張人要受邏輯的訓練，神學中要運用邏輯之方法。理性必須先於信仰；我們應該了解信仰中之道理。然而他顯然的相信教義之嚴格的邏輯證據，是不能有的，承認教義是自由意志之行爲，由此行爲得到基於信仰之知識，是爲未來生命之報酬。於此可見阿柏拉德受經院哲學的方法之拘束如何之緊固，不管他的思想如何獨立，如何注重理性，然其態度根本上還是經院哲學的。何以呢？他主張深沈的考究教義，不得到教義的道理，勿信任之，然懷疑了並考究了教義之後，還是不能明瞭理性時，依然要信服他。

他的神學所以被禁止的原因，是因論三位一體的部分引起的反動。他說三位中，父是一或善；子是邏各斯或上帝之心，含有許多觀念；聖靈是宇宙靈魂。他又認這三位是神之權力、智慧及善意之特幟。

阿柏拉德在他的倫理學中，注重善意之重要。行爲之是非不在行爲之結果，而在行爲者之意志。神不管所做者如何，祇管所做者的精神如何；行爲者之可贊賞與否，不在其結果，而在其意志。所謂罪惡是已知其爲壞而仍爲之，——明知故犯，——所以是自由意志之行爲。換言之，道德是良心上的問題。行爲者依據其良心以行事，依據其所認爲對者以行事，他也許錯誤，但不是犯罪。他所認爲是對的，果眞是對的，他的主觀的認識洽合於客觀的眞理，他的行爲就眞合於道德。阿柏拉德的心中有主觀的道德與客觀的道德之別。就廣義言之，凡與所謂『是』相反者，皆是犯罪；就狹義言之，唯明知故犯者爲犯罪。爲何明知故犯是眞正犯罪呢？因其是輕視神，反抗神意，不聽神的命令，所以是罪大惡極。善意是由愛神激起的，是依據神的命令以行事的。神的命令是神自由的發出的，隨時而異；但順從神命是道德，是必需。於此亦可見阿柏拉德雖有獨立的思想之特徵，但其經院哲學之精神依然流露出來。

第二節　沙脫爾學派

沙脫爾學派（The School of Chartres）之領袖爲沙脫爾之伯爾拿（Bernard of Chartres）及其老弟退里（Thierry），其餘名人有都爾之伯拿爾（Bernard of Tours）及康切斯之威廉（William of Conches）輩。此派所欲研究而發揮的學說，爲柏拉圖的學說，間或及於亞里斯多德的學說。一千一百二十八年，亞里斯多德之分析論（Analytics）、題目論（Topics）及謬誤論（Fallacies）譯爲拉丁文，始爲經院學者所認識。沙脫爾學派不僅對於辨論的研究有深切的興趣，並且對於天文學、數學、醫學、物理學、生理學及心理學亦皆有深切的興趣。關於這些學問的書籍，皆由阿拉伯文繙譯而來。他們關於邏輯的問題上，採取類似柏拉圖的實在論，共相是純潔的存在神的心中。物質之有法式，即賴此共相。物體之存在於共相中，猶之水存在河床中。物體隱約的表示法式或觀念。智慧之了解物體中之法式或共性，是由抽象的思想力。

第三節　集句派

上面我們曾說過阿柏拉德的教授及著作中所用的方法——討論一個題目時提出各種不同意見這個方法並不是新的方法，以前有些神學教科書中曾經用過因之名爲集句派（The Sentences）。彼得倫巴是這派中最有名者。其餘的人尙多，略而不述。

第四節　索爾茲巴立之約翰

英人索爾巴立之約翰（John of Salisbury）生於一千一百一十五年，死於一千一百八十年。他批評當時經院哲學爲無用的爭論而主張改革邏輯。在教育上，主張實際的教育；在宗教上，主張教會離國家而絕對獨立。他以一切知識應該是實用的；凡與吾人的行爲無所幫助的，皆是無用的。眞善在虔敬的生活中；教會的主張縱不能證實，亦須信仰之。

第三章　神祕論與汎神論

第一節　神祕論

上面所說的哲學的神學的運動之目的，在給正統派的基督教之宇宙觀以合理的說明。其計劃在使神之目的、本性與作用，能夠理解根據基督教的信條建立一個系統。這可稱之爲獨斷的合理論或主知論。然完全理性化的基督教神學並未完全長久霸佔基督教的世界當其運動最熱鬧的時候，忽而發生一種反對派的潮流，指摘其太重信仰之理論化，而主張宗教生活之較實際的表現。這種運動不以信仰之理論化爲滿足，而以實際經驗爲滿足；其主要的希望不在證實神之存在，不在規定神而在攢入神之中。這種神祕的思想，代表基督教中奧古斯丁的保守的成分。其首領爲巴黎奧古斯丁僧院聖維克脫中之僧侶。

據神祕論者說，神不是辨論術或邏輯所能達到的，祇能由神祕的探索求得之；神學之功用，在告訴我們如何實現這種狀態。神祕論者注重人之內心的信仰，注重靈魂之經驗，故對於靈魂之經驗的研究，較之尋常習慣更爲有興趣。神祕主義是實用的神學，是指示神祕的探索方法之學。然神祕論者亦有其理論的神學，唯注重信仰之超理性一方面而已。當此學風發達至於極點，神祕的冥索亦達於極度，甚至於過度。聖維克脫之理查（Richard of St. Victor）以神祕的冥索超出於知識之上；窩爾忒（Walter）則以邏輯爲一切異端之源，信仰不僅超越知識，且與之相反，窩爾忒所著之反法蘭西之四迷園，其意，卽是說吉爾柏特（Gilberty）、阿柏拉德、彼得倫巴、波亞疊之彼得（Péter of Poitiers），皆是異端。

神祕主義者之主要領袖，爲克雷耳服之伯爾拿（Bernard of Clairvanx, 1091—1153）、聖維克脫之嚣俄（Hugo of St. Victor, 1096—1141）、聖維克脫之理査與窩爾忒。到了十三世紀，有托馬斯・伽魯斯（Thomas Gallus）與褒那溫圖拉（Bonaventura, 1221—1274），十四世紀之厄克哈（Meister Eckhard）、約翰陶雷（Johannes Taube），則是訊神論的神祕論者，其學說被正統派的教會所罰禁，而指爲異端。

參考書：

Vaughan, Hours with the Mystics, 2 vols.; Gregory, Introduction to Christian Mysticism; R. B. Jones, Studies in Mystical Religion; Svanson, Christian Mystics; von Hugel, The Mystical Elements of Religion, 2 vols.; Delacroix, Etudes de l'histoire et de psychologie du mysticisme; the works of Gorres, Helfferich, Noack, Preger, and Schmidt.

神祕論者之最高目的，在靈魂之神祕的升入天上，離去地上的肉體，而返於精靈之境地，將自我沒入神中。達到這種目的之道路，是拋棄感覺知覺與概念的思想，而專遵循冥想，在冥想中，理想的對象可直接的呈現於吾人靈魂之前。知識有三階段：（１）認識（Cogitio），（２）思索（Meditatis），（３）冥索（Contemplatio）；最高的一階段——冥索，是超理論的，能引人心至宗教之最深奧處。冥索達於極點時，個人的意識概行停止於冥索狀況中。

人唯有準備攢入無限的眞理之大海而等待眞理，這是神之非常賜福。

第二節　汎神論

十二世紀之正統派的思想家之理想，在把信仰弄成合理化。爲達此目的起見他們乃依歸邏輯與玄學。他們的事業在想理解教會所主張的與他們所信仰的萬事萬物。傳襲的神學立基於實在論的假設之上，將教會的主張與哲學的思想調和起來。然往往有些推論雖從同一樣的前提開始而結論常不一致；結果往往相左。此爲基督教之教義製造時代常常發生之現象，到後來許多世紀，仍是如此。斯科塔斯·伊烈基那、洛塞林及阿柏拉德之思想，均不與正統派思想之要求相符合。在令人注意之異端中汎神論尤其有勢。他的色彩呈露於薩伯里教而神祕論者亦與之相去不遠。到了十二世紀之末期，汎神論又復發現並有進步。其主要代表爲夫羅立斯之阿保特·約阿喜謨(Abbot Joachim of Floris)、本那之安馬利克(Amalric of Bena)諸人。這些汎神論者之結論很簡單，祇演繹柏拉圖的實在論之論理的結果。如果共相是實在的，則最高的共相——神——便是最實在的東西，其餘萬物皆其神性的本質之表現(正如邏輯中之最高種類包含一切類屬與個體)。安馬利克似與伊烈基那相同，曾經主張過變化的現象世界出於神，最後仍返於神而爲一個不變化的個體。

這種汎神論很受人歡迎，安馬利克一派盛行於瑞士及亞爾薩斯。然教會則禁止安馬利克之說，他死後，並掘了他的墳墓。一千二百二十五年，教會又判決伊烈基那爲異端。先是亞里斯多德之物理學已由阿拉伯文譯爲拉丁文盛行於西歐，一千二百一十年，巴黎會議之結果，亦禁止其發行。凡此皆獨立精神增長之明證而人類心智乃復漸張其翼。

第四章　不安之徵候

第一節　經院哲學之反對論

十二世紀之末，除了顯著的經院哲學之外，我們並看見一些反對經院哲學之思潮。有些比較保守些的正統派的僧侶，反對傳襲的過重辨證的神學思想。他們以爲其思想殊不周密。有些比經院學者更獨立之思想家又反對教會之主張，他們則以爲其思想過於縝密。另有些思想家則懷疑建設理論的神學之嘗試，或因不相信理性與信仰可以調和，或因不相信哲學的討論與教會之實際的問題有關係。又有許多人深欲知道共相與個體之關係。這種欲望引起於自然科學的硏究之興趣，而阿拉伯文科學教科書之拉丁譯本恰足以供當時之需。

第二節　學問之組織

不安定的徵候發現了；問題與困難皆複雜起來了；許多人於是看出不僅僅教會之積極的教義不能證實，並且神學上的通常言論也難證實。經院學者所自誇之三段論法，如何能得到比世俗之人所有的確切些的知識，確在自己也覺得非絕對合理的確切了。然根本的信仰依然是相信宇宙是一個合理的宇宙，上帝的行爲最靈敏，最好。但是尋求之目標已固定了；干犯教義是瀆神的，有危險的；教會具有強有力的組織，握有精神與實際的武器，教訓那迷途不知返的衆生。基督教理智的活動也逐漸有了形體與組織；僧院學校之外，發生了大學或學者結成一團，在其中研究哲學、神學、醫學與法學而僧侶之中，亦有結成團體研究其所愛研究之學說。巴黎大學是最大的國際大學；由諾脫爾・達摩（Notre Dame）之神學學校與聖仁未甫（St. Genevieve）之邏輯學校結合而成，於一千二百零八年受特許權。多明我會（Dominican order）與芳濟會（Fancescan order）兩會士爲十三世紀最大教派，當時著名學者不屬於多明我會便屬於芳濟會。教會大學與會士共同維持傳襲的基督教教義。各個思想家之職務，唯在調合理性與信仰。這本來不是哲學，但是潮流所趨，不得不然。

這個時期未嘗拋棄教義，不配建設那離哲學的與宗教的陳訓而獨立的思想；這個時期，對於經驗事實之適當的知識，仍然缺乏。經驗的科學與近代科學之方法，這時期是不知道的；這時期是書本子的知識之時期，然含有經驗的知識之書本子，並很少。泡爾生（Paulsen）說，若有近代科學教科書忽然降臨於希臘人之前，他們並不知道用以作什麽。這種批評頗適用於中古時期。

第三節　亞里斯多德之發現

當時西部基督教國家，開一新世界給經院哲學之研究以新動力。希臘之數學、醫學與天文學、亞里斯多德之原著與希臘人之註釋，以及有名的阿拉伯人與猶太人對於亞里斯多德之著作皆由阿拉伯文譯爲拉丁文。當時學者研究這些書之風甚熾，始而是依據阿拉伯人學風，以新柏拉圖主義之精神說明之。

然教會懷疑於新亞里斯多德之著作，這自然是半因於阿拉伯學者滲入有汎神論的臭味，畢竟在一千二百一十五年，巴黎大學曾經禁止過研究亞里斯多德之物理學與玄學，一千二百三十一年，教皇格利高里第九(Pope Gregory IX) 又禁止應用亞里斯多德之物理學。但這些舉動幷無大效，此等禁書不僅有人讀之，並有頭等學者爲之註釋。到了後一世紀，並且直接由著名亞里斯多德派之希臘文的主要著作，譯爲拉丁文，因此露了亞里斯多德之眞象，剪除了阿拉伯人安上的新柏拉圖主義之假面具。

第四篇　經院哲學之隆盛時期

第一章　阿拉伯哲學

第一節　希臘原料

西歐之開始認識亞里斯多德之著作，是由阿拉伯文繙譯而來的這些著作，是由阿拉伯的哲學家以新柏拉圖主義之精神，對於亞里斯多德之註釋與論述。穆罕默德（Mohammed）之信徒，因其熱烈的反對不相信伊斯蘭教（Islamism）——回回教——之人，於紀元六百三十二年，征服世界。七百十一年，又把敍利亞（Syria）、埃及、波斯、阿非利加與西班牙皆攫入掌握之中。在敍利亞地方回教徒認識了亞里斯多德的哲學，這種哲學帶有新柏拉圖主義的色彩，在東方帝國曾風行幾百年，又由聶斯託利派（Nistorian sect）傳於敍利亞。阿拉伯的學者不僅繙譯了亞里斯多德自己之著作，並且繙譯了別人對他的著作的註釋，始而是由敍利亞文譯的，繼乃由希臘文繙譯。他們並譯了柏拉圖之共和國（Republic）、法律（Laws）與其他書。阿拉伯的學者又研究由希臘文譯出的數學、天文學、醫學及其他自然科學，他們對於這些學問皆有有價值的貢獻。阿拉伯的學者所研究之亞里斯多德，是穿了新柏拉圖主義的衣服的亞里斯多德，那些衣服是他的後來的註釋家給他穿上的；因爲這種事實及新柏拉圖主義之假充的亞里斯多德的著述，故以流露說說明亞里斯多德之哲學，絕不感困難。

參考書：

De Beer, History of Philosophy in Islam, transl. by E. Jones; Shahrastani, History of Religions and Philosophical Sects; Goldziher, Islam and Jewish Philosophy in Allgemeine Geschichte der Philosophite, mentioned p. 4; M. Eisler, Judische Philosophie des Mittelalters, 3 vols.; M Joel, Beitrage zur Geschichte der Philosophie, 2 vols.; Neumark, Geschichte der Judischen Philosophie; works by Munk and Dieterici. Bibliographies in Goldziher and Ueberweg-Heinze, Part II, Sections 28, 29 (which contain good accounts of Arabian and Jewish philosophy).

第二節　各種學派

回教之學者，藉着希臘著作之助，乃將他們的宗教安放於哲學的基礎之上，而創出一種不同於西歐之經院哲學。他們的中心問題與基督教徒的一樣，是神之默示對於人類知識與行爲之關係；他們研究學問的目的在調和可蘭經與理性，使其信仰理性化。

回教徒之學者始而爭論的問題是：「神之預定」與「人之自由」之關係及「神之統一」與「神之屬性」之關係。正統派承認可蘭經的教義，不加更正。認定有一個全知全能的神，豫定萬事萬物。自由思想家反對此派，以理性爲眞理之標準。他們覺得有研究哲學之必要，所以根據希臘的各種思想，以維持其見解；然未曾建立其自己的系統。及至第十世紀，理化論一派發生一種反動，反對哲學，而表同情於正統派。亞里斯多德之神及永久的宇宙說及新柏拉圖派流露說，皆被排斥，認其爲回教所主張之一個有人格的創造者之概念相抵觸。阿舍利（Ashari 八七三年—九三五年）所領導之反動派，極傾向於原子論，認原子爲神之不斷創造。然同時，他們否認自然之因果關係與一貫性質，其目的在維持神之絕對的任意的權力與奇異的干涉之可能性。

忠於哲學之理性論者之職務，在發揮了許多學說，內中有亞里斯多德的與新柏拉圖主義的成分，有時還有新畢達哥拉斯主義的成分。他們有些人注重新柏拉圖主義的思想，以實用的倫理的宗教的問題爲研究之主旨；另有些人專注亞里斯多德的思想，以其邏輯爲必須的準備，以建設他們所認爲根據自然科學而樹立之玄學。阿拉伯之新柏拉圖主義之典型，是一部百科全書（Encyclopedia of Sciences），此書由五十一篇論文組織而成，出於第十世紀宗教哲學者團體——所謂懇親兄弟會（Brothers of Sincerity）者之手；對回教世界大有影響。這個團體與意大利之舊畢達哥拉斯派相同，其理想在藉哲學之研究，完成人類的靈魂，以類於神。他們的倫理的、宗教的主張，是根據於新柏拉圖派之流露說，以萬有皆由神之絕對的統一性中流露而出，迨後又返入於其中。人是宇宙之縮影——小宇宙，必須脫離物質之束縛，淸潔自身，而返於其所從出。科學百科全書充滿隱祕之說，末了一部分對於占星術、巫術與鍊金術討論綦詳。

米希克維希（Ibn Miskaweihi）在道德之精鍊（The Refinement of Morals）一書中所論述之倫理學，含雜有柏拉圖、亞里斯多德與新柏拉圖派之思想。在回教之『高等神祕派』（Sufism）中注重新柏拉圖主義之神祕的一面現象界是幻象物質是由神所流出之最下等的產品。到了禁慾與無我的境地，則靈魂可以脫離迷夢，而沒入於神之中。由高等神祕派之絕對的滅絕個人之靈魂觀之顯然是受了佛教之影響。

第三節　理性論

阿拉伯學派之另一派別之代表，爲阿爾鏗底（Alkindi，死於八百七十年）、阿爾發拉彼（Alfarabi，死於九百五十年）與阿菲散拉（Avicenna，死於一千零三十七年）。此派注重邏輯，以邏輯爲哲學研究之發端；又高唱玄學必須植基於自然研究之上。但是他們的自然科學觀，是很膚淺的，含有怪誕的概念，宗教的迷信，難解的理論。他們以夢妖術、鍊金術、占星術、魔術之說明爲自然科學之正當的諸部分。他們相信天界的神靈（Astral spirits）；他們把他視同古蘭經與聖經中之天使。他們幾乎皆是神祕論者。其未沾染迷信者，唯邏輯與數學而已。這些思想家皆未得到亞里斯多德之眞義，皆以新柏拉圖派的色彩眼鏡，窺探亞里斯多德之學說。他們依據新柏拉圖主義者對於亞里斯多得之註釋與說明，以研究亞里斯多德之學說，勿怪眞亞里斯多德之湮沒不彰。

阿拉伯之哲學家對於邏輯之研究，大多表示出很好的判斷與論辨。他們對於共相的問題，也很有興趣。阿爾發拉彼說共相離了個體，不能存在，他們即在萬有物中；但人人心中有個體的法式。阿菲散拉也說，除了神心之外，共相不能如同一個獨立的實體，先於萬物而存在；在吾人心中，他是後萬物而存在的，是由個體抽繹出來的；他們並且存在萬物之中，雜有萬物之偶然性質。

阿爾發拉彼與阿菲散拉在玄學之上之主張，是由他們宗教之要求而來。他們於必然與潛勢之間，設一區別以圖銷磨亞里斯多德之永久的宇宙觀。他們對於永久的原始的實在，與亞里斯多德相仿，認之爲智慧，是必然的無因的；其餘的東西皆依之而存在，受其制約，而潛伏於神之中。世界由本源而進化是一種流露之程序。阿爾發拉彼以物質爲此程序之一現象；阿菲散拉則以物質是永久的，非創造的。但是兩人都認創造爲物質中之潛伏性之實現；物質之法式是神給的，神給物質以法式（潛伏性），而後由其活動的智慧實現之。據阿爾發拉彼說，這是時間中的一程序；據阿菲散拉說，低者之由高者流露而出是永久的程序，因爲結果永久與原因同時發現，所以宇宙是永久的。

由神流出者之中，有一種是活動的創造的思想，是月星之靈魂，給萬有以法式。潛伏的智慧之實現或人之知識之產生，卽由此普遍的活動的智慧。據阿爾發拉彼說，這樣實現的人類智慧遂變成簡單不滅的實體。

哲學之目標在僅可能的要知神而像神。據阿菲散拉說，這種目標可依教育與神明而達到，然阿爾發拉彼則說唯有由靈魂與神之神祕的融合，而後能達之。

第四節　東方哲學之衰落

十一世紀之末，阿拉伯哲學在東方到了末日。阿爾格澤爾（Algazel，死於一千一百一十年）著哲學家之消滅（Destruction of the Philosophies），攻擊哲學，謂哲學不配得到眞理。他攻擊回教正統派所持之理論，如創造說、人格不滅說及神之絕對的預料之信仰——神能預知人生的將來之精細情形而隨時干涉之。阿爾格澤爾之著作出現之後，不僅打倒一些哲學家，並引起當時官府焚燒那些哲學書籍。

第五節　西班牙學派

東方阿拉伯哲學雖然衰落，而西方阿拉伯哲學則仍存在，並興盛於西班牙之穆爾地方，尤其是在科多華(Cordova)地方，這是一個有名的學校所在之地，其中回教徒、猶太教徒、基督教徒皆自由的研究學問，不相干涉。西方的阿拉伯思想家之重要人物為阿汎柏斯（Avempace, 死於一千一百三十八年）、阿布白色(Abubacer, 死於一千一百八十五年）與阿非羅斯（Averroës, 生於一千一百二十六年死於一千一百九十六年）；這些人是物理學家而兼哲學家。阿非羅斯之思想，是阿拉伯的登峯造極的思想，並影響了基督教之經院學者。

阿汎柏斯否認個人不死，祇認表現於各人心中之普遍的智慧為不滅。他又反對神祕論；人生理想在由超出靈魂之低級的階級，而入於完全自我意識，在自我意識中思想與其對象渾一；然這種目的並非由無我的境況達到，乃由吾人之精神的機能逐漸的自然的發展而達到。阿布白色大半讚成此說；他在他的哲學小說中描寫一個獨居荒島的人，其自然的心能逐漸發展，迨後因禁欲與無我之工夫，而得與神結合。

阿非羅斯對於亞里斯多德抬舉的很高，他以亞里斯多德之智慧為人心之完善者。他的主要的心願即在指出眞的亞里斯多德，但這種心願很難說已經實現過。他的心願所以不能實現者，半因其依據新柏拉圖派的成見觀察希臘哲學半因中古時期的哲學家皆欲使哲學適應宗教之要求。無論如何，他接受了回教中不純粹的亞里斯多德主義之基本教義流露說與普遍智理說。

阿非羅斯說，法式含蓄於物質中，不是由外面加上的，是由較高等的法式之動作實現的發展的，其最高等的法式為神聖的理智。尋常所謂之創造是不對的。有一種普遍的活動的心，影響各個人而使之有智識。阿非羅斯把這解釋如次：各個人的靈魂自然的傾向於這種影響；這種靈魂依普遍活動的精神之動作，而變為潛勢的心，因而有含蓄的智慧。普遍活動的精神與靈魂結合，能夠收受智慧，產生個人化的靈魂。靈魂之因普遍精神攢入其中，而能收受智慧變成個人化，恰如陽光映及物體，物體能受陽光，而陽光變成個體化。含蓄於個人化的靈魂中之知識，因普遍的精神對於個人化的靈魂之進一步的作用而實現出來，升為最高的自我意識，與普遍的精神合一，或攢入其中（神祕主義）。這是人類心理方面所共同的現象。個人靈魂不死，就是這個意思；因為唯有普遍的精神是不滅的。阿非羅斯認普遍的精神為由神流露出來的一種東西。

阿非羅斯說，普通人得不到全體的眞理。宗教中所說之眞理是徵象，哲學家以比喩說明之，普通人就字面講求之。所以一件事情在哲學中是眞的，在宗教中則不是眞的，在宗教中是眞的，在哲學中則不是眞的。由是他說必須用理性以推論智慧之一貫，但他又主張信仰而有與此相反之意見；到晚年有人據其主張有害於回教之義，遂被逐出於科多華教皇（Calif of Cordova）之朝廷之外。

基督教教會所以不信任阿拉伯的哲學之原因，不是難於明瞭之事。因為教會既已與汎神論的異教徒戰爭，自不願開門引入其他異教學說。

第六節　猶太哲學

上述阿拉伯之各種思潮對於中古時期之猶太思潮大有影響。十一世紀生於西班牙之阿非色布倫（Avicebron）著有一書，統括新柏拉圖主義為歐洲經院學者所共知。這時期最大的猶太哲學家為邁夢尼第（Moses Maimonides）。他是一個亞里斯多德之信徒，認亞氏為地上之威權。但又承認猶太思想的神的啓示知識，否認從無中創造及全知上帝之說。他又傳授自由意志及靈魂不死之說。

第二章　亞里斯多德之盛行

第一節　經院哲學與亞里斯多德

亞里斯多德的哲學之研究，給了經院哲學以新生面目唯未立刻給當時哲學的思潮以大變動當時所以採取亞里斯多德者因其足以鞏固流行的經院哲學之基礎。經院學者之主要目的，在調和宗教與哲學；而亞里斯多德之哲學，爲希臘最完備的哲學，足以用之以達其目的。亞里斯多德之哲學，包含人類知識之各部門，有確切的結論、固定的用語、明瞭的文詞，可以化育經院學者及一般人。他是邏輯上之大師，尤足以滿足經院學者之辨論要求，使其得擁護或反對主要的論說。

然經院學者插入亞氏理論中很多其所需要之理論，若遇不能調合之處，則經院學者亦不難加以輕易解釋或更改以使之合於教會之觀點。亞里斯多德有一個純粹精神的神，超乎宇宙之上，而與宇宙不同；然而爲宇宙之究竟原因這種有神論的及二元論的意見，與基督教適相符合。他有一種透澈的目的論與自然觀，與常識相符合，極足以引起開始研究自然時之注意；因此，他又成了自然研究中之威權。觀乎此，則經院學者根據他的哲學以維持基督教之宇宙觀，則不足怪了。然亞里斯多德的哲學與基督教哲學之間，有極不相同的幾點，也是實情。這可由經院哲學發達史上看出來。亞里斯多德主張宇宙之無始無終；基督教則主張宇宙是由無中創造出來；他不主張人格的不滅，而基督教則主張之；他的倫理學是自然主義的，基督教的倫理學則是超自然主義的；然二者之間雖有差異，而經院學者則力圖調和之、折衷之、補充之，以合其要求。

第二節　奧古斯丁的神學

然第十世紀之傳統的神學運動，未嘗因亞里斯多德之興盛而歸於消滅。教會的教義依然仗着柏拉圖的勢力而發展；奧古斯丁的神學——舊教思想與希臘哲學之最大的綜合，依然有重大的勢力。第十世紀之初，經院之功能，在盡量的消化新的材料，以納於自己的圈套中。然有些基督教學者，仍未受新哲學之影響。嘿爾茲之亞歷山大（Alexander of Hales）與根脫之亨利（Henry of Ghent），即其最著者。他如大阿爾柏拉（Albert the Great）及阿奎那之托馬斯（Thomas of Aquino），則欲綜合亞里斯多德派的哲學與傳襲的經院哲學。

嘿爾茲之亞歷山大首先利用集句派神學書中之新學說以證明教義。他先問後答，其所答者是根據教會之主張，用三段論法以證實之。關於信仰上，他根據安佈洛茲（Ambrose）、奧古斯丁、哲羅姆（Jerome）輩；關於理性上，他根據柏拉圖、亞里斯多德、阿爾發拉彼、阿非散拉、阿爾格澤爾（Algazel）、西塞祿輩。他的神學玄學及心理學中暴露他的偏向奧古斯丁的情形，又暴露出他未嘗透入新思潮中。

第三節　阿爾伯特（Albert）

阿爾伯特於一千一百九十三年生於瓦敦堡（Württembury），在帕雕亞（Padua）及波侖亞（Bologna）兩大學研究哲學、數學、醫學、神學，於一千二百二十二年而加入多明我會（Order of Daminicans）。他在巴黎教授哲學，得大聲譽，而人呼之爲大阿爾伯特。他死於一千二百八十年。著有亞里斯多德哲學之註釋。

教會中之學者，首先將經院哲學之基礎安放於亞里斯多德哲學之上者，爲阿爾伯特。然而他的著作中受了阿拉伯之學者之影響，則是顯而易見的。他對於神學上之問題之討論，依歸邁夢尼第（Moses Maimonides）之著作。他對於自然科學之研究，有深沉的熱心，人常稱之爲羅哲爾・培根（Roger Bacon）之先趨。他對自然研究雖注重經驗，然有經院學者之習慣，帶着亞里斯多德之眼鏡，以觀察自然。阿爾伯特之出名，不在其學問之淵深，而在其學問之廣博。關於批評之精細、理解之透澈，遠不如其弟子托馬斯・阿奎那。

阿爾伯特說哲學方面的問題，當就哲學研究之；神學方面之問題，當就神學研究之。這種劃分兩途的研究，是起於經院學者漸次知道了許多教義，如三位一體及化身諸說，不能用邏輯證實。例如沒有什麽東西能夠產生於「無」之原理，在物理學上，是眞的，在神學上則不是眞的。關於信仰方面，他依據奧古斯丁；關於自然科學及理論的神學方面，則依據亞里斯多德。阿爾伯特之思想，由其弟子托馬斯・阿奎那發揮而完成，而爲第十三世紀經院哲學之薈萃。

第三章　托馬斯・阿奎那

第一節　托馬斯・阿奎那略傳

托馬斯・阿奎那(Thomas Aquinas)於一千二百二十五年或一千二百二十七年生於那不勒斯(Naples)附近，早年加入多明我會，繼而肄業於巴黎大學及科侖大學，而爲阿爾柏特之弟子。當其畢業後，又在巴黎、波侖亞、科侖、羅馬及那不勒斯等處教授哲學與神學，專心致志於舊教思想系統之建設。他死於一千二百七十四年。同曹稱之謂天生的博士。他對許多古書，著有註解，就中有關於亞里斯多德者及許多哲學及神學的短篇論文。

第二節　哲學與神學

托馬斯・阿奎那之思想，爲當時思想運動之典型。他的根本目的，在證實宇宙之合理性，爲神之啓示。就大要言之，他的思想與奥古斯丁的玄學是一致的，採取教會的主張，爲基本原理。但其所採用的方法，是亞里斯多德之方法。他採取亞里斯多德之四種因果律、法式與物質、實現與潛伏、及其他原理。他未嘗想銷磨教會教義之效力。原來亞里斯多德之自然主義與基督教之超自然主義不相干涉，故難於反對托馬斯・阿奎那之嚴密的正統教義。

據托馬斯說，哲學是由事實而達於神；神學是由神而達於事實。他師法阿爾伯特，把理性與信仰之間，劃一鴻瀆教義中如三位一體、化身、原來的罪惡、世界之創造及聖餐等等，皆不能由自然的理性證實之；他們不是哲學之對象，乃是信仰之事實，是神示的眞理，——超越理性而不與之相反。吾人雖不能證明之，亦不能反駁之；但能反駁其反對論。例如創造世界之說，吾人決不能拿出必要的證據；因其是神示之事實。不然，吾人焉能知道？然而其中並無不合理性之處。惟有吾人信仰之，而後其合理處、或然處及似眞處，乃可明瞭。如欲證明宗教之祕密，卽是傷害了信仰，因爲僅就能證明其合於理性者而信仰之，則將無信仰之可能。信仰是意志之事實；意志命令吾人承認。托馬斯解釋這種命令爲內在的本能（神請我們信仰），或爲由外來的如奇跡之結果。

原來神示的神學與「合理的神學及哲學」之分離，已由巴黎大學所共認，該校曾發有命令，謂哲學教師不要討論特別的神學問題。正統派的基督教，不管舊教與新教，皆承認。托馬斯對於哲學之貢獻，在其劃分神學的問題於哲學範圍之外。鄧‧斯科塔斯(Duns Scotus)及其門徒更進一步，將合理的或自然的神學，亦摒於理性的權力之外，將一切關於神的問題，概置於信仰之上。

第三節　認識論

托馬斯之認識論，大概取法於亞里斯多德。眞知識是概念的知識。然概念之基礎在感覺知覺，換言之，知識來自感覺。靈魂有各種不同的心能：如感覺之心能、活動的智慧之心能、潛伏的知慧之心能是也。靈魂藉這些權力而有種種之作用。他由感覺受到各個物體之法式或模樣。這種感覺的法式或模樣，如欲爲潛伏的智慧——完全獨立於肉體外之智慧——所收受或知道起見必須解除其中之物質的或有形體的東西。解除感覺的模樣中之物質的東西是活動的智慧之職能，他把感覺的模樣中之適合智慧的成分抽繹出來成爲可知的模樣，因爲靈魂所能消化者唯與其本性相合的東西。故可知的模樣，不是空間時間中各個物體之模樣，不俱有各個物體之偶然的屬性，唯有其本質的屬性。潛伏的智慧卽由此可知的模樣而知道事物之普遍的概念。所以，若無感覺，人心便不能有所知感覺中若無造成普遍的概念之固有的趨勢，人心亦不能有所知。這是托馬斯指出吾人知識之兩方面：感覺的與概念的，單獨的與普遍的。他又着重思想之自動的性質並指出其先天的性質，人心賦有此種活動之傾向。知識含蓄於人心中；人被激動時，知識卽表露出來。

外界物體作用於心靈之上，心靈便得着知識之原料，再由較高的心能揀鍊而爲概念的知識。所以眞知識或科學之基礎在感覺知覺或經驗之中；而吾人能知道的，祇有經驗中的一切東西。哲學家之要圖，在以經驗世界爲其立論之出發點，由經驗之分析，進而達到事物之本質或原理。這種學問方是本體學。吾人由各個物體抽繹其共同的性質。故唯有共相能成立時，或個體有共同性質時，方有科學。我們對於神靈沒有共相，故對神靈無明確之知識。

第四節　玄學

既然科學以共相爲其對象，共相必是眞實的，不然，將無眞理可言。然所謂共相之眞實，並非謂其離個體而獨立，他不是一個具體的東西，亦不是一個實體。共相原來存於個體中，如『一』之存於『多』中，如萬物之本質，如萬物之所以爲萬物之原因。托馬斯與阿爾柏特相同，同情於亞里斯多德之主張，以觀念或共相內含於神心中，在人心中應作如是觀，幷以之爲萬物抽繹出來的東西。

所以法式或共相爲玄學上立論之必要的原理。然僅有共相，不足以解釋自然。托馬斯與亞里斯多德相同，引出一個第二原理——物質，以自然爲法式與物質之結合。形體之本質或本性，由此法式與物質組織而成。托馬斯所謂之本質，是萬物由他而成其爲萬物的東西，自然是由法式與物質而成的東西。托馬斯依這兩種原理之幫助，不僅想解釋自然界中之秩序與目的，並欲解釋萬物之複雜與歧異。有些實在論者以法式爲個體存在之原理，托馬斯則以物質爲個體之原理。同類中個體之差異，由於其體量構造之不同。定量的物質，與其適於該量物質的偶然的特性結合，則成爲一特殊的個體。故各個體依物質之分量而成。人類中所以有特別人的，是因其靈魂與特別的有機體結合之故。蘇格拉底之所以成其爲蘇格拉底，而與別人有異的，是因其有特別的物質。

除了因物質而存在之法式外，尚有獨自存之法式，無須物質而後眞實。這種法式是純粹的精神本質或天使或人類的靈魂。他們的本質不是物質與法式之結合，是單純的法式。他們的個性發生於他們的本身。

第五節　神學

神是純粹的法式，純粹的實現性。吾人由信仰而認識神，但吾人亦可由推論而認識神，不過此種認識是間接的認識。吾人之推論是由已知到未知，由結果到原因，由有限定到無限定。吾人由神之創造而推論神之存在，這祇能用由溯源的方法或後天法（aposteriori method）證實。托馬斯排斥安瑟倫之本體論的論證，而引用亞里斯多德、奧古斯丁及一般阿拉伯哲學家所用之論證。他有四種論證：（子）凡運動的東西，必有使之運動者。一切結果必含有原因，然運動中亦必有不運動的原理；不然，尋果追因，必至無限而無所歸宿。必有一種獨自存在的東西，無須仰賴別的東西以存在（亞里斯多德之說）；（丑）自然的物體祇是未定的或可能的這個或那個個體之存在，不是必然的。所以必有某種東西是眞實的絕對必要的，而爲一切未定的可能的東西之基礎。（阿爾發拉彼之說）。這兩種論證，構成後來康德所謂之宇宙論的論證。（寅）萬物構成一個完全的階段；必有最完備的法式來完成各階段上的物體。既然萬有由第一因而發生，則此第一因必是宇宙中之最完全之因（奧古斯丁之說）。（卯）自然界之萬物，皆實現一個目的。這種行爲有一智慧指導之；這個有目的的宇宙，必有一個有智慧的神。這後面的兩種論證，是目的論的論證，爲希臘人與經院學者所共用之論證。

所以神是宇宙之原始究竟（目的的）的原因。他是純粹的活動性或能力；如果他是潛伏的東西，必需別的東西使之活動或眞實，他就不得爲第一因了。因爲神是純粹的實現性，所以神是絕對單純的、絕對完全的；神又是絕對的智慧、絕對的意識、絕對的意志。

神由『無』創造世界。因其爲萬有之因，必爲物質與法式之因。因其是純粹的精神，不雜有物質，物質必不能由他流露出來，必定是他由『無』中創造出來的。然宇宙有始之難證明，不亞於『宇宙無始』之難證明。此兩種意見，皆是可能的。所謂神由無創造世界，是說世界之存在由於神，神爲世界之必要的原因；那不是說是暫時的創造或永久的創造。所以我們可由神示而信仰宇宙有始。時間之起點，是宇宙之創造之起點。神不僅創造世界，又是世界繼續存在之原因：神之創造，是繼續不斷的創造。他選擇這個世界，爲一切可能的世界中最好的世界。他能選擇最好的，因爲他的意志是從於善的。他的創造的目的，是用各種可能的方法重現他自己，所以他創造各種各級的東西。

第六節　心理學

神創造自然，人類靈魂與天使。天使是純粹非物質的心靈，有各種各樣。自然物體是有形質的，其法式內含於物質中；物質中有植物的靈魂，有動物的靈魂，然皆不能離物質而獨存。人是純粹的心靈與物質之結合；是一個人格，是完全的實體。實體中之兩種原本。然靈魂是一個非物質的固有的法式，是肉體之命根。他是智慧的、感性的、有機的。他是身體之構成的或生命的原本，是感覺的原本，是主動的原本，又是智慧的原本。他是一個有各種心能之靈魂。胎兒具有感覺的與有機能的靈魂；靈魂產生後，方有智慧的靈魂。一到肉體準備接收靈魂時，神即爲之創造靈魂。人類靈魂之本質，是由智慧與意志構造而成；人類靈魂與別的靈魂之不同，即在此處。靈魂雖與有機的肉體緊相接合，然其智慧的方面則是超有機的（hyperorganic），完全不受肉體之束縛。換言之，人類的實質是靈魂與肉體之結合，二者雖然緊密結合一齊，然不像自然物體中物質與法式之不可解的結合。靈魂是一個智慧的、感覺的、生命的原本，這樣的一個三位一體形成身體，并使肉體有感覺思想、選擇等行動。

所以智慧的靈魂無需肉體而能運用其功能，他是不滅的，肉體解體後，依然能夠活動。然而沒有一個阿拉伯學者所說之普遍的靈魂。如果有之，則人既不是合理的生物，又不是道德的生物，其思想與意志將與人所有者不同。各個靈魂，於其肉體死後，依然存在，重新構成肉體，與其舊的相仿。

托馬斯所用之靈魂不死之論證，是柏拉圖的老論證，是基督教學者與阿拉伯學者所共有之產業。人類靈魂認識共相，是非物質的，因而與肉體分離後，無所毀傷；又因其是現實的法式（活的原理），所以不能消滅。現實（生命）之意，即是繼續存在。再者，靈魂希望不死，又是其不滅之另一理由，凡自然的欲望，必要圖滿足的。

人有感覺的慾望與理性的慾望或意志，以與感覺的知識與理性的知識相應。人之慾望與行為，不像禽獸絕對的由外面的感覺印象規定，他有自決的心能，何去何從，自有權柄。然在意志有所決定之前，必須有善的觀念。所以意志之運動，是由知識作主。知識之運動意志，並非強迫之，乃將其所向往之目的放置於所向往之面前。同時，意志又是靈魂界之運動者，因其使智慧與感覺發生作用；然意志對於有機生活，無制御力。所以在托馬斯之意，知識與意志是互相規定的，不過知識佔意志之上分而已。意志由智慧所認為對的或合理的目的而規定，然而並非強迫；所謂強迫，不是別的，乃是外界的原因使之不得不然。人是有理性的，所以是自由的，未經其承認，外界的原因不能強迫其活動；他能擇取方法，以實現其性理所認為對的目的或善。

第七節　倫理學

托馬斯之倫理學，是亞里斯多德與基督教徒倫理思想之彙集。其基本思想，在於神為實現其善於創造中起見，而創造萬有，萬有之本性皆趨向於這個目的，萬有實現其本性，以圖實現神的觀念，并實現神之善。所以至善由客觀方面言之，是神，由主觀方面言之，則是萬物自己的最大可能的完善，或與神之相似。托馬斯同意於亞里斯多德所謂人之至善（賜福），在實現真自我。無理性的生物，由神所賦予之自然的或感覺的衝動規定，以實現其目的；然有理性的生物之實現其目的，則是志願的、有意的。最高尚的行為是思辨與探索，而思辨之最高的目的物是神。所以人實現其真自我，——完全與最大賜福——在認識神。但是認識神之方法甚多。（甲）吾人有一種自然的直接的不假思索的認識神的方法；然而這不能給我們以完全的幸福，因其非完全的活動。（乙）吾人可以由推論以認識神；然此非一切人類所能做到，而且也不夠用。（丙）吾人可以由信仰以認識神；然信仰依賴意志而缺乏自證。（丁）認識神之最高的方法是直覺，這是過後的與經久的認識，可以給吾人以最大幸福，是人類競往之最大目標。這樣認識神，極類似神猶如神認識他自己。

這是基督教的完備的亞里斯多德的觀念。依亞里斯多德說，至善是思辨的知識，是哲學，是純粹的探索神。他的理想是哲學家、聰明人。依托馬斯說，也是以認識神為至善，惟祇能由直覺認識之；這是來世生活中之賜福的認識。由此言之，至善是超自然善，超自然的善，即是神賜的福祉。既然福祉不過是得到至善，若無快樂隨於其中，便不得謂福祉。愛也是福祉之侶伴吾人若不愛神，卽不能認識神。

托馬斯之倫理學，未嘗局限於至善之討論，他並進而精細的分析道德的行爲。行爲之稱爲合乎道德者，是審愼與選擇之結果，卽自由的、有理性的人之行爲。行爲之善惡由行爲者之目的與意志之如何而決定。行爲之善惡須以理性爲準繩，因爲理性是人類行爲之原理。道德行爲之最高標準，是神之理性，是永久的神聖的法則，是新約與舊約中之法則。舊約中之法則是世俗的目標，要求公正的行爲，其動機是恐怖；新約中之法則是天界的目標要求意志之神聖，其動機是愛好。然神之法不是一種板笨的法則；神除了善之外，不願擇取別的什麽。除了永久的法則之外，還有自然的或人類的法則，刻印於吾人心上。所以行爲欲圖合乎善，必須由神聖之法則或自然的法則激動之，以適合於理性。

托馬斯之解釋良心，是中古時期的時髦解釋。理智是思辨的兼實用的，換言之，理性具有理論的與實用的原理。因理性爲道德的原理，故稱之良心(Synteresis)。良心貢獻一種三段論式之大前提：一切惡須避免之。聖經上說奸淫是惡；所以良心就下一結論：奸淫須避免之。

吾人須記着外表的行爲之不道德的性質，完全在人之意志；外表的行爲可以合乎善，但是可以趨於不道德的目的，所以是惡的。然這樣惡的外表行爲決不能由意志引導其向善而爲善的行爲。所以托馬斯幷未宣傳「目的與手段相應」之論。至於靈魂之情緖、感覺之嗜好，皆不是道德上所謂完全的惡；惟其不與理性之法規相符時，托馬斯之德性分類，是取法於亞里斯多德，而以基督教的思想補充之。道德不是生來的，可由實行道德的行爲以得之。這種後天的道德可以得到現實生活中可能的不完全的幸福。欲實現永久的福祉，必須神在靈魂上加上賜福之超自然的原理。神給人有三種超自然之德。這三種德是：信仰、希望與慈愛。若無這三種德，便不能達到超自然的目標。自然的倫理的德，如幫助幸福的生活之實現，亦必須由神賦予之；若單靠後天的德便有所難能了。愛是最高等的德。

如上所說，沉思的生活，便是至高至福至樂的生活了。沉思的狀態，在現實世界中可以達到。由神之明光滿照，可以達到至樂的妙境，在此至樂妙境中，靈魂不受感覺與器官之束縛，而有純淨的行動（神祕主義）。沉思的生活不僅高於實際生活，且是更可嘉賞的生活。沉思的生活之根基是建築在神之愛上，而實際生活根基是建築在人之愛上。因爲實際生活之目的在外表的行動，所以是沉思的生活之障礙；因其是被用爲制裁感覺的所以又有助於沉思的生活。

求得福祉之最安全的最捷徑的方法，是完全捨棄世俗的善，而尋求永久的生活。這種事情，不是命令所能奏功的，祇有勸解能奏功，依據福音的勸導：如獨身、貧苦、服從，可以得到較高尙的完善。托馬斯與奧古斯丁一樣，以出世或僧院生活爲理想生活（其實一切教會中之僧侶皆如此主張）；然此祇限於少數人生存於現實世界之大多數民衆，祇能保持限度較低的生活。

中古時期倫理學與希臘倫理學之間之衝突，早已述到。這個衝突，在托馬斯道德哲學中顯示得明明白白的。

希臘學者以至善爲人類世俗生活中之事情由道德之作用及理性之幫助可以得之。中世的神學學者，則以至善不在現實世界之生活中，現實世俗生活是達到神之路徑——乃在來世生活之永久的福祉中求得至善，不必一定要實現道德的行爲，祇須仰仗神之超自然的恩惠。理想的善人，不是智慧人或哲學家，乃是神佑的人。這種人由敬愛神之心理所激動完全依照神之意志以行事。超脫世俗生活，依歸僧院生活而後能到這種神聖之域。

托馬斯與奧古斯丁相同，認罪惡爲善之缺乏。萬有依其固有的善性而行動，便生不出來惡。惡生於物質方面或法式方面不完備的行爲。道德上之惡，其缺乏在意志，意志缺少理性之法規與神聖的法則之指導。萬有之目的皆在善，所以如有發生惡的便是逾出其意志範圍之外。這對於自由的理性的人類，尤其眞實。他們所企圖的，皆是他們所認爲善的。他們所企圖的，也許是惡的，但他不是有意爲惡，祇是因爲誤認爲善。

托馬斯效法奧古斯丁與正統派的神學，以救濟說完成其倫理學。亞里斯多德之玄學中，認低級的萬有爲較高級的萬有之質料，而較高級的萬有是較低級的萬有之法式，如此漸進，以至究極。托馬斯借用此種思想，謂自然的人爲精神的人之質料，爲成就精神的人之預備。精神的人享受神之恩惠，能達到比自然人更完全之域。由亞當之犯罪，人之本性就被腐化了，其罪惡之傳之子孫，端賴神之恩惠救濟之。教會之聖餐，是神由以賜恩惠之機關或工具。神賜恩惠於應該救濟之人。然據托馬斯之意見，這並不消滅意志之自由，因爲神之賜福，祇是與人之意志合作。人之不能返歸於神，神不負其責。神預先看見有些人將要破壞自由，而造就罪惡。神容許其破壞自由，而爲之預先規定懲罰。然一切倫理的與宗教的向上之目標，在精神與肉體之甦生。

第八節　政治學

托馬斯之政治學，是熔合亞里斯多德之政治思想與奧古斯丁之神國中基督教政治思想於一爐之結果。人是政治的生物，在社會中討生活。一切政府之目的，在共同之福利。欲能得到共同福利，必須社會上之人內而結合一致，以圖和平，外而抵抗強敵，以保安寧。想達到此種目的，最好是有中央集權的政府，或專制政府。專制政府必須避免暴主；果能如此，縱受極端的壓迫，而弑君與革命之舉動，決非正當。救濟之方，唯有求之於合法的手段，不與憲法違背；因爲政治的秩序，卽是神之秩序。如果這樣舉動不能成功，唯有聽候神之解決。

君王須緊記神之目的而使其人民實現至善。但人類之至善既然在永久的賜福，教會與教皇（地面上神之代理人）當然要在君王之上。在精神的事務上，君王官吏須臣屬於僧侶。僧侶是教會之傳達。如果君王被教會黜斥，則人民對之無盡忠之必要。由是國家不再被認爲人類惡性根本之結果（如奧古斯丁之神國中之國家觀），而被認爲神所建立的制度。

一千二百八十六年，多明我會以托馬斯爲博士。耶穌會（Jesuits）採其主張爲根本，不過到後來又分離了。教皇利奧十三（Pope Leo XIII）勅令托馬斯之哲學爲舊教教會之共認的哲學，並勅令重新刊發其著作。托馬斯哲學至今日仍是舊教哲學中之要主的統系；舊教中之教師與著作家皆是根據托馬斯而來。

第四章　反經院哲學之思潮神祕論汎神論與自然科學

第一節　神祕論

第十三世紀除了以上阿伯拉特及托馬斯之大的經院哲學統系之外，尚有反對的思想運動。這反動的思潮為：神祕論、汎神論、邏輯的及科學的研究。在論述第十二世紀中之思潮業已提及這些思潮，到了第十三世紀仍有許多經院學者愛好之。嘿爾茲之亞歷山大之弟子約翰・菲鄧澤(John Fidanza，生於一千二百二十一年，死於一千二百七十四年)——世人稱之為褒那溫圖拉(Bonaventura)，屬於芳濟會(Fanciscan order)，該會帶有奧古斯丁色彩極濃厚。褒那溫圖拉雖著有聖經集語(Sentences)及教義訓詁諸書，然是一個顯著的神祕論者。他的思想傾向於奧古斯丁柏拉圖的思想之形態，他的神祕論根本上無異於聖維克多(St. Victor)派。他的神祕論主要的著作是 Itinerarium mentis ad Deum。

據褒那溫圖拉說，到神之路是：起於認識中經默思而到沉思。沉思又有幾種階段：先由物質的世界沉思神，次由內心生活沉思神，最後乃起而直接認識神。在這最後的最高級階段中，靈魂超越其本身，進於神聖無知之域，而與神合一。欲達此無我之域，須用禮拜祈禱以作準備。想完成基督教之最高法式，須立誓守貧、慈惠、服從，而過僧院中隱遁生活。

第二節　邏輯

當時專心致志於邏輯及文法之研究者，爲哂烈斯吳底之威廉（William of Shyreswood）、與含耳之藍伯（Lambert of Auxere）及彼得拉斯・喜斯班那斯（Petrus Hispanus）。彼得著邏輯教科書大旨取法亞里斯多德與波伊細阿斯（Boethius），爲數百年間邏輯上之威權。

第三節　自然科學

如前面所說，與中古世紀經院學者相並而行的有自然科學研究之運動。第十三世紀時，此種運動之領袖羅哲爾・培根（Roger Bacon）雖抱怨牛津大學以外少有人注意於科學的研究，然此種研究未嘗停滯。除前面所說的對於自然注意之人以外，尚有巴斯之阿德拉（Adelard of Bath）及大阿爾伯特。在英國有數學與物理學之研究。阿爾伯特（Albert）、波米之芬獻特（Vincent of Beauvais）及羅哲爾・培根皆專於地理學之研究。當時科學家皆信地球是圓球形，但這種見解爲教會所排斥。當時的學者假定地中海爲地球中心，由海道向西行，可抵印度。科倫布發現印度之西部，故至死相信地圓之說。

當時科學家有下列諸人：亞歷山大・涅幹（Alexander Nekam）、亞勒弗烈・薩澤爾（Alfred Sarchel）、約翰・柏克哈謨（John Peckham）、羅哲爾・培根、惠提諾（Witelo）、夫賴堡之第特立喜（Dietrich of

Freiburg）惠提諾與第特立喜之自然科學研究中，雜有新柏拉圖派之色彩。

此派人中最有創造的獨立見解者，爲羅哲爾·培根。他是中古世紀學者，而兼近世學者。他是一個芳濟會士，曾肄業於牛津大學及巴黎大學。他專攻數學（數學中包含算術、幾何、天文、音樂與物理學）。他以數學爲科學的研究之基礎，以天文學、鍊丹術、農業（包含動植物）、醫學、占星術、巫術爲合法的有效果的學術。他認文字——希臘文、希伯來文、阿拉伯文、加勒底文（Chaldean）——之研究，爲研究神學與哲學所不可少的。他以玄學是研究第一原理之學。他的思想詳見其所著的類乎百科全書的 Apus Majus。

關於知識上的兩種方法：如實證與經驗，他最注重於後者。他說：若無經驗，則無論何事皆不能充分的知之。然經驗有兩種：（一）人類的或哲學的，其來源在外表的感覺。（二）內心的明照或神聖的激動，吾人由此不僅得到心靈上之知識，並且得到物質上之知識。由內心的經驗，可以經過七種階段，而達於無我之境地，可以知道精神的事情及一切人間的學問，並可以論道世人所不許論道之事情。由此觀之，羅哲爾·培根之態度，與近世科學態度相去太遠。他把近世科學混雜一些慌誕與迷信，混占星術於天文學中，混巫術於機械術中，混鍊丹術於化學中；而兩種經驗說又開阻礙近世科學發展之可能的門逕。然其重要之點，則在注重自然與力言觀察之必要。

參考書：

Charles, R. Bacon, etc.; H. Siebert, R. Bacon; E. Flugel, R. Bacons Stellung in der Geschichte der Philosophie; Parrot, R. Bacon et ses contemporains; Werner, Psychologie, and Kosmologie des R. Bacon; Vogl, Physik R. Bacons.

第四節　異端

除了神祕主義與自然科學兩種不能與經院哲學妥協之思潮以外，第十三世紀還有完全與教會哲學相反之異端。有一班思想家，受了阿菲羅斯主義(Awerroism)之影響，區別眞理爲哲學的與宗教的兩種。這兩種眞理雖然彼此相反，但在其各有的範圍內，則是眞的。這樣發展的幾種異端學說被巴黎教主於一二四七年排斥了。一千二百四十七年布勒夏(John Brescia)發展異於神學的言論，而自謂其爲哲學非神學。一千二百七十年又被巴黎教主否認之，並禁止巴黎大學文科教授否認三位一體、肉體復活以及無我諸說之言論。然教會儘管竭力禁止異端，卻是又有了不拉奔之息哲爾(Siger of Brabant)出來主張反對的言論：如無所謂神，無所謂道德的負責者，重的東西如不支撐之，幷不向下墜落，這都是表示神學上的話不能證明的。

第五節　雷門・勒利(Raymond Lully)

當時反對異端最烈者爲雷門・勒利。他生於一千二百三十五年，死於一千三百一十五年。據他的意見，由理性所得之結論，不僅不與基督教的信仰相反，並且能證實基督教之確實。他發明了他所稱謂的一種大術。他以爲用這種大術，無須學問，無須思索，卽可得到知識。這種大術方法，是放九種概念與問題於七個迴轉奇異的盤中，旋轉此盤，卽可以求得所欲求之答案。這種方法雖然荒誕不經，然有很多人熱心信仰之，一直到第十七世紀，還有人信仰之。

第五篇　經院哲學者之衰落

第一章　約翰·鄧·斯科塔斯

第一節　鄧·斯科塔斯之略傳

鄧·斯科塔斯（John Duns Scotus）之思想中，有反對托馬斯哲學之精神。他是英國人，爲芳濟會中一員。他的精確的生時與恰當的家鄉，不得而知。大概生於一千二百六十五年，不是英格蘭人，便是愛爾蘭人。他肄業於牛津大學，喜歡研究數學，後來執教於牛津大學、巴黎大學及科侖大學，於一千三百零八年，死於科侖大學。他以辨論靈敏，批評精細出名。他的頭銜爲精細博士。他受了羅哲爾·培根與嘿爾茲之亞歷山大之影響，而以奥古斯丁及安瑟倫爲最高的權威。芳濟會舉之爲該會之博士。

參考書：

Hagenback, History of Doctrines, transl.; Werner, J. Duns Scotus; Seeberg, Die Theologie des Duns Scotus; Kahl, Die Lehre vom Prenat des Willens bei Augustinus, Duns Scotus und Descartes.

第二節　對托馬斯之進攻

托馬斯哲學雖被多米尼克派認爲官家的哲學，雖招致了許多信徒，但其尊嚴未嘗無人輕視之。芳濟會之開始的大師如嘿爾兹之亞歷山大與褒那温圖拉雖不反對亞里斯多德主義，雖然紹述奧古斯丁的與柏拉圖的陳訓，然對新系統之哲學多反對之。由是基督教經院學者，遂分爲對敵的兩派。芳濟會專重宗教之實用的、情感的、神祕的、人格的、虔敬的方面。他們認理智不如意志之重要，信仰之理論的建設，不如教義之倫理的宗教的內容之重要。此派對於新經院哲學發出批評與非難之論，是自然而然的，不足爲怪。他們所循之步驟：第一，攻擊新經院哲學之原理；第二，不認基督教能與亞里斯多德哲學結合；第三，否認信仰可以證實；第四，否認經院哲學之一切可能。鄧·斯科塔斯採取頭三個步驟，以進至第四步驟，因而湊成功經院哲學之推翻。

第三節　信仰與知識

鄧·斯科塔斯之思想之基礎，在下列諸言論：教義無可爭論之處；信仰是最高的眞理之基礎；愛是基本的道德；信仰與愛皆是以意志爲基礎。他們是直接認識神之條件，所以意志高於理智。他與托馬斯一樣，認信仰之眞理與理性之眞理中間無衝突；他也利用哲學的知識以支撐其自己的主張，反駁反對者之主張。據他的意見，理性不能解釋宗教之祕，須輔之以信仰。但是他縮小理性之範圍，比托馬斯還甚；他研究過數學，使他知道什麽是眞實的眞之意義。他不討論關於神聖的本性、神聖的目的、神聖的預定、以及靈魂不死等類之言論，而以理性之探討對此等問題爲有效。其所以認之爲眞實的由於信仰使之而然。信仰雖未完全排出疑難，但顯明的疑難則排出之。神學之目的不在理論的說明而在實際的應用。若無神學所研究之啓示的道理，吾人不能知道神對於人之意旨；這種事情，決非任何學問所能指示的。神學有其固有的原理與最高之對象（神）所以高出一切學問之上。哲學亦有其固有的學問而爲一種獨立的學問，不附屬於神學之下。這種主張，顯然是劃分神學與哲學，因此就引起哲學之解放，哲學不願爲神學之僕奴了。鄧·斯科塔斯如是區分，原是偏重信仰，不過這樣的區分，就引起了哲學之解放。他完全的信任啓示的神學之眞理，以致不怕由思想而發生之結果所加之危險。他以爲理性若運用的得當，必與宗教相調和；縱不能證實教義，至少亦不致破壞教義。但是不如鄧·斯科塔斯堅信信仰之思想家，其所得之結論必不一定如此了；理性所得之結果與教義衝突時，不是承認理性與信仰相併而行，便是拚棄教義信任理性。二者必居其一。

第四節　共相論

在共相論上，鄧·斯科塔斯與托馬斯一樣，採取昔時之共相論：以共相爲神心中之法式，先萬有而存在，在萬有之中，爲萬有之本質或通性；在人心中，爲抽象的概念，後萬有而存在。共相不是一個僅僅的觀念；概念的知識是眞實的，或有眞實的對象；不然，一切學問僅是空虛的邏輯罷了。鄧·斯科塔斯所遵從的原理是思想與實體是一致的，邏輯的概念與區別不僅是思想之作用，並有實物與之符合。然所謂知識與對象間之符合，不一定是說他們二者是一樣，也不是說前者必是後者之印本。吾人若不以個體爲起點便不能思想；然旣以之爲起點，而思想時必須用共相。吾人由邏輯方面區分種（the genus）與類（the species）；種必包含類，類必包含個體。各個體與其同類中之個體不同，各個體間有差異，猶之各類間之有差異。各個體不能再分，因其是一個不可再分的么匿(unity)，是究極的實體，其小無以復加。個體的差異，構成特別的個體。個體是類之上加了個性的差異，正如類是種之上加了特別類的差異。個體係由普遍的本質，加上個體的本質。由動物進化出來的人，是加了人類的特性於動物性；蘇格拉底是一般的人性上，加了他的特殊的個性。鄧·斯科塔斯說這種個別的差異是個性之原本，不是托馬斯所說之物質爲個性之原本。各個體之所以成其爲各個體，不是因各個體中之物質，乃是因各個體之個性；若是因各個體中之物質，則同類中之各個體皆是相同，而無所差異了。各個體之差異不在外表的物質，而在內潛的性質或法式。

吾人由分析共相，最後可達到個體；反之，吾人綜合個體一直前進，可以達到最普遍的概念，即最高的本質，超越一切。除此以外，還有其他超越的概念；吾人常用之以論述萬有，如統一、眞理、善；齊一與差異；偶然與必然；實現與潛伏等等是也。

第五節　神學

鄧・斯科塔斯有如托馬斯，主張吾人推論神之存在，祗能由神之創造的工作，——其證據潛伏於創造的精神中理性可以使之實現，——然神之萬能，或神之由無創有，則不能證實。神是純粹的法式或能力或實現；神之中，一切東西皆是明顯的，不是潛伏的，不然，他便不是完全的，更不是絕對的精神。神的知識是一切眞實可能的事物之活的直觀。吾人由世界上之事實推論第一因，思想必定表現他有意識的知識及目的。然吾人不能由神的本性或本質演繹先天的神之智識。根據經驗的推論而來之論證，方有合理的確實性；當時經院學者所遵循之其他一切思想法式，鄧・斯科塔斯皆排斥之。由同樣的理由吾人能認神有意志；神之意志無限，絕對的自由。這不是人類理性所能解釋的，乃是基督教所能解釋的。神之意志注在世界，必是永久的注在世界，不然，若有一時間斷，則是神之中發生了變動與不完備。

一切創造物，皆是法式與物質實現與潛伏之結合；一切創造的心靈，——天使與人魂——皆有物質與法式。（這是鄧・斯科塔斯派與托馬斯派間爭論之點。）據鄧・斯科塔斯說，潛伏性含有某種物質性，惟有實現的心靈（神）方是純粹的。物質爲萬物之共同性質，這是吾人所想像得到的。

第六節　心理學

鄧・斯科塔斯之心理學與托馬斯之心理學有很多相同之點。然他主張法式與物質——靈魂與肉體——是人之實體么匿。前節已說過靈魂是法式與物質之結合，而肉體亦有其法式；他又說靈魂有種種的能力彼此實質上雖無差異，而形式上則有差異；換言之，靈魂有各種能力或機能。托馬斯與鄧・斯科塔斯之間，還有一種根本不同之點。托馬斯雖認意志之重要，但在他的思想系統中，以智慧居首席；智慧是最抽象的最單純的作用，是最高等的心能，爲合理的動物之特幟，他使意志趨向至善。至於鄧・斯科塔斯則以意志超出於智慧之上。他以爲如果意志必須智慧規定之，則意志便不成其爲意志。意志有取捨之權。想像與知識雖爲意志作用之必須的預先條件，然非決定的原因。意志是感覺與道德原理之裁判官。意志是自由的。

果然如此，則意志無需神恩之幫助，卽能依照自然道德之要求而行動。鄧・斯科塔斯雖然承認此種結論，但他又說若無信仰、希望與愛，則不能得到永久的生命，因爲這三種東西是神之恩賜，能使意志執行神之要求。依托馬斯說，永久的賜福在沉思神；依鄧・斯科塔斯說，永久的賜福是由意志行爲所招致，因爲那是與神合一，而與神合一是由於愛。愛是意志之行爲。認識神是賜福之根本的條件。知識之目的爲意志，而意志或愛就是其本身之目的。如果有選擇於意志與知識間之權力，托馬斯甯擇取知識，而鄧・斯科塔斯則甯擇取意志。他以意志是靈魂最高貴、最有價値之心能，其行動有絕對的自由。其擇取善是自由的，並非爲善之概念所規定。

第七節　神與道德律

鄧・斯科塔斯應用此種思想，以說明神。他說，在神一方面，也是意志高於知識；他不受制於他的理性。所以吾人不能由理論的演繹以認識神之目的，了解神的動作。創造世界並非神之必要；如果神有意志創造世界，必能創造與此不同的世界他也不受他所建立的秩序之束縛他可以任意變更之而不觸犯罪過神所決擇的與所建立的皆是對的所以宇宙不是合理的思想之必然結果如其不然吾人便能自己推論出來宇宙萬有而想及神所有之思想。

同樣的理由支配吾人在此世界上之生活與吾人彼此之關係之神聖的命令亦非必然的命令；換言之，神之命令吾人遵循某種途逕而行非由於行爲之規律有理性之根據或必需者，不過因神要人如此行爲而已。神未嘗不可創一謀殺與多妻以及侵奪人之財產權利，皆非認爲罪過之社會。吾人不能由絕對的道德律上推演出來這些法則，亦不能由親愛之命令上推演出來這些法則因爲他們不一定是由親愛之命令產生出來的，且而愛之法則並不是自然之法則；吾人不能證實神之愛是自然之法則。然鄧·斯科塔斯認十誡中首四道命令爲必然。在原理上，這自然要與其自由意志論發生衝突，因爲如果神受必然法則之支配，則不是絕對自由了。鄧·斯科塔斯乃辨正如下：人須崇拜神，無庸崇拜此外之諸神，又不可瀆神之名，——這是自明的法則；這些法則出於神之自愛，不是出於固執的意志之命令。

因爲神是無所不能的，所以他的命令終必完成之。神的命令是賞善罰惡。但是誰該賞，誰該罰，不是已經決定了的。神是絕對自由的；他能變更他的意志，而爲其所欲爲。神的意志是絕對公正的，因爲神所欲者，皆是絕對公正的。

第二章　虛名論

第一節　合理的神學與共相

托馬斯與鄧·斯科塔斯皆限制或然的眞理之範圍。他們以前的經院學者所證實之言論，他們皆納入於教權與信仰之域。然鄧·斯科塔斯比托馬斯更進一步，他不僅劃分哲學之範圍，查考批評那曾經支持了基督教教義及自然神學之論據。他嚴格的檢定經院學者之智力的活動，精密的分析他們的推論中何者眞實，何者不眞實，幷保持思想於他所認爲的正當範圍內。他對於人類理性並不缺少信任心；他並應用邏輯上的方法於哲學及神學上。然而信條雖可由天啓給以合理的說明，但若無自然的理性之助，不能取得之，證實之，又是他所顯然知道的。有些思想家受了這種思想之暗示，乃作更進一步的設想。他們把或然的神學上之眞理驅逐於經院哲學之範圍外。他們以神學中沒有什麼可以證實的；神學完全不是一種學問，教義不僅不能證實，且不能理解。故吾人不要使之理性化，祇要服從之、信仰之而已。教條雖與理性不合，但是眞理。信仰那不能證實的是可嘉賞的。

托馬斯與鄧·斯科塔斯之實在論所暗示的，還有一種思想。如果個體如鄧·斯科塔斯所說，是究極的實體，如果個體不是偶然的特幟，乃是共相之最後的實現，則個體是最眞實的實體，是科學研究之唯一的對象。共相非眞實，乃是心理中之抽象品，是表示個體所共有之性質之方法。這是經院哲學初期的虛名論（洛塞林之虛名論）

之復活也是虛名論之告終。

第二節　奧坎・威廉

據奧坎・威廉（William of Occam, 生於一千二百八十年之譜，死於一千三百四十七年）說唯有個體存在，而吾人一切知識，皆以個體爲起點。所以直覺是很重要的吾人由之而認識事物，並加以判斷。吾人由個體抽繹其所共有之性質，因而造成共相。這不是我們有這樣的特別心能，乃是兩相同的個體呈現於吾人面前時吾人自然而然的抽繹來的共相。然這種共相不過是吾人心中之觀念或思想，用語言或符號表示之。所以學問完全是討論這些符號或術語。然此非謂吾人之判斷僅是對付觀念，實則判斷常是對付萬有的。歸結起來，共相不在吾人之心外，共相不在萬有中；如以共相如實在論者之主張，在萬有之中，便是把抽象物實體化了，將要引入於荒誕之中了。神心中亦無如同實體之共相；他的心中，如吾人心中，祇有個體，祇有個體是實在。

直覺的知識中所包含的，除了感官知覺之外，有吾人內心狀態之知識；所謂內心的狀態，是智慧、意志、喜悅與怨愁；直覺的知識比感覺知識確實多了。感覺的知覺不能知道心靈之本性，祇能覺察其活動。直覺的知識之外，吾人尚有奧坎所謂之抽象的知識。抽象的知識是由演繹法或三段論式而得之知識，他是必然的眞理。然構成吾人論證之原理，是由經驗中歸納起來的。所以經驗是吾人一切知識之淵泉；一切超越經驗之知識，皆是信仰之事實。神之存在，既不能由本體論上證實之，亦不能由經驗上證實之。神之存在於合理的根基上是或然的，然而信條則非理性所能了解。欲使基督教教義理性化，是不可能的，吾人祇有信仰之。所以無所謂神學之學問；吾人完全仰賴默示，以信任宗教眞理之確實。哲學與神學，彼此不相關涉。神是無所不能的，不受任何規律之支配；其思想、意志、行爲完全自由。他能建立未曾建立過的道德規律，使吾人遵循之。他的意志高於他的理智。

第三節　虛名論與實在論之對抗

以上諸意見中，捨棄了經院哲學所由出發之基本原理。經院哲學之目的，原在把基督教的信仰弄成理性化，換言之，在結合哲學與神學。現在則以此種目的不僅是一種假定的計劃，並且是徒勞無益。經院學者之神學是冒名的學問，其信仰之內容，非理性所能承認。虔敬的芳濟會宣揚此等見解，固守他們的信仰，然具有別種脾味的人則依然不願拋棄把宇宙弄成理性化之念頭。始而是托馬斯及鄧・斯科塔斯派中間之爭論，現在轉而爲實在論與虛名論中間之爭論了。二者各走極端，爭論極烈。一千三百三十九年，巴黎大學禁止用奧坎・威廉之書籍；一千三百四十年大闢虛名論；逮後一百多年，巴黎大學之教師必須立誓教授實在論。然他方面，又建三個新大學，以講授虛名論。如一千三百四十八年所建之布拉大學（Prague），一千三百六十五年所建立之維也納大學，一千三百八十六年所建立之海得爾堡大學（Heidelburg），及一千三百四十八年所建立之科侖大學，皆是教授虛名論。兩者對壘，歷一百餘年。

奧坎弟子中之出色者，爲約翰・巴立丹(John Buridan)，討論意志自由；薩克生之阿爾伯特（Albert Saxany)著邏輯與物理學此外還有多人。波耳額尼(Pirre d'alliy)一三五〇年——一四二五年)以內心知覺比感官知覺確切些，承認演繹推論之科學的確切性。

羅伯特・和爾柯特（Robert Holcot）專重哲學思想之發展，不顧其對於教義之結果如何。尼哥拉斯(Nicolas of Autrecourt) 批評因果概念，并反對亞里斯多德，採取原子論及宇宙永久復活論。約翰・最爾孫(John Gerson, 一三六三年——一四二九年）根據虛名論，以主張神祕論，力言啓示、懺悔與信仰之重要。雷門(Raymond of Sabunde)想調和自然與啓示，藉神對於自然中之啓示，以證實基督教教義。

第三章　神祕論

第一節　正統派與異端的神祕論

當吾人討論中古時期之各種思潮時，常見經院哲學後隨有神祕論之影子。許多學者不以不能接近於神之研究爲滿足；他們以神學無意義，如果不能使他們與神直接交通而有親身的經驗。第十四世紀神學思想之潮流偏向於神祕論的宗教運動。

第十四世紀中有兩派神祕論：（一）爲拉丁神祕論，（二）爲日耳曼神祕論。前者服從教會，追蹤褒那溫圖拉之後塵。後者對教會取獨立之態度。皮耳額尼、約翰・最爾孫、雷門屬於前一派。厄克哈（Eckhart，一二六〇年——一三二七年）、漢利克蘇薩（Heinrich，一三〇〇年——一三六六年）、約翰・托魯耳（Johannes Taules，一三〇〇年——一三六一年）及荷蘭之神祕論皆屬於後一派。

第二節　厄克哈

厄克哈（Weister Eckhart）爲神祕論運動之大師。他的神祕論雖以托馬斯之思想爲基本，然其中之新柏拉圖主義的成分亦甚顯著。他在拉丁文之著作中，表現他的意見是很工整的，與經院哲學的遺風有關係。他在日耳曼著作中發表的意見是個人的、感情的與通俗的，其道德與心理的最大影響亦由其中表現出來。他的影響在民衆方面而不在僧侶方面。然而他的興趣則常在思辨他不像第十四世紀大多數神祕論者專注於「與神之神祕的融合」；他是把基督教的人生觀給以合理的解釋。他的神祕論是主智的神祕論。

厄克哈與新柏拉圖派一樣，以神祇爲不可知的、無限量的精神實體，是無限的潛伏力萬有統一於其中。神祇之原始要終，爲神祇本身所不知。因爲神祇是如此的超越，故不能默示本身；神祇之表現，唯在三位一體中。在此三位一體中，三種東西永久的出於神而復返於神。神祇惟有由思索其本身而後能變成神。神欲思索其本身，必須靠三位一體與世界。神必須自知、自相交通，而擇取善。凡此等程序，厄克哈皆認爲是無時間性的、無變化性的。他將人類的疇範應用於絕對之神上；迨後又認其不適宜於超越的實體，又取消了。

這絕對之神是世界之根基；一切永久的觀念俱在其中，猶之美術工作，存在美術家之心中。世界是一個永久的創造。萬有在神中，神在萬有中。有限的心祇認得複雜多端；無時間與空間的心便認識萬有之全體在神心中，萬有皆是永久的現在。厄克哈爲欲免除汎神論起見，乃劃分統一的理想世界與暫時的世界。世界由神之本質流出，然包涵於神之本質中；世界雖在神中，然非與神同。無萬物，則無由認識神；神無萬物不彰，萬物無神不顯。然神之眞實所在處，是在人類靈魂中。

認識是靈魂之最高的機能；認識之最高階段爲超越自然的。所謂超自然的沉思，是超越時間與空間超自然的沉思爲與其對象——神——合一起見，乃超出於雜多、暫時、及外表之上。靈魂所以能如此的，是藉助於神聖的火光。靈魂與神心合一，不是由於吾人自己的活動，乃是由於存在吾人本身中之神之活動。知識之全部程序，是由複雜而進到統一，不達到、超過一切反對、差異之至高不動之境不止。

所謂道德，是在使靈魂回歸於神。欲實現此目的，各人必須棄其個性。凡欲認識神的人必須滅絕其自己，而攢入神中，回復其原狀。最高的自身解脫是貧乏。貧乏的人，無知無欲，一無所有。人若不依照神之意志行事，或渴慕神與永久，便非十分貧乏，亦非十分完全。爲行動之目的而行動，爲愛之目的而愛；縱無天堂或地獄，亦要爲神之善而愛神。道德不由行爲表現出來，而由本質表現出來。愛是一切道德之原理，目的在趨歸於善，趨歸於神。救濟不照外表的行爲——如齋戒、節慾。唯有作事的精神是善，方是善；所以道德是一，而無等級。正當的行爲將由正當的道理而出。若作事與神之意志相反，便無神之愛。沉思固然是要緊的，但僅僅的沉思是自利。如果一個人處於無我之狀態中，知道一個窮人需救濟，他最好是停止其無我的狀態，而去救濟之。

人賴神之恩賜，復與神合一。人成爲個人後，即將神之善表現給神。神若無人之靈魂，便不能自知；人內涵於神之本質中，神由人而表現其工作。他的事業之對象，即是人。人返於神，即與神復合爲一。神之變爲人者，蓋以便人之變爲神也。

厄克哈之門徒忽略了他的神祕論之思索的方面，而專注於實用的宗教的方面。他的神祕論的本質，載在一種著作中，迨後由路德發見了，名之爲日耳曼神學(a German theology)而發刊之。在宗教改革運動中，很有影響。

第四章　自由思想之進步

第一節　中世紀的理性論

中世紀之使命，在準備新興的人民接收並保存基督教的文化。這種使命由教會執行之；教會就是新興的民族之精神的培植者。然而此等如同嬰兒時期的須待培植的新興民族長大了，到了成人時期，培植時期就要告終，這是自然而然的。到了這個時期，哲學史上遂開一種新面目，不是忽然呈現的——這是歷史上所罕有的，——乃是逐漸累積過去時代之特幟，乃是長久進化之結果。經院哲學原是渴慕理性的內識(rational insight)之結果，原是想找出其所信仰者之理由。他原來是同於希臘思想史上黃金時代建設偉大的玄學系統之研究精神。誠然，他的研究之目的，是由信仰規定的：因此就把哲學變成其奴僕；然在其劃定的範圍之內，人類理性大有旋轉自由之餘地。中世紀尋求合理的知識之態度，自不同於初期基督教時代之態度。初期基督教未嘗榮顯其人類理智的成功，未嘗想由思索的理性之門逕而入於天堂；聖保羅曾問過：『那裏有聰明人？那裏有法律家？那裏有辯論之人？上帝竟使此世界上的智慧愚笨了嗎？為何除上帝知之外世界上無有由智慧認識上帝的，而以信者得救之愚忱宣傳以取悅於上帝』。中古時期的經院哲學並不是這種精神。一般神甫及教會之博士皆熱烈的希圖了解其信仰，皆欲使其信仰理性化。他們想由智慧認識上帝。但他們研究世界，不如吾人現今之研究世界；其尋討眞理之態度，亦無希臘之獨立態度。這完全受了他們所信仰的絕對眞理之拘束。他們運用他們的理智，全在彌縫他們的系統。他們的興趣注在超越的世界，注在吾人地上的生活與天堂的關係。自然界所發生的現象，他們漠不相關；除非他們看見與神的計劃有關係，他們方才理會。他們教會不反對這種科學研究，但如有不能證教會之基本的眞理之事實，則棄而不論。

第二節　國家主義之興起

吾人要知道反對教權之獨立精神，雖然有長期的沉悶，然而未嘗完全滅跡。這種精神表現於國家與教會之政治的範圍的爭論中。這種政治的鬬爭，爲時甚早，兩方面均極激烈。忽而教會得勝利，忽而君王得勝利。格列高里第七世（Gregory VII，一千零七十七年）時，是教會得勝利。日耳曼皇帝亨利第四（Henry IV）竟赴卡諾撒（Canassa）朝拜教皇。英諾森第三世（Innocent III，一千一百九十三年——一千二百一十六年）之時代，教會之權力達於極點。然自此以後便衰敗了。法蘭西皇帝腓力第四（一千二百八十五年——一千三百十四年）戰勝了教皇逢尼非斯第八（Boniface VIII）奪取了教皇之政權。在這個時中，虛名論與日耳曼神祕論兩種獨立的運動爲衝鋒陷陣之前驅。自一千三百七十八年至一千四百一十五年間，教皇之管轄權分而爲二，有兩個教皇作主，有一時期竟有三個教皇作主。這種分崩析離的情形，更足以令教會不能保持尊嚴。不幸巴黎大學又產生國家的教會之觀念，以爲如果世界上可以有兩個教皇，何以各國不能有其自己的最高主權呢？教會內部亦發生了對於教皇之專制主義之反抗，蓋以教會既高於教皇，教皇就應該服從教會之會議。這就是國家主義與教會主義間之衝突，亦即民治主義與專制主義間之衝突。原來這衝突發生甚早，十二世紀已經有了。當時布里西亞之亞諾爾特(Arnold of Brescia)反對教會之政治的權力，而建設一個共和國於羅馬；但時間很短，而亞諾爾特亦被紋死，始而教會的學者尚是偏袒教會，繼而便漸漸的反對羅馬教皇之政權。

著重教會之威權者，一般舊經院學者皆是的；到了第十四世紀中，亦不乏其人。丹第（Dante，一千二百六十五年——一千三百二十一年）則以世事歸於皇帝管理之下，神事歸於教皇轄理之下。夫羅立斯之約阿喜謨（Joachim of Floris）、奧坎・威廉、威克里夫(Wyclif，一三二七年——一三八四年）、帕雕亞之馬栖略(Marsilius of Padua)皆反對教會之政權。馬栖略主張帝國主義主權論及契約論。

參考書：

Lecky, History of the Rise of Rationalism in Europe, chap. v; E. Jenks, Law and Politics in the Middle Ages; Gierke, Political Theories of the Middle Age, transl. by Maitland; Bryce, Holy Roman Empire; Robertson, Regnum Dei; Troeltsch, Die Soziallehren der christlichen Kirchen.

第三節　異教的思潮

我們要記着，與基督教對壘之異教思潮，從來未曾消滅。我們若果追究教義之進化，就可以發現許多宗派與正統派之主張不同。極端服從保羅之馬桑(Marcion)，為新教運動之祖；其信徒自第五世紀以後，滿布於小亞細亞地方。第十一世紀中，喀德隣派(Cathari)發現於南法蘭西。教會殘酷的反對「反教皇黨」(albigenses)，約數百年藉宗教裁判之恐怖而鎮壓住反對黨。第十二世紀，北意大利發現一種發爾多教派。此派建立於發爾多(Waldo)。

第十四世紀與第十五世紀之時，發生了大的宗教改革運動，創其始者，為英格蘭之威克里夫，繼其後者，有波希米亞之約翰胡司(John Huss, 1369–1415)。威克里夫反對教會組織、聖徒崇拜、牧師獨身、僧侶生活、彌撒、化身、教會政治、教皇主權。他要回復原始的會議組織，及教皇與國家之獨立。因宗教改革之要求發生了，政治與社會改革之要求，亦隨之而發生。英格蘭之瓦特台勒爾(Wat Tyler)、德國之托馬斯・濛澤(Thomas Munzer)即社會革命之領袖。

第四節　自由研究之精神

這樣的獨立思想之徵象在反對正統派的哲學之哲學家亦可見之。如前面所說的，伊烈基那、約阿喜謨、西蒙(Simon of Tournay)本那之安馬利克(Amalric of Bena)第農之大衛德(David of Dinant)諸人所主張之咒罵教會之汎神論，皆是顯明的獨立思想。聖維克多之虔敬的神祕論者動搖經院哲學所建立之基礎，否認理性與信仰——科學與宗教——之調和。第十二世紀中正式的經院學者之中，亦有各種自由的思潮。他們常不顧正統派的思想而獨立的發出議論，縱與固定的教義有衝突，亦所不惜。安瑟倫之唯一目的本在把信仰弄成理性化，亦常常與其前輩奧古斯丁及伊烈基那相同，而有趨於違反教會的教義之危險。洛塞林（Roscelin）之共相論亦完全是異端。阿伯拉德（Abelard）之一生，完全是銷磨於理智的研究與教會的忠義之衝突中。教會中之方丈如沙脫爾之伯拿特（Bernard of Chartres）、康切之威廉（William of Conches）及其他諸人之著作中，亦有自由思想之火花。當時學者所討論的問題，由現今之人觀之，雖愚笨可笑；但這由於今人之人生觀變了，若就中古時期之宗教文化爲出發點，他們是代表有研究的精神之思想家。

第十三世紀時學者之興趣由柏拉圖之實在論轉入於亞里斯多德之實在論中了。學者之興趣，轉入於亞里斯多德之研究，亦是一種思想自由之代表。亞里斯多德之著作是由不信基督教之阿拉伯人之手中轉到西歐來的。他的哲學要被教會禁止，自然是很不爲奇的，但不久發見其哲學足以應教會之需要，遂採之爲教會的哲學。因爲理性與信仰之結合，當第十三世紀之開始，已經疏鬆，而這種新宇宙觀足以鞏固之。亞里斯多德之哲學一方面固然阻礙了當時自由思想之潮流，然另一方面則證實了經院哲學之危機，而促進了獨立思想之精神。何以呢？教會既把一個不信基督教的哲學家抬舉的那樣高，便把一班人的理智的活動的範圍擴大了，並增進了他們對於古代學問之注意。再者，亞里斯多德的思想又足以鼓起自然研究之興趣，這也足以證明是自由思想之興奮劑。亞里斯多德之哲學所引起的自然研究，構成了由柏拉圖之實在論到虛名論之橋梁，而開近世科學之先聲。原來，亞里斯多德之哲學是自然主義的，基督教的思想是超自然主義的，托馬斯雖然有心想用超自然主義補充亞里斯多德之自然主義，然二者之間終有衝突。早晚這種衝突發現出來了，亞里斯多德之學說仍然是佔了上風。

亞里斯多德畢竟是希臘之天才的哲學家。他的哲學畢竟使經院哲學解體了。托馬斯根據亞里斯多德建立一種思想系統，雖足以滿足教會之意，然鄧・斯科塔斯則相信其自己所發揮的亞里斯多德的思想，是反對托馬斯之理性論與命定論。鄧・斯科塔斯力主個體之眞實，因而堅決的肯定個人之重要與個人良心之價值。他的學說並開了經驗論與虛名論之先聲。如果神不是由其理性之決定而創造世界，則自然法則亦非自然的了，也不能根據理性之法則從神之理性有所演繹了。萬物之成其爲萬物，是由神使之而然；如果神欲成其爲別的樣子，亦可成爲別的樣子。所以要想知道自然是什麽，與自然如何活動，必須觀察自然；經驗就是知識之淵泉。再者，如果個體是究極的實體，不由經驗，如何認識之？

奧坎・威廉大膽的發揮鄧・斯科塔斯學說之含意，攻擊經院學者之根本思想。他以爲共相如果非眞實，便是僅僅的文字了；如果神學是空虛無物的學問，教會就該拋棄他。教會須要與理性及世界絕緣，還是回復到簡單的信仰與原始的民主的教會組織。

神祕主義常是厭惡合理的神學的。他雖然有反理性主義的趨勢，然而第十二世紀與第十三世紀之神祕論者仍以教會之固定的教義爲眞實。到了第十四世紀與第十五世紀，則不然了，神祕論者變成了汎神論者與虛名論者，他們的學說雖然仍有宗教的風味，究其實在，大大的削弱了經院哲學及教會之勢力。

第六篇　文藝復興時期之哲學

第一章　新啓蒙時期

第一節　理性與教權

上面所論述之各種思潮，——國家主義之發展、異端思想之潮流、神祕主義、以及對於神學與哲學相結合之反對論、——皆是文藝復興（Renaissance）與宗教改革（Reformation）兩種運動之先鋒隊。這時候看出了舊有之傳說言語、文學美術、神學、宗教、政治等之缺點。沉論了好久的批評與反省的精神，遂應時而起來打倒教權及一切傳說或陳訓。國家起而打倒教會，理性起而打倒已定的眞理，個人起而反抗教會之壓迫。國家打倒了教會，然而國家與教會各自本身內皆希望政治的、經濟的、宗教的、知識的自由；在文藝復興及宗教改革時期中，這種希望實現了一部分，後又表現於近世哲學中，皆是爭人類的自由與光明。

教會的權威逐漸在人心中消滅了。各個人宣告其獨立的理智活動。理性排除了哲學中之教權；哲學脫離了神學之保護。當時流行的意見，以眞理是由獨立的與自由的研究而得，不是由教權規定。中古時期思想家之興趣，大多集中在超越自然的東西：神學爲一切科學之最高法庭。到了這個新時期，學者的視線，由天上轉到地上，自然科學逐漸變成頭道戰線。在宗教中，亦發生了同樣的獨立精神。各個人捨了教會的卵翼，而以聖經及良心爲其準繩。他否認他自己與神間之媒介，而欲親身與神交通。

參考書： 除了第一編緒論中所指之參考書外，尙有左列參考書：

Fischer, History of Modern Philosophy, vol. I, Introduction, chaps. v, vi; Paulsen, System of Ethics, pp. 126, ff.: W. H. Hudson, The Story of the Renaissance; Cambridge Modern History, vol. I; Graves, History of Education during the Middle Ages, Part II, and Petrus Ramus; Munroe, History of Education, chap. vi; Lecky, The History of the Rise of Rationalism in Europe; A. D. White, History of the Warfare of Science with Theology; Symonds, The Renaissance in Italy, 7 vols.; Burckhardt, The Culture of the Renaissance, 2 vols., transl. by Middleman; Voigt, Die Wiederbelebung des klassischen Altertums, 2 vols.; Carriere, Die Weltanschauung der Reformationzeit; Hagen, Deutschlands literarische und religiose Verhaltnisse in Reformationszeitalter; Peschl, Geschichte des Zeitalters der Entdeckungen; Troeltsch, Soziallehren der christlichen Kirchen.

Bibliographies in Ueberweg-Heinze, Part III, vol. I, Sections 2, ff.; Falckenberg, History of Modern Philosophy, pp. 15--63; and Cambridge Modern History, vol. I.

第二節　人本主義(Humanism)或古典主義

當時既轉其視線於古代，并羨慕新的東西，便有了兩條路：還不是創造新人生觀、新美術、新思想，便是復古。二者必擇其一。後一途是首被採取。這是因爲中古時期，人心拘限於教權及傳說，不能自己打開一條新路。知識界的改革家，既以復古運動爲目標，於是希臘與羅馬之文化就復興了（文藝復興）而人文（人生）亦就再被發現了（人本主義。）

第十五世紀時，西歐人士覺悟起來了，乃欣賞久被忽視之古代文化之遺產。在一百年前時，意大利詩人丹第(Dante, 一千二百六十二年——一千三百二十一年）薄加邱（Boccaccio, 死於一千三百七十五年）及佩脫拉克(Petrarch, 死於一千三百七十四年）皆有古典文學之嗜好而用其國語著而為文。羅倫息阿斯・伐拉(Laurentius Valla, 生於一千四百零六年死於一千四百五十七年）訂正教會之拉丁語，而與西塞祿及昆體良(Quintilian)之作品為拉丁文範。曼紐爾・克立索羅剌（Manul Chrysolora, 死於一千四百一十五年）．是在意大利首教授希臘語言及文學之人。他的弟子阿里提那斯（Aretinus, 死於一千四百四十四年）翻譯柏拉圖與亞里斯多德之著作，引動意大利人羣趨於希臘文之研究。一千四百五十三年，康斯坦丁堡陷落後，希臘學者羣集於意大利，東羅馬帝國之文學美術之寶庫，概移置於西歐。人本主義流行於教會及僧院中，待其勢力插入各大學中，更行發達。一般教皇多受了新文化之影響，尼哥拉斯第五（Nicolas V, 生於一千四百四十七年，死於一千五百四十五年，）建立法迪坎圖書館（Vatican Library），朱理亞第二（Julius II, 生於一千五百零三年，死於一千五百七十三年，）重建聖彼得之教堂。據說利奥第十（Leo X, 生於一千四百七十五年，死於一千五百二十一年，）喜歡研究古文經典，勝似研究基督教神學。一世之注意，概置於人事上。人成為尊榮的東西了，天才成為寶貴了，再不認之為無足輕重了。於是詩人、演說家、史學家，皆受寵了，美術及建築，皆人本化了，成為人生之自然的享樂品了；而中古時期出世的美術與建築之精神，概消聲匿跡了。

第二章 新哲學

第一節 柏拉圖主義

文藝復興時期哲學中有幾點令人注意。最先者，是研究古代希臘思想而倣效之。當時學者，皆攻擊經院哲學的方法，說其祇在文學上翻來復去，毫無實用。他們力圖建立新邏輯。他們也創造了一些學說，但太半皆粗淺，且不免於受舊思想之薰染。然而經院哲學的色彩，是逐漸消滅了。古典舊型再不當馴服的遵循了，思想漸變為獨立的了，創造的了，一直發展而為近代哲學。

當時最重要之事業，為古代哲學家之研究；有一個希臘人名叫普勒脫（Pletho），於一千四百三十八年來到意大利，參與佛羅稜薩（Florence）會議，討論東歐與西歐之教會之結合。他受科斯摩（Cosmodi Medici）之勸告，居於意大利，於一千四百四十年，建立佛羅稜薩阿加的米（Florentine Academy），以圖教授並辨護柏拉圖之哲學。因此柏拉圖之全書，方為西歐學者所知道；而反對教會哲學家之改革者，乃能有所憑藉。但是他們解釋柏拉圖之唯心論，還是帶着新柏拉圖派之風味。普勒托之猶太思想很濃厚，他用新柏拉圖派化的法式重與希臘文化。他著有一本書，比較柏拉圖與亞里斯多德之學說。

繼普勒托之後者，為柏舍立溫（Bessarion）；他著有反對誣告柏拉圖者一書（Agaiust the Calumniators of Plato），擁護柏拉圖，反對亞里斯多德之信徒。他的弟子馬栖路·費希那斯（Mersilius Ficinus，生於一千四百三十三年，死於一千四百九十九年）認柏拉圖之哲學為智慧之眞髓，基督教之關鍵。他編纂了並翻譯了柏拉圖及新柏拉圖派之著作，對於他們的著作並有注釋。此等思想家皆是反對教會哲學之人。

第二節　庫薩之尼哥拉斯

第十五世紀時，未曾蹈襲人所攻擊之經院哲學之步伍而算得一種創造的思想者為庫薩之尼哥拉斯，（Nicolas of Cusa，生於一千四百零一年，死於一千四百六十四年。）他在德文特（Deventer）受教於兄弟共同生活會之神祕論者 The Mystical Brochers of Common Life)，在海得爾堡及帕雕亞兩大學研究數學、法學及神學後，為教會之方丈。他的宇宙觀有類於文藝復興時期許多哲學家的，是中世思想與近世思想之混合體。他受有德國神祕主義、新柏拉圖主義及畢達哥拉斯之數論之影響，而遊移於汎神論及基督教之神與世界之二元論之間。

參考書：

De docta ignorantia, 1440; De conjecturis, 1440; De pace Seu concordantia fidei. 1453 (a remarkable example of the spirit of religious tolerance. See G. L. Burr, "Anent the Middle Ages," American History Review. vol. XVIII, No.4). Bibliography in Falckenberg, History of Modern Philosophy, and in Ueberweg-Heinze op. cit., Part III, vol. I Sec. 7.

尼哥拉斯有虛名論的意見，以性理不能認識神。然而他又持神祕論者之見解，以吾人對於神有直接的認識。直接的認識神，可由無我的狀態做到。這種狀態是無知之狀態，超越論理的思想。神是萬物中實體之無限的本質，神之中本質與存在、潛伏與實現，是一而非二。神是純粹無限的活動、無限的潛伏、絕對的知識、絕對的意志、絕對的善。神之中無矛盾；他是一切反對的調和。所以不能由概念的思想擬摸之。其實，在神學上，唯否定是眞的，肯定則不十分妥當了。尼哥拉斯不願用任何方法形容神。他祇說無限的神，唯不自知者能認識之。

世界是神之表現，是一分化而爲多。世界是神之模樣，是一個有生氣的渾一體；神在各部分中表現他的全力。就神之無所不包言之，則是極大；就其無微不入言之，則是極小。由此言之，各個物皆萬物之縮影，而神則潛伏於萬物之中。這便澈底的汎神論了。若不輔之以別種學說，便成了異端。尼哥拉斯乃設法把他的學說加上正統派的二元論，以世界與神有別。他說萬物之本質不類於神之本質；萬物是有限的，未嘗完全實現出來。神之諸觀念，萬物是不定的，並不必然的由神之本體產出來。

還有些思想家知道了眞的亞里斯多德，而開始區別眞亞里斯多德與經院哲學家所講的亞里斯多德不同之處。他們認出經院學者所講之亞里斯多德是受了阿拉伯人新柏拉圖派所講之亞里斯多德之影響。亞里斯多德派分成兩黨。一黨承繼阿非羅斯（Averroes）另一黨紹述阿宿羅底希阿斯（Aphrodisas）。二者皆反對教會所講之亞里斯多德。前一黨在北意大利，（帕雕亞大學）大都是些物理學家與自然科學家。他們依阿非羅斯之風味，解釋亞里斯多德，而承認一個普遍智慧說，否認靈魂不死說。到了眞亞里斯多德爲人所知之後，後一黨乃取前一黨之地位而代之。又有些思想家佔柏拉圖方面或亞利斯多德方面想調和柏拉圖哲學與亞里斯多德哲學。還有些思想家想重與伊壁鳩魯哲學與斯托亞哲學。重與斯托亞哲學者，帶有羅馬風味，知識階級多趨向之。

第三節　科學與哲學之改革

西班牙人魯多維闊·斐微斯（Ludovico Vives，生於一千四百九十二年，死於一千五百四十七年）不僅反對經院哲學，並且以經驗爲權威。這是由虛名論的哲學而來。他嚴厲的批評經院哲學之懷疑論者，及其他各種學問。他叫人不要拘限於亞里斯多德之自然科學之研究，要自己去獨立的研究自然；不要沉湎於玄學思辨，而要觀察現象思考現象。他又主張用經驗的方法研究心靈。他說吾人不要去研究心靈之本質，祇要去研究心靈之動作。他也有一種玄學，是與經院哲學相同，以神之概念爲其思想之中心點。然而他受有虛名論之影響，關於究極問題之解決，取批評態度，對於神之信仰及靈魂不死，則認之爲很有價值。

第四節　邏輯之改造

累馬斯（Petrus Ramus，生於一千五百一十五年，死於一千五百七十二年）受有斐微斯之影響，也攻擊亞里斯多德之邏輯，而斥其毀壞了人心之自然的邏輯；並說各大學中所流行之無用的辨論術，應由亞里斯多德負其責。他也貢獻了一種新邏輯。這種新邏輯，也是一種辨論術：先尋求一個原理，次為之證明。他又批評經院學者之教授法，促進教育之改革。就這一方面言之，他實在是近世哲學家培根、笛卡爾（Descartes）及洛克（Locke）之先驅。他在教育方面所表現之人本主義，比當時之任何人都甚些。

第三章　自然哲學及自然科學

第一節　玄祕論(Occultism)

前面所說之自然研究之興趣，是啓蒙時期之開端，其解釋外界之祕，往往不免於荒誕虛僞。他們不用實驗法與觀察法，單憑超感官知覺之內心的啓示與玄祕之法，直探自然之祕。此派學者爲柏拉圖派之約翰·皮科(John Pico of Mirandola)、法蘭西斯(Francis)及劉希林(Reuchlin)。

還有不以這樣的探討自然之祕爲滿足，更欲進而支配自然者。他們相信與神靈交通，可以支配自然。想達到這種目的，須應用祕術、徵象、等各種神祕的方法，或用畢達哥拉斯教中隱數之發見。這就是魔術。因爲諸行星爲神靈之使使，故占星術是他們的重要的祕術。他們又深好鍊金術，他們把鍊金術用作醫學之膀臂，以極荒誕的方法，混合各種物質，用以醫治病疾。要之，這種運動之目的，完全在求得仙丹(Philosopheis Stone)，藉這種仙丹之助，可以得到理會自然之最深的祕密，並能夠完全的制御自然。

這種運動之代表人物爲阿古利巴(Agrippa of Nettesheim，生於一千四百八十年，死於一千五百三十五年，)與巴拉塞爾士(Paracelsus，生於一千四百九十三年，死於一千五百四十年。)

巴拉塞爾士之自然論之基礎，是柏拉圖主義。據他說，人是一個小宇宙，所以由研究人，可以知道宇宙，由研究宇宙，可以知道人人具三樣東西：一爲地上的可見的肉體；二爲天上的不可見的身體（心靈）——來自天界；三爲靈魂來自神。因此，就有三種學問：一爲哲學，二爲占星術，三爲神學。這三種學問與鍊金術爲醫學之基礎，醫生必須知道。所謂地、水、火、風之四種原素，構成固體、液體、燃燒體三種基本實體。四種原素各受其各的神靈統制；地受治於地神；水受治於水神；火受治於火神；風受治於風神。各個神皆有其支配者，阻礙了支配者之生機力就發生疾病。醫學之神祕在用鍊金術及巫術維持人之生機力，以抵禦其仇敵。

這種揉合超自然主義與自然主義、神祕主義與科學之自然論，最後表現於哥德（Goethe）之浮斯德（Faust）一書中。在浮斯德中，文藝復興之精神形成一個人，凡渴慕知識的慾望，中古時期的成見與迷信，深沉的懷疑論以及渴慕人生之豐富，——都是這個站在過度時期中的人之特徵。

這種自然論雖然荒誕無稽，然而這種運動是一種進步之標幟。其欲研究自然、制御自然之念頭，實爲近世科學之先驅。魔術家之心理，雖然仍是迷於魔術之理論及實用，然其面向則已改變方面了。隨時代之進行，荒誕無稽的成分逐漸去掉；鍊金術進化而爲化學；占星術進化而爲天文學；魔法進化而爲實驗；神祕的畢達哥拉斯的數論進化而爲數學之研究。哥伯尼（Copernicus）研究天體之數學的秩序，卽由占星術之動機引出的最迂闊的路，有時變爲最捷逕之路，——就是這個意思。

參考書：

Lecky, Rationalism; A. D. White, Warfare of Science with Theology; Kiesewetter, Geschichte des neuern Occultismus; Rixner and Siber, Leben und Lehrmeinungen beruhmter Physiker, etc.; Strunz, Paracelsus; A. Lehmann, Aberglaube und Zauberei.

第二節　自然哲學

意大利之自然哲學家雖未完全解脫舊的迷信如鍊金術與占星術之束縛，然有眞正的科學精神。卡爾丹(Giroamo Cardan, 生於一千五百零一年，死於一千五百七十六年）是一個著名物理學家、數學家、科學家。他把萬物作自然的解釋。據他說，宇宙間並無四種原素，祇有三種原素：地、風、水。火完全不是本質，是由熱生的偶然品；熱是由運動生的。世界有一個同於光及熱之靈魂。

特勒學(Bernardino Telesio, 生於一千五百零八年，死於一千五百八十八年）有志改革自然科學。獨立於亞里斯多德及其他古人的科學觀之外，而以觀察爲基礎。他的哲學在文藝復興時期之自然論中，本是最露頭角，然而未脫離希臘思想之影響；其中頗多蘇格拉底以前之自然學者及斯托亞派玄學家之色彩。他用物質及冷熱相反之兩種力爲說明之原理。物質是神創造的，其分量始終不變。熱使物質澎漲，使物質稀薄，爲一切生命及運動之源；冷使物質收縮凝結，而爲固定與靜止之源。宇宙之生存及變化，卽是由於這兩種的原理之不斷的衝突。甚至於心靈，他也作機械的物質的解釋。據他說，心靈是由熱之很精細的質料構成的，在腦中，藉神經之作用，散佈於週身。機體各部分之聯結及其發生運動，皆賴此心靈。除此物質的心靈之外，還有不死的心靈，是神賜給的。他在他的倫理學中，說自衛是人所趨向之唯一目的。他在那不勒斯(Naples)建立了一個自然科學院。

第三節　科學運動

中古時期，常常發生觀察自然界之興趣，引起了科學的運動。科學運動之主要代表，爲文西(Leonardo da Vinci, 生於一千四百五十二年，死於一千五百一十九年)哥伯尼(Copernicus, 生於一千四百七十三年，死於一千五百四十三年)伽里略(Galilio, 生於一千五百六十四年，死於一千六百四十二年)刻卜勒(Kepler, 生於一千五百七十一年，死於一千六百三十年)及牛頓(Newton, 生於一千六百四十二年，死於一千七百二十七年。)科學運動完全排除了玄祕魔術的成分，而以完全自然的方法解釋自然現象；亞里斯多德之舊的說明之原理，——法式爲實現其目的起見，乃作用於物質之上，——完全排除了，而代之以機械的解釋。自然界一切現象皆是物體之運動，使之而然，皆是依照一定的法則。行星運動之祕密由數學說明之。刻卜勒發見了行星之軌道，占星術變成了天文學。波伊爾(Robert Boyle, 生於一千六百二十七年，死於一千六百九十一年)雖是一個鍊金術者，但他把原子論引入了化學中，鍊金術就消聲匿跡了。這種反目的論之思想，到了十九世紀達爾文學說中，而達於極點。這種思想以機械的因果的法則解釋有機體，而不以萬物之內或萬物之外之生機力或目的解釋有機體。

參考書：

Lange, History of Materialism.
Höffding, Modern Philosophy, Vol I. P. 161.

伽里略深知德謨克利塔斯之學說，以德謨克利塔斯在哲學上之成就，高出於亞里斯多德之上。他以一切變化不過是物體中各部分之關係之變動，嚴格的說起來，無生無滅，萬物皆是原子運動之結果。一切感覺的性質概是主觀的，概是根據於數量之關係。凡是性質俱可由數量解釋之。所以研究數量的關係之數學，是最高的學問；宇宙猶之大書冊，概是用數學之文字著作而成。凡吾能測量者，皆可知之；其不可測量者，則不能知之。運動之關係，可由數學公式表示之；所以自然界所發生之事實，可由運動及運動法則說明之。這些運動法則，——是機械學之基礎——是由文西、刻卜勒、伽里略諸人發見的，構成的。伽里略及刻卜勒之著作，構成哥伯尼說的或太陽中心說的天文學。據這種天文學說，地球不是宇宙之不動的中心，乃是與一切行星相同，依其軌道，圍繞太陽而行。太陽中心說，始而尚為教會所歡迎，迨後又以其有背教會之眞理而禁止之。一千六百三十三年，強迫伽里略取消其太陽中心說，後來又把他監禁起來，到了一千六百四十一年，執行死刑。一千六百八十二年，牛頓發見萬有引力律，證實太陽中心說，而刻卜勒所發見之種種法則，亦被證明為萬有引力說之必然的結果。

伽里略依據科學，排斥教權及神祕的思想，而主張吾人關於宇宙的立論應當根據觀察與實驗。然而他又說經驗必需悟性補充之；歸納法是超出經驗之上的，故是重要的方法。吾人歸納許多事實而成法則，並抽繹其偶然情形而化為簡單必然的原因；這都是思想的作用。研究學問之方法，是根據經驗、觀察與思想之論證。

伽桑狄(Pierre Gassendi，生於一千五百九十二年，死於一千六百五十五年）重興伊壁鳩魯與魯庫勒夏之學說而反對笛卡爾之微分說。同時，他又用目的論補充他的機械論，以神爲運動之祖師。麥散(Pere merseune，生於一千五百八十八年，死於一千六百四十八年）及波伊爾想把伽桑狄之原子論與笛卡爾之微分說調和起來。波伊爾雖把原子論納入化學中，但是認原子論爲研究之方法，並非認之爲宇宙之哲學的理論。世界表示出來有一個發生運動之創造者及設計者。牛頓亦有此有神論的見解。

第四章　白魯諾與康帕內拉

第一節　白魯諾

白魯諾（Giordano Bruno, 生於一千五百四十八年，死於一千六百年。）他初屬於多明我會，繼而離之，而遊歷各城市。他周遊不倦，一直到了一千五百九十二年，返居於意大利，而被投入牢獄中。教會要他取消他的學說，他拒絕之，遂入牢，後七年，在羅馬被處火刑而死。

參考書：

Della causa, infinito, ed uno; De triplici, minimo et mensura; De monade, etc.; De immenso, etc. Italian works edited by Croce and Gentile; Latin by Tocco; unpublished Writings ed. by Lutoslawski and Tocco. German translations of complete works by Kuhlenbeck; English translations of Spaccio (Morehead), Eroici (L. Williams) and Preface to Infinito (J. Toland). Plumptre, Life and Works of Bruno; A. Riehl, G. Bruno, transl. by Fry McIntyre, Bruno; Gentile, Giordano Bruno nella storia nella cultura. Bibliography in Ueberweg-Heinze, Part III, Sec. 7.

白魯諾深受新天文學宇宙觀之影響。他的行星系統與吾人現在所講之行星系統是相同的。神內含於無限的宇宙中，爲活動的原本。神表現於現世界中；現世界由神而出，有內在必然性。白魯諾與庫薩一樣，認神爲一切相反之統一；統一而無衝突；有限的心不能捉摸之。

然白魯諾之思想中，仍未排除亞里斯多德之舊法式。法式或靈魂使各個星運動。萬物中皆有靈魂與生命。法式無物質則不能存在；二者相合而爲一，乃構成統一。然而法式由於物質而生，又泯滅於物質之內。一切個體皆有變化，但宇宙則是永久的、絕對完善。

白魯諾又有一種單元說（monadology），與斯托亞派之胚胎說（germ-theory）相彷。單元不生不滅，是心理的，同時又是物理的，萬物由之構成。靈魂是一種不死的單元，神是衆單元之單元。

第二節　康帕內拉

康帕內拉（Tommaso Campanella，生於一千五百六十八年，死於一千六百三十九年）也是一個多明我會士。他的政治理想未嘗想嘗試之，而仍受宗教審判，入獄二十七年，終究被置之死地。他也是時代之產兒。他的思想上溯往古，下開來世。他叫人直接去研究自然，不要由書本子上研究自然。一切哲學的知識，根據於感覺。一切知識，最高法式不過是感覺之各種法式而已。然而同時他又說自然是神學之啓示，信仰是知識之一種法式，神學即由信仰而來。

吾人依着感覺，可以知道吾人之存在，知道吾人之意識狀態，知道萬物如何感觸我們，然而不知道萬物之本身如何。康帕內拉與其以前之奧古斯丁及以後之笛卡爾一樣，發見意識中確實之樞紐。吾人對於任何東西都可懷疑，但不可懷疑於吾人之意識及吾人之存在。內省指出靈心之三種根本的屬性：權力、認識與意志。此三者之完全的法式，同乎神之無所不能、無所不知及絕對的善，——三種屬性。康帕內拉說，既然神是萬物之根本，人是小世界，則神聖的性質必有若干加於人類之心靈上。一切萬物亦必有神性；無神性之下等物，即表現為無能、無知、可惡。換言之，世界是由神流露出來的。此與新柏拉圖主義之思想相同。神產生天使、觀念、幽靈、不死的人類靈魂、時間及空間。我們對於神有直接的認識。神也自表示於聖經中。然而我們也能由我們的無窮的觀念證實神之存在。這種思想對於後期的笛卡爾思想有很大的影響。

康帕內拉在他的太陽國(City of the Sun)中，論述一種社會主義的國家，與柏拉圖之共和國相仿。他說，在光明的國家中，權力受知識之支配；在這種國家中，一切人民概是平等，絕無階級之可言，唯有知識之高下而已。哲學家是主治者。國家勵行普及教育及強迫教育。教育之基礎樹立於數學及自然科學之上。學生所受之教育，是按其各人自己的職業而定。他并主張由遊戲而學習；露天學校及實物教授也是他的教育主張。

第五章　新國家論宗教哲學及懷疑主義

第一節　經院哲學的國家論

當時學者也想獨立於神學及亞里斯多德之外，建立新國家論，這種新國家論也帶着時代思潮之精神，反對教權與陳訓。原來正統派的經院學者擁護教會之政權，而主張國家應該附屬於教會之下。就中，如托馬斯即是根據基督教的與亞里斯多德的前提，極力辨護此說。這般學者說，人類政府的目的在幸福；政府如不能做到這種目的，便是壞的政府應該推翻。因爲人民至高幸福是精神的幸福，所以主治者若不承受基督教教義，或反對基督教便對於其人民之眞善有危險了，必要引起其人民之革命。教會是神聖的原始，是神在地上之代表，是信仰之最後的法庭，其職能在宣傳基督教。所以歸根結底，國家是附屬於教會，政治學類似於哲學，是神學之奴隸。

第二節　馬基雅弗利

然而這種政治學說雖力求見之實行，終遭地上之權力之反對，而底於削弱。到了文藝復興與宗教改革之時，反對舊教之思想，逐漸擴大，政治學之基礎乃以成立，而爲近世史上令人注意之點。當時反對舊政治學說最力者，爲意大利外交家馬基雅弗利（Machiavelli, 生於一千四百六十九年，死於一千五百二十七年。）他的理想在建立獨立自主，絕對不受教會束縛之統一的意大利國家。他以基督教有礙於市民之政治活動，而使市民爲被動的，故激動市民愛國心之羅馬舊教遠勝基督教。他以最好的政體是斯巴達、羅馬、威尼斯(Venice)所行之共和政體。然而這種政體祇能實行於人民有共和精神之場合，人人有純粹的自由。如果像當時意大利之腐敗的情形，必需絕對的專制，以實現強盛而獨立的國家之理想；在這種情形中人民的政治自由必須犧牲。（當時意大利政治上恐怖的情形可由研究意大利文藝復興史上無數的專制君主知道（參看 Burckhardt, the Cultur of Renaissance)。君主無論用什麼方法，祇要能達到國家主義的目的都是對的，強力、權術、暴戾，祇要用到能夠強國都是可用的；無論如何，總要好過現今之無政府的腐敗狀況。馬基雅弗利之政治思想之基礎全在（1）厭惡當時教會之政權；（2）對於人性之悲觀——他以爲唯有飢餓可以驅使人勤敏而守法；（3）希望建立合理的國家。他認爲剷除當時之腐敗與擾亂，沒有別的法子，唯有以強力對付強力，以詭計對付詭計，以惡政府對付惡鬼。

第三節　新政治學

由是建立獨立於神學及教會之外，而與君主國家之新理想國相調和之政治學，遂成必要而不可少之圖謀。這種問題不僅僅的是理論的問題，乃是教會對於國家及君主之關係之問題，主權者之本源與意義之實際的問題。在建立新政治學說時，前面所說的中古時期思想家之許多政治學說：如契約說、民主權、君主權、自然法及自然權利諸學說，俱被利用而發揮之。此等思想之歸結，一方面引起了霍布斯之絕對君主專制說，他方面引起了洛克與盧梭之民治主義說。

波丹（J Bodin, 生於一千五百三十年，死於一千五百九十六年）以爲國家是建立於社會契約上，由此契約勢必將民權轉寄於君主。阿爾圖細阿斯（Johannes Althusius, 生於一千五百五十七年，死於一千六百三十八年）以契約是求君主守本分而設立之條件；民權是不可轉移的，君權是可轉移的；君主敗壞了契約，可以推翻可以廢除。這種思想之成立半因宗教的壓迫，即國家不能干涉人民之宗教信仰；半因革命權之被人擁護。此外，還有眞泰爾（A Gentile, 生於一千五百五十一年，死於一千六百一十一年）討論戰爭之法律；謨爾（Thomas More）在其烏托邦中，討論社會主義的國家。

荷蘭貴族政治黨格羅秀斯（Hugo Grotius, 生於一千五百八十三年，死於一千六百四十五年）及溥分道富（S. Puffendorf, 生於一千六百三十二年，死於一千六百九十四年）採取絕對專制主義。格羅秀斯在其所著之 De jure belli et pacis 中討論斯托亞哲學，及羅馬法所遺留下來的自然權利之學說。據他說，自然法或不成文法之根基在人之合理的本性中；這種法是不能改變的，神亦不能改變之。人爲法起於歷史，是有意制定的，其根基在實用之原理中。社會發生於人類之社會的本性。社會的本性是愛鄰及其他義務之根源。在社會上，個人之自然權利因謀社會之福利，起見須有所限制。凡使社會生活生存者，亦是自然權利；所以國家建築於理性與人性之上。國家不是神之創造品，乃是一種自然制度。國家之生存，仰賴其人民之自由契約，故個人權利決不能侵犯。人民本有主權，然而常受制於一人或一階級。國家之間若因侵犯了自然權利而起戰爭，不失爲正當，但不可有傷於人道。

溥分道富是格羅脫（Grote）與霍布斯之弟子，把自然法之觀念引入德國。據他說主權含有意志統一之意，故君主有絕對的權力。

正統派之學者如新教之路德及梅蘭克呑（Melanchton）認國家發生於神，而耶穌教派柏拉民（Bellarmin，1542—1621）及馬利亞約（Mariana，1537—1624）則擁護契約說與民權論。

第四節　近世國家之進化

這些政治學說，皆是中古時期以後政治思想及政治組織之進化之表示。在中古時期，國家不曾有現代國家所有之主權。中古時期，皇帝本有其有限的權利，封建的公侯，亦有其權利，然而皇帝公侯臣民之間，常常發生衝突，而君主之權力惟在臣民之善意與軍隊之力量。在德國與意大利，當封建制度破壞後，中央集權的國家漸變成團結不固之邦聯。在法國則不同，由諸州縣之不固的團結，進而爲統一的國家，有專制的君主。英國雖然仍是統一的國家，然而君權漸衰，民權漸張。然而無論如何，國家主權之觀念則逐漸發達了。國家變成了主權者，其職能擴充了，這是歷史進化之結果。近世時期開始之思潮，趨向於絕對專制主義；十七世後半期與十八世紀前半期專制主義達於極點，君主之權力是無限定的；君主就是國家之化身；路易十四世竟說朕卽國家。然而物極必返，專制主義旣達於極點，乃有洛克、盧梭輩之反對專制主義之民治主義之興起。

第五節　新宗教哲學

上面說過了，新哲學貢獻了萬物之自然的說明，以代替萬物之超自然的說明。這種新哲學之方法，不僅應用於玄學的思想上，並且應用於政治學及宗教學之上了。琴堡之赫爾伯特（Herbert of Cherbury, 1583—1648）所主張之宗教哲學，即是根據於認識論，而獨立於歷史的宗教之外。他認宇宙間祇有一個神，人應該崇拜之，所謂崇拜，即是慈善與道德，人必須懺悔其罪過，人有現在的及將來的賞罰。此皆自然的眞理，爲一切宗教所共有；換言之，這些信仰，人祇要順從其自己的理性，而不拘限於成見，都要承諾的。這些信仰是天生的眞理。這些信仰屬於一羣普遍的概念，皆是發生於神，有優先、獨立、普遍、確實、必然、直接諸特徵。據赫爾伯特說，這種原始自然的宗教，腐敗於一般僧侶之手，而由基督教恢復原狀。這種宗教本來也可以啓示補充之，但啓示必是合理的。赫爾伯特是一個自然宗教家之先進；他是十八世紀之自然宗教之擁護者。

第六節　懷疑論

文藝復興時期之法國思想家中，有受了希臘懷疑論者之影響，而唱導類似於虛名論及神祕論中之懷疑論者。例如蒙旦（Montaigne, 一五三三年——一五九二年）懷疑於確切知識之可能，頗似希臘之懷疑論。他輕視理性，論而叫人歸本於未被穢汚的本性與啓示。果能如此，雖不能有知識，然而能盡吾人之義務，而服從神命。據沙隆（Pierre Charron，一五四一年——一六〇三年）說，懷疑的態度可以使研究之精神活潑，而引人信仰基督教；他力言基督教之實用論理之重要。山車斯（Francis Sanches）亦否認絕對知識之可能，其意以爲有限的人不能理會萬物之內在的本質，或了解整個宇宙之意義。然而他主張人能由觀察與實驗而知道第二等原因。

第六章　宗教改革

第一節　宗教改革之精神

意大利文藝復興，是教權與經院哲學之反動，激動古典文藝美術之生氣。這是理智對於理智的壓迫之反抗。德國之宗教改革是宗教的覺悟，是感情對信仰之壓迫之反抗。換言之，古文復興依賴古代之哲學、文學與美術；宗教改革依賴聖經與早期的神父之信仰，尤其奧古斯丁之信仰。宗教改革是捐棄經院哲學的神學之穿鑿附會，及外表的祭祀形式，而專重心內的宗教及心理的崇拜，注重信心輕視做作。宗教改革輕視空虛的經院哲學，反對教會之教權及政權，崇尚人類的良心，此與文藝復興有關聯之處。然而宗教改革未嘗尊崇理智，亦未有樂觀的人生觀，此與文藝復興不同之處。路德（Luther）受了虛名論的神祕論者之影響，懷疑於理性。他以為理性對於救濟心靈一節，是無所用的；一件事物在哲學中可以是假的，在神學中可以是眞的，因為神學是根據於信仰。他輕視哲學家所講之亞里斯多德，不減於其輕視眞的亞里斯多德。

宗教改革之領袖雖有反理性主義之態度，然而新宗教運動終究長養了不減於文藝復興之批評的反省、獨立的思想之精神；當其否認教會為信仰之裁判人，而直接訴之聖經與良心時，就給了理性判斷教義之權力，而鼓動了理性主義與個人主義。這本來不是路德所抱定之目的，但這是他反抗有權威的教會與神學之必然的結果，是新教主義之一定而不移的結果。

宗教改革家對於基督教教義之解釋，彼此亦不相同。由是新宗教分爲數派：路德承認聖餐中基督之神祕的顯神；薩文黎（Zwingli）——改革家中之最自由解放者以聖餐爲一種徵象科爾文（Calvin）倡導命定論。

第二節　新教的經院哲學

路德雖排斥空虛無用的經院哲學，然而新教派卽刻又感覺信仰之理性化之必要，換言之，他們又要求建設他們自己的經院哲學系統。他們訴諸聖經及原始基督教教義。再行洗禮論者（anabaptists，此派以兒童時雖受過洗禮，到了成丁時還須受洗禮，）及破壞偶象論者（Iconoclasts）卽是其例。因新教會之成立，其宗教的綱領，遂成爲實際的需要，始而發生神祕論而反對信仰之壓迫之運動，到了現在，忘其神祕的起源而組成教義。在德國建設新教哲學之神學家，爲梅蘭克吞（Melanchton，一四九七年——一五六零年）他以亞里斯多德之哲學爲建設新教哲學最適當的材料。又以伊壁鳩魯哲學太無神性，斯托亞哲學太命定論了，柏拉圖哲學及新柏拉圖派哲學太空虛而離異了，中古時期之阿加的米派哲學太懷疑論了。由是，路德也看見了宗教改革必須哲學之幫助。梅蘭克吞用亞里斯多德爲其導師，著新教教科書。通第十七世紀中，在德國概用這本教科書。利柯拉斯（Nicolaus Taurellus，1547—1606）之哲學，是新教徒想根據奧古斯丁哲學建立一種經院哲學，其反對亞里斯多德主義，卽是其擁護新教之奧古斯丁的神祕論方面，而反對官府的教義之表示。他以宇宙受自然法則之支配，不受神之干涉，是受了自然科學之影響之表示。科爾文亦歸本於奧古斯丁，不過薩文黎則歸本於新柏拉圖主義。

第三節　雅各・柏麥之神祕論

然而神祕主義猶流行於普通人民間，其主要代表爲歐卽安對（Osiander）、士汾克斐特（Sckwenkfelder）、佛郎克（Sebastian Frank）及外格爾（Valentin Weigel）。他們反對宗教改革之經院哲學與形式主義，猶如路德之反對羅馬舊教。第十七世紀之始，神祕主義論又有了完全的組織。建立者爲德國之無教育的笨拙工人雅各・柏麥（Jacob Boehme）。伯麥爲世界上罪惡之事實所困，而認罪惡爲神聖的表現之程序中必然的現象。他認爲無論何處皆有相反與矛盾，無惡則無善，無暗則無光，無差異則無等級。因爲萬物皆生於神，故神必是一切相反之本源；在神裏面自然界之一切矛盾皆是融合的。由神是萬物之本源言之，神無差異，無性質，無運動。然神爲實現其本身起見，必須變爲有差異，必須有對象以表現其本身，猶如光明需有黑暗而後能表現其本身。

柏麥之宇宙觀中重要之點爲：宇宙是一切矛盾之融合，生命與進步含有相反之兩面，一切實體之根本在精神的原理中（汎神論），這種原理不是有根本的智慧（如厄克哈所想者然），乃是無根本的意志（唯意論）。宇宙中之萬有是由黑暗到光明之一種程序階段。柏麥想追跡這種程序之進化，結合基督教之目的論的觀念（如三位一體、天使人之墜落、救濟之計劃）與由巴拉塞爾斯（Paracelsus）之巫術的自然哲學所生之各種荒唐的觀念。這種荒唐的觀念流行於德國的新教的神祕主義中。

第三編　近世哲學

近世哲學的精神

第一節　近世哲學的特徵

近世哲學的特徵是反省的醒覺，批評的銳進，反對權威及沿習，抵抗專制主義（Absolutism）與集權主義（Collectivism），要求思想行動與感情之自由。這種精神起於宗教改革及文藝復興的過渡時代，其後歷數世猶繼續活動。政治糾紛之解決利於國家方面，使國家代教會而成爲文化之機關；而教會的權威因以凌夷。在國家本身逐漸趨向於立憲政治（Constitutionalism）、民主政治（Democratic institution），——這種精神，到現在依然存在，——到處都要求權利的平等，社會的正義，反對當時教權所起的獨立精神轉而攻擊國家之宗主權，而政治不干涉主義成爲個人主義者之理想。在經濟一方面，也發生同樣的精神，奴隸（Slavery）、農僕（Serfdom）和舊式行會制度（The old guild system）次第消滅，個人脫離他的羈絆要求解放以從事於他的經濟的出路。

在知識一方面，也是一樣，反對拘束，要求自由，科學哲學皆以理性爲憑藉。如前所說，眞理不是權威傳下來的，或教皇的敕令指定的，乃是由自由不黨的精神研究出來的。於是一些人的注意，都由超自然的沉思，轉到自然——上自天下至地——的研究。科學哲學遂代替了神學之至尊。精神界、物質界、社會、人類制度以及宗教本身，通通皆以自然原因爲之說明。所以當時的特徵實在是：確信人類理性的力量，研究自然事物的竭力，希望文化與進步的熱心。然而其重視知識，渴求知識，並不僅是因爲知識的目的而求知識，并因爲知識的實價而求知識，故有知識卽權力之謂。自培根 (Francis Bacon) 以後，近世思想界所有的大思想家，都致力於科學研究之實際應用，並且抱着一種樂觀，以將來之工業、醫術、政治、機械的藝術、社會的改造，有偉大的成功。

在個人方面，也是一樣，在宗教上、道德上，都脫離教會的羈絆；屬於知識方面的理性之申訴與屬於信仰與行爲方面的信心及良心之申訴相并而行；人神之間不承認有何媒介。路德固有異於文藝復興諸領袖者，但宗教改革總助長了宗教的、道德的、學問的獨立精神，并從外界的權威中解放了人類的束縛。

近世哲學發端時，吸取了現代的精神。我們已經說過，其考求眞理全取獨立的態度，和古代希臘哲學家相似。其求知識以人類理性爲最大的憑藉，由此而言，則是理性派論的 (Rationalistic)。其研究內外的本性，離開超自然的假定，由此而言，則是自然主義的 (Naturalistic)。所以近世哲學是科學的，與新科學相輔而行，尤其倚附於自然科學。

雖然，近世哲學固然反對舊的經院哲學，卻是未曾並且還不能完全脫離舊有的範圍，這是必須要記着的。經院哲學的痕跡，過了好久，一直到今，還存一點在哲學的血統之中。近世初期的哲學家，雖然常常批評經院哲學的方法，然而多半還是採取舊有的觀念，影響了他們的問題與其解決。神學的偏見未嘗完全除去：培根、笛卡爾 (Dascartes)、洛克 (Locke)、柏克勒 (Berkeley)、萊布尼茲 (Leibniz)，無一不承認基督教的基本教義。他們的主張是否堅強，我們暫且不論，卽使他們的態度并不固執，也就可以證明是受了神學的影響。

參考書　除卷首緒論之末及第二編第六篇第一章第一節所指者以外，還有下列諸書：

Royce, The Spirit of Modern Philosophy; Falckenberg, History of Modern Philosophy, transl. by Armstrong; Hoffding, Brief History of Modern Philosophy, transl. by Sanders, and History of Modern Philosophy, 2 vols., transl. by Meyer; Calkins, Persistent Problems of Philosophy; Adamson, Development of Modern Philosophy; Fischer, History of Modern Philosophy, 10 vols., parts transl. by Cordy, Mahaffy, and Hough; Windelband, Geschichte der neuern Philosophie, 2 vols.; Zeller, Geschichte der deutschen Philosophie seit Leibniz; Reinninger, Philosophie des Erkennens; Merz, History of European Thought in the Nineteenth Century, 3 vols.

Special works: Kronenberg, Geschichte des Idealismus, 3 vols.; Lasswitz, Geschichte der Atomistik, 2 vols.; Mabilleau, Histoire d'atomisme; Baumann, Die Lehren von Raum, Zeit und Mathematik, 2 vols.; Schaller, Geschichte der Naturphilosophie; Konig, Entwicklung des Erkenntnisproblem in der Philosophie und Wissenschaft in der neuern Zeit, 5 vols.; Grimm, Geschichte des Erkenntnisproblems; Vorlander, Geschichte der philosophischen Moral, Rechts-und Staatslehre; Jodl, Geschichte der Ethik, 2 vols.; Dunning, Political Theories from Luther to Montesquieu; Troeltsch, Soziallehren der christlichen Kirchen; Pfleiderer, Philosophy of Religion, transl. by Stewart and Menzies, 4 vols.; Punjer, History of Chritian Philosophy of Religion, 2 vols.; transl. by Hastie; Lecky, History of the Rise and Influence of the Spirit of Rationalism in Europe; histories of civilization by Buckle, Draper, Dean, Crozier. See also Cambridge Modern History, the Britannica, and other encyclopedias. Selections from works of philosopners by Rand.

第二節　經驗論派與理性論派

近世哲學有理性論(Rationalism)與經驗論(Empiricism)之別；理性論以理性(Ratio)爲知識的根源和法則；經驗論以經驗(Experience)爲知識的根源和法則。爲免除誤會起見，下列三點必須注意：(一)所謂理性論，是以理性爲知識之標準，而不以啓示或教義爲標準。由此意義言之，近世哲學俱可說是理性論的；實則我們能區分近世哲學的，就是依據此種特徵。本來不於理智中求眞理之原，而於感情、信仰或直覺中求之者，亦屬有之，然此感情或信仰之哲學亦勉力構成學說，以證實其求眞理之方法與其信仰之對象合於理性。(二)理性論以眞知識由普遍必然的判斷構成，思想之目標是許多眞理之系統，在此系統中各種言論彼此有邏輯的關係。這是知識之數學的概念，幾乎爲一切新思想家所共同承認的理想；不論他們相信這種理想能否實現，但他們認定祇有這種眞正的知識與數學的準繩相適合。(三)這裏發生知識之起源問題，近世哲學中對於這個問題的答案便各不相同了。(甲)以眞知識不能來自感官知覺 (Sense-perception) 與經驗，必須來自思想與理性。眞理原爲理性所固有，所謂與生俱有或先天的眞理者是也。凡來自本心的眞理，即是確實的眞理。這種見解，雖有人稱之爲直覺論 (Intrutionalism) 或先天論 (Apriorism)；但也有人稱爲理性論。(乙)以眞理不是與生俱來的；一切知識來自感官知覺或經驗，所以一切所謂必然的知識，不是絕對的確實的，乃是或然的。這種見解叫作經驗論 (Expericism) 或感覺論 (Sensationalism)。

經驗論者可以承認第一種及第二種意義的理性論；他們可以承認唯有那種眞正的知識給人以絕對的確實，但同時否認除了在數學中以外有得到眞知識之可能。如果經驗論之意義是在我們的經驗世界是哲學之對象，哲學須解釋經驗世界，則近世一切哲學都是經驗論的。如果經驗論之意義是在我們離了經驗不能有知識，純粹的思想或離感官知覺而絕對獨立的思想，是不可能的，則近世哲學也有一大部分是經驗論的。

我們要記着，經驗論與理性論的分別，全在他們解答知識起源之問題。他們的答案常常又索到知識之確實性的問題。在近世的初期這兩派都不以感覺的知識爲絕對的確實理性論派祇認定理性的先天的眞理——判然明瞭的眞理——爲絕對的確實的；經驗論派通常不承認有先天的眞理，並且以判然明瞭的眞理也不一定是確實的。理性論派有笛卡爾(Descartes)、斯賓羅撒(Spinoza)、麥爾伯蘭基(Malebranche)、萊布尼茲(Leibniz)、武爾夫(Wolff)；經驗論派有培根(Francis Bacon)、霍布斯(Hobbes)、洛克(Locke)、柏克勒(Berkeley)、休謨(Hume)。經驗論派是虛名論（或譯作名目論）的遺傳；理性論派是柏圖拉亞里斯多德和經院哲學的餘緒。然而必須記着這些哲學家的學說並不是常常一致的；這種粗糙的分類，是依據他們對於知識起源問題之大概的態度，並不是精細的分類。

除了上述的各種思潮之外，尚有附帶而生的懷疑論與神祕論 (Skepticism and Mysticism)。這兩派，本來早已發見於中古哲學中；這都是由理性論或經驗論之範圍中發展出來的。休謨的懷疑論可以認爲洛克的經驗論之結果，貝爾(Piere Bayle)的懷疑論可以認爲笛卡爾的理性論的理想之應用。神祕論是由這兩派中滋生出來的；中古的虛名論中許多是神祕論派，近世的神祕論多建設於理性論的基礎之上。這些思潮之外，還有紹述舊經院哲學的正統學者。

第一篇　英國經院論

參考書： 關於英國哲學的專門著作：

Sorley, Beginnings of English Philosophy, in Cambridge History of English Literature, vols. IV, ff.; Forsyth, English Philosophy; J. Seth, English Philosophers; Fischer, Bacon and his Successors, transl. by Oxenford; T. H. Green, Introduction to Hume, in vol. I of Green and Gross edition of Hume's works, and vol. I of Green's works; McCosh, Scottish Philosophy; Pringle-Pattison, On Scottish Philosohy; Remusat, Histoire de la philosophie en Angleterre; Lechler, Geschichte des englischen Deimus; L. Stephen, History of English Thought in the Eighteen th Century, 2 vols., English Utilitarian, and Essays on Free Thinking and Plain Speaking; Lyon, L'idealisme anglais au XVIII, siecle; Albee, History of English Utilitarianism; Whewell, History of Moral Philosophy in England; Mackintosh, Progress of Ethical Philosophy, etc.;Selby-Bigge, British Moralists (selections from Writings); Graham, English Political Philosophy from Hobbes to Maine; Zart, Einfluss der englischen Philosophie seit Bacon auf die deutsche Philosophie des 18. Jahrhunderts. Cf. J. M. Robertson, Pioneer Humanists, Short History of Free Thought, and Evolution of States.

第一章　培根

第一節　學問之改革

由各方面考察起來，培根(Francis Bacon)算是一個革新運動的模範代表。他反對古代的權威，並反對亞里斯多德及希臘的哲學，以這些哲學之空虛，不減於經院哲學。他說我們研究學問的眼光，決不要離開事物的本身，而須認識其逼眞之象。往日的學問未嘗有所成就，其方法、根基和結果都是錯誤的；我們必須從新着手，免除沿習的偏見與意見，到事物的本身上去考察，而不專就意見或文字研究。簡而言之，要運用我們自己的思想。學問的基礎要放在自然科學上，方法要用歸納法，目的要在發明。二千五百年來學術上進步遲緩，都是由於未曾得到正當的求知識的方法。其間雖有些人用論證法(The Method of Demonstration)，但其所根據的原理是倉猝而成的，並不確實。雖然有些人根據於感覺，但感覺未加整理，終不免於錯誤。另有一些人對於知識失望，但這種態度又太武斷，難滿人意。所以我們必須從新由堅固的基礎改建科學、藝術以及人類一切的知識。這是學問的大革新(The Great Instanration)。

這些思想都是近代的，也就是培根的最大的自信及樂觀。過去的失敗，引出了培根的希望與信心，他以爲燦爛的成功時期卽在目前，並且以爲放棄了以前無用學問，地球之表面及社會之狀況都要改變(參看他的 New Atlantic)。他常注重實用的目的，他曾說過研究學問的目的，必須在應用所得的眞理於人類之福利上。

培根雖有這種精神，但是未曾以他自己的實驗促進自然科學，他又無數學的能力，了解近世天文家的工作。他的方法論曾否影響了實驗的科學，本難言定，因當時科學已超過之。英國的紀伯爾提(William Gibert,1540-1603)著有 De Magnete 一書，在培根未曾發表他的著作之前，已經用過歸納法。然而他足以享受革新運動的模範代表的榮譽，是因爲他對於新科學的精神有明白的表示。他曉得並且注重自然科學中之有統系有方法的觀察及實驗之重要；他幷指出數學是最重要的，不過未嘗運用數學於他的學說中，這是因爲他不知道怎樣應用數學的原故。

培根生於一五六一年死於一六二六年。他專心研究哲學，也曾致力於法律政治之研究。他在依利莎伯女皇(Queen Elizabath)時及哲姆斯王第一(King James I)時，曾受高官顯爵，始而爲男爵，繼而爲子爵，最後爲公爵。一六二一年，有人控他作裁判官受賄，他自己也承認曾受賄，但於訟事無影響，終於免官下獄，幸而後來英王下詔，赦爲庶人。

他的先人底彼(Everard Digby，死於一五四年）是劍橋大學的論理學教授，是當時英國致力於哲學之研究者。他貫串新柏拉圖學說與加伯利主義(Cabalism)，但是遭遇了檀卜爾(Sir William Temple)的反對，檀氏承繼愿馬斯(Petrus Ramus)的論理學，而反對亞里斯多德的論理學。

培根有名的論文集在一五九七年出版，一六二五年又增刊之，其他著作有：

The Advancement of Learnings, 1605;

Cogitata et Visa, 1612;

The novum Organum, 1620; 這是新方法論，反對亞里斯多德的論理學而欲另建設新論理學；是用格言寫出來的，但書未完成。

關於培根的參考書：

Spedding, Letters and Life, and Life and Times; Church, Bacon; E. A. Abbot, Bacon; Fowler, Bacon; Nichol, Bacon; S. Lee, Great Englishmen of the Sixteenth Century; Heussler, Bacon; Wolff, Bacon und seine Quellen.

第二節　歸納法

培根覺得往時的科學與哲學之所以無好的結果，都是由於沒有得到正當的方法。既無正當的方法，便聽憑無有幫助的手筆及悟性自己活動，故無什麼權力。現在我們必須計畫取得知識之新方法及新邏輯。舊邏輯對於科學之發明是無用的，祇根據俗鄙的思想，把習慣的錯誤弄穩固些，並不能發見眞理，所以必須廢棄之。

培根在說明方法之先，主張要剷除心中之四種偶像(Idola)——錯誤的意見或偏見。在這四種偶像中，(一)是族類偶像(The idols of the tribe)，這種偶像是人心之本性所遺傳的，在這些偶像之中，是究竟的原因之概念(目的論)以及以人類的欲望爲自然中物之習慣。(二)是洞穴偶像(The idols of den)，這是個人所特別有的，發生於個人之特別的教育、氣質、地位及其所崇拜之人物。(三)是市場偶像(The idols of market)，這種偶像是最討厭的，發生於語言與名稱之聯想。言語常用爲不存在的事物之名稱，或者是實際存在的事物之名稱，但混淆不清，定義不明，而急驟的由事物抽繹出來。(四)是戲院偶像(The idols of theatre)，這是錯誤的學說或哲學之結果，並且是論證法之錯誤的法則。

人的心中必須把這四種偶像剷除盡淨；如此，必定可以得到純粹無僞的知識。求學之目的在發現原理其所發現的原理，不在用文字戰勝反對者而在用工夫戰勝自然。我們若不知道自然就不能實現這種目的；想發生結果，必須知道原因。現在的三段論法（Syllogistic method）沒有什麼用處現在的學問不過對於已知的事物特別的安頓一番。三段論法是由命題(Proposition)組織成的，命題是由文字(Words)組織成的，文字是概念的符號。若概念是紊亂的，並且從潦草的由事物抽繹出來的，——概念原來是如此，——那嗎，全體的結構都靠不住了。三段論法中所用的概念、原理、公理，雖然都是根據於經驗，但是那些經驗都是混淆的、錯誤的；那些概念原理都是由經驗草率的概括而成的。我們的希望是眞正的歸納法(Induction)。我們必須遵循有秩序的方法，陸續的舉出言詞，最後來到極普通、極穩固的公理。換言之，我們必須聯合實驗與理性的能力。

歸納法不是列舉例子，若僅列舉例子便是兒戲。人類知識的目的在發現某種本性或性質之法式，或眞實的差異，或出發的根源。培根所說的法式，不是實在論者所說的法式，也不是抽象的法式或觀念。他說，我們注意實質應當過於注意法式；自然界中，除了依一定的法則而活動之個體以外，沒有別的東西存在。這種法則的研究、發明、解釋，就是哲學的根本。這種法則他名之爲『法式』，其後成了普通用法。培根說，忒勒學（Telesio）曾說冷熱就是自然的活動的法式。熱之法式就是熱之法則，無論何處的熱，都受這種法則的規定，這種法則是熱的基礎。凡是知道法式的人，就知道自然界的單位在實體上極不相同；他並知道自然中什麼是永久的普遍的常住的，且爲人類的權力開了一條寬廣的大道，爲人類的思想所預料不及的。培根說熱的法式是運動，是物體的分子之運動。研究這種永久不變的法式是玄學(Metaphysics)的責任；研究這種有效的原因與物質以及神祕的狀態(Letent configuration)與神祕的程序(Letent process)是物理學(Physics)的責任。自然之法式或根本法則之應用，足以產生最高的發明。培根說這是應用的玄學，而稱之爲魔術(Magic)。例如點金術卽是一種應用的玄學，而物質的與原因的知識之應用是機械學(Mechanics)或應用物理學(Practical physics)。

所以科學所要發見的最重要的原因或法則，就是法式，而這些法式是依歸納法發見的。(一)性質的法式(例如熱)卽是這種法式，一有法式，必有性質，所以有了性質必有法式，普遍如此，永久如此，本來如此。(二)法式若不存在，性質亦從而消滅。所以沒有性質也沒有法式。(三)眞正的法式是由許多性質所固有的本體之源泉及事物的本來的秩序中所熟知的本體之源泉演繹某種性質，此三種法式可爲我們研究方法之指導。(一)有了某一種性質，我們須先考究一切已知的符合於這種性質的事件，不問其實體之如何不同(所謂積極的事件)。培根稱這爲本質表(The Table of Essence)，穆勒(Mill)名之契合法(The Method of Agreement)。(二)其次考察缺乏某種性質的事件(所謂消極的事件)。然後將缺乏某種性質之事件中與具有此性質之事件最相類似者加以比較，培根名之爲缺乏表(The Table fo Deviation)，穆勒名之爲差異法(The Method of Difference)。(三)比較吾人研究的對象所在事件中之大小等級，其方法爲比較其在同一對象中之增減或不同的對象之等級。培根名此爲等級表或比較表，穆勒名之爲共變法(The Method of Concomitant Variation)。此外培根還舉出幫助人心發見法式之十一種方法，如拒絕(Rejection)，第一期收穫(First Vintage)，特權事例

(Prerogative instances) ……但詳加說明者，唯此三種而已。

第三節　哲學的綱領

培根說，我們須得重新作學問的工夫。但在他所處的情形之下，他當然未嘗貢獻一種完全宇宙論。他的任務在建立新事業的根基，開示新事業的途徑。他爲達他的目的起見，就計劃一部大書（Instewratio Magna），這部書共分六篇，僅成了學問之進步（The advancement of Learnings）又名百科全書（Encyclopedia）與新方法論（Novum Organum）兩篇。他根據人的記憶、想像、理性三種心能，分學問爲歷史、詩文、哲學三類，三類之中，又分許多專門科目。

哲學是理性之工作；他研究由感覺的印象而生的抽象的概念；他依自然之法則及事實，區分這些概念，組織這些概念。哲學中包含有原始哲學（Primary Philosophy）、默示神學、自然神學、玄學、物理學、機械學、魔術、數學、心理學及論理學。原始哲學研究某幾種學問所共同的公理，卽是思想之法則及範疇。玄學有兩種功用：（甲）發現物體中之永久不變的法式，（乙）討論目的或究竟的原因。究竟的原因不在物理學中討論。培根說德謨克里塔斯未曾多費時間研究究竟的原因，所以他研究自然之深邃，遠過於柏拉圖及亞里斯多德。究竟的原因之學說，毫無實用之價值，不過是供上帝驅使的一個貞女而已。數學是玄學之一部分，是研究分量的學問。數學與邏輯本應供物理學的使用，卻是他們超越了物理學之上。總而言之，數學對於玄學、機械學、魔術都很重要。

第四節　人之哲學

人之哲學包括人類哲學與政治哲學。前者研究單獨的個人，後者研究人類結合的社會。人類哲學研究肉體靈魂及其關係。所有的細目是：人類的痛苦及特點、夢之解釋、骨相、身體對於精神之影響（如癲狂瘋魔）、精神對於身體之影響、心之官能在身體中之正當位置及其機關，並研究醫藥運動種種問題。

人類的靈魂有兩部分：神聖的或理性的部分及非理性的部分。凡關於神聖的問題都讓給宗教神學去研究。感覺的心靈是物質的，遇熱則稀薄，以至於不可見；在完備的動物身上，常住於頭腦中，沿神經行走，賴動脈的血液之流行而解出其疲勞。心靈的官能是：悟性、推理、想像、記憶、嗜慾、意志以及倫理學、論理學所研究的東西。這些官能的根源都是屬於生理方面的。有意的動作及感覺之問題是有趣味的。精細的心靈何以能使粗笨的身體運動呢？知覺(Perception)與感覺(Sense)之間有何差別呢？培根發現了許多物體中有顯明的知覺之能力，有取同棄異之嗜好（例如磁石吸鐵，水點相連之類）。一個物體可以感覺着別的物體之衝動，並知覺着別的物體之移動；自然界中無處不有知覺，然而沒有感覺（意識）；何以有知覺？培根也曾研究之。於此可以看出他免除中古時期之有生氣的自然觀之不容易了。

邏輯討論悟性與理性，倫理學討論意志嗜慾與愛情。前者產生結論，後者指示行動。邏輯的技術是：研究或發明，考察或判斷，演講或辨論。歸納法屬於判斷之技術。倫理學之目的在記述善之性質，並規定合於善之規則。人受自利的與社會的衝動之激動個人的利益個人的自衛雖有時與社會的利益或自衛是一致的然而終究不相同。社會的利益叫作義務。政治學之職務在發見正義與公利之本源。

第五節　玄學與神學

廣義的哲學是知識的頂點，這種哲學的基礎，建設於上面所說的各種學問之正當的、純粹的、嚴密的研究之結果上。培根的目的不在貢獻一種普遍的系統，乃在建設比較鞏固的基礎，發展人之權力及偉大。他覺得建設宇宙觀，時期還未到；其實，他很懷疑得到這種知識之可能。

神學分自然的與默示的兩種。自然神學是關於神的知識，這種知識可以依自然的光明與人類的沉思得到。這樣知識的範圍若研究得眞確，足以駁到無神論（Atheism），並足以明白自然之法則，然而不能建立宗教。培根說：『稍微有點哲學知識的人，就主張無神論；但研究哲學深了的人，又要轉宗教一方面來，這很容易由經驗得到的事。』然而這種研究不能供給關於神之健全之知識。天上的神祕，也非理性所能認識。由感覺而生的知識，科學所由生的知識，對於神學都不能有所幫助。『感覺如同太陽光線，太陽光線照在地面，反遮蔽了天體。』關於天上的神祕，我們必須訴之於默示的神學，『捨去人類理性的小技能，借重教會的大輪渡，以期達於彼岸。』在這種場合，哲學的光輝，不能再爲我們的燭光。我們的意志雖然反對天定的法則，然而不能不服從他，我們的理性雖不以神話爲然，究不能不信仰他。神聖的祕密愈荒唐而不可信，吾人對於神之信仰與尊崇愈心切，畢竟，信仰之價值高於知識之價值。因爲知識由感覺發生，而感覺由物質方面而得來；至於信仰則由精神得來，是較有價值的東西。所以啓示的神學必須依歸神之話言，不能遵循理性之命令。』這種理論不僅用於神祕的事情，並且適用於道德法則之解釋，因爲有一大部分道德法則不是自然的光明所能說明其高深的。所以培根反對經院學者由哲學家之原理演繹基督教之眞理；他並且認定科學與信仰之結合是不合理的。但宗教的原理及信條如果假定了，我們就可以由他們演繹推論。如果承認了假設，就要承認結論。『洽如各種遊藝一樣，其遊戲之法則既先行規定，遊戲的時候，就要完全遵照；不過遊戲的技術是藝術與理性的事情。』

培根對於神學及哲學的劃分，是承襲中古時期的末期的餘緒；把教義 (Dogmas) 納入另一個範圍，而不歸入哲學之中。他對於神學的態度實在是冷淡一方面的。但有足以令人訝異的地方，就是他對於占星術(Astrology)、占夢術 (Dreams) 以及卜筮術 (Divination) 還極注意，不過當時信仰這些事情的人還很多，而對於這些事情尙認爲科學的研究。

第六節　經驗論者的培根

培根的經驗主義雖不透澈，然而可以列入經驗論派。他以人類所有的知識，除默示以外，都是由人之感覺生的，並且祇有個體存在。心靈或理性作用於感覺所供給之材料上；知識是合理的，並且是實驗的，但理性無其固有的眞理。同時又把精神的官能，說作天賦的才具。靈魂是物質的，然而還有理性的靈魂，不屬於知識的範圍，而屬於

宗教的範圍。神學逐出於物理學之外，而爲玄學之一部分

第二章　霍布斯

第一節　目的與方法

霍布斯（T. Hobbes）是近代革新運動中之最勇敢最結實的人。他反對古代，與一般革新家一樣；他以希臘哲學爲幻想，幷以排斥因襲的意見爲急務。他與培根相同，注重科學與哲學的實用，而以知識的目的爲權力。他完全否認神學之科學的性質，不承認有科學的神學。他排斥唯心論的靈魂論，這種靈魂論是他同時的笛卡爾的根本思想。培根也納入他的生理的心理學之中，當作一種附錄。他採用哥白尼（Copernicus）、伽里略（Galileo）、哈斐（Harvey）的新自然科學。他認他們爲科學的建設者。他大膽的演繹機械論的結論於他的唯物論的哲學之中。霍布斯是一個數學家，以幾何學的方法爲能給我們以確實普遍的知識的唯一方法；至於自然史、政治史，都不過是一些經驗，不得謂之爲科學。他的理性論的知識論與伽里略、笛卡爾相同，但關於知識起源之問題，則與培根相同，是屬於經驗派。然而他難於將他的理性論和經驗論調合；而這兩種論調同時存在一個思想系統中，就露出許多矛盾之點。他自己覺得對於思想界的貢獻是政治學。他嘗自誇道政治哲學不得先於他的原治（De Cive）。

霍布斯生於一五八八年，死於一六七九年，享年九十一；先在牛津大學研究經院哲學及亞里斯多德派哲學；其後爲英國某青年貴族的指導者（tuter）；廣遊大陸，因得在巴黎結交笛卡爾、格散底（Gassendi）、麥散勒(Mersene)。一六四零年十月，因國會之亂，逃於法國。一六五一年返國，與克倫威爾(Cromwell)構和。

他的著作如左：

Elementa Philosophica de Cive, 1642; De corpore, 1655; De homine, 1658; Leviathan, 1651; Elements of Law Natural and Political, ed. by Tönnies, 1888; Liberty and Necessity, 1646 and 1654.

第二節　知識論

據霍布斯說，哲學是由原因知結果，由結果知原因之學；所以哲學的方法一部分是綜合的(synthesis)，一部分是分析的(analysis)。換句話說，哲學家可以由感官的知覺或經驗以達於原理（分析），或者由普遍的命題或者極顯明的原理以達於結論（綜合）。欲求眞正的學問或確切的論證，推論必須從眞正的原理開始，僅僅的經驗，不是科學。霍布斯是一個虛名論者(nominalist)，把推論解作一種計算(caculation)：他說推論不過是一種計算，加減普通的名稱的結果，以顯示我們的思想罷了。

所以知識問題在尋出第一原理，以爲推論的出發點。這是霍布斯在運動(motion)中考求出來的。我們所能認識的一切原因與結果，都是哲學主要對象。物體有人爲的與自然的。所以我們有自然哲學與政治哲學。自然哲學包含物理學、心理學；政治哲學包含政治學與倫理學。第一哲學是根本原理之學，是一切科學之定義；他是研究空間、時間、物體、原因、結果、同一、差別、關係、分量等等的各種科學的引端。如果分析一切個別的事物，最後可以得到他們的極普遍的性質，並即刻知道他們的原因。最先的事情若不十分透澈，最後的事情就難於證實。所以哲學是研究自然的事體及人爲的事體之運動及動作之學，而一切事情如人性、精神世界、國家以及自然界之事變，無不可以依運動或機械的道理解釋之。

這些原本從何而起，我們的知識從何而生？我們的思想之起源是感官。感覺存留於記憶之中。積許多事物的記憶，便是經驗。各種思想及影像先後存於心中，成爲一串的思想，由志願與目的調整之。語言的目的在傳達我們的心理的東西於一串文字中，以便幫助我們的思想之記存及傳播。言語之用首在定名；我們在科學中用普遍的名辭，然而萬事萬物的本身不是普遍的，並沒有普遍的人（虛名論）。所以無論是事實之知識或結果之知識，都不是絕對的，祇是相對的、假定的。

培根雖注重經驗與歸納法，而霍布斯還以論證法與演繹爲必要。他以爲我們所用以推論的原理，是由感覺來的，因此不相信能夠有求得絕對的知識之方法。迨後洛克（Locke）指出我們不能有完全的物體的學問，更加強這種疑問。

知識的起原在感覺的印象中。然則感覺是什麼東西呢？他如何發生呢？我們的各種感覺，如味覺、嗅覺、觸覺，都是由感覺機關而來。外界的事物動作於感覺機關之上，即發生感覺。感覺機關發生了運動，由神經以達於腦，再傳於心。於是心中起一種反應，顯出外界的事物。所以感覺或影像或色彩，不過是外界的事物作用於吾人腦中所起一種運動或騷擾。感覺並不是事物本身之性質，乃是事物對於我們的感覺機關的運動。既然祇有運動發生運動，所以運動之外，沒有別的東西。一切感覺皆空虛的，唯其原因是眞實的。感覺的原因與感覺之間幷無相同之處。外界的實體是運動的實體；吾人認之爲聲或色。所以我們由感官所得之外界的形象不是眞實的。果然如此，我們如何知道外界的本性呢？霍布斯未曾解答這個問題；這個向題也未曾激動他。他同當時科學家一樣武斷世界是運動中之有形質的世界，後面我們可以看到的笛卡爾想由自我意識之確實，演繹的證明一種有體積的能運動的實在之存在，然而霍布斯未嘗因懷疑於物自體而感有所困難。

第三節　玄學

空間中有物體的眞實世界這是成立的。想像的空間之外，尚有眞實的空間，或由物體而產生之空間概念；物體的眞形狀產生空間的觀念於我們的心中；由這種意思看來，想像的空間乃是心理的一種變狀。無論何人都不能離體積與形狀之變狀而有所想像；他如靜止、運動、顏色、硬度、……之變狀，雖是新陳代謝，彼此相承，但物體則永久不消滅。運動的意義，是不絕的舍棄這一個地方而得着那一個地方；即是由此處轉於彼處。運動除了運動之外，不能有別的原因。當一個運動發生別的運動時，其意，不是這一個變動，變成那一個變動，乃是這一個變動消滅，那一個變動發生。當某物體發生或消滅一種變動於別的物體中的時候，就是前者有所作用於後者之上。這便是因果的關係。凡變化及運動之有效力的原因，是運動。權力不是異於一切動作的事態，其所稱之爲權力者，因爲別的動作由他產生。關於運動的起源問題，非哲學家所能解答，唯宗教家乃能解答。宗教家說，上帝創造天地時，把他所認爲良善的自然與特別的運動賦予於一切事物。

物體之外無經院哲學家所說的無形的實體或精神實體與物體是同一個東西，若說有無形的實體，就同於說有無形的物體，這是不通之論。且而若有精神或靈魂，也非吾人所能知，因吾人之知識起於感覺，而精神或靈魂，據說不作用於感官上。聖經也未曾說有那無形質的非物質的靈魂。霍布斯並且認上帝本身也是有形質的。上帝之存在爲吾人所知，且能用因果法證明之，但上帝之本質如何，則非吾人所知。

第四節　心理學

霍布斯貢獻了幾種心的論說。心理是腦中之運動，或是腦之內部的實體精細的物體。想像或觀念是心或腦中的運動，是一種物質的實體之運動。這種主張是澈底的唯物論(Materialism)。但當他論到精神的程序，爲運動的現象，爲心理的變動而非運動時，他又修改了他的唯物論的主張。他在這裏說意識的狀態不是運動，乃是運動之結果。這種意見近世學者稱之爲附隨的現象論(Epiphenomenolism)：以意識爲一種餘形。知識之官能或權力以外，還有動機的權力，使心發生動物的運動於其身體上。運動由腦而達於心。當其有助於活力的運動時，便覺快樂；當其有阻於活力的運動時，便覺痛苦。快樂與痛苦激起嗜慾及厭惡；嗜慾是力圖得到某種東西，厭惡是力圖避免某種東西。有些嗜慾（如食慾之類）及厭惡，是與生俱有的；有些是由經驗得來的。

凡人對於其所喜的，便謂之爲善；對於其所惡的，便謂之爲惡。人之性質各有不同，因而對於善惡的分別也不一致。善是相對的，不是絕對的；縱是上帝之善亦不過對於吾人是善而已。快樂是人所嗜好的因而沒有滿足之心祇有無饜之求。繼續的幸福不是已經興盛了的，乃是正在興盛的。

想像是有意的運動之起點。繼續選擇嗜好與厭惡，謂之考慮（Deliberation）。考慮之中，最後選擇的嗜好及厭惡，謂之決定或意志（Will）：做與不做。其餘的好惡是意向不是意志。人的意志與其他動物的意志並無分別。所以好惡的根源也就是意志的根源。我們的意志是感覺、記憶、悟性與意見的結果。意志與意向，都在考慮之中時，必需並且依賴一個充分的原因。所以意志是有因果的，不是自由的。說一個人自由，其意是說經過考慮而決定一個目的，一個自由的人是能做他所願做的，不做他所不願做的；如有外界的阻礙，就無自由可言。人之行為是自由的，人之意志是不自由的，人不能不經考慮而決定其意志。若說我能決定我的意志，便是謬妄了。

第五節　政治學

我們既知人之性質，就可以進而研究國家及法律之意義。我們可以綜合的研究政治哲學及道德哲學，先研究原本（人心之動機），次由原本演繹建設國家及權利義務之必須的東西。然而我們也可以用歸納法或用觀察個人自身的動機的方法，得到原本。一個人以種種方法做保衛他的身體所必須之事，那是正當的合理的。所以人生來就有權利為其所喜，為享其所能享，安其所能安，樂其所能樂。自然界把各種東西給所有的人享受，所以權利與利益（jus and utile）也應當為所有的人應有的。但只在自然狀態的時代，人人都想競得這種權力，都有侵奪別人的權利，抵抗別人的侵略的權利，於是演成繼續不斷的混戰狀態(bellumomnium contra omnes)。在這個戰爭狀態之中沒有什麽是不正當的是非邪正之觀念絕然沒有。凡無共同權力的處所，就無法律之可言；凡無法律的處所，就無正義之可言。在混戰的時代欺詐與勢力是主要的德性；正義與不正義是人在社會中之要件，不是孤立的狀態中之要件。亞里斯多德說人是社會的動物，社會的本能使人組織社會。霍布斯否認這種主張他說人類是凶惡的動物(homo homini lupus)；富貴權勢之競爭引起仇恨、戰爭之傾向因爲殺戮他人是爲其私慾之出路。在這種戰爭狀態中，無論何人不能希望有充分的權力保其隨時的平安。於是權力之慾望，遭遇失敗，而產生一種任何目的不能達到的狀態而不義及險賊成了無意義：始而願意做的事情，現在都有意廢棄了。不義雖然是不合理的，但霍布斯不信人受理性之支配；人之所以緊守其言者，蓋恐發生其他結果也。

理性要求有和平的狀態，並且要各個人須求和平。理性的第一種命令，或自然的法則，叫人保衞自己；第二種命令，叫人如爲保持和平的必要，縱然拋棄其自然權利，犧牲其自由，也不要吝惜。如果自然權力既經拋棄，行爲就要是有意的。但人之所以讓與權利於人，是因爲有彼此交互相讓的報酬，或得到別的利益的報酬。所以有些權利（如自衞的權利），無論何人，是不能讓與的。人之所以讓與權利的目的，原來在保持生命。權利之互相讓與是爲契約，所以自然之第三種命令，叫人實行其所締結的契約。在契約未結之前，權利不讓，公道無有，及契約締結之後，正義就發生了。但是如果這一方面疑猜那一方面不履行契約，那一方面也疑猜這一方面不履行契約，彼此互相疑猜，契約就不能生效力了，正義就不能實現了。所以當正義與不義之意義未明以前，必須有一些強力或懲罰強制彼此一律的執行契約。在國家未建設之前，就沒有這種權力；所以無國家，就無正義。此外，還有許多命令或法律、大概都是己所不欲，勿施於人。

自然法律是永久不變的；一切忘恩、負義、傲慢、邪僻、不公……決不是合法的。戰爭決不能保存生命，和平決不得傷害生命。這些法律的原理是眞正唯一的道德哲學。因爲道德哲學是研究人類社會中善惡之學問。這些法律所以稱之爲自然法律的，是因其爲理性的命令，其所以稱之爲道德法則的，因其是關於人類彼此的行爲；再由其來源說之，也可以稱爲神聖的法律。

建設國家，圖謀治安之唯一途徑，在委託衆人之權力於一人或一團人，使他們用投票的方法，把多數人之意志化爲一個人的意志。這比各個人間立契約意義更深。這樣的把多數人結合成一個人，就叫作國家（commonwealth）；這個國家是一個大人。他是一個主權，握有統治力。

人民不能變更政體；統治權不可侵蝕；多數人所宣布的統治機關任何人不能反對。擁有統治權者對內有立法司法之全權，對外有宣戰及構和之權，有獎賞懲罰之權，有選任官吏及顧問之權，並有決定適當學說以敎育其人民之權。這些權利都是不能讓與的，不可分割的。至於其餘的權利如鑄造貨幣權，還可以分讓於人。這種絕對的主權所發生的流弊，非無政府的時代可怕的內訌所能比擬的。

統治權可以握於一人或一團人之手中。握之於一人之手者，爲君主專制（monarchy）；握之於一團人之手者，爲貴族政治（aristocracy）或民主政治（democracy）。君主專制爲最好的政體；因爲在國王之前，公私利益關係最密切國王的行爲也能較一國人的行爲鞏固些。統治權本應是絕對的，但有些事人民也可拒絕。例如不能由契約讓與其權利的東西各個人民應該有他的自由又如不毀傷自己，不殺害他人，不承認罪犯，……都是他的自由。信仰自由的權利，霍布斯未嘗包括在這些權利內。他說人民的宗教應該由國家規定，並且人民必須信仰之。君主代表上帝發號施令，統轄萬物。專門訴之私人的良心不免發生糾紛，所以我們不想求和平則已，若想求和平必須有一個人的公共法庭，以決定行動之範圍。霍布斯的國家論，可以認爲英國斯圖亞王朝(The English monarchy of the Stuarts) 之一種哲學的辨護。君王是我們的代表，所以決不會做出不義的事情。他的統治權是我們給他的。他縱或犯了罪，但不能算眞正的罪。君主有權保護人民的時候，人民就有服從的義務。君主的義務在於爲人民謀政；若果君主的行爲趨向於傷害人民，那是破壞自然法或神聖法了。

第二篇　大陸理性派

第一章　笛卡爾

第一節　問題

笛卡爾同培根一樣，堅決的反對舊權威，極力的主張哲學的實用性質。他說：『哲學是人所能知的最完備的知識，是生活之指導，健康之保障，以及一切文藝之發明。』然而他與培根有不相同的地方，他以數學爲哲學之模範的方法，他常叫人研究邏輯，並且利用數學的研究以練習邏輯的規則。他不僅提出人類知識之綱領，並且想建設一種確切如數學之思想系統。他對於自然界的見解與輓近的自然科學家相同，自然界之各個事物，縱然是生理的作用及情緒，都須作機械的解釋，不必假助於法式或本質。他又採用當時所尊崇的唯心論之根本原本，以應付新科學之要求：他的問題在調和機械論與自由、上帝及靈魂之說。

笛卡爾 (René Decartes) 生於一五六九年，死於一六五零年，是 Touraine 地方的人。他是一個貴族家的子弟，受天主教學校 Lafliche 的教育，學古文、經院哲學與數學。他覺得唯有數學的道理確實明顯，其餘的學問概不滿他的意，一概的棄丟。一六一二年離校之後，就想由他自己在這大千世界中發明這種學問。於是出門遊歷，並且加入莫銳斯(Mowrice)之軍中把人情世故好好考察一番。當此之時，他的求知之念，一點不衰，雖在司令部中，一遇閒暇之時，仍是沉思默想。他因爲總想求得如數學一樣的眞理，所以在 Loretto 聖宮祈禱神幫助他解決這種問題。一六二一年退伍之後，至一六二五年止，專心致意於遊歷及研究。自一六二五年之後，在巴黎與一般科學家結爲朋友，因後覺得有獨居的必要，乃跑到荷蘭潛心預備其著作，凡二十年。一六四九年應瑞典極有哲學興趣的克立斯提那皇后（Christina）之招，至斯德哥爾摩(Stockholm)，遊歷因氣候之不宜，死於旅次。

他的著作有 Discours de la méthode, 1637; Meditationes de prima philosophia, 1641; Principia philosophiæ, 1644; Les passious de l'âme, 1650。Le monde ou traite de la lumière 於一六三〇年開始著作，旋因伽里略被教會判處死刑，未敢完成出版，到了一六六四年與他的 Traité de l'homme 同時出版。此外有信札及其他書。

關於笛卡爾之著書：

K. Fischer, Descartes and his School, transl.; monographs by Mahaffy, Jungmann, Hoffmann, Liard, Fouillee, N. Smith, Studies in Cartesian Philosophy; Boutroux, Descartes and Cartesianism, in Cambridge Modern History, vol. IV. chap. xxvii; Rev. de met, et morale, July 1896, Descartes-number; Natorp, Descartes' Erkenntnistheorie; Koch, Psychologie Descartes'; Heinze, Sittenlehre des Descartes; Touchard, La morale de Descartes; Life of Descartes, by E. S. Haldane.

Levy-Bruhl, History of Modern Philosophy in France; Damiron, Histoire de la philosophie du XVII. siecle; Bouillier, Histoire de la philosophie cartesienne; Monchamp, Histoire du Cartesianisme en Belgique; Iverach, Descartes, Spinoza, and the New Philosophy; Schaarschmidt, Descartes und Spinoza.

第二節　科學之分類

據笛卡爾說，哲學的第一部分是玄學玄學是包括知識的原理如神之主要性質靈魂之非物質及吾人本身中之簡單明瞭的觀念之定義哲學的第二部是物理學物理學考求物質事物的原理既得原理之後，乃概括的研究全體宇宙之如何構造其次，則分別的研究地球之性質及地上萬有之性質——如氣、水、磁石、火及別的礦物之性質；——再其次，則研究動植物及人類之性質，以便發明對於吾人有益之別種學問所以哲學如同一棵樹玄學是根，物理學是幹，其餘的學問都是由這幹生出來的枝，大體可分醫學、機械學、倫理學三種學問。倫理學是最高等、最完備的學問他包括其他一切學問之全部知識而為智慧的最高的一級。（註）笛卡爾的哲學原理（The Principle of Philosophy）的第一部分就是玄學，其他三部分，都是物理學的概要。

（註）笛卡爾與古代希臘哲學家及他以後的哲學家一樣，注重哲學之實用的及倫理學的意義。他說，哲學是規定吾人之行為的，指導吾人之生活的，他比眼睛之指導吾人之步行為重要。

第三節　知識之標準及方法

笛卡爾的目的在發現確切自明的眞理。這種眞理為具有常識及推論力的人所共同承認的。這種知識非經院學所能貢獻的；他們對於每一同種對象有許多不同的意見在這種場合不能尋出確實性。其他科學依據經院哲學的原理也不能建設堅固的基礎。吾人若向經院哲學中求明確的知識，其結果不過得些悖謬的意見與疑難。哲學中無一問題不在討論。所以欲在學問之中得一些眞實可靠的知識，必須掃出這些謬見並且須根本改造。

吾人爲免出傳襲的意見起見必須研究這個大千世界。『一個人縱然讀完了柏拉圖、亞里斯多德的著作，但是如果不能對於各種問題下健全的判斷，終久不能成爲一個哲學家。』僅知他人之意見不是學問乃是歷史我們須要自己思索。然則吾人求明確的知識，其程序如何呢？到底應用什麼方法呢？數學是吾人推理的最好的模範；因爲祇有數學家乃能尋求確切自明的命題。例如二乘二等於四；三角形之內角之和等於二直角；這種說法，吾人決不能有所異議。吾人若能於哲學之中發見這種眞理，那些無數的爭端皆可解決了。上帝之存在，靈魂之不滅，外界之眞實通通可以迎刃而解，而學問之基礎也可以立定了。

我們如何運用數學方法呢？其方法是什麼呢？這種方法是以自明的原理爲出發點，這種原理，是聽着他的，懂得他的人所共同承認的。由此原理以演繹其他的邏輯上必然的命題，如果推論不錯，這演繹的命題也是自明的命題。換言之，由簡單的自明的命題，進而至於複雜的明確的命題。這是綜合的或演繹的方法。

這種方法必須應用於哲學中。在哲學上，我們須先由絕對確實的第一原理——自明的命題——爲起點，進而至於同等眞確的新眞理。這種眞理在陳舊的經院哲學中是得不到的，因爲由陳舊的經院哲學中祇能得到一些歧異的見解。且而我們不要依據他人的威權承認任何眞理；我們必要自己去探求眞理，切不要以自己未曾顯然明白的認爲眞的東西是眞的。在這種地方，必須靠着自己。我們有許多成見，都是當小孩子的時候，由父母師長傳授的。這些意見之中，有許多可以由經驗證明其爲謬誤的；也許全部都是謬誤的。感覺常欺騙我們，因而不能信任他嗎？我們如何知到有眞的實在與他們相當呢？我們的身體與行動也不是眞的實在嗎？不，這些問題我們都不能確定的；我們在夢中總覺夢中的情況是眞，究其實來不過幻象而已。現在我們也許是做夢，因爲我們沒有理由確切的區分夢寐與覺醒。我們現在所見的世界，未必不是一個惡鬼使我們在幻想中造成的；也許心理之外，沒有這種世界。縱是數學之論證，也還有可疑之點，因爲我們看見有些人往往對於數學不免演出錯誤，並把錯誤信爲絕對的確實。再者，全能的神，也許在創造我們的時候，就使我們常常受我們所認爲所最熟悉的東西的欺騙。

所以任何觀念都似乎不是眞的。笛卡爾曾說過：『我恐怕我所見的萬事萬物，都是錯的。我覺得我的好欺騙的記憶所貢獻的東西，恐怕都不是眞的；我恐怕我並無感覺，我恐怕我所相信的物體、形狀、體積、運動、位置都不過是心理中的虛構。然則什麼東西可以認爲眞呢？天地之間，也許沒有什麼東西可以認爲確實的。』

但有一件確實的事情，就是我思想或懷疑；這件事是可信的，不容懷疑的。若思想時候，說思想不存在，那是矛盾的，講不過去。笛卡爾未嘗根據經驗的心理事實推定：我思想，所以我存在；但他所持的理由是：懷疑必有一個懷疑者，思想必有一個思想者，思想之物或精神的實質，由是得到他所認爲合理的自明的道理。懷疑之意，即是思想，思想之意，便是存在，所以我思想故我存在（I think, therefore I am），『凡窮究哲理的人，必認這爲最確切的知識。』這就是我們所尋求的自明的原理、玄學的起點。這種言論，又貢獻一種眞理的標準。他是絕對確實的，判然明瞭的；所以我們可以建立一種普通的標準：凡屬判然明瞭的，都是眞的。

第四節　神之存在之論證

現在我們有了基本的原本和知識的標準。然則此外還有什麼是我們所能知道的呢？如果我們有神好欺騙人的觀念，則任何事物是否眞確，尙屬疑問；我們尙不知道神是否存在，也不知道他不是一個騙子。這種難關須得解除。我們的觀念有些似是生成的，有些是造成的，其中多半似乎是由外界得來的。有一些觀念我們當作外界的結果或印本。然而這些東西也許是虛幻。神爲這些觀念中之一種。然而無論什麼東西不能生於無，凡存在的東西，都有其存在的原因；這也是自明的道理。且而結果與原因，其大小必相同，其眞實亦必相同。如一最完全的東西決不能由比較不完全的東西裏頭生出來。我們必不能是神的觀念的原因，因爲我們是有限的不完全的，而神的觀念是無限的完全的。所以神的觀念必是神給我們的，而神必是存在的。這種神存在之論證不是安瑟倫(Anselm)之本體之論證，是因果的論證，根據一種完全的實體之概念而來。這不是因我們有了神之概念，遂說神存在，乃是說因爲有知道神的人，必有比知道神的人更偉大的東西。但是也可以說無限的觀念，僅是消極的概念，——完全之否定。據笛卡爾說，有限的觀念包含無限的觀念或神之觀念，是不可能的假設；我們心中沒有比較我們本身完全的東西的觀念，我們又如何能夠懷疑，如何能夠希望呢？懷疑之中，便含有眞理之標準，不完全之中，便含有完全之標準。

再者，我們不能爲我們自己的存在之原因，因爲我們有一個完全之觀念；假如我們創造自己，必定已將自己創造的很完全，且而必能保護自己，卻是事實上不是這樣的。假如我們的父母創造我們，父母必能保全我們，卻是事實上也是不能的。歸根結底，免不了完全而存在之神之觀念。我們并無能力認識神之不存在。這是安瑟倫與奧古斯丁所用的本體論的論證。

有的人以爲神聖的完全必不止一個原因，此實未加深思之論，因爲若有許多原因，便非完全了；所謂完全，必祇一個原本，一個神。神必是自爲原因，如果神還有別的原因，別的原因必還有別的原因，由此類推，以至無限，永遠不能得其究竟了，我們就有無限的退步，而無歸宿了。

我們的神的觀念得自神，所以是與生俱有的。神不僅是原因，又是我們存在之原型，神是依據他的影響，創造人類。神創造人時把神之觀念放在人之心中，並不足奇；好比工人把他的記號印入他的製造品之上。設使神不存在，人亦不能成其爲人，並且神之觀念亦不得有。吾人知道神及人之心靈，較之知道有形的物體還熟悉些。我們對於神之觀念加以深思，就知道神是永久的，無所不能的，無所不知的，並且是至善與眞理的本源，萬事萬物的創造者。神無形質，不能以感官感覺之。神有智慧與意志，不過與我們的意志和智慧不同。他不願意犯罪或作惡，因爲罪惡是存在之否定。這是尋常有神論的見解，尤常見於經院哲學之中。鄧·斯各塔斯 (Duns Scotus) 主張理性不與默示衝突時我們方能承認理性，笛卡爾對於這是表同情的。又如斯各塔斯說神可以安排一個與現在不同的世界；事物所以是善的，乃是神將他鑄成這樣，但非因其爲善，神乃鑄之。這也笛卡爾表同情的。

第五節　眞理與錯誤

如此，則我們可以得到下列幾條自明的眞理：我存在；凡判然明瞭可辨的皆是眞的，任何事物都有原因；原因與結果必有同等的實在與完全神是存在的；神是完全的不欺騙人的。但我們常有錯誤常被欺騙是什麼道理呢？這種道理，第一由於神所賦於我們別辨是非之能力是有限的，其次錯誤之發生由於認識力與選擇力悟性與意志兩種原因同時併發。我們若僅靠悟性，則既不能肯定任何事物，又不能否定任何事物，僅能了解可以構成判斷之觀念其中沒有錯誤。意志是非常完全的，其本身也不是錯誤之根原。故錯誤之生，生於吾人觀察事物尙未十分明瞭時意志遽下判斷；把假的當作眞的，壞的當好的，這是意志之錯誤與罪過。

第六節　外界

還有一個問題，不得不加以討論。那個問題就是外界（external world）。我們想到我們以外，還有物體；然吾人如何能知其眞有呢？我們憑本能，把所有的痛苦、喜悅的感情以及一切的慾望與感覺推論到與物體的原因有關係。但感覺既是靠不住的，我們就不能以這些經驗之存在證明物體之存在。然而此等狀態，既不是我們自己產生的，他們必須產生於神或產生於外界的事物。如果他們產生於神，我們便是受了欺騙，——因爲我們不知道神是他的原因，——神就是一個騙子了。然而神不是一個騙子，這是我們知道的，所以感覺必是產生於實在的物體。

然則物體到底是什麼呢？物體是離吾人思想而獨立的，不假吾人之存在而存在，這種獨立的東西叫作實體(substance)。所謂實體不過是不假別的東西之存在而存在。其實也祇有一個實體是絕對的那就是神。所以嚴格的講起來我們只有一個絕對的實體和兩個相對的實體——精神與物體精神與物體彼此獨立不相依靠但都依靠於神他們有根本不相同的地方，我們祇由他們的屬性就能認識他們屬性是什麼呢？就是實體之固有的重要的性質沒有屬性，實體就不能設想又不能存在。但屬性能以各種不同的形狀顯露其自己實體與屬性離了形狀，還可以認得但形狀離了實體與屬性，就不能設想。離了體積(extension)不能想像形狀(figure)沒有具有寬廣的空間，不能想像運動；沒有思維，不能有感覺想像或意志。然而捨了形狀或運動，還可以想像體積，捨了想像或感覺還可以有思維。實體不能變其屬性，然能變其形狀。物體常有伸張，形體不必一定有伸張，神是無變化的，所以神無形狀。

然則事物是什麼呢？我們在物體中知覺着最明瞭的，是物體的根本屬性。聲、色、嗅、味、寒、熱，皆非物體之屬性；因為這些東西是混亂的，不能顯然明瞭的知覺之。我們所感覺的東西，都不是物體之眞的實在。物體之屬性是體積不是別的東西。物體與體積是一種東西。體積是長寬厚，所以體積與空間又是一樣的東西。每一個物體是一個佔有一定空間的度量。所以沒有空虛的空間：凡有空間之處，便有物體。空間是可以無限的分割，所以空間無最後的部分，因而無原子。物體之最小部分可以繼續分割；分割之結果不是原子，乃是微點。體積也不是有限的，有形的世界是無限的。

外界之一切作用是體積之變狀。體積可以分至無窮，他的各部分或離或合成就了種種的物質之形式。物質之變化，或形式之差異，都是起於運動。運動就是物體由此處轉至彼處的動作。運動是活動的東西的模型，不是一種實體。一切變動，都是由這個空間轉至於那個空間之運動轉移。『運動是物體或物體之一部分自其密接的物體之鄰近轉移開，而我們所謂之靜止，卽轉向於其密接的物體之鄰近之意。』物理界可以機械學解釋之，一切變動皆起於衝突與壓迫。幷無距離開了的動作。所以天文的事實，必是因有了一種普遍的以太而生的。認作有體積的物體是被動的不是自動的；所以我們說神是運動的第一原因『最先神創造物質時就賦予運動和靜止到了現在，僅能由他聚合的能力保持原先所賦予的運動之量於全體物質中。』這種原始的推動力的見解是笛卡爾當時及其以後所共同的。伽里略與牛頓也都承認。這是亞里斯多德的思想。苟欲免於神之干涉世界，勢將拋棄了機械論而轉入了經院哲學，笛卡爾乃說神曾給世界以一定量的運動。運動是永恆的，這是能力不滅說的胚胎。物體不能自生運動，又不能停止運動，因而物體不能增減運動，而運動與靜止的分量始終如一。

因爲神是不變的，所以物體界的變化必是依據有恆的規則，——自然法則，一切自然法則，都是運動的法則。物體中之一切差別，都是可以認爲各部分之不同的關係。固定的物體，是各部分聯結而爲靜止的狀態之物體；流動的物體，是各部分運動不息的物體。

第七節　精神與物體

精神與物體是相反對的。物體的屬性是體積是被動的精神是自動的自由的他的屬性是思維精神與物體是絕對的不同：精神絕對的無體積物體絕對的無思維，我們不能想像心理或心靈無思維。心靈是有認識能力的東西（res cogitans）；吾人有判然明瞭的自我之觀念，就是因我們是能思維的東西。所以精神的我與肉體的我完全不同，並且精神的我可以離肉體的我而獨立。離了想像與知覺之能力，我們仍能判然明瞭的認識自我爲完整的，但是離了有認識力的自我就不能認識知覺及想像之能力。所以想像與知覺之不同於自我，猶如形狀之不同於物體。（註）我們淸淸楚楚的知道凡是物體的屬性如體積、形狀、局部運動以及別的類似的屬性，都不屬於吾人之本性，而屬於我們的本性的唯有思維。所以精神的觀念先於物質的觀念而有，且較物質的觀念確實些。物體是否存在，當屬疑問之時，我們的思想之存在，已經確定了。

（註）然而笛卡爾把意志包於思維之中，並且把一些高等情緒也包於其中，這些高等情緒並且不是精神與物體聯合之結果。他在方法論（Discourse on Method）中說思維是一個有懷疑、理解、認識、肯定、否定、意志、想像、感覺等力量的東西

笛卡爾在這種極端的二元論中，所最注意的是：使自然界不受自然科學的機械的解釋。精神離開自然而有其自己的獨立的領域。物理學遵循其自己的路逕前進，一切目的或究竟的原因都逐放於物理學之外。精神和物體的分別恰如經院哲學時代神學和哲學的分別。笛卡爾把這樣學說適用到全體的有機界，甚至於用到人之身體，他把人體當作一個機械，與動物的肉體相同。人體中的運動原理就是心中之熱；運動的機關就是筋肉；感覺的機關就是神經。動物的心靈散佈於心臟的血液之中，由動脈以入於腦髓，由腦髓以傳於筋肉和神經。所以身體的

機能在這個機械中自然由他的機關的部位，發生作用恰如鐘表或其他自動機之運動遵循其輪子與搖擺。身體之中除了血液和動物的靈魂之外，無需假定有感覺的心靈或其他的生機的運動的原理。笛卡爾否認亞里斯多德和經院哲學派的生機論（Vitalism），貢獻一種有機的自然透澈的機械觀

倘若精神和物體是互相排拒的，其間必無交互的作用。精神不能生變化於身體之中，身體亦不能生變化於精神之中但笛卡爾未嘗由他的前提演出這種結論。有些事實指出人類的身體和精神有親密的關聯，如飢渴之嗜慾情緒、心性、色、光、音之感覺皆是其例。這些事情之發生都不能說是僅有賴於身體，或僅有賴於精神，必須以身體與精神之結合解釋之。這種結合不能認為領港人（Pilot）與船舶之結合。精神和身體結成一種實體的聯合。上面所說的各種感覺，都是這種聯合的結果，是意識的混合的形狀。換句話說，人不是一個純粹的精靈。動物的運動及我們常有的運動之發生，並與性理無干涉；感官受了外物體的刺激，祇反應於動物的心靈，而這種反應是機械的，——動物原來不過是個機械；——但人類的覺感就不如此了。倘若我祇是一個思想的東西我們的靈魂與肉體沒有什麽關聯，則我們雖知道我們飢餓但并不覺得飢餓。我們就沒有這些意識之混合的狀態了。

然而這種親密的聯合，到底如何，尚未不十分明瞭。笛卡爾曾勸人不要把身體和精神彼此混合起來。他說思想和體積在人類中雖然可以聯合一體但本性不一致不要認為兩個物體之混合心靈與身體在結構上可以合攏但在性質上不能合攏，這種合和不能認為兩個物體之混合。據他說思想雖能由感覺激動但不是感官之結果，感覺、感情、慾望便是心靈與肉體聯合而被激盪所產生的。然而身體和精神雖可聯合，終究還有區別；把他們聚集

一起；神不能把他們分開。笛卡爾的這種思想，似乎以精神與物質間的關係不是物質的狀態產生或變成精神的狀態也不是精神的狀態產生或變成物質的狀態精神祇受有機體的作用之擾動。笛卡爾所以有這種遊移不定曖昧不明之論，是因爲他想以純粹機械原理說明物質界同時又想爲精神的原理之動作留地位但經驗之事實指出精神與物質之間有密切的關係，這使笛卡爾對於二者間之顯明的劃分成爲不可能。

然而他有時候又不遲疑的承認二者之間有因果的交互作用。心靈雖和全部身體相聯合，但其功用則較特殊，他的主要位置在腦髓之松果腺中。感覺的對象激起運動於動物的心靈中，再傳到松果腺中；如此，即生出感覺來。心靈又能以種種之方法運動松果腺；這種的運動傳於動物的心靈中，經神經以達於筋肉。這顯然是認精神和身體的關係是因果的關係，由松果腺的媒介生出二者間之交互關係。

第八節　情緒

據笛卡爾說，心靈非由各種心靈或心能組織而成，乃由一個單一原理組織而成，這個單一的心靈有智、情、意三種作用。笛卡爾又分心靈爲自動的與被動的兩方面。前者爲我們的決擇或意志之動作，這是依賴於心靈的本身；我們或愛神，或想及純粹的思想，或創造想像之景緻，或運動我們的身體，完全屬於自由意志。後者爲感覺及感覺之印本，我們的嗜慾、痛苦、熱及其他肉體的感情，都是與外物或身體有關係。自動的狀態是絕對的在心靈之權力中，身體祇能間接的變動之；而被動的狀態，則絕對的依靠其生理的原因，除了心靈的本身是他們的原因之事件，心能僅能間接的變動之。然而還有別種狀態或知覺，我們覺得他是在心靈本身的影響。這些狀態是喜怒等等之情操，嚴格的說來都是情緒(Passions)，他們都是心靈之知覺或情操，都是由動物的心靈之運動而發生，而撐支而加強。然而這些情緒的主要用處，在鼓舞幷支配心靈，使其對於身體有益之事物發生意志：如恐怖激起逃避之意志，勇敢激起戰爭之意志，諸如此類。各種正當的情緒之直接原因，爲刺激松果腺之各種動物的靈魂之運動，然而有時也由心靈之動作而生；所以分析情境，也可以引起我們的勇敢的感情。

本來的嗜慾與意志間之衝突，是兩種相反的運動之衝突；這兩種相反的運動：一種是身體想用其精神激動其松果腺之運動，一種是心靈想用其意志激動其松果腺之運動。各個人可以由這種衝突之結果，認識他的心靈之強弱。無論心靈如何的軟弱，但如果指導適宜，無不能絕對的支配其情緒。然而心靈若無眞理的知識，依然無充分的權力。

笛卡爾列舉了六種原始的情緒爲驚、愛、憎、欲、樂、憂，而其餘的情緒概屬其中之種類。這些情緒都與身體有關係；他們的自然的用處，在鼓舞心靈發生動作，以保護身體，或者使身體較爲完美。樂與憂——這兩種情緒，是首先要應用的，因爲心靈逃避禍害，是直接起於痛苦之感情，而痛苦之感情產生憂之情緒，隨後又生憎恨痛苦之原因，而希圖避免痛苦。

人之善惡全靠心靈自己在本身中所激起之內在的情緒。因爲心靈的內部有些東西滿足自己，所以外來的擾亂不能傷害他。要得這種的滿足，最要緊的是遵循道德。這是笛卡爾的倫理學受有斯托亞派的影響。斯托亞主義是文藝復興時流行之倫理學說，到了近世猶甚風行。

培根曾經提出精神狀態之機械論，霍布斯曾以機械論為其全部宇宙觀之基礎。笛卡爾欲把機械論應用於大部分心理生活上。但是他未嘗以機械論解釋一切精神程序。精神本身是一個特立的實體，有理解力和意志力且而笛卡爾所說心的知覺如感覺、嗜慾、情緒之類，都是精神之狀態，不是一些運動。有些情緒純粹是精神的，完全不是有機體的活動所產生的。意志是離身體狀態而獨立的，並且因其自己的意向而產生這些狀態。意志是自由的，心靈之道德的理想是使其自身不受外界的束縛，而自為原因。

第九節　生來的觀念

笛卡爾的目的在求明白確實的知識。這種必然確實的知識我們在數學中有之，如果遵着正當的方法，在哲學中也可以有之。這些眞理是判然明瞭的，縱然對衆人不是一樣。然而這些知識不能生自感覺；感覺不能捉摸萬物之本來面目，僅能表示萬物如何影響我們，聲色嗅味不屬於物體，物體之眞相是去掉感覺所賦予的性質，這種眞相、唯判然明瞭的思維乃能認識。如果眞知識不是由感覺經驗得來，乃是由於根本的原理與概念推論出來的結果，那些原理必是心理本體所固有的，是先天的，心有其自己的標準以為尋求眞理之指南。知識之原本在經驗之過程中，即在思維時心之作用中，得以顯明；但這些原理自初就有幾分顯明。笛卡爾的根本觀念是理性有其自然的軌範，然而這些自然軌範如何表現，笛卡爾尚未確定；這又是他的遊移不定之處。生來的知識，笛卡爾有時謂之爲表現於心上的觀念，是心靈在其本身中所發現之原理，有時謂之爲心靈固有的能力在人類經驗過程中所產生之知識。洛克對於先天論的反對，遂使此整個問題愈加判然明瞭，幷使理性論者如萊布尼茲及康德以別種形式發出其理性論。

笛卡爾的理性論和先天論未嘗阻止他注意於經驗。他未嘗構成一種有統系的知識論，他對於發見眞理之方法之興趣，比對於詳細討論認識的問題之興趣濃厚些。他雖然似乎是一個懷疑論者，然其相信理性可以得到眞知，又是獨斷論者(Dogmatist)了。他承認外界之存在，唯其本性祇能由理性認之，就這一點說，又是一個實在論者（Realist）了。

第二章　笛卡爾的繼起者

第一節　問題

笛卡爾的哲學引出許多難題，使後來幾百年的哲學家忙於討論。神與自然若是兩個判然獨立的實在，二者當然沒有關係。神既不能印入他的觀念於人心之中人也無從知神是什麼。且而神怎樣能使物質運動也難曉得了。笛卡爾有時想避免此種複雜難題，就分別神之實體及靈魂與身體之實體爲兩種東西，把神認爲唯一的實體，其他的萬事萬物皆依賴於神，而爲其原因之結果，爲其創造品。笛卡爾有名無實的拋棄了他的思想系統中所固有的二元論，而爲斯賓羅撒的汎神論闢了一個途逕。他還於人神之間創立了一種二元論，因爲他說人秉有自由意志，但依他的學說，不能解釋這個大迷。還有人與自然或精神與物體間之二元論。如精神與物體是完全不同的，二者之間如何能生關係呢？按照假定二者之間不能有交互作用，然事實上實有交互作用。所以這個地方有二重的矛盾：靈魂與物體是獨立的實體，然而是神所創造的，惟神是眞正的實體。物體和靈魂是獨立的實體，然而彼此能互相作用。再者，動物的身體是機械，爲什麼人類的身體又不是機械呢？

新的哲學目的在調和不可忽略的近世科學的機械論與由基督教而來之唯心論的神學和玄學。笛卡爾的困難幾乎盡是由這種調和的工夫而起的。繼他而起者的工夫，或是在指出這些困難，或是在找出逃避這些困難的途逕能夠逃避二元論的方法有三種：(一)不認自然為獨立的實在，主張絕對的唯心論(absolute Idealism)，如麥爾伯蘭基(Malebranche)就是這一派；(二)不認精神為獨立的實在而採取唯物論，如霍布斯、拉美脫里(La Mettrie)及法國的唯物派；(三)認精神和物體為絕對的實體之表示，如斯賓羅撒就是這一派。如欲維持二元論，則須顯然排斥交互作用而承認平行論(Parallelism)，也可能的。這些玄學問題之外，如知識之起源、性質以及方法諸問題，都需要注意。對這問題下工夫的，當以英國的經驗論派與法國的感覺論派為最多。

笛卡爾的哲學會在荷蘭遭耶穌會(Jesuits)及克爾文派(Calvinists)之激烈的反對，並且德國與法國的諸大學也曾禁止過。然而荷蘭的各新的大學中之神學派及法國耶教會中之演說家(The oratary cf Jesus)深好之。他們這些人對於笛卡爾的玄學的問題，如精神與身體之關係之問題，尤愛好之。勒吉斯(Regis, 1632—1707)、德拉福爾(De la Foge)、珂底摩依(Cordemoy)、克勞伯(Claubery)、柏苅(Bekku)及格林克斯都是這種人。柏苅並想以笛卡爾的哲學證明妖怪學(Demology)、巫術(Witchcraft)、幻術(Magic)以及別的迷信之不可能。克勞伯說靈魂不能使身體發生運動，然能指導這些運動，猶如御者之御馬。「思想之技術」之著者 Antoine Arnauld 亦承認笛卡爾之哲學。

第二節　機會論（偶然論）

笛卡爾派多半反對交互作用說，而借助於神之意志以解釋心身的關係。身體與精神有區別；意志不運動身體。外界發生了心身間的變動，乃是一種機會，是神使之而然。自然的變動也不能產生觀念於我們的心中，那不過是神產生於我們心中的偶然之因。這種見解叫作機會論(Occasionalism)。這也就是平行論(Parallelism)，以精神與物質兩種作用不是因果的關係，乃是彼此平行的。這是批評因果概念之發端，到了休謨之懷疑論中而達於極點。這種批評就是精神的原因何以能產生物理的結果，物理的原因何以能產生精神的結果？

第三節　格林克斯

格林克斯(Geulincx)解釋物質稍有不同。他說，我們不能作用於物理界，物理界亦不能作用於我們，這本來是實。然而我們的意志不是藉精神的特別行動創造運動之機會，運動也不是藉神的特別行動創造觀念之機會。神也未嘗豫先立定身體及與心靈間之調和。我們的意志雖然是自由的，但神知道我們之意志之向往；全體宇宙都是根據神的知識安排的。『神依他的無限的智慧制定了運動之法則，而使獨立於我們的意志及權力之外之運動，與我們的自由意志符合的。』格林克斯之知識論也與笛卡爾哲學不同：他說，我們不能知事物之眞像；唯有神知道他們，我們祇知道自己的自我。

他的著作：

Saturnalia, 1653; Logica, 1662; Ethica, 1664, ff., Physica vera, 1688; Metaphysica, 1691. Edition of works by Land, 3 vols. Monographs by Land, van der Haeghen, E. Pfleiderer, Grimm, Samtleben.

第四節　麥爾伯蘭基之唯心論

麥爾伯蘭基(Nicolas Malebranche, 1638—1715)由另一方面觀察笛卡爾所提出來的問題。他是耶教會中的一個演說家。耶教會中盛行奧古斯丁的學說，而麥爾伯蘭基又很嗜好笛卡爾的學說。他讀了笛卡爾的論人('Traite de l'homme)之著作，遂使他專心致力於讀笛卡爾的全部著作。他的目的在調和宗教與哲學——調和奧古斯丁與笛卡爾的學說。

麥爾伯蘭基說，如果思想與運動是完全有別的，運動怎樣能發生感覺，心理如何認識眞的體積。這似乎是不能的事。心理的東西唯心理認識之，因相同的東西唯相同的東西能認識之。我們所見的，不是眞世界或眞體積，乃是觀念之世界，理智之世界，或理智的空間。觀念是在神之心中，祇有神具有精神的屬性。實在的物體或創造的空間不能影響精神；除了精神的物體——觀念之物體，——不能影響精神。我們所見的萬事萬物都是觀念，不是有體積的物象本身。照這樣看來，麥爾伯蘭基的學說乃是唯心論的汎神論(An Idealistic Pantheism)，若他的學說到此爲止，哲學史批評他爲基督教的斯賓羅撒(Christian Spinoza)，確有一部分的眞理。然而他未曾主張祇有一種普遍的實體，祇有一種最高的理性(Supreme Reason)，包含一切可能的事物觀念。物質的世界是屬於不可知之數('Terra in cognita)；其存在與否，不得而知。物質的世界之觀念，是我們心理之直接的對象，不是物質的本身。若不由自然的或超自然的啓示，我們不能認識物質的本身之存在。如果神毀壞這個創造的世界，並且依然繼續的像現在影響我，我將繼續的見着現在所見的東西；我將相信這個創造的世界存在，因爲感觸我的心理之世界并不是現在的世界。我們所以相信這種世界的，是因爲啓示告訴我們有這種世界。如果麥爾伯蘭基反對這種不可知的世界，他的學說就是汎神論，但是唯心論的汎神論，並不是斯賓羅撒的汎神論。麥爾伯蘭基對於因果問題的討論，與後世休謨對於因果問題之批評相似。他說我們不能由內外的經驗引出因果間必然關係：假定有此必然關係的是理性；必然的因果概念是包涵在普遍的實體之概念中。

第五節　巴斯噶之神祕論

巴斯噶（Blaise Pascal）是一個有天才的數學家、物理學家。他的神祕論滲合有一部分的懷疑論。他表同情於冉森會（The Jansenists of Port Royal）之舊教改革運動，而採用笛卡爾之二元論之機械論的自然觀。他又承認空間、時間、運動、數目、物質等第一原理之確實性。他說事物之根底及目的，皆非人所能知；究竟的知識也不是我們所能得到的。人不能證實神之存在，也不能證實靈魂之不滅，哲學的論證也許可以使我們得到眞理之神，然而永不能得到愛情之神。所以理性終於懷疑，一到我們尋味最深之時便發生困難。然而在宗教的感情中，我們直接經驗着神而認識和平：『心有其自己的理性，爲理性所不知。』然而自然的事物——人類的本性與人類的社會，——既然是罪惡的，其能救濟我們的，祇有神聖的思想、默示與教會的權力了。

波勒（Perre Poiret, 1646—1719）採取柏麥（Jacob Bohme）的神祕主義。嚇爾夢特（Francis Van

Helmont, 1618—1619)主張元子論(Monadology)，為萊布尼茲(Leibniz)之先趨；受有柏拉圖及舊猶太教的教訓(cabalistic)的影響。

貝爾(Pierre Bayle, 1647—1706，著作 Dictionaire histoque et critique 1695; Systeme de la Philosophie 1737)採取笛卡爾的判然明瞭的知識之標準，以作他銳利的批評哲學上神學上的獨斷論之標準。他以精密的辨證法指出宗教中事實與理性之矛盾，而注意於理性和默示——科學與宗教之衝突。宗教祇限於默示，而默示必須從理性；默示所根據的歷史事實，必須加以批評的考查。然而宗教與玄學都不能影響人類的道德。

萊布尼茲與休謨都受有貝爾的影響，有一與哥特瑟德(Gottsched)齊名的人會把他的辭典(Dictionary)譯成德文。他的破壞的批評主義，對於十八世紀法國啓蒙時代的哲學頗有影響。據近代某一個學者說，那時的哲學家所講的學說，有許多是取自他的，不過未曾指明而已。一七一七年，腓特烈大王(Frederick the Great)給福耳特耳(Voltaire)一封信說：『貝爾首先發此論戰，許多英國人聞風響應，你是應該來結束這個論戰的。』

第三章　斯賓羅撒

第一節　理性論

笛卡爾是一個獨斷論者，又是一個理性論者。他相信人類的理性有得到確切普遍的知識之能力；他想藉助於心中所有之自明的概念與原本造成如幾何命題一樣的合理的宇宙論。斯賓羅撒也有這種信仰，他也以為哲學的目的在通曉萬事萬物，並且想通曉萬事萬物，必須靠着判然明白的思維。如果我們由自明的原本為起點，逐步證實論辨中之各步驟，我們就能構成如幾何學一樣的確實而普遍的眞理。笛卡爾曾在他的雜感錄（Meditations）的附錄中舉出一個應用幾何學的方法的例子。斯賓羅撒在他的早年的著作，如笛卡爾哲學之解釋，及他的主要著作人生哲學（Ethics）中，都是秉承這個方法。先由定義與公理為起點，再進於命題，恰如幾何學的次序。各個命題在論證中，佔其當然的位置。所有的命題都加以必然的推論（Corollaries）之後，更加以註釋（scholia）在註釋中命題的討論較為詳細，而形式則較簡略。這樣模倣的數學方法，影響於斯賓羅撒的思想甚大，後面可以看出來。

斯賓羅撒的方法和目的，是取法於笛卡爾的標準。笛卡爾所注意的問題，他也極留意，卻是解釋這些問題的方法，則較堅固而有統系。笛卡爾對於神和自然——精神與物體——之間，立下嚴格的區分：說精神的屬性是思維，物體的屬性是體積。然而他說神為唯一的獨立實體，其餘的所謂實體，都依賴於神，並且祇有相對的獨立性。這種觀念，斯賓羅撒奉之惟謹，並以論理學鍛鍊之。如果實體是除了自己以外無需別的東西而存在，如果神是實體，別的事物都依附他，則神之外就無別的實體，當然是顯然明瞭的事情。所以思維與體積不是兩種實體的屬性，而是唯一獨立的實體（神）之屬性。宇宙之間各個事物皆依靠此唯一獨立的實體，神為一切性質事變之本源，萬事萬物皆依之而存在。神是一個能思想有體積的實體。有了這種主張，實體之二元論因之而消滅，而屬性之二元論則仍存在。兩種屬性——精神的作用和物理的作用——之間不能有交互作用，二者彼此平行，永不相交。凡有精神作用的地方，必有物理作用；反而言之，凡有物理作用的地方，必有精神作用。物理界之秩序和關聯與精神界之秩序和關聯相同。一神論遂轉為汎神論，二元論遂轉為一元論（Monism），交互作用論遂轉為平行論。

斯賓羅撒生於一六三二年，死於一六七七年。他生於荷蘭，是一個葡萄牙的猶太富商的兒子。他初學希伯來文學，想成就一個猶太教師（Rabbi）。然其不滿意於猶太教，猶如笛卡爾與培根等之不滿意於基督教。因其好懷疑，遂治笛卡爾之學，而屏棄猶太教（Judaism）。一六五六年被逐於猶太教會（Synagogue），并被迫而離阿姆斯特丹（Amsterdam），遂輾轉於荷蘭諸城市，最後定居於海牙（Hague, 1669），而以磨靈視鏡為業。因其深愛真理，至公無私，生活簡樸，頗具哲學家之風度。然而他的汎神論頗招一般人的憤怒，歷經數百年，還被人罵為無神論者（Atheist）。他生在時用自己的名字發表的唯一著作是笛卡爾哲學之解釋，名叫玄學的認識（Cogitata Metaphysica），出版於一六六三年。他的 Tractatus theologica-politicus 出版未用著者之眞名字這部書裏頭批評摩西五經所講的摩西之由來（The Mosaic authortship of the Pentateuch），而讚成思想由自與教會和國之分離。他的名著是 Ethics, Tractatius Politicus, Tractatus de intellectus emendatione, Letters 幾部書，皆於一六七七年出版。

關於斯賓羅撒的參考書：

Best edition of works by Van Vlooten and Land, 2 vols. 1882-83. Translations of chief works by Elwes, 2 vols.; of Ethics by White, 2d ed.; of Tractatus de intellectus emendatione by White; of Cogitata metaphysica by Britan; of Short Treatise by A. Wolf (with Life); of Selections by Fullerton, 2d ed. (Elwes and White used in this book); J. Caird, Spinoza; Martineau, A Study of Spinoza; Pollock, Spinoza, His Life and Philosophy 2d ed. Joachim, A Study of the Ethics of Spinoza; Picton, Spinoza; Duff, Spinoza's Political and Ethics Philosophy; K. Fischer, op. cit., vol. I, 2; Freudenthal, Lebensgeschichte Spinozas, and Das Leben Spinozas; Meinsma, Spinoza en zijn Kring; Erhardt, Die Philosophie des Spinoza; Wahle, Die Ethik Spinozas; Dunin-Borkowski, Der junge Spinoza; Worms, La morale de Spinoza; Brunschvicg, Spinoza; Couchoud, Spinoza. A history of Spinozism is given in Erhardt's book, pp. 1-66, and a discussion of the different interpretations in the Appendix, pp. 468-502.

斯賓羅撒哲學的根源，經各學者之考查，是來自各方面：亞吠羅哲學（Averroism），中世紀的猶太教及汎神論的文學，猶太學者白魯諾（Giordano Bruno）之思辨哲學之類，皆於他有影響。至於造成他哲學的基礎的，還是笛卡爾的哲學。他所注意及欲解釋之問題，就是笛卡爾之理性論所生之問題。他的汎神論就是對於笛卡爾以神爲絕對的實體的概念之解決。然而中古世紀猶太思想家之新柏拉圖主義，可以使他相信笛卡爾哲學之汎神論的可能性。

第二節 方法

世界在斯賓羅撒的哲學中恰如幾何學的一個問題。各個事物之必然的由第一原理或宇宙的根基而來，猶如幾何學的命題必然的由其邏輯的前提而來。在數學的演繹法中結論不是暫時的，乃是與原理的本身一樣的永久的。所以事物之由第一原因而來，不是時間中的進化，乃是永不變的（subspecie æternitatis）。時間是思想的儀式（modus cogitandi）無先後的分別，有永久的性質。原因等於結果，根由等於理性（Causari＝sequi，causa＝rato）理性的根底或論理的根底與眞實的根底之間，無顯明的區別。思想與實在是一樣的東西，在實在中事物彼此相聯或相生。宇宙是一個因果的連鎖，必與其前段相聯，猶如推論的程序，各結論必根據於前提。在數學之論證中一個命題必是別的命題之結果，所以在自然界中各個事物也必須是別的事物之結果，全體是一個內部相聯的系統，各部分都有其必然的位置。就這看來，斯賓羅撒的學說是嚴格的命定論的，且而數學中無目的，無計畫，所以自然中也無目的，無計畫。由這看來，斯賓羅撒的學說又是反對目的論的（anti-teleological）。神如何能有計畫或目的呢？思想是隱藏的實體（underlying substance）的屬性，是與體積一樣，所以不能先於體積而爲其究竟的原因。然而賦予神以目的便是給思想以前因，而思想爲神之表示（或屬性），當然與體積同列。

第三節 普遍的實體

斯賓羅撒的哲學系統完全表現於他的人生哲學之中。這部書共分五部：(一)神，(二)心之本性與起源(三)情緒之本性與起源(四)人類之束縛及情緒之力量，(五)理智的權力，或人類的自由思想之起點是實體的定義。實體就是自己存在，挺然獨立無需借助於別的事物之概念而後可以認識的東西：若不假定有實體，無論什麼東西都不能認識，然而不假定別的東西，實體是仍然可以設想的。實體是絕對獨立的原本。

由這種實體的定義，必得其次的結論。如果實體是絕對的東西，必定是無限的，如其不然，就不能是獨立的。而且實體是唯一的，不然必受別的東西的限制，而非獨立的東西。實體又必是自爲原因（causa sui）的，如爲別的東西所生的，則必依賴於別的東西上面。所以實體是自由的，不受外界的東西的限定；他又是自決的，他的一切德性、行動，必由他的本性而來。恰如三角形的性質，必由三角形的本性而來。個人不能認爲實體，因其有所限定：一切限定皆屬於消極的，所以不能爲實體。無論智慧或意志都不屬於實體；實體不思想、計畫、判決，實體未依照有意識的目的而行動：這種目的論完全非其本性。

斯賓羅撒說：『以萬事萬物爲神之任意的造就之見解，比較以神所作之事，是出於爲善之目的之見解，近於眞理。因爲這種見解，似乎以神之外有別的東西，離神而獨立。其實這種見解不過是給神以一種命運，並是誣蔑了萬事萬物之存在及本質所依賴之第一的自由的原因（神）。』

萬事萬物之單獨的永久的無限的必然的自然的自爲原因的原本，叫做神或大自然，神非離開世界，如笛卡爾所主張的樣子，由外界的超自然的原因作用於世界上（有神論），乃是在世界之內而爲宇宙之內存的原本神在宇宙之內，世界也在神之內。神爲萬事萬物之源（這就是汎神論）。世界和神是一而非二。原因與結果無顯然之區別。神未嘗由他創造出來什麼東西，離他而獨立。神是存在於萬事萬物中之永久的實體或本質。關於自動的原本或實在之本源，斯賓羅撒用經院哲學的術語，稱爲能造的自然（natura naturans），關於原理之結果，稱爲所造的自然（natura naturata）。

第四節　神之屬性

自然或神的定義到底如何呢？換言之，神之屬性到底是什麼呢？斯賓羅撒所說的屬性，是理智所知覺的構成實體的本質的東西。有些人，如黑格爾（Hegel）、愛爾特曼（Erdmann）以屬性爲知識的形式，實際上非屬於神，乃由人類的思想給於神的。有些人，如斐雪（Fischer），認屬性爲神的本性之眞實表示，不僅爲人類思想之形式，且是神之實在的性質。後者之說或者是正當的；斯賓羅撒原是一個理性論者，承認思想之必然的形式爲有客觀的確實性。然而因爲一切決定的東西都是消極的東西，所以他對於應用有限的性質於無限的基礎之上，還躊躇不定。但他想免除此種困難，遂附加無限數的屬性於無限實體之上；且無論何種屬性，其本質都是無限的、永久的。神爲無限大，他有無限等級的無限性質。

無限的屬性之中，人心所能知道的，僅有思想與體積兩樣。自然以無限的方法表示其自己，而人僅知道，他有體積與思想，因人是有形質的有精神的東西，所以神或自然畢竟也是心物兼有的東西。凡有空間或物質的地方便有心靈或精神反而言之凡有精神或心靈的地方便有物質或空間這兩種屬性既然是實體的本性之要素必定有實體的地方便有屬性並且任何地方都有體積與思維在其各自的種類之中是無限的但非絕對的無限換句話說，無論體積或思維皆不能爲唯一之屬性既而神有許多別的屬性，當然都不能謂之爲絕對無限的。這些屬性都是絕對獨立的不能互相影響心理不能發生變動於物體中，物體亦不能變動於心理中。如果兩種東西之間無有共同之處，這一種東西就不能爲那一種東西的因；因爲所認爲其果者並未含有其因中的東西，否則那種結果便是無中生有了。這是斯賓羅撒採取機會論及麥爾伯蘭基的學說主張唯同類乃能產生同類精神不能產生運動運動也不能產生精神。

我們不能像唯物論派以物質說明精神也不能像唯心論以精神說明物質。精神界與物質界——思維界與運動界——是一個普遍實在之表示，有平等的等級。此非彼之因或果，彼亦非此之因或果，都是一種原因之結果，同是由一種實體出來。一個不可分的自然或神由一方面看去是具有空間與運動的東西由另一方面看去是一個理想的世界。這叫做心物平行論（psycho-physical parallelism）。精神界之秩序和關係與物理界之秩序和關係相同。自然界中也有一個眞實的圓與我們的概念的圓相當。

第五節　狀態說

各種屬性以種種特殊的狀態方法表示於外。狀態是實體的性質或變動或者是由以認識實體的別一種的東西。狀態是事物之變動；舍去事物之狀態，無由認識事物之變動。體積的屬性自現於有形相的個別的物體中，思想自現於個別的觀念及意志之行動中。我們從來沒有抽象的思想與抽象的體積，但常有個別的觀念和個別的物體。然而離了屬性便不能設想個別的觀念或物體。例如沒有體積便不能設想運動或靜止，沒有心理便不能設想智慧或意識。

由一種意義言之，狀態是無限的必然的；然自另一種意義言之，則爲有限的暫時的。例如種類（species）是永久的，而個體則有消滅；換言之，個體消滅種類永存。人類是常存的理智與意志也是常存的，而個人則有死生。永久的無限的實體，常以一定的方法表現其自身，常表現於永恆必然的物理與精神的形式之統系中。表現於觀念統系中與物理的統系中。這些無限必然的觀念統系中，——觀念之全體，斯賓羅撒叫作絕對無限的理智。這些體積狀態之系統，斯賓羅撒叫作運動或靜止。（註）合此二者，造成全宇宙之表面。宇宙全體之表面，雖其各部分時有變化，然其全體則始終不變。全體自然可以比作一個有機體，其分子固有去來，其形式（表面）則始終如一。

（註）運動和靜止是體積的狀態。斯賓羅撒說，既然沒有體積，便沒有運動，體積必定是運動的根據。如果體積是運動的根據，運動便是體積的狀態了。

個別的有限的物體與精神，都不是神的實體之直接的結果；每個有限的事物，都有其充分的原因在其他有限的事物中。其他有限事物又有其充分的原因在另一其他有限的事物中，如是遞進，以至無窮。各個物體構成各分子內部相聯之鏈鎖，成一個嚴密的因果鏈鎖，各個觀念也是構成一個同樣的鏈鎖。我們心理中的各個觀念都由其他觀念而來，其他觀念由另一其他觀念而來。我們面前的物體，其存在也是有賴於別的物體若他的存在不賴別的物體，別的物體也不能存在。然而普遍的實體不是這個個體或那個個體互相倚賴，也不是必然的出自神之本性。但是若無萬事萬物所賴之永久的潛伏的實在，便不能有個別的思想或物體。斯賓羅撒深知我們不能由實體的概念，用邏輯的方法，引伸出來這個或那個個體，——有限的狀態；我們永不能由概念演繹個體。若有一個無限的具有體積與思想的實體之概念，我們不能指出必有某種個體隨之而生。但是我們可以說（斯賓羅撒相信）有了某種實體，種種思想與物體必定隨之而生。宇宙之一切德性，必由其實體而來，恰如三角形的一切德性，必由三角形之定義而來。然而我們不能由三角形的概念演繹別種不同的三角形之存在、數目、大小及形狀。同樣的道理，我們也不能由神或實體的概念演繹世間的各種有限的物體之存在、數目及諸種德性，不能演繹實體表現於其中之狀態，不能演繹動、植、礦及其他具體的個體。這些東西，不是必由實體的觀念而來，他們是忽然不定之事。斯賓羅撒似乎是以他們互爲結果，這是以普通的科學解釋爲限，未嘗作深的解釋；至於從理性的解釋（sub-specie æternitatis）便是不可能了。

由永久的形式觀之，神爲他的無限之屬性；由時間之形式觀之，則神爲世界。由感覺及想像看去，自然界是孤離的現象之形式，但這是純粹抽象的淺薄的見解。若由悟性看去，自然是一個普遍的實體，而個別的現象僅是自然之有限的形式。所以離了實體的狀態，故沒有什麽狀態能存在。實體是永遠的原本狀態，是暫時的原本所以個別的狀態不是永久的，乃是實體之暫時的表現，斯賓羅撒的狀態說，是由他的理性論的假定決定的。在邏輯上，我們不能由神的概念演繹個別的狀態。所以他們無眞的實在，都不是本質的。然而事物之本質，——經院哲學中之共相——是神心中之必然的觀念，且而依經驗的指示，個體雖不能持久，而其所屬之種類則能持久。所以由宇宙之表面不變動之意義言之，一切狀態是必然的、無限的、永久的。但個別的狀態既根據於實體，而萬事萬物必來自實體，何以個別的狀態不是實體之必然的結果，這實在難懂。斯賓羅撒的困難在於想把宇宙解作合乎邏輯的。他受了幾何學的方法的影響，遂以萬事萬物常由第一原理而來，這種見解，使變化、進化成爲不可能的；然而經驗要使他相信有變遷。斯賓羅撒爲遷就邏輯與事物起見，遂發明必然狀態與偶然狀態之說。

第六節　人類的心理

據笛卡爾說，有物質的實體與精神的實體，彼此互相作用。據斯賓羅撒說，祇有一種實體或原本，一切作用——精神的作用及物質的作用皆依賴之，而爲其作用。所以無心靈或自我，無具有思想、感覺、意志之精神的實體；心靈自有其思想、感覺、意志。這些精神的狀態，不是物體或物體的作用之結果。觀念或精神的狀態，與身體的作用相當，二者平行。然此二者同爲一種東西之作用，是同一種東西所表現的兩種狀態。他們不互相影響，其中沒有交互作用。

所以一切事物是物質與心理之狀態或形式——切物體都有精神，一切心靈皆有物體。凡有物體之處，便有觀念或精神的現象；凡有精神的作用之處，便有物體。所以斯賓羅撒稱人類的心理為人身之觀念；物體或運動是空間中與觀念相當之對象或作用。人體極複雜，由多數部分組織而成。人心也是由許多觀念組織而成。身體愈雜，心理愈能得精細的知識。人心不僅是物體的觀念，並且又是認識其自己的行動或自我的意識；所以斯賓羅撒名之為物體觀念之觀念（the idea of the idea of the body），或精神之觀念（the idea of the mind）。然而心之認識其自己，唯在其知覺物體狀態之觀念之時。

各種觀念的秩序和關聯，與事物的秩序和關聯相同。身體之動作及情緒之秩序和關聯，與心理之動作及情緒之秩序和關聯相符合。萬物皆有精神與身體。宇宙中一切觀念或思想形成統一的精神系統，相當於自然系統。各個心靈是無限的智慧之一部，而無限的智慧是由無限的心靈及觀念組織而成，並且是神之思想之永久的狀態。若果這是眞的，若果物質的秩序是有因果關係的，則精神系統也必是因果的決定。

凡心理所不知覺的東西不得發見於身體中，換言之，身體中沒有不與精神狀態相當的。由此言之，人心必知覺人體中所發見的任何東西。然而若無相當於身體狀態之觀念，便無由知物體的本身與物體的存在。人心知道別的物體之性質及存在，也是這個道理，因為他的身體受別的物體之感觸。然而這些感覺的知識，不是判然明瞭的，乃是混淆的；依靠這些觀念，得不到身外身內之一切精密的知識。因為心依機遇的符合而由外界決定之，所以他的知識不免於混淆；惟由內部的決定之時，其知識方是判然明瞭：一次可以認清幾件事物，並且了解他們的同異。

第七節　知識論

斯賓羅撒的知識論，見於他的人生哲學及智慧改良論(Emendation of the intellect)中。(1)曖昧不明的觀念，生於想像；他們依賴感官知覺而感覺以物體的狀態爲對象未經批評的經驗及意見，不是眞正的知識。(2)我們也有充足的知識，判然明瞭的觀念合理的知識。理性探求事物之眞像，認識他們的必然的關係，想定他們的永久的形式。理性又於萬事萬物所共有之性質中認識他們的普遍的本質，又於他們對於神的關係中認識這些必然的永久的本質。這種知識是自明的，自己具有自己的證據。由此言之，眞理是其自己的標準；眞理之表示其本身與錯誤，有如光亮燭照黑暗與光明。(3)斯賓羅撒稱直覺的知識爲最高的知識。直覺知識與理性知識之分別殊難辨別。依據直覺，一切事物都可以認爲必然的起於神之本體，由神產生直覺，由神之屬性之客觀的本質之適當的觀念進而達於萬事萬物之適當的本質。想像不能認識全體事物；他祇在現象之細節處吹求，不能把握其一體，不能了解他的意義。想像爲偏見、迷妄錯誤之源；幷由之而相信所謂獨立個體以外之通常觀念，相信自然界之究竟原因或目的，相信具有人類形式及情緒之神，相信自由意志及其他別的錯誤。理性與直覺都否認想像所產生的這些結果。唯有理性及直覺能使我們辨別眞僞。具有眞實觀念的人，就知道眞理。

斯賓羅撒說，謬誤是知識之欠缺。觀念無所謂眞僞，使其爲眞或僞者，是某種對象之存在的假定，而對象幷非存在者。觀念祇是僅僅的一種觀念，一種虛幻，在這種時候，就是知識之欠缺。我們之所以造成不適當的觀念，蓋由於我們是思想司命之一部分構成我們的心靈的本質者有的是思想司命的思慮之全部有的是其思慮之部分。

第八節　理智與意志

就心靈認識觀念言之心靈是理智就其判斷眞僞言之他又是意志無論理智或意志皆非心靈的才能沒有什麼心靈的才能祇有心靈中之觀念心靈化爲觀念他是身體的一個觀念他反照生理的作用。斯賓羅撒未曾區分知識感覺意志。意志也不過是事物的觀念意志的個別動作與個別的觀念是相同的故理智與意志是相同的。意志是肯定或否定自己的觀念。這種肯定或否定（判斷）之動作不是笛卡爾所說的自由選擇的動作乃是由觀念本身規定的。自由意志是沒有的；自然界之事物都是被決定的萬事萬物必由普偏的實體而生。人之心靈祇是神聖之思想之狀態；且而意志的個別動作皆由別的狀態規定這是前面已經說過的。再者精神與物體之間無因果的關係意志不能運動身體凡物理一方面的事物皆遵循機械法。意志慾望的決定及物體之因果的規定都是一樣的；由思想的屬性言之則謂之決定(Decision)由體積的屬性言之則謂之規定(Determination)人想到自己是自由的因其不知道因果向下墜的石頭若是自覺也要覺得自己是自由的。因爲人自以爲是自由的遂構成賞罰罪惡之觀念。斯賓羅撒把自由與任意 (Indetermination) 看作一樣的東西然而在神一方面自由是與他的本性相合的動作。

所以意志與理性是一樣的東西。理智有感覺或想像與理性的階段，意志有與之相當的情緒及意志之階段。

情緒是混淆不適當的觀念與生理狀態相當，——與人心之被動的方面相當。人之無知及糊塗，起於愛惡、希望及恐怕之情緒。如果心有判然明瞭的觀念，又有理解力、認識力，則心是自動的，不是被動的，且是合理的意志。由這個意想看起來，人明明的是自由的，人不受機械律的支配，而受目的的支配。這如何可能，在斯賓羅撒之學說中，是另一個問題。他說：『若以人的動作受了強制，就是做那與他的意志相反的事，爲不自由，我可以說在某些事態之中，尤其當具有自由意志之時，我們決沒有被強迫之事。』斯賓羅撒的主要的辨論在反對選擇之絕對的自由，或無所根據的意志。但心靈若理解事物之意義，或有了適當的觀念，就無情緒，並不受羈絆。凡人之知識愈混亂，則愈爲情緒的奴隸，愈受限制，愈軟弱無能。反之，知識愈淸晰，則愈爲合理的，愈能理解宇宙之一切關係，愈能脫離情緒之羈絆而自由獨立。知道的意思，是脫離一切恨怒、懼、妬，甚而至愛、欲、憐、悔等情緒之羈絆。凡知道事物必然的原因，或看出他們對於神的必然關係，就曉得愛神；這種理智的愛神，是爲自己而愛神，因爲人是神的變狀。又因爲神愛自己，也就愛人，因爲人卽是神之一部。

情緒不是人類本性的錯，而爲人性之必然的德性，所以不得不認爲線、面、體以研究之。喜、憂、慾爲三種根本的性情。一切情緒之根本是自保之慾望。萬物皆力圖維持其自己之存在；人想維持其物質與精神的生命，無有不極其努力的。凡人性所努力的，皆人心所知道的；此等有意志的努力，當其僅與心靈有關時，是爲意志（voluntas）；當其有關於心靈及身體時，是爲有意識之慾望（cupiditas）。凡增進我們的慾望的，謂之善，不然則謂之惡。所以人的目的，都在增進其生存；如果增進了，便覺得喜悅；如其不然，便覺得憂愁。喜悅是由不完全進而至於完全；憂愁是由完全退而至於不完全。喜悅非本來的完全；如果某人生而完全，便無喜悅之感情。凡人皆欲維持其喜悅的感情免去其憂愁的感情。我們都愛使我們喜悅的原因，而惡損傷我們的原因。苦樂之原因爲將來設想則爲希望或恐怖。人各相信自己爲其自己動作之原因，所以當喜悅時，覺得自足，當痛苦時，便覺悔恨。喜悅的感情愈甚，行動愈活潑：我們愈活潑，愈覺得有能力。所以嫉妒、憐憫這些情緒，對於我們是壞的，他們足以減少我們的能力及生機。斯賓羅撒如笛卡爾一樣，爲近世生理學的心理學之先驅。

第九節　倫理學與政治學

斯賓羅撒的哲學之基本動機是倫理的及宗教的。他說『人之至善是認識神，心之至德是知神。』想達到這個目的，唯有借重哲學；哲學倫理學必須根據玄學。倫理學是他的學說的極點；其主要著作也就名爲倫理學（即人生哲學）。斯賓羅撒與霍布斯有點相似，同以自利的前提（Egoistic premises）爲出發點，不過曾經加以修改，削弱其功效。他說，萬物皆力圖自衞其生存，這樣的努力便是德性。所以德性就是權力。凡減損身心的權力的東西，皆謂之惡：憫憐與憂愁生就是惡，喜悅是善。自然之所要求者，是不悖於自然之事物，所以自然要各人自愛自利並且力圖得到使其達於完全之域之事物。自然之權力是神自己的權力，所以各個體對於其所認爲於己有利之事物皆有最高的權力，而運用這權力的方法，或以武力，或以策謀，或以請求，無所不可。例如大魚有正當的權力佔據水，並且可以吃小魚。照這樣看起來，斯賓羅撒的學說，是大膽的自利主義，強力即是正義。然而他的學說並不止於此。他以道德的行爲是合理的行爲：道德的行爲祇在心靈有適當的觀念的時候。情緒不是權力，乃是軟弱與奴隸之源。各人皆須尋求眞正於他有益之事物，並且理性昭示吾人說除非可以得到知識者不得有益於心靈。人生中最有益之事，爲完成悟性或理性；惟有如此，乃能構成最高的幸福。其實最高的幸福不過是心靈之滿足，而心靈之滿足則起於直覺的認識神。完成悟性，就是悟會神與神的屬性，以及由神之本性所生之必然的行動。

人欲完成其存在，或圖有益於己，莫如統一人類的目的，想統一人類的目的，莫如把衆人之精神與身體形成一個精神與一個身體。有助於人保持其眞實的生存者，莫如其他自求其眞實利益的有理性之人；所以，如果各人都自求其眞善或依理性之指導以行事，則各個人彼此都有大利益。因此，凡受理性支配的人不希望於己於人無益之事物，而他們的行爲都公正、誠實、尊敬。凡於他人爲好者也於自己有好處。所以以德報怨是善行；憎惡、忿怒、復仇、嫉妬、輕蔑都是惡行。謙遜、克己、恨悔、希望，雖可以使意志薄弱之人趨向於更合理的生涯，然而不是善行。

在自然狀態之中，人各有爲其所能爲之權利；那個時候，強力便是權利。在這種狀態中，因爲人玩弄權力，就發爭端，於是不得不捨其自然之權利，以求和平（此之謂社會的契約）。國家因而成立，以限止個人的自然權利及其任意行動，以圖公衆的幸福。正邪，是非，在此種有組織的社會中始有意義，換言之，道德之實現惟在能構成社會生活之時地。

斯賓羅撒之倫理學，就其個人的根本動機在謀得個人完全或幸福之一點言之，是個人主義的。他以人不可不自求其幸福，其最高的幸福，是神之知識或宇宙之知識，因爲這足以得到精神的和平；想達此目的，須顧及他人的福利。就其以精神最高的善爲神之知識，精神最高的德爲知神一點言之，又是普遍主義的至善爲神之愛能充分知神，則是至善。

我們的至善，成於合乎理智的愛神，這種善，是永久的。人類的精神不能絕對與身體共腐朽，必有一些東西永久存在，恰如身體有些部分永久存在。我們經驗知道並且覺得我們是永久存在的，並且精神之存在，不受時間之限制，也不能用恆久（Duration）表明之。

第十節　神之概念

神的名辭，在斯賓羅撒的哲學中，有種種用法：或以神與宇宙是同樣的，或以神與其屬性是同樣的，或以神爲具有無限的屬性之絕對統一的實體，或以神爲高於其他屬性之統一的實體，然其眞正的意義，大概神是一個宇宙是一個永久必然的統一體的宇宙是有機的全體，複雜中之統一體。

斯賓羅撒顯然的否認神有人格與意識，認定神無感情無理智又無意志，他不遵循目的而動，然萬事萬物必遵循法則由他的本性出來。他的行動是因果的，不是有目的的。他的思想由世界上之觀念之總滙組織而成。他有思想的能力或屬性，表現於絕對無限的理智中，或思想之永久必然的狀態中。而此等狀態又依次表現於人類精神中。然而斯賓羅撒說神自知其本質，又知由其本質所生一切東西。

第三篇　經驗論之發達

第一章　洛克

第一節　問題

如前所說，就霍布斯對於知識之理想言之，他是一個理性論者。他與笛卡爾一樣，以爲僅僅的經驗不能給吾人以確實性。同時他又同意於英國培根以感覺爲吾人之知識之淵源。這兩條思想線索，似乎不能在一個統系內相調和。何以呢？若以知識起源於感覺，必至破壞了知識之確實性。霍布斯自己也感覺到這種難關，所以對物理學往往流而爲懷疑的結論。洛克認這個問題，比任何問題都重要。他以哲學爲認識論，而以考查知識之性質、起源、效力爲哲學之所有事。他的人類悟性論(Essay Concerning Human Understanding)即是爲此而作。

洛克(John Locke, 1632—1704) 在牛津大學學哲學、自然科學及醫學。他反對當時大學中所流行之經院教授法，而愛讀笛卡爾之著作。他自一千六百六十六年至一千六百八十三年，爲沙甫慈白利伯爵之祕書，並爲他兒子與孫子之師傅。沙甫玆白利 (Shaftesbury) 被放逐於荷蘭，他又隨之到荷蘭。詹姆斯二世 (James II) 被廢，威廉嗣位之後，他又回到英國(一千六百八十九年)，做過幾次大官。迨後在馬沙謨公爵(Sir Francis

Masham）家裏度其餘生。

他的重要著作如左：

Among his works are: An essay concerning Human Understanding, 1690; Two Treatises on Government, 1690; Letters concerning Toleration, 1689, ff.; Some Thoughts concerning Education, 1693; The Reasonableness of Christianity, 1695. The two treatises On the Conduct of the Understanding and Elements of Natural Philosophy appeared posthumously.

關於他的參考書：

Fox Bourne, Life of Locke, 2 vols.; monographs by Fraser, Fowler, S. Alexander, Fechtner, Marion. Green, Introduction to Hume; Moore, Existence, Meaning and Reality in Locke's Essay; Curtis, Locke's Ethical Philosophy; Thilly, Locke's Relation to Descartes, Phil. Rev., IX, 6; Cousin, La philosophie de Locke; Ollin, La philosophie generale de Locke; Bastide, Locke: ses theories politiques, etc.; de Fries, Substanzlehre Lockes; Keyserling, Willenstheorie bei Locke und Hume; Crous, Religionsphilosophische Lehren Lockes; von Hertling, Locke und die Schule von Cambridge; monographs on the relation of Locke and Leibniz by Hartensteins, von Benoit, and Thilly. See also the general works on English philosophy mentioned pp. 254, f., and Hibben, Philosophy of the Enlightenment.

第二節　知識論之起源

據洛克說，哲學是萬物之眞知識，是研究下列的三件事：（一）萬物之本性（物理學），（二）有合理的意志之人所應奉行之知識（倫理學），（三）取得及運用這種知識之方法與手段（邏輯或批評學）。洛克以這三件事中最重要者，為知識問題。當吾人從事研究之前，須得檢查吾人自己的能力，查看吾人之悟性是否宜於研究之。洛克之主要著作人類悟性論即是為此而作。據他所說，當吾人說什麼是確實的知識，什麼不是確實的知識，什麼是吾人知識之限度之前，吾人須先研究吾人之觀念之起源。對於一切原理欲得着先天的知識多賴於知識起源之發見。此固笛卡爾及其他許多哲學家之主張，無有懷疑之理由。所以先天的觀念之問題，就成洛克人類悟性論之第一卷之討論問題了。

如有先天的眞理，吾人之心必認識之，因為心上所有之事物，絕無不認識之者。洛克由此假說進而否認先天眞理說。他說吾人心中原無固有的思辨眞理或實用眞理，縱或有之，也是與獲得其他後天的眞理的方法一樣獲得的。如果一種原理可以於不知不覺之間感印於心靈中，則心靈中之事物何為先天何為後天殊難區別。所以我們不能說當我開始運用我們的理性時，我們馬上就覺得有先天的眞理。因為無教育的人、兒童及野蠻人都有其理性，卻不知有這種眞理。道德律亦不能叫作先天的，因其非自明的，非普天之下所共認的，不能範圍所有人類之行動。例如某種行為在有些人民看來是罪惡，在另一些人看來，則是義務。如說先天的觀念是因為成見、教育及風俗所遮蔽，逐漸看不明瞭了，那便是否認先天的觀念之被公認。如說先天的觀念不能消滅，他就應該明白表現於一切的成人、一切無知識的人及兒童中。笛卡爾所力唱之神之觀念，亦非先天的，因為各民族中有些民族無神之顯明的觀念與知識，有的民族竟毫無神之觀念與知識。縱或普天之下所有的人類都有神的觀念，亦不能說神之觀念即是與生俱有的。何以呢？譬如火、熱、太陽及數目之觀念，不能因其為所有的人類所共知共認，即足以證明其爲與生俱有的。原來神之觀念，不過是有理性的人想到宇宙創造中所顯出的智慧與權力的時候而發見的，不能說其爲先天的觀念。

總之，觀念與原本非先天的，如同藝術與科學之非先天的。人心始而如黑牌、膠板、暗室、空房、白紙，其中未着任何痕跡，未寫任何文字，未蘊藏任何觀念，然則其如何得到種種的裝飾？一切理性與知識之材料由何而來？洛克對於這種問題，用經驗二字爲其答案。他說吾人所有之知識，俱可由經驗中找出來。吾人之觀念之來源有二：（1）爲感覺，（2）爲反省或內心的感覺。感覺供給人心以可感覺的性質。反省供給人心以心靈自己的動作，如知覺、思想、懷疑、信仰、推論、認識、選擇等動作。人類理智之最初的心能，是能夠收受由感官所得於外界物體之印象，或由人心自己思索於其上而得之印象。洛克所說之觀念，就是人心本身中所知覺的東西，或是知覺、思想、或悟性之直接的對象。

如此而得之觀念，是簡單的觀念，人心可以反覆之、比較之、結合之，成爲無限的樣式，並可以任意造成新的複雜的觀念。然而悟性不能發明或構造一個新的簡單觀念，亦不能消滅心中所有之簡單觀念。有些簡單觀念來到人心中，祇經過一個感官，如色、聲、臭、冷、熱、硬之觀念，卽屬於此類。有些簡單觀念來到人心中，須經過一個以上的感官，如空間、長廣、形象、靜止、運動之觀念，卽屬於此類，因其須經過視覺與觸覺。又有些專由反省而來之觀念，這種觀念卽是人心觀察其心中之觀念而得之各種觀念，如注意心中之知覺、記憶、區分、比較、輮合、命名、抽繹之作用，卽屬此類。此外，有些觀念係來自感官與反省兩方面，如快樂、痛苦、權力、存在、統一、綿延，卽是此類。

感覺觀念大多數不類似外界物體，不是外界物體中所固有之恰當的影像與形相。外界物體有權力以產生物體之觀念於吾人心中；這種權力吾人可名之爲性質。這些性質有屬於物體之本身，絕對不能與物體分離者，洛克名之爲原始性質(primary qualities)，如堅固、體積、形相、動靜、數目之類，卽是此種性質。有些性質不屬於物體本身，乃是由其原始性質所發生之各種感覺，這種性質洛克名之二等性質（secondary qualities），如聲、色、臭等等，卽屬此一類。

吾人所有之簡單觀念，概是來自上述之各種門逕。吾人之一切知識，概是此等觀念構造而成，恰如英國文字概由其二十六個字母構造而成。人身內外的感覺，是接受光線於悟性之暗室中之窗戶。然而人心能夠依其自身的能力，將其心中所有之觀念綜合起來，造成新的複雜的觀念，而爲其從來所未有之聯貫。人心能把兩個觀念互相聯貫起來，而得着一種意見，由此得到關係之觀念；人心又能分析各觀念，這就叫抽象的作用。人心接收簡單的觀念時是被動的，當其行抽象作用時，是自動的。複雜觀念無數，就其大體綜合之，可得三種狀態：（mode）、實體(substance)、關係（relation）是也。

狀態觀念是複雜觀念，不能自存，祇能附屬於實體，如三角形、感謝、殺害，卽是其例。單純的狀態是無別種觀念滲雜其中。混雜的狀態是由各種單純觀念混合起來，而成一種複雜觀念。例如美觀，卽是顏色與形相之混合，而使觀者發生快感者。將空間之簡單觀念結合起來，而得廣大、形相、地位等簡單的狀態。時日、年、永久、繼續，卽是綿延之簡單狀態。此外，還有心理作用或思想之簡單狀態。

實體觀念亦是由心綜合簡單觀念而成之複雜觀念。實體之複雜觀念由代表特別個體之性質之觀念結合而成，又是此等性質之主宰者之混雜的觀念。例如鉛之實體觀念卽是綜合淡白色及某度重量、硬度、柔韌、融合等觀念者之混同的觀念。吾人常覺有些簡單觀念出自感覺，又有思想滲雜於其中，我們認爲他們屬於一件東西，遂以一個名字稱之。我們不能想像這些性質（觀念）如何能夠自立，而慣於假定有些底盤支撐之，產生之，故遂名之爲實體。我們所有的實體觀念可分三種：一爲物質的實體，二爲心理的實體，三爲神。

關係觀念是由比較事物而來。所有事物概有關係，所有關係之觀念，概由簡單觀念構造而成。因果觀念是關係觀念中之最概括者。因果觀念發生於感覺與思想。吾人感官告訴吾人說，萬物有變化，實體與性質是有的，他們所以存在，是賴着別的東西的作用。產生簡單或複雜觀念者我們名之爲因；其所生者名之爲果。例如熱爲蠟之融解之因，蠟之融解爲熱之果。因是使別的東西發生者，果是由別的東西而來者。因果有創造、發生、製造、變更之各種樣式。想得到因果觀念，祇要想一想簡單的觀念或實體必須賴別的東西的作用而後有之，卽已足了。勿容知其作用之狀態。此外還有其他無數的關係，如時間、空間、寬廣之關係、齊一、差異之關係、道德的關係……。

第三節　知識之本性與確度

由上所述者觀之，可知吾人心中知識之材料是感覺與思想供給的。人心作用於這些材料之上，而構成複雜的觀念。然而這些觀念，有什麽知識的價値呢？他們須備具何等條件，而後爲知識呢？觀念必須判然明瞭，因爲混亂不淸的觀念將使語言之用處不眞確。眞實的觀念，是根據於本性上，是與事物之眞像或原型相符合。吾人之一切簡單觀念，概是眞實的，這不是因其爲物體之影像或代表，乃是因其爲外界的能力之結果。複雜的狀態與關係，除了吾人心中所有的以外，沒有別的實體，他們無意符合於外界眞實存在的萬物之眞相；他們之所以眞實，是因爲他們是這樣構成，好比有與他們的內容相符的可能的東西存在。他們自己就是原型，所以若無矛盾的觀念混雜其中，便不致爲虛假的。然而實體之複雜觀念，是吾人想其代表外界的實體，而爲實際存在的；所以實體的複雜觀念，惟有是外界眞正的事物中之簡單觀念之結合，方是眞實的。確實的觀念是充實的代表事物的原型，而不確實的觀念是原型之部分的或不完備的代表。簡單的觀念與簡單狀態概是確實的；實體之觀念概是不確實的，因其爲眞實存在的東西的模倣。凡心想把某種觀念加於非其固有的事物之上時，其所得之結果，可以說是眞，亦可以說是假，因爲心暗中假定他們是與事物符合，而此事物也許是眞，也許是假。

既然吾人所有之知識，是關於觀念之知識，所以知識不過是吾人對於許多觀念之聯結一致與不一致之知覺而已。吾人知道白的不是黑的，即是白之觀念與黑之觀念不一致。知識之分明有各種程度。有時候，我們的心知道兩個觀念之一致與不一致，是直接由兩種觀念之本身而知道，無需別的觀念作媒介。這就是直覺的知識。例如吾人不假思索而知道白的不是黑的，圓形不是三角形，兩個少於三個。這是很明白確實的知識；無需證明，亦不能證明，他是自明的眞理。吾人之一切知識之確實與證明，皆依賴之。有時候，吾人不能直接知道兩個觀念間之一致與不一致，必須與其他的一個或一個以上的觀念相比較，而後能發見其一致與不一致。這是推論，是間接的知識，是論證的知識。這種須待媒介的知識，本來也是確實的，然其明白與確實，則不如直接的知識；其一致亦不如直接的知識之容易認識。然而這種知識之各步驟，必須皆是直覺的確實，以使其結論達於確實之域。數學中有這種論證。并且吾人亦常藉着間接的觀念之幫助以認識觀念間之一致與否。直覺的知識與論證的知識都是確實的；如缺少確實性，則是信仰或意見，不得爲知識。

然則關於外界的知識將如何說明之呢？吾人心中有外界事物之觀念；這件事之確實，有如任何確實事物一樣的確實。然而觀念之外還有別的東西嗎？吾人能確實推定外界有東西與此觀念相合嗎？外界眞實存在嗎？有時我們有的觀念并無實在的東西與之符合，有如夢中之觀念。我有一個證據使我疑懷起來，就是說，我們對於身外事物之存在的知識是超越了明顯的可能性而未到完全直覺的論證的知識之境地。洛克叫這種知識爲感性的知識。吾人除了吾人自身與神之外，無其他眞實存在者之自明的知識。吾人由直覺而知吾人本身之存在，由理性而知神之存在。然而我們依感官的注意而知外界物體之存在，雖不如直覺的知識或推理的知識之確切，可是也配得上稱爲知識。除了感覺本身所給的明證之外，我們還可由別的相聯的理性證實之。外界物體之知識得之於感官。他們與記憶印象有異；他們常隨有辛勞；他們彼此互相證明。

第四節　知識之限度

然則吾人知識範圍是如何呢？吾人之知識能達到什麼地步呢？既然知識是吾人觀念間之一致與不一致之

知覺，則知識之範圍不能出於吾人之觀念之外了。凡無觀念之處，便無知識；吾人之知識就止於由少數而又不十分正確的知覺所報告的範圍以內了。然而吾人之知識甚至比吾人所有之觀念還要狹小；吾人不唯不能越過所經驗以外，且而不能有吾人所想有之觀念之知識。吾人未曾完全經驗過吾人所能經驗者，又未嘗理解吾人所有的實際知覺者。吾人之無知識，第一是因觀念之缺乏。比吾人完善的生物也許比吾人多有一些簡單的觀念，并且他的感官比吾人所有之感官精確些。有些東西在我們看來是遼遠的（如行星），另有些東西是太細微的（如原子）。因此，我們又不能發見我們的許多觀念中之必然的關聯，我們看不出來物體之隱微部分的形狀、大小、運動與物體之色彩、臭味、聲音之間有何關聯；吾人不了解金子之黃色、重量、延展性、硬度及融和性之間之關係，因吾人祇知道這些性質中之一或二或再多些的性質，也就知道在那兒必定還有其他的性質。例如下一個三角形的定義，必定說三角形內之三角之和等於兩直角；這是自明的命題，對於任何三角形俱是眞理。然而吾人不能由吾人之具有黃色與某重量的金屬的觀念，確切的推演出來他是有延展性的一件事實。又若吾人之觀察，祇對吾人說金子是有延展性的，然而一切金子俱有延展性便不是自明的眞理了。吾人所要的是普遍自明的眞理；知識由這種眞理成立，然而吾人不能由吾人自己所有之一切經驗而有這種知識。

還有必須記着的事情就是，欲知識眞實，吾人之觀察必須與事物之眞象符合。這又使吾人之知識有所限制了。所有簡單的觀念概是外界事物之代表，因其是作用於吾人心上之事物之必然的結果。

外界物體有使吾生發生白色感覺者；吾人雖不知道發生此感覺者是什麽，雖不知其如何作用，然知其必有什麼東西。吾人之複雜觀念，雖大半給吾人以知識，然吾人之知識，也還有別的理由。他們不是事物之抄本，亦不是事物之原型，他是吾人心中自造之原型。吾人之心本其自由選擇之力，未嘗考究各觀念本性所可有之關聯，而將各觀念結合之。吾人若記着這種事情，就可得着確實的知識。這種知識，數學中有之。數學家構成三角形或圓形之觀念；這觀念即是他心中自作的。他由圓或三角形之定義，按照邏輯推演出來之命題是眞實而確切的。若是有一個三角形，無論其在任何處，必合乎三角形之定義之眞理。

然而吾人之實體之複雜觀念與此不同。實體觀念是假定其代表外界物體之原型。如果實體觀念中之諸性質共同並存於自然中（如果自然中有什麼東西是黃的、可融解的、有延展性的、……）則實體之觀念，便是眞知識之對象。凡簡單觀念，如共同並存於某種實體中，還可以求得其相互關係。然此處有須注意者，吾人對於實體不能下普遍的判斷，因爲看不出來相互的觀念中之必然的關係。經驗告訴我們說，有些性質並存於實體中，然而吾人不能發見何種性質依賴何種性質，並且吾人不能由吾人所觀察之並行的諸性質而推斷其他的性質亦必與之幷行。沒有一種關於金子之簡單普遍的判斷，使吾人知其爲確實的眞理，爲絕對自明的眞理。如果吾人能發見金子之延展性與重量間之必然的關係，則吾人能下一普遍的論斷，說：所有的金子是可延展的；這種論斷之眞理，是與三角形之內角之和等於二直角之眞理同樣的確實。關於實體方面，還有別的困難問題。自然中之實體不是獨立無依的東西；他們的性質大半依賴自然中之許多不可見的情形。種種自然之流，來自何處，而使一切奇怪的機械運轉補充不息，其表意及形容如何，皆非吾人所能注意與賞識。所以要了解這些事情，須得了解整個宇宙。然而吾人竟至不能發見他們的精細的及活動的部分之形狀大小及組織更難發見外界物體所加於其上的運動及刺激。所以吾人不能知道一個物體之原始性質經常的產生什麼變化於別的物體之原始性質中，亦不知其如何產生；更不知道什麼樣的原始性質給吾人以觀念或感覺。吾人不能知覺此等原始性質與其結果間之必然的關係。所以吾人所得普遍確實性甚少，祇能以或然性為滿足。因為這種理由，吾人就不能有完備的自然科學。關於神靈一方面，更其是無所知了。『對於自然物體（非指精神事物而言）之完備科學，吾人非其能勝任愉快者，吾人對其追求之勞力終歸白費而已。』

故普遍確實性祇能於吾人觀念間一致與否之中求之。其能供給吾人以普遍知識者，唯吾人自己的抽象觀念而已。吾人關於眞實的萬有（除了吾人本身與神以外），不能有自明的言論，亦不在其上建立學問。

吾人所思想的、所推論的、所討論的、所依賴而行的言論，其中有許多並非確實無疑的眞理。然而有些是很近乎確實無疑的。那些言論符合於我們自己的經驗，及他人的經驗之證據，其或然的等級與根底，頗有出入。然而洛克以神的啓示之證據為最高的確實。我們對於這種證據的信任叫作信仰。信仰是一種業經確定的信任之原理，其中無懷疑的餘地。唯此種信仰我們須確定其是神聖的啓示。所以我們的信任在理也不過是他是神聖的啓示之佐證。如有言論與吾人之直覺的知識有衝突，不得謂之為啓示之言論。信仰決不使吾人信任與吾人知識相矛盾的事情。如謂任何相傳的神之啓示，來自於神，殊屬無稽。此所謂神，吾人就其字與意而言，明明確確是與理性原理相同。然而有非吾人心能所能發見而超出於理性以上的事情，如為啓示，則是信仰之正當的事情。故人死而復活，純粹是信仰之事情，理性不庸過問。

上面已經敘述了洛克對於知識之起源確度與界限各種問題之主張。茲進而敘述其思想所根據之普通的宇宙。洛克未嘗在其任何著作中敘述他的完全的實體論。然而他的思想是根據哲學的先立條件，可於其人類悟性論中發見之。雖然他對知識加上了限制，且常迷惘於懷疑論，然而他採取了笛卡爾所組成之常識的玄學而稍加以變通。

第五節　玄學

據洛克說，世界是由實體構成的。實體是一切權力、性質、活動之根源。實體有物體與心靈兩種。物體這種實體，有體積、堅固（不可入性）、運動諸屬性。這些屬性是其原始的性質，吾人由感覺而得之。所以無物體之場所，便是空間，是眞空間。有運動卽是有空間之明證。物質的實體之外，有精神的實體——心靈。心靈是一個眞實的東西，吾人對他有判然明瞭的觀念。他的性質是思想、意志（使身體運動之權力）。這些性質吾人可由反省知道。然而思想並非心靈之本質，乃是心靈之動作。心靈是一種非物質的實體。精神的實體之觀念與物質的實體之觀念是同樣的判然明瞭。吾人將物質的性質集合起來，假定有一個主宰掌管之，就構成了物質的實體之觀念。吾人反省吾人自己心裏的各種作用——思想、悟性、決擇、認識、主持、——假定有一個主宰掌管之，就構成了精神的實體之觀念。無判然明瞭的物質實體之觀念，就說無物質，無判然明瞭的精神實體的觀念，就說無精神，二者皆是一樣的合乎理性。『我們想到物體在心中便有那樣判然明瞭的觀念，我們又何不能承認未具物體之思想也如同那未具思想的物體一樣是存在。況且想像無體積的思想，幷不難於想像無思想的物體。』究其實來，我們知道我們身內有一個精神的東西能視能聽，比我們知道我們外界有一個物質的東西還確實些。且而無認識能力的物質與運動，決不能發生思想，想像物質原有，幷產生感覺、知覺與知識尤為難能。

純粹的精神（神）是自動的，物質是被動的，然而人之心靈是自動的兼被動的。據經驗所示，心靈有運用物體之力，外界的物體，亦產生變化於心靈之上。吾人所有之觀念，概是物體對於心靈上所作用之結果。這就是交互作用說（Theory of interaction）。我們不知道交互作用如何，又不知道一個物體如何運動別一個物體，這本來是實。然而吾人對於精神中有自動能力之觀念比對於物體中有自動能力之觀念明瞭些，也是實情。所以想像一個有體積的東西並不易於想像一個有思想的東西。

精神與物質俱是實在的東西，他們有交互作用。物體作用於精神上發生顏色、聲音、觸覺、堅固、廣袤等等感覺。這些感覺皆是第二等的性質，未嘗忠實的代表外界之實體。外界物體，未嘗有顏色、聲音、嗅味。這些性質概是外界固體的東西作用於心理上所生之結果。廣袤、運動、堅固之觀念，確實是眞實的物體之抄本。物體是固體的、有廣袤的東西，可以運動。然就吾人所想像者言之，物體祇能影響物體，運動祇能產生運動。所以吾人若說物體產生苦樂或聲色之觀念，那是拋棄了理性，超出了觀念，而完全歸之於神之善惡。

洛克在這種地方遇着難關。機械論與顯然的經驗事實有衝突。如果運動祇能產生運動，他怎樣能夠產生意識狀態於吾人心中呢?據洛克說,這些意識狀態是神附加於運動上的吾人不能知其爲運動產生的。這又流於機會論(occasionalism)了。心理如何能引起運動,意志如何能產生作用,這是同樣的難於想像。

洛克爲解除這些困難起見,乃說運動如何產生運動之難於了解,恰如運動如何產生感覺及感覺如何產生運動之難於了解然而據經驗的教訓,這是經驗上時時刻刻就有的事情。洛克對於這幾點常迷惘於機會論猶如他對於心靈之非物質之問題一樣。他的大概的思想是以精神作用不是單純的不可感覺的物質之作用,若無非物質的思想的東西,就不能有感覺。我們的身體中有精神的東西能聽能看。然而,同時他又懷疑這個東西的本性。他以這個東西也許是物質的,也許是一個能思想的物質的東西。我們既不知道實體的眞實本性,我們又如何知道有體積的東西無思想,思想的東西無體積呢?我們決不知道:僅僅的物質的東西到底能否思想。我們不知道思想是由何物構成,又不知道神給與何物以思想之權力。此種權力祇有神恩方能允許而非一切創造品所有。神把種種結果附於運動上,這是我們不能想像的;神爲何不給他的某一系屬的創造品以感覺、知覺、思想呢?

這都是洛克之思想系統中的一些矛盾與難關。然而他的學說大半仍是二元論的。他以實體有兩種:物質的、精神的,——無認識力與有認識力的。這是他同笛卡爾一致之處,不過他把物體上加了一種堅固不可入的屬性罷了。他還有與笛卡爾一致之處,卽是他也採取微分子說的假設(corpuscularian hypothesis),爲事實之最好的解釋。他說宇宙間有極端微小的物體——原子,有分量、形狀及運動之力。這種不可見的微分子,是物質之活動的部分,是自然之大工具,不僅物質之第二性質依賴之,並且物質之自然的作用亦大半依賴之。但吾人對於他們的原始性質，無精細明瞭的觀念。沒有人認識他們的精細的分量、形狀或運動，也沒有人了解那維繫他們的線索。如果我們發見了兩個物體之精細的構成部分之運動、組織、形狀、大小，我們就知道他們的交互作用，猶如我們知道正方形或三角形之性質。然而我們未嘗知道這一個物體如何運動那一個物體。因此微分子說的假設，畢竟未曾增進我們對於物質的實體許多知識。因爲吾人未曾看出物體之性質與權力間之必然的關係，故吾人之知識就不充分。所以對於物體無眞實的學問。無論如何，原子論或微分子論，不能算作宇宙觀。

除了精神與物質兩種實體之外，還有一種精神的實體，就是神。我們本來無神之先天的觀念，然而我們若依我們的自然能力之正當的應用，可以認識神。神之存在，與兩直線相交其對角相等，是同樣確實的。我們構成神之觀念，是把由存在、綿延、知識、權力、幸福等等之經驗而來之觀念擴大之，而至於無限，再綜合之，以構成神之複雜的觀念。然而吾人未嘗知道神的眞實本性。

洛克證明了神之存在，是因果的、目的論的。他說人都確確實實的知道他自己的存在，又知道無不能產生眞實的有。所以如果有眞實的有，必有產生之者。且而有既由其他的有而生，必有其他的有所具的一切東西。萬有之永久的根源必是萬能之根源，所以這個永久的根源，必是無所不能的，同時，又必是無所不知的。無思想的物質不能產生思想的東西。如果神曾經創造了思想的東西，他必定又創造了宇宙之次一點的精美的東西，宇宙乃所以成其無所不能。然而吾人雖可以想像神，卻不可以想像神爲物質的。即或他是物質的，他畢竟還是一個神。物質能與永久的精神共悠久。如有人問神如何能由無造有，洛克就說，我們雖不能想像思想如何能發生運動，然而我們不能否認這件事。

第六節　倫理學

洛克之倫理學是與普通的見解一致的。他的倫理學是經驗的倫理學；其目的在個人的快樂。他說無所謂先天的道德眞理。各人下道德的判斷，未嘗有心中所固有的規則爲憑藉。人之知道道德的規則，人之認識其道德的義務，與其知道其他事情是一樣的方法。他們知道道德的規則，是憑藉他們的教育環境及國家之風俗。成人將其認可的道義灌輸於兒童之心中，兒童長大了，見其呈露於他的良心中，卽認之爲神所賦予，而不知其爲別人所灌入的。所謂良心，不過是我們依據後天所得的道德知識之見地而觀察之、行爲之是非的意見。所謂道德就是行爲與規則之關係，是有意的行爲與法規之一致與不一致。

然則道德的法規怎樣構成的呢？是非之知識怎樣得來的呢？據洛克說，快樂與痛苦爲道德之大的指導者。天生人使之希望幸福，厭惡苦愁。所以這種心理是自然的趨勢，影響人之所有的行爲。然而這種心理是意向，並非悟性之眞理。所謂善，是足以引起吾人之快樂；所謂惡，是足以引起吾人之痛苦。各個人時常討求幸福，希望產生幸福的事情，規定他的意志者，是這種希望。充分的幸福是最大的快樂，充分的不幸是最大的痛苦。有些行爲產生公共幸福，保維社會，並有益於個人。神把公共幸福與道德結合爲一，而使道德之實行爲社會所必需。人發見了這樣的行爲，而採之爲實行之規則。人由遵循道德的法規，得到個人的利益，故愈尊重之。

立法以規定人類之行爲，若無權力以獎賞其服從者，而懲罰其不服從者，則其所立之法必徒勞而無功。如行爲之自然的結果有充分的動機力量便無法律之必要。法律爲規定人之意志起見，特依立法者之意志與權力，對於人之行爲給以賞罰苦樂。法律有三種：一、爲神法，二、爲民法，三、爲輿論法。神法是神依自然之光明或啓示之力量，對於人類行爲所規定之法。神能用來世之賞罰，強制實行其所立之法。義務及犯罪即是由神法而來。民法是國家所定的，含有法律上的賞罰。犯罪與無罪即由此法而來。然而大多數人是受輿論法之支配。贊賞與責備，是使其行爲適合其社會上之意見與法規之強有力的動機。人若違背了社會上之風尙與意見，就逃不了社會之厭惡與指摘之懲罰。社會上所獎賞的、所尊重的便是道德。人將其行爲與這些法則相比較，若果是一致的，便稱之爲善，若不一致，便稱之爲惡。然而道德之眞髓，是神之意志與法律，是道德之基礎。

就大體上言之，道德與不道德無論在何處是不變的，且與神法所規定善惡之不變的法則相符合。服從神法可以得到並增進人類之公共的善。所以有理性的人類，若顧及其自己利益，亦不至誤於頌善而責惡。這是古代希臘之快樂論的道德說，而加上了狹隘的基督教神學之意見。道德不是別的，乃是有益於己或人之行爲。人生中最長久的快樂是康健、名譽、知識、行善及來世之久永的不易了解的幸福之期望。

洛克雖然說了我們的道德知識如何產生於經驗，然而他又說道德的知識可由某種第一原理推論而得，可由論證而得。道德如同數學，可以論證。具有無限權力、智慧與善的至神之觀念與有理性與悟性的人之觀念，如正當的研究之、討論之，必定可以發見義務與行爲法則之基本，而使道德爲可以論證之學問。『無所有權卽無不公道，這種言論與幾何學上之任何論證是同樣確切的。』『政府不許有絕對自由；因為政府是要求人服從法規的，絕對自由是主張人可為其所欲為的，這種言論之眞實確切決不減於幾何學上任何言論之眞實確切。』

總而言之，我們有是非之經驗的知識、論證的知識與啓示的知識，三者並不衝突。神給人以幸福之慾望，使其發揮道德法則。神給人以理性，理性依據論證以得到道德的眞理。神在聖經中又啓示經驗與理性可以得到相同的道德法規。

第七節　自由意志

據洛克說，自由之意不在意志或選擇一方面，乃在人之依其心中所決擇者去做與不去做之權力一方面。我們不能說人之意志是自由的，若問人之意志是否自由與問人之睡眠是否迅速，人之道德是否方正是同樣的無意義。意志是一種權力或能力，是一個人思想其行為、決擇其行為之權力。自由是另一種權力或能力，是依其心所決擇者去做與不去做之權力。所以如果問意志是自由嗎？便同於問一種權力還另有一種權力嗎？這種問題是荒唐無意義的。意志是一個實體或一個主動者嗎？這樣問法便對了。意志決不是一個實體或心能。人之所以自由在其有權力按其心所決擇者以思或不思、做或不做。人若無權力以按照其心所決擇者去做或不做，縱其行為是有意的，不得謂之自由。意志常受支配，行為出於不得已，便覺有被強迫的不適意。這種不適意，是希望得到所缺少者之表示。神給人以飢渴及其他自然的欲望之希望，支配其意志使其保衞身體，綿延種族。最含有壓迫性的不適意

自然而然的規定意志。然則鼓動欲望者是什麽呢那唯有幸福

第八節　政治學

洛克之國家論在其兩篇政府論（Two Treaties on Government）中第一篇是反駁斐爾麥（Sir Robert Filmer）之專制政治（Patriarcha）（註一）第二篇是討論政府之眞起源、範圍與目的他又反對政府之絕對的專制君王有絕對的神聖權力人類無自然的自由與平等之權利。據他說人在法律所許可的範圍內，不管人家的意志如何本來有支配其所認爲正當的行爲之完全的自由權。人本來是在自然的平等之狀態中，沒有這個人多於那個人之權力之事情。自然法則或理性告訴人類說因爲人概是平等獨立，所以無論何人不要傷害別人的生命、自由與所有權。（註二）各個人必須衞護其自己，在不與自衞相衝突之範圍內還要衞護別人在自然狀態中各人都有權懲罰違犯自然法者，保護無罪者抑制犯罪者，報復侵犯者。處罰犯罪者不嫌過分，不可寬容，並使其有悔過之心，以爲他人之警戒。

（註一）斐爾麥之專制政治以族長權是由亞當遺傳下來的神聖不可侵犯的權力、錫德尼（Algernou Sidney, 1622—1683）在其政府論中反駁斐爾麥之聖經上的論證詩人密爾頓（Milton, 1608—1674）要求有家族的、教會的與政治的自由。巴克壘（Barclay）爲主張絕對專制之健者。洛克之主張大半立基於呼克爾之教會政治之法律之上。

（註二）洛克於一千六百六十九年爲查理士二世（Charles II）所賜給一般貴族之最先的憲法起草，即是根據此意。

自然狀態不是如霍布斯所說之一種戰爭狀態，乃是和平、善意、互助之狀態。神使人以加入社會爲便利而有

意加入社會，又給人以悟性及語言，使其能繼續加入社會。然自然狀態中缺少很多東西，如既定的法律，公平的判斷者，以及維護執行正當判決之權力。到了一些人結合而成社會，舉其自己使行自然法則之權力而委之政府時，到了人結合而成爲一團體而受治於最高政府之下時（契約說）就有了民治的社會。

所以絕對的專制是與民治的社會不相容。因爲若果君王有立法兼執行之權，便無公平無私的公司裁判官，無標準的法規可循；人民皆是君主一人之奴隸。原來，無論何人若非因其自己的同意，不得受別人之政治權力之支配。然而如果一些人由其自己的同意而組成一個社會，如同一體，則此一體依據內部大多數人之意志所規定者以行事。假如個人依其意志所規定者以行事。到了這種時候，各個人就要獻身於社會，而服從大多數人所決定之法規。不然，聽其自由，無所維繫，仍如處在自然狀態之中，便無團結了。共同的同意便成爲不可能了。所以平治國家的政府是依照人民之同意而行事。

人若不限制其自由與權力，社會將難安定，而有彼此互相侵犯之虞；因爲人盡是君王，盡是平等，無裁判官處其間，則人之所有權將有不安全之虞。若無這種可虞之處，則無庸有社會，祇有自然狀態即可。人之結成國家之最大目的即在互相保護生命、自由與財產之安全。所以社會之權力決不能超出於公共福利以上。

原始的基本的自然法，甚至支配立法之本身（因須與公衆利益相適合），是保護社會及社會上之各個人之基本法。共和國家之原始的基本的人爲法是立法權之設立。立法權不僅是至高的權，並且一經公衆給與把握之者，即爲神聖不可侵犯而不能更變。任何個人之命令未經公衆選擇指定之立法權之批准，皆無法律之效力。然立法權不能任意專斷人民之生命與財產，他限於社會之公益。自然法在社會上未嘗消滅其力量，自然法永久的爲立法者及其他一般人之法規。故吾人殊無權以奴隸他人，摧殘他人，剝削他人。立法權亦不能付與其本身有臨時的專斷命令之權力。一定的條文是必需的。更有進者，此至高權力若不得人民之同意，不得攫取人民之財產。徵稅須取得大多數人之同意。最後，他幷不能以製訂法律之權任意委之於別人。

有立法權者不可有執行權。共盟之權力是同共和國以外之人民及團體宣戰、媾和、同盟、協約及交易等之權力。共盟權與執行權常聯結在一處，最好是委之於一人之手。執行權有法律之最高的執行權，不應附屬於別項權之下。然而執行者如執法時有不妥當之處，立法者可以將其所委託之行政權力與共盟權力取消。立法權雖是最高之權，然而他是用以達到一定目的之權。如其立法有違於其所受託之目的，人民有剝奪之、改善之之權。但是如果有政府存在，則立法者就是最高的。選擇立法者之權在人民。霍布斯不以君主爲國家之靈魂，而以國家之靈魂爲代表人民之立法者。無論君主或立法者，如果違背了人民之委託，人民就可以裁判之。

第九節　教育

洛克與近世諸大哲學家一樣，指摘由經院哲學遺留下來的教授法之不當，而主張一種根據經驗的心理學與倫理學之教育方法。他說，人初生時，心中未受任何原理之薰陶，唯有取得快樂之欲望，感受印象之能力，所以教育問題，必須是由經驗而學習與實現幸福。爲達到這種目的起見，康健的身體，健全的感官，是必要的。想身體強壯，必須操練。所以體操爲兒童訓練之所必需。兒童之個性必須遵自然程序以發展；所以單獨教授是可貴的。洛克又力言實物教授之重要，由遊戲中學習，以激動兒童之精神活動。學習必須感覺有趣。最要緊者，教育之社會的目的不要忘掉，青年人必須訓練成社會有用之份子。

第二章　洛克之繼起者

第一節　洛克之影響

洛克之學說是許多思想途逕之出發點。他的影響與笛卡爾一樣，不僅蔓延於其生存之時代之外，並且擴充、至於各國。席勒爾(Schiller)說偉人之眞髓歷數百年而不滅，頗適用於洛克身上。他的人類悟性論是近世哲學史上第一部概括的知識論之著作，引動了休謨(Hume)與柏克勒(Berkeley)之努力，而促成康德之大集成。他的經驗的心理學爲英國聯想派心理學——布宰溫(Browne)與哈德烈(Hartley)——之本源，而法國之感覺派的心理學——康的亞(Condillac)、愛爾發修(Helvetius)——亦由其中滋養而來。他的道德哲學由沙甫茲白利(Shaftesbury)、赫起森(Hutcheson)、弗格森(Ferguson)、休謨、亞當斯密(Adam Smith)諸人紹述之，修改之。他的教育學說大有影響於盧梭(Rousseau)，經過盧梭之手而影響全世界。他的政治學由福耳特爾(Voltaire)、孟德斯鳩(Montesquieu)發揮之。盧梭之社約論(Contract Social)完全是紹修其緒。他的整部的思想精神，是英國與法國之自然神教之運動之主動力。他對於啓蒙運動之力量，比他以前的任何思想家之力量還大。他代表近代獨立批評、個人主義、民治主義之精神，這種精神表現於十六、十七兩世紀中之宗教改革，而極盛於十八世紀中之啓明運動中。哲學家之思想，深印入人心中及制度上，從來無一人趕得上洛克。

第二節　自然神教

自然神教（Deism）發生於洛克在一千六百九十五年所著之基督教之合理論（Reasonableness of Christianity）洛克以理性爲啓示之最後的標準。他說啓示的眞理，本來是絕對確實的無容懷疑；但人類的理性亦卽啓示本身的標準。他與赫爾伯特（Herbert of Cherbury）一樣，以自然神學的言論爲可靠的，但不認之爲與生俱有的。自然神教論者卽運用洛克之觀念，將啓示納之於理性的標準之下，而於自然法則中討求神之眞的啓示。佔在這種基礎上，基督教鑄成了合理的宗教，不再是神祕的，而是與創造同時生的。約翰・托蘭（John Toland）根據此理，於一千六百九十六年，著了一部基督教不是神祕不可思議的宗教，不幸爲安格利根教會（Anglican Church）所排斥。他的塞勒拏之書札（Letters to Serena）與汎神論（Pantheisticon），概是自然宗教之著作。珂林斯（Collins）在一千七百一十三年所著之自由思想論（Discourse of Free Thinking）即是反對教會干涉聖經之批評的研究。其他依據自然宗教著書者，當不止一二數。然而坎尼貝爾（Conybeare）及巴特爾（Joseph Butter）還擁護啓示的神學，反對自然宗教。

參考書：

Stephen, History of English Thought in the Eighteenth Century, 9 vols. J. M. Robertson, Short History of Free Thought, 2 vols., Lechler, Geschichte des englischen Deismus. See bibiography in Britannica under Deism.

第三節　心理學

當洛克論道德知識之起源時，他分劃了感覺與思想之界限。他又以人心有一些權力或心能，能作用於感覺材料上。他的繼起者很多想解釋一切精神作用，如思想與心能，爲變形的感覺。他們幷想把反省及悟性皆化爲感覺。彼得·布牢温(Peter Browne)在一千七百二十八年所著之悟性之次第範圍與限度，即是代表此種見解，逮後法國學者康的亞在一千七百五十四年所著之感覺論 (Traite des Sensations)，即是詳細的闡明此旨。康的亞想指出具有單獨一種感覺（例如嗅覺）的人，如何的依次發達注意、記憶、比較、苦樂、情緒、欲望、意志。比較是感覺之彙集。由比較而生判斷、反省、推論、抽繹——悟性。反省是吾人現在所有的與以前所有的感覺之總合。然而爲欲得到一個外表世界——廣袤、形式、堅固、物體——之觀念，觸覺是一個必需的感覺。這種說法給我們以客觀的實體的知識——吾人以外更有物體，——不過這個客觀的實體之本性如何，吾人尚不知道。

感覺主義以種種形式流行於英、法兩國，其重要人物是：哈德勒(Hartley)、普利斯特利 (Priestley)、伊拉斯莫斯·達爾文 (Erasmus Darwin)、詹姆斯·穆勒(James Mill)、邊沁(J. Benthem)、愛爾發修(Helvetius)、康多塞 (Condorcet)、波內及百科全書家與唯物論者。波內(Charles de Bonnet, 1720—1793)雖主張一種溫柔的感覺主義，然而他認一切精神作用——無論高等的或低等的，——概依賴腦子的振動，這種振動使非物質的心靈發生反應。愛爾發修並將感覺主義運用於倫理學上。

觀念聯合之法則（觀念依一定的秩序而集合於人心中）最先爲亞里斯多德與霍布斯所注意，其次又經洛克與格(Gay)之討論，而窮究極研以構成一個哲學的系統者則爲哈德勒(Hartley, 1705—1757)。他在一千七百四十九年著的由人之組織義務及希望之觀察(Observations on Men, his Frame, his Duties, his Expectations)即是應此目的而作。結合觀念聯合律與觀念爲感覺之印本說，以爲解釋精神生活之主要原理者，爲經驗論者之休謨、康的亞、普利斯特利、穆勒、邊沁及近代許多心理學者。他們在倫理學上用以解釋道德的感情。他們說人想及快樂就聯想及於使其快樂者；道德感情使人得到了其所愛的利益，人的感情就漸趨向於獲有此等利益之事物，因此就引起了爲道德而愛好道德之愛好。

參考書：

Bower, Hartley and James Mill; Schoenlank, Hartley und Priestley: Die Begründer des Associationismus; Markus; Die Associationstheorien. Bibliography in Ueberweg-Heinze, Part III, vol. I. sec. 22.

第四節　倫理學

英國經驗論者以是非出自經驗，道德基於自衛之衝動或幸福之欲望。其實，培根未嘗輕視社會本能，不過到了霍布斯與洛克方才以人性根本上是唯我的道德乃是開明的自利理性論者，如克特華斯（Cudworth）克拉克（Clarke）、武拉斯呑（Wollaston）則否認這種經驗論的唯我主義的思想。據克拉克說我所欲人加諸我者，應轉以加諸人，這是當然的道理；如果否認這種道理，便是祗認二加三等於五為滿足而不以二加三等於二加三了。英國功利論之祖師昆布蘭（Richard Cumberland, 1632—1719）否認這種理性論者之先天的道德知識說，然而他亦不以自利說為然；他以人有同情的感情與自利的感情。社會生活或共同福利是至善，人可由社會的感情或理性適合至善。

英國承繼洛克之道德學者，以道德知識主要基礎在感情或衝動，而不在理性或先天的是非觀念，然而他們認道德感情為人性所固有。沙甫茲白利在其一千七百一十一年所著人之特性（Characteristics）中說，人有自利的感情與社會的感情；道德是二者之正當的均衡；由道德感覺而知道他們是否調和。赫起遜在他一千七百二十五年著的美及道德之觀念之研究（Inquiry into the Ideas of Beauty and Virtue）與他一千七百五十五年著的道德哲學之系統（System of moral Philosophy）中，把這種思想作一種有系統的論述，並且在這些著作中首先用最大多數之最大幸福說。屬於此派之著作，有休謨在一千七百五十一年著的道德原理之研究（Inquiry Concerning the Principles of Morals），弗格森在一千七百六十三年著的道德哲學之研究（Institutes of Morale Philosophy），亞當斯密在一千七百五十九年著的道德感情論（Theory of Morale Sentimentes），在一千七百七十六年著的原富（Wealth of Nations）——他以同情為道德律之本源與標準。

這些學者均注重人性之感情衝動，一方面以人之道德的判斷與行爲，非憑藉理性，乃憑藉情感。他們多半是直覺論者，他們或以固有的良心能區別動機與行爲之價值，或以道德判斷是憑藉同情。他們都以公共福利爲至善。昆布蘭與沙甫茲白利以至善是完美，另有些人以至善爲幸福，但完美與幸福之間未嘗有明瞭的區別。

蒲脫勒（Joseph Butler, 1692—1752）在一千七百二十六年著人性論（Sermons upon Humen Nature），一千七百三十六年著道德論（Dissertation upon Vitue, analogy of religion）大體上概是追隨上述之學派，但他極端注重良心。他以良心不是道德的感情，乃是反省之原本。他說：『各人皆有一種高尚的反省或良心之原本，以區別心內的原本與外表的行爲，其斷定某者爲善、爲公正，某者爲惡、爲不公正，不假借他人勸告或商議。』這種高尚的原本若有力量，就可以絕對的管理世界。他又以個人的幸福爲究竟的、合理的標準。我們若了解我們的眞幸福，則良心（或本分）與自愛（或利益）完全是一致的。我們的幸福與痛苦之觀念，對我們最懇切最重要。若秩序與美觀，調和與均勻之觀念，縱然其彼此間不一致（其實並不能不一致），皆必滲透有幸福之觀念於其中。吾人當靜寂無情之時，不能區別秩序與美觀，調和與均勻等等爲善或惡，而無所適從，必至認識其爲幸福或不及於幸福，始追逐之。

威廉・佩力（William Paley）在其一千七百八十五年所著之道德及政治哲學之原理（Principles of Moral and Political Philosophy）中，排斥道德感情之說，而主張當依行爲的意向以估定行爲之價值。凡最有價值者爲正當。『道德是向人類行善，服從神之意志，延長幸福。』

與沙甫茲白利相反之孟第維爾（Mandeville, 1670—1733）想指出自利比仁愛所貢獻於公共福利者為多。法人愛爾發修效法霍布斯與孟第維爾，以利己主義為人類行為之唯一動機，而開明的自私為道德之標準。使人有道德，唯有使其自公共福利中看出自己的福利，這祇有靠着具有賞罰性質之法律，方能湊效。道德學即是法律學。這種學說畢竟是剝去了洛克學說中神學意味之學說。

第五節　政治經濟學

洛克與佩力之個人主義，影響了法國之重農主義者揆內（Quesnay, 1694—1774）與堵哥（A. Turgot, 1727—1781）之經濟學說，與亞當斯密之原富。這些學者皆反對風行於中古末期之重商制度。他們的新經濟學之基本觀念是各個人有其自然的權利，可以自由運用其能力於經濟範圍內，無容社會之干涉。他們假定廢除不自然的拘束（專賣權或特許權），聽其自由競爭，自由貿易，保護契約與財產之安全，這樣開明的自利，不僅足以實現個人的福利，且足實現公共的福利。放任主義的思想是自然權利說之發展，而要求一個公開的路逕，俾個人循之以求得其生活、自由與幸福。他們以為若抱放任政策，必能有社會的公道。亞當斯密說自然的自由之簡單明瞭的組織，是依據自由之原因而構成的。這種學說有助於推翻舊制度，解除有害的束縛。

參考書：

Fowler, Shaftesbury and Hutcheson; Gizicki, Philosophie Shaftesburys; Rand, Life, Letters and Philosophical Regimen of Shaftesbury; ed. of Butler's works by Gladstone; Collins, Butler; Farrer, A. Smith.

第三章　柏克勒

第一節　問題

據洛克說，物體產生廣袤、堅固、運動、顏色、聲音、嗅味、感觸諸感覺於吾人之心中。這些感覺中，有些是事物之模樣或原始性質，有些是事物對於吾人之影響，不是事物之恰當的表現。感覺供給吾人心理以材料，爲知識之基本。心理作用於其上，安排之、結合之、分離之、關聯之，並反省其自己的作用。所以我們所有的知識，祇限於經驗之事實；我們祇有我們的觀念之直接的知識。我們也知道有一個外界的世界，但這種知識不像吾人自己的觀念之知識之自明。

柏克勒（George Berkeley）利用洛克之基本學說，以反駁唯物論與無神論。他說如果我們的知識之根基在感覺與反省，我們祇知道觀念，我們又如何能知道外界的物體或物質世界呢？關於物質，我們以我們的意識狀態爲限；我們不能比較我們的觀念與物質，我們不知道物質的實體如何。若有物質，若洛克之學說爲眞，我們就不能知道物質；我們就要流於懷疑論。且而如果有獨立的實體，如有物質與純粹空間之世界，那就有一個無限的、永久不變的實體，與神共存，那就限制了神，甚而至於暗示了無神。故信仰有物質，則流而爲無神論與唯物論。懷疑論與無神論之根基，即在有物質世界之意見上。排除了有物質之見解，就可以免於無神論。其實無物質存在之前提，我們也能明瞭宇宙所以柏克勒之先決問題，是心以外是否有一個世界，是否有一個獨立的物質世界。

柏克勒於一千六百八十五年生於愛爾蘭，死於一千七百五十三年。他畢業於特驎尼替大學 (Trinity College) 之後，各處遊歷，到了一千七百三十四年當了 Colyne 地方之方丈。他的著作如左：

An Essay towards a New Theory of Vision, 1709; A Treatise concerning the Principles of Human Knowledge, 1710; Three Dialogues between Hylas and Philonous, 1713; Alciphron, or the Minute Philosopher, 1732.

關於柏克勒之參考書如左：

Works edited by A. C. Fraser, 4 vols., 2d ed.; Selections from Berkeley, by Fraser. Fraser, Berkeley, and Berkeley, Spiritual Realism; Simon, Universal Immaterialism; Gourg, Le journal philos. de Berkeley (Commonplace Book).

第二節　知識之對象

柏克勒說，以人之無知由於人之心能有限制，這是錯誤的見解。造物主曾賦予人以種種手段以適應人之嗜好，若善用之，就能滿足之。所以人若善用其心，能滿足其知識欲望。若由演繹法所保證之眞原理演繹知識，必能滿足知識之欲望。所以我們若能不辭勞苦的嚴格的研究人類知識原理之各方面，必能收相當的效果。

以外界的物象（房屋山川）有自然的或眞實的實在，不同於吾人所見者，——這種意見是發生於人心能構成抽象的觀念之學說。其實，這種學說是不對的。我們雖能想像我們所見的各個物體之觀念，我們雖能各種各樣的分割他們，混合他們，然而我們不能在我們的思想中尋出一個與三角形的普遍觀念相適合，而同時既非直角、純角、銳角，又非等邊、等腰、不等邊之另一種三角形之觀念。人本來也可以無須留意於角之特別性質或邊之關係，而想得到三角形之形狀。這雖然似乎是人之抽象的工夫，然而不能證明人能構成一個三角形之抽象的普通的觀念。同樣的道理，我們不能構成一個特異的運動——不快、不速、既非曲線形、又非直線形——之觀念與物體運動有異。本來按下面的意思說來也有普通的觀念，例如一個觀念本身是特別的觀念，逮後把他用去代表與他同一種的一切的特別觀念，就變成了普通的觀念。我們用一個名字或符號，代表同樣一切特別觀念，用之既久，就相信有一個普通的或抽象的觀念與此一個名字或符號符合。然而這種假定的抽象的觀念，不是我們交換知識之必需，亦不是增加知識之必需。（柏克勒這種虛名論的學說，後來在其 alciphron 中修改了。）

心以外之世界之觀念——物質之眞世界之觀念——是這種抽象的觀念。我們把感覺的對象與感覺分開，想像物質爲未曾感覺着的實在，這是不可能的。我們若無事物之實際的感覺，不能看見或覺着任何事物，我們也不能想像任何感覺的對象與我們對他們所得的感覺或知覺不同。

柏克勒與洛克一樣，也認人類知識之對象是感覺與心理作用，或藉記憶與想像之幫助而構成的觀念。我們混合這些觀念，劃分這些觀念，表現這些觀念。除了觀念之外，還有別的東西，知道觀念或覺着觀念，發生種種作用——選擇、想像、記憶——於觀念上。這種別的東西，就是心、精神或自我。他完全與觀念不同，因爲觀念由他而生，由他而認識。

因爲上述理由無論何人，必定要承認我們的思想、感情與想像并不存在於心外他們概在心中，他們的存在，是由於心感覺着他們知道了他們。感覺也與此相同。存在之意就是被知覺之意。當我說我的寫字書桌存在時，其意卽是我能看見他且感着他。當我出了書房，我說書桌還存在，其意就是說，我若在書房裏，我可以知覺着書桌，或者是說別人的心實在感覺着他。若說沒有被任何人感覺着的東西存在，那便完全無意識了。所謂存在，意謂被感覺了，是在心中。所以無心便無物。物體的存在，是被感覺着了，被知道了。若他們未被我們知道，或不在我們心中，或不在其他創造的精神的心中，他們就完全烏有，或祇在神之心中。所以說物體存在於心外，卽是矛盾的話。

第三節　物體界

這種說法當然是由洛克之物體觀念論產生出來的。據洛克說，物體是一個有堅固性、體積與形像之實體，有運動力，有色彩、重量、嗅味、聲音。然其性質也有些不是其固有的；例如色彩、聲音、嗅味，概是物體對於我們心理的影響；他們不是物體本身之性質，而是我們的心感受着的物體之影響；我們名之爲二等性質。廣袤、堅固、運動、靜止是實體固有的性質，我們名之爲原始性質。但據柏克勒說，所謂原始性質，也是與二等性質一樣。廣袤堅固之觀念，得自觸覺，也是我們心中的感覺。我們不能把廣袤的觀念與色彩的觀念及其他的二等性質分開；我們決不能看見一個有體積的東西無色彩及其他性質。原始性質決不能與二等性質分開；無廣袤堅固的體積，不能抽繹二等性質。我們心中沒有這種實體的抽象觀念。然而據說必有另外的一個實體主宰這些性質，柏克勒說這不過是僅僅的抽象的東西物質的實體這幾個字無何意義。縱是在心外而能有一個固定的、有形狀的、能運動的實體，我們又如何能知道他呢？且而所有我們的觀念或感覺，概不是動的，無力以發生什麽；所以體積、形相、運動概是觀念，不能為感覺之原因。

第四節　精神界

但是你如果說我們心中觀念或感覺必有什麽原因，那嗎，這原因必定是一個自動的實體。然而這個實體必不是一個物質的實體，因為沒有這樣的東西，所以必是一個非物質的自動的實體，必是一個心靈。心靈是一個不可分的自動的實體，因其感知種種觀念，就名之為悟性，因其作用於觀念上，就名其為意志。觀念不是由心靈構成的，因為所有的觀念概是被動的，所以我們不能有能動的觀念或影響。我們祇能感知心靈所產生之結果，不能感知心靈之本身。我們祇有心靈之概念及心之作用，如愛、惡、欲等等。

有些觀念我們能隨意構成，隨意取消。就這一方面言之，我們的心是自動的，我們有力量支配我們的思想。但是我們無這種力量支配我們的感覺。我們張開我們的眼睛，凡在視野之內者，都要呈現於我們眼中，我們無力選擇我們所願見的或不願見的，我們無力規定某種特別物體呈現於我們的眼目中，某種特別的物體不呈現於我們的眼目中。所有呈現於眼目中的觀念，概不是我們的意志之創造物。所以有另外的意志或心靈產生之感覺的觀念比想像的觀念強健些、活潑些、明白些；他們有秩序的聯貫，不如人之意志所想像的結果之無秩序，這種有規定的秩序，足以證明其主宰者之智慧與仁慈。我們所依賴的神心引起感覺觀念於我們心中，他有一定的方法，叫作自然法則。我們由經驗而知道這些法則，這些法則告訴我們某某觀念在一定情形中伴隨着有某某觀念。換言之，神暗示我們某等觀念有一定的秩序，他把食物觀念與滋養料觀念聯接一起，把睡眠的觀念與休養的觀念聯接一起，把火的視覺與體温聯接一起。我們感覺中若無這種有正規的秩序，我們就茫然無所知，而不能有所作爲。因爲感覺中有了這種正規的秩序，我們方能整理我們的行動，以圖生活之便利。我們發見了我們的觀念中有這種秩序的關聯，於是誤信這種觀念產生那種觀念，例如火產生熱，睡眠產生休養，身體的操練發生康健。由神印入感覺中之觀念，可以名之爲眞實的事物；由感覺所激起之較不正規的、不顯明的、不固定的觀念，可以名之爲事物之觀念或影響他們是代表事物者。然而我們的感覺畢竟是觀念；他們存在我們心中；但他們是比我們的想像顯明些、固定些、有秩序些、有聯貫些的觀念。他們依賴於思想的實體者比較的少，因爲他們是由較有力的神心之意志激起的。

第五節　對反對論之解答

然則依照上面的假設，日、月、星、山、川、石、樹木、房屋到底是什麽東西呢？他們都是想像之錯覺嗎？我們的唯心論者——柏克勒說，絕對不然。他們是如上面說的神依正規的聯貫的秩序所給我們的感覺，這樣說法，他們便算眞實的東西。如果我們說物質的實體不過是廣袤、堅固、重量、……諸感覺的性質之結合，則所謂物質的實體也算是眞實的東西。如果以物質的實體爲人心以外之諸性質之主宰，那嗎，縱是我們的想像中，就尋不出來這種物質的實體。然則這不是說我們吃的、喝的、穿的概是觀念嗎？柏克勒說，我們吃的、喝的、穿的是感覺之直接的對象，若無我們的心知覺之，則不能存在。所以我們寧說他們是物，不說是觀念。然而我們看見我們外面某種距離中的東西，這又將如何說呢？柏克勒討論這種難題，就著成了他的視覺新論 (Essay Towords a New Theory of Vision)。他在這部著作中說，距離不是我們眼目直接看來的，也不是藉線與角判定出來的。視覺暗示我們以觸覺觀念與運動觀念。如果物體不明瞭而微小，經驗就對我們說，那是在遠的距離的地方，走近一點，就看得明些大些。

然則我們的眼睛閉了，各種物體不化爲烏有了嗎？萬物不爲我們看見的時候，當然不能存在。柏克勒說，是的，但這種困難，持反對論者也是要遇着的。當我們的耳目閉了的時候，顏色與聲音都化爲烏有了嗎？我們所見的物體，概是有顏色、聲音、形狀、大小。如果這些東西都化爲烏有，世上還留下的有什麽東西呢？且而我們還可以說，當我的眼睛閉了的時候，萬物還可以被其他的心所看見。

再者，這種唯心論不消滅了微分子說的哲學嗎？柏克勒說，沒有一種現象須待微分子說的假設才可以解釋之。沒有什麽人眞知道物質如何作用於心中，或如何產生觀念於心中。且而自然學者未嘗用物質的實體解釋萬物，祇是用形狀、運動及其他性質解釋之，而運動、形狀及其他性質，其實不過是觀念而已，所以不能爲萬物之本源。

更有進者，照這種視覺新論說來，說精神的熱不是火的熱，豈不是荒謬嗎？柏克勒答之曰，在這種事情中，我們應當像學者思想像俗人說話。例如承認哥白尼天文學說的人還說太陽起來了。依照常人的談話大家都信仰物質。全世界不都錯了嗎？果眞全世界都信仰物質嗎？若眞信仰之便是矛盾。蓋以人們對於物質，並無確實的意見。且而公同的同意，算不了證據，祇可算作成見。一般人都認他們的感覺離心而獨立，因爲他們自己不是感覺之創造者。他們未曾作過夢這個夢字裏含有矛盾。他們假定諸種性質是在心外，故必須假定有一個無思想的實體。於是，他們又假定二等性質不是心理以外的東西。那末，原始性質也不是心外存在的東西，實體便非必需的了。如果有人說也許有一個實體，其性質非我們所能知道，恰如顏色非瞎子所能知道。果然如此，我們就要問：辨論不可知的性質之不可知的實體，——辨論不知其爲什麼的東西，——對於我們有何裨益？且而我們若有新的感覺，知道這些不可知的性質，必定還要遇着更多的困難。如果把物質解爲一種不可知的東西，既非實體，又非屬性，既非精神，又非觀念，是惰性的、無思慮的、不可分的、不能動的、無體積的、存在於何有之鄉，那就不是什麼東西了。如果說他是什麼東西而給之以存在、本質、實體等名稱，那就是我們不能了解的一堆文字了。

第六節　觀念心靈及關係之知識

心靈是自動的，不可分的實體；觀念是惰性的、漂浮的、有所依賴的東西，他本身不能自存，須賴心而存，或存於心中。我們由反省或向內的感覺而知自己的存在，由理性而知別的精神的存在。我們也可以說我們對於自己的心理及其他的精神與活動的東西，有幾分知識或概念，然而嚴格的說起來，我們對於心理這些東西沒有觀念。而樣的道理，我們也知幷且也有各事物或觀念間之關係，這種關係與觀念或相關的事物不同，因爲我們未知覺着關係也能知覺着觀念或事物。柏克勒說，觀念、心靈、關係皆是人類知識之對象，議論之題目；而觀念一語，將要越分的擴張，以代表我們所知道的一切的東西。印入覺感中的觀念，本是眞的事物或實際的存在，但無我們的認識他的心靈，他不能存在；他們不是存在我們心理之外的原型之代表。就其不是發生於我們的心而言之，觀念也可以稱爲外界的，但他是另一精神將他印入的，這精神與認識他的心靈不同。感覺的對象，我們閉了眼睛時，祇要別的心靈看見，依然存在。若就此義而言，感覺的對象也可以說是存在於我們心之外。

第七節　二元論無神論懷疑論之駁義

柏克勒說，這種唯心論可以解除哲學上之種種曖昧的困難問題。這些困難問題：如物質的實體能思想嗎？物質可以無限的分割嗎？物質怎樣作用於心靈上？這種學說，把人類的知識化爲觀念之知識、心靈之知識。他排除了心內的物體與心外的眞實物體之二元論。這種二元論是懷疑論之根源，這種懷疑論是：我們如何能知道我們所看見的東西與我們所未看見的東西是一樣的？如果顏色、形狀、運動、體積等等是屬於心外的物體，我們祇看見物體之表相，未見其眞相，其結果必流而爲懷疑論，而不信任感覺。然而我們這種唯心論可以把一切懷疑排除盡淨。

物質論又是無神論之根源；唯心論可以推翻之。如果自存的、笨板的、無思想的實體是萬物之根源，則是將自由智慧與計畫這些東西摒出於萬物形成之外了。所以取消了物質，則伊壁鳩魯派、霍布斯派及其他唯物論者可以不帶一點虛僞的影子。偶像崇拜也應與物質一樣的打倒。因爲如果感覺之對象不過是心中許多感覺，則人不至於崇拜其自己的觀念。物質的實體也要放棄，而以物體爲尋常人所說的物體，是直接見着的與直接感着的東西是觀念或性質之結合，如此，則復活之反對論就歸於無有了。

錯誤之另一根源是抽象觀念說。時間、空間、運動就具體的例子言之，無論何人都了解之；但是一經過玄學家之手，便太抽象了，太細微了，非常人所能了解了。時間不過是由我們心中觀念之繼續抽繹出來的，所以有限的心靈之綿延，必須由其心靈中繼起之觀念之數目估計之。所以心靈常常思想，是顯然明瞭的。再者，凡有體積者，皆有顏色，是指在心中而言；他們的原型祇能在別的心靈中存在，而官感之標的不過是感覺之結合，感覺未有不被覺得而能存在者。若無一切物體，我們不能構造一個純粹的空間之觀念。所謂純粹空間，是說我們的膀臂在空中各處不着阻攔。

懷疑論者在自然哲學中奏凱旋之歌。他們說我們不知道萬物之本質、內性及構造。一滴水、一粒沙，皆有非我們的悟性所能了解者。這樣喪氣太無理由。萬物無內面的本質，以爲其外見的性質之來源及依靠。用形狀、運動、重量以及其他不可感覺的性質解釋諸種現象與性質，如聲音之發生，是徒勞而無功的。心靈之外沒有其他的主動者或充足原因，運動與其他觀念皆不是自動的。

當今最偉大的原理是萬有引力之原理。引力所指者不過是引力本身之結果，並未指出引力之狀態及其原因，據說引力是普遍的：彼此相引相吸，是萬物所固有之根本性質。這種事情中並無什麼根本的東西，不過完全依賴於主宰的心靈之意志而已，主宰的心靈之意志，使某某物體按照各種法則，相吸相引。想探究異於心或心靈之自然原因，是無益的。萬物是聰明善良的造物主之創造品，所以哲學家須用其心思才力以研究萬有之最後的原因。一種好方法是指出萬物所適應的各種目的及原來爲創造萬物而定之各種目的。觀察與實驗是必需的方法。觀察與實驗是於人有用的方法，可以使人得到概括的結論。這不是萬物間必然不變的關係之結果，乃是神支配世界之善意及對人類之深仁厚澤。我們盡力觀察現象，可以發見自然之普遍法則，由所得之普遍法則，可以推演別種現象。這不是一種演繹的，因爲一切演繹概是假設自然界之主宰之作用始終如一，且遵循吾人所不明之原理之法規。然而柏克勒以道德之法規必增進人類之幸福，是可以推演論證的，其有永久不變的眞理，與幾何命題同。

第四章　休謨

第一節　問題

洛克主張我們有觀念之確實的知識、有神及道德之論證的知識、有外界物體之實際確實的知識。柏克勒否認物質世界之存在，而以我們的知識祇限於觀念、關係與精神的東西。休謨 (David Hume) 採取經驗論的知識起源論及柏克勒之一切存在卽是知覺之學說，而推論出來他所認爲這些前提之結論。如果我們所能知的祇限於我們自己的印象，我們就無權力以肯定物質的實體或精神的實體之實在。我們求不出來任何印象，足以證明我們的任何種實體之假設。我們的經驗中發見不出來什麽東西足以證明我們的必然關係或因果關係之必要的概念；因與果之意，不過是觀念之有規則的繼續。哲學、神學與自然科學產生不出來普遍必然的知識；神學、宇宙學、心靈學與合理的科學——洛克所說物體之學，——概是一樣的不可能。我們所能知的，祇限於我們的經驗，我們所達到的，唯限於我們的經驗範圍內之或然性。休謨表同情於笛卡爾、霍布斯、洛克，以眞知識必是自明的，然而他以爲除了數學之外，任何處找不出來這種知識，因爲數學祇是分析其本身的概念。

休謨之意見是經驗論，因其以我們的知識來自經驗；又是實證論 (positivism)，因其以我們的知識祇限於現象界；又是存疑論 (agnosticism)，因其以我們不知道究竟實體、原因、靈魂、自我、外界、宇宙是麽什；又是人本主義(Humanism)，因其以人類精神的世界，爲我們的硏究之唯一的眞實對象。

休謨於一千七百一十一年生於愛丁堡（Edinburgh），長而學法學，會爲王公之祕書，時在一千七百六十三年至一千七百六十六年間，到了一千七百六十七年，爲國家副祕書（Under-Secretary of State），供職凡三年。他的主要的著作是人性論（Treatise upon Human Nature），共三卷。這是他初次遊歷法國（1734—1737）著的。但這部著作不很通俗，發行的很不廣。迨後改訂爲通俗的，三卷繼續出版。然而他在當時的聲名是以歷史家出名，並非以哲學家出名。他第二次到巴黎，爲英國大使館之館員，結識了盧梭、狄德羅（Diderot）、何爾巴哈（Holbach）、堵哥（Turgot）、達蘭貝爾（Dalembert），並介紹盧梭遊歷英國。他死於一千七百七十六年。

他的著作如左：

Treatise upon Human Nature (1739-1740); five volumes of Essays: 1. Essays, Moral,Political and Literary. 1741-1742; 2. Inquiry concerning Human Understanding, 1748 (a revision of Book I of the Treatise); 3. Inquiry concerning the Principles of Morals, 1751 (revision of Book III); 4. Political Discourses, 1752; 5. Four Dissertations, 1757, including A Dissertation on the Passions (Books II of the Treatise) and Natural History of Religion. Posthumous works: My Own Life (published by Adam Smith), 1777, Dialogues concerning Natural Religion, 1779, Suicide and Immortality of the Soul, 1783. His Hirstory of England appeared 1754-1762.

關於他的參考書：

Monographs by Huxley, Knight, Calderwood, Orr; Green, Introduction to Hume's Works, also in Green's works; Elkin, Hume's Treatise and Inquiry; Jod., Leben und Philosophie Humes; E. Pfleiderer, Empirismus und Skepsis in Humes Philosophie; Spicker, Kant, Hume, und Berkeley; Meinong, Hume-Studien, 2 vols.; Gizicki, Ethik Humes; Hedvall, Humes Erkenntnisstheorie; Lechartier, Hume; moralists et sociologue. See also McCosh, Scottish Philosophy, Pringle-Pattison. On the Scottish Philosophy, and the works on English philosophy mentioned pp. 254, f.

第二節　人性學

休謨說，所有的學問，皆與人性有關係。邏輯之唯一目的，在解釋我們的推理的心能之原理與作用及觀念之性質。道德學與批評學在研究我們的嗜好及情感。政治學考察人在社會上之團結及彼此的相依。縱是數學、自然哲學、自然宗教也是由人類心能與能力裁判之。所以我們應該研究人性本身，以便求出規定我們的悟性、激動我們的情感驅使我們讚賞和責備某種事物行爲之原理。我們區別眞假、善惡、美醜所憑藉者是什麽？人學——休謨所稱的道德哲學——是其他一切學問之堅固的基礎，必須依賴經驗與觀察。實驗的推論法，必須引入哲學中。休謨竭力把這種工作納入他的人性論中，這部著作的第一卷是論悟性，第二卷是論感情，第三卷是論道德。他的人類悟性論 (Inquiry Concerning Human Understanding)、情感論 (Dissertation on the Passions) 及道德原理論 (Inquiry Concerning the Principles of Morals) 亦是討論此同一的題目。

換言之，我們必須開拓眞玄學——悟性學，以破除那想穿鑿理智所不能了解的虛假之論雖然不過是貢獻一種較好的心理圖顯示人心之各部分及權力至少亦應得到與天文學研究之同樣的滿意。然而爲什麽不能希望發見心理作用之祕密的原理，爲什麽心理學上不能求出一個如同牛頓在宇宙中所發見的心之普遍原本？

第三節　知識之起源

休謨所研究之主要問題，爲知識的起源與本性之問題。什麽是知識之起源？什麽是知識之確度、範圍及界限？知識之法式或範疇，如實體與因果，有什麽價值？休謨關於這些問題的答案，皆是根據於他對於知識起源問題之答案。他說，我們的思想所有的材料概是發生於內外的印象(Impression)。印象是當我們有所見、有所聞、有所覺、有所愛、有所恨、有所欲、有所擇時之最活潑的知覺；換言之，是最初發現於我們心靈上之感覺與感情。我們的思想或觀念，是這些印象之抄本他們是比較不活潑的知覺、不淸楚的印象；我們思索感覺時或運動時則認識之。外界的印象或感覺由未曾知道的原因而發生於我們的心中，而內界的印象多半由觀念而生。例如印象刺激了我們的感官，我們就覺得熱或冷、樂或苦。一個事物的影本仍然是一個印象，是一個觀念。這個苦或樂的觀念另生新的印象：慾望與厭惡、希望與恐懼是反省之印象。這些印象又是記憶與想像之影本。知識概由這些印象構成，其構成之方法，是把經驗與感覺所供給的材料混合之、變更之、增大之或縮小之。印象之混合與構造，是屬於心理與意志之事。如分析之，則可以看出我們所研究的各個觀念是由相似的印象影印出來。且而無印象就無觀念；譬子無色彩之觀念，聾子無聲音之觀念，即是其例。所以當我們研究哲學術語之意義之時，須得問假定的觀念由什麼印象產生出來的。

然而我們的思想或觀念不是完全散漫無關聯的，不是偶然聯接的；他們引起別的一個觀念，有一定的規則與方法。他們中間有聯貫的關係，這一個觀念必引起那一個觀念。看見一張圖畫，自然的使我們想及其原形（類似），指出一座房宇內之一間屋，就暗示其鄰近的一間（接近），想及傷處，就引起痛苦的觀念（因果）。這種現象叫作觀念之聯想。聯想之法則或原理，是類似、接近與因果。換言之，思想之趨勢，是想及其類似的東西，是想及其在時間與空間上接近的東西，是想及其有因果關係的東西。我們的複雜的觀念之成立，即是賴此觀念聯想律。

我們關於事實的推論，是根據因果關係，換言之，我們常由現有的事實與其他的事實之間尋求關係。例如一個人在荒涼島中拾得一錶，他就由這結果，推論其原因，他推論到必定有人到過這個荒涼的島上。我們研究因與果時，全靠我們的思索與習作。所以這個關係之研究，是最重要的事情。然而我們怎樣得到因果的知識呢？這種知識之確實如何呢？其明證之性質如何呢？

我們不能由先天的推理，得到這種關係的知識。亞當不能事前由火之熱與光，推論到火將毀滅他。人心不能由假定的原因，推演出來結果。任何推論法，不能使我們由因推果的發見炮藥之爆發、磁石之吸力。因爲結果完全與原因不同，決不能由原因中求出結果。我們不能證明某種原因必產出某種結果，或某種原因必定永久的有同樣的結果。我們不能如同證明數學的命題一樣的證明食物有養力，火有熱。食物之性質與養力之間無必然的關係，不能有有此必有彼之意義，如果有之，則我們無須經驗，就能由這些性質之第一次的發見，而推得其結果，正如由三角形之概念而推論出來三角形之內角之和等於兩直角。我們若假定火不熱、食物無養力、炮藥不爆發，並無邏輯上的矛盾。

我們的因果關係之知識，是據經驗與觀察而來的。我們觀察出來了某些對象先後相連，相似的對象常接聯一齊，熱從火而來，冷從雪而來，一個台球的運動，引起別的台球的運動。我們如果在許多事例中發見了兩種對象常相接聯，我們就推論到這兩種對象是有關係的，這一個對象為那一個對象之因。換言之，我們由這一個之發現，就盼望那一個之發見；我們的心理養成一種習慣，相信所研究的兩種對象有關係；二者常在一起。我們見了熱與火、重量與堅固、兩種事情常相接聯，我們的習慣就驅使我們盼望這一件事發現了，隨着有那一件事發現。換言之，我們有了一些對象常相接聯之經驗，就使我們相信他們有關係。這種信仰是心理之一種作用，是一種自然的本能，恰如我們受了某種東西的利益，我們就愛好某種東西。信仰不過是一種情感，這種情感是人人都感覺着的，故人人都了解其意義。（休謨在其人性論中尚未確定這種信仰之心理學。他扎信仰視同想像，但這事似乎對他還不甚明瞭，不大滿意。）所以，自然未將由相似之因而推相似之果，或由相似之果而推相似之因的心理作用託於理性之謬妄的演譯，而置之於本能的機械的趨勢之下。

所以若為原因下一個定義，祇可說原因是一個跟隨有別的東西的一個東西。原因發見了，常使人想着有別的東西隨着發現。然而這個定義，玄學家是不滿意的，因為他們認為其中還有缺陷。玄學家認一個原因是產生別的東西的一個東西，原因中還有隱祕的勢力或潛能，藉此勢力或潛能以產生結果。原因與結果有一樞紐——因果間必然的關聯；——聯結之；我們若知道這種樞紐，縱無經驗，也能預料結果，亦能依思想與推理之燭火，一見而確定此結果。果眞如此，我們實在能由原因推出結果，知道了原因，必定知道結果。我們縱未經驗過，也能立卽知道一個物象將如何的行動。

然則勢力、潛能、必然的關係——這些術語是什麽意思呢？我們有何權力運用之呢？爲了解這些問題起見，我們必須分析勢力、潛能、必然關係等之觀念。我們內外的感官預先未嘗感知的東西，我們不能想到。然則這個勢力之觀念所依賴的是什麽印象呢？我們怎樣的得到這種觀念呢？當然我們觀察外界的物象，討論原因之作用時，我們決不能發見什麽勢力或必然的關係，聯接原因與其結果，而驅使這一個物象必爲那一個物象的結果。我們祇發見了這一件事確實跟隨着那一件事物。衝動了一個台球，就引起第二個台球之運動，這是我們的外界的感覺中所呈現的情形。我們決不能由一個物象之初次的發現，推論其結果如何。宇宙中運用全體妙機之勢力，我們完全不知道。我們知道熱常跟隨火，然而他們中間的關係，我們不能想像。我們未曾由我們自己的心理作用——反省——得到權力之觀念；權力觀念也不是由我們任何內界的印象或觀念影印出來的。然而有人也許說我們不是時常知道身內的權力嗎？不覺得意志命令我們的身體的機關，指導心的官能嗎？一種意志的動作，可以運動我們的四肢，引起一個新觀念於我們的想像中。我們由意識知道這種意志之勢力，故我們可以得到權力或潛能之觀念，並且確定我們自己及其他有理智的生物都具有權力。

休謨說讓我們來檢查這種意見對不對。我們由意志鼓動身體之各機關，本來是實然其鼓動之方法，我們不知道；我們決不能直接認識意志鼓動身體各機關所憑藉之潛力。這個潛力完全非我們所能知道。身體的運動出自意志的命令，這是經驗告訴我們的，但意志如何運動身體，則是神祕不可思議的。經驗未曾告訴我們：聯接意志與其作用，使二者不能分離之奧祕的關係。心身間之全部的關係，是神祕不可思議的。他們的因果關係，我們不知道；我們決不能由因果關係推論心理對於身體之影響，與身體對於心理之影響。我們的意志如何支配我們的思想，我們的心靈如何產生觀念，也是同樣的不能知道。我們從來未發見這樣的力量；我們所知道的，是意志命令一個觀念及隨之而生的事情。

總而言之，我們完全不能發見因果中之任何勢力；我們所知道的，祇是一件事情 (one event) 跟着另一件事情。我們不能觀察出來運動與意志相聯接之樞紐，或心理產生此結果所憑藉之潛能。自然界的事情也是與此相同。一件事情跟着另一件事情，我們決不能發見其間之關係。他們似乎是聯接的 (conjoined)，但決不是有必然關係的 (connected)。我們從未經驗過聯鎖他們的線索或勢力；我們沒有這樣的印象，所以我們沒有這樣的觀念。像玄學家所說的什麼勢力、什麼關聯，完全是無意義的文字。但是若把那些文字正當的用之，也還有意義，如說一個物象跟隨另一個物象，這個意思，即是說他們在我們的思想中有一種關係。如前所說，心理上有一種習慣，因爲見了一件事情發現，就盼望另一件事情常隨之發現，而信仰其必發現。所以我們心中覺得的這種聯貫的關係——一件事情必隨有他一件事情之習慣的想像——是一種情感或印象，我們由之構成權力或必然的關係。

所以據休謨說，諸物象不是必然的聯貫一齊，但因我們心中聯想之作用，諸觀念是聯貫一齊的。聯想作用是重複之結果或習慣之結果。觀念之聯在一起，常常是因爲有了這一個，就暗示出來那一個。這沒有邏輯上的必然性，但有心理學上的必然性，這種心理學上的必然性，靠着經驗。這種歷程在獸類與兒童中是這樣，在成人與哲學家中亦是這樣。

另有一個概念是哲學家構成的，這一個概念是實體（substance）之概念。他們以物體之聲色、嗅味、形狀及其他性質不能獨立存在，必有主宰之者。想像杜撰一種不可知的、不可見的主宰，爲千變萬化中之不變者。這種不可知的主宰，就是實體。實體之性質，叫做偶然事情（accidents）。哲學家又假定有靈妙的性質與實體的法式。但這都是些杜撰，都是暗室中尋黑鬼。我們除了知覺之外，沒有別的完備的觀念。實體與知覺不同，所以我們沒有實體的觀念，各個性質，彼此不同，不僅可以認爲彼此獨立，並且與不可知的向壁虛造的實體也不相同，也無關係。

第四節　知識之確度

我們所有的觀念或思想，卽是印象之影版，所有的知識，當然是生於經驗。現在且來問一問知識之確度如何？其證明之本性如何？所有人類理性之對象，可分爲兩種：一爲觀念之關係，二爲事實之材料。屬於第一種的如幾何學、代數學、算術，簡言之，凡是直覺的或論證的論斷，皆屬此種。三角形弦邊之平方，等於勾股兩邊之平方之和，是表示各邊之關係。三乘五等於三十之一半，是表示這些數目之關係。這一類的言論，可由思想之作用發見，無需什麼別的幫助。自然界縱無一個圓或三角形，幾何學所證明的眞理，永久是確實的、自明的。

人類的理性對象之第二種事實材料，非感覺或印象所能證明，完全出於因果關係。我們關於因果之知識，是來自經驗，這是前面已經說過的。我們的習慣使我們由所經驗的常在一起的事物推論到那些事物仍舊要在一起，但習慣是一種本能，而本能也許有錯誤。事實材料之證明不像數學之明證。他的反對面依然是可能的，因其決不含有矛盾。例如明天太陽不出來了，這句話的不可理解與矛盾並不甚於明天太陽要出來的一句話。這裏並不是論道確實自明的知識，乃是論道或然的知識。

我們對於實體無任何觀念，實體在我們的知識中無地位。但是也許有人要問：爲何關於因果信任想像，而關於實體獨不信任想像呢？休謨的答案是：我們必須要區別永久的、堅固的、普遍的原本與變化的、輭弱的、不規則的原本，前者爲因果的原本與後者爲實體、實體的法式、偶然的事情、靈妙的性質之原本。前者是我們的思想與行爲之基礎，這種基礎如果搖動了，人性必定消滅。後者不是人類所必需的，對於人生行爲亦非有用的不可少的。

所以我們關於事實材料，無絕對的或自明或確切的知識；我們的知識決不能達到絕對的確實性。我們的結論根據經驗，我們相信將來必與過去相同，但我們不能絕對的斷定將來的事物無變動。然而我們的行動若不根據自然有聯貫有規則之信仰，我們就不能生活；任何實際上的福利，不能來自懷疑論；實行是醫治懷疑的思想之最好的方法。

第五節　外界之知識

然而僅僅的感覺不甚可靠，我們必須由理性訂正之。我們信任我們的感覺，是由於我們的自然的本能。我們假定一個外界的宇宙並未用任何推論甚至在運用推論之前已假定有一個外界的宇宙。我們假定縱然每個有感覺的生物都消滅了，外界的宇宙依然的存在。然而些微的哲學便搗毀了衆人之意見。他說呈現於人心上沒有別的，祇有影像或知覺。我們不能證明知覺是由與牠不同的、縱或與牠相似的外界物象產生出來。經驗亦不能證明牠，因爲我們心中所有的祇是知覺。我們看見了兩個知覺間之因果關係，但我們決未看見知覺與事物間之因果關係，因此我們不能由知覺斷定物象爲其原因。我們若把物質之原始性質與二等性質剝奪了，就祇剩下了一個不可知的不明瞭的東西而認之爲印象之原因，但既不可知，又不明瞭，還有一顧之價値嗎？我們不知道到底有無物體之自體（things-in-themselves）。所有我們知識之對象，概是我們自己的印象之觀念。這些觀念到底是來自外界的物象或來自不可知的實體或來自我們的本身或來自神，我們不能證實感覺之呈現於人心中是由不可知的原因。所以我們所能做的，祇限於經驗範圍內，祇限於印象及觀念範圍內。我們能比較我們的觀念，指出他們的關係，推論他們的關係，因而得到一種論證的知識。我們又能觀察我們的感覺的秩序；我們由習慣的作用，認這個物象與那一個物象有關係，因而叫做因與果。

我們研究的對象，必須以人類悟性之狹小的能力所能及者爲限。哲學的斷案不是別的，乃是正確的有方法的普通生活之反省。哲學家的言論不能超過普通生活之外，因爲他們的討論的憑藉狹小無能，不甚完備。關於宇宙之起源及自然之情境永久的得不到滿意的結論。

第六節　心靈之實體

所以研究宇宙之究竟的本源及宇宙之本性之玄學，是不可能的；合理的宇宙論是無討論之價值的。我們也不能有什麼合理的心理學，——研究心靈本質之學，我們不知道有什麼非物質的、不可分的、不消滅的心靈實體。實體之觀念，不論用於物質上或心理上概是無意義的。休謨說思想的實體單純不可分之說是眞正的無神論；如果我們採取了這種學說，就算是採取了斯賓羅撒的學說。我們沒有有些哲學家所說的單純的一貫的自我。我們身中無這種單純的一貫的原本。我與所謂自我合一時，我祇遇着一些冷、熱、光、暗、愛、恨、苦、樂等知覺。無論何時，若無知覺，決抓不住所謂自我，除了知覺之外，絕觀察不出來什麼。所謂心，不過是各樣的知覺之總匯，這些知覺以非常的速度前後相隨，并不住的變遷，不住的運動。心好像一個舞臺，一些知覺在其上繼續的表現，穿去穿來，構成一種變化萬端的景緻。在一個時候，無單純性；在各種時候，并無前後一貫性。休謨說，把心比作舞臺，切不要誤會了。構成心的祇是一些相隨的知覺。心并不是供他們扮演的一個地方，也不是甚麼物質所構成。每個顯明的知覺，都是一個顯明的東西，與其他暫時的或相隨的知覺有別。這種一貫的關係就是眞實的約束幾個知覺於一起的東西呢？還是祇聯合知覺之觀念於想像中的東西呢？當我們說一個人一貫時，我們曾經觀察出來了約束他的知覺的眞鎖鑰呢？或者祗是覺着他是在我們對他所形成的諸觀念中呢？悟性從來沒有觀察出來物象間之眞正的聯繫，縱是原因與結果之聯繫也是由觀念的聯想決定出來。所以一貫不是各種知覺所固有，而將他聯繫着；乃是當吾人思維之時在想像中有他們的觀念之結合，因而給予的一種性質。心不過是各種知覺依某種關係而聯絡一起之總匯，而假定其有完全單純性與一貫性，——雖然這種假定是不當的。

第七節　自由與必然

必然與因果之觀念，完全出於在自然界之作用中所觀察的統一性 (uniformity)。凡是相似之物象，常常聯接一起之時，我們的心受習慣之驅使，就由這一個物象之發現而推定那一個物象。除了相類的物象常常聯接一起，及由此推彼之習慣的推論以外，我們沒有什麼必然或關係之概念。這個必然的觀念，也可以應用於人類之自由的行動上。自由與必然之爭論，是起於誤會，若有明瞭的定義，卽可以剷除這種爭論。人的行動中多有統一性；人無論在什麼時候，什麼地方，多半是無變動的。動機與自由的行動間之關係，其有定規與有統一，恰如自然中之有因果關係。這是普天之下的人共同知道的。若不知道必然之道理，及由動機推自由的行動之推論，由品行推行爲之推論，似乎就不能從事研究學問及行動。然而爲什麼有些人還反對必然說呢？這是因爲人有錯誤的必然之概念。他們相信他們觀察出來了自然界因果間之必然的關係，但反省自己的心理作用時，未嘗感覺着動機與行動間之常然的關係。然而必然並不是強制的，乃是行動之一致，動機與結果間之常然的關係。自由是依照意志所決定的做與不做之權力；我們的意志決定休息，我們可以休息，如決定動作，我們就動作。也許有人否稱這樣的行動為必然，但是了解。必然之意義，此說亦無妨礙。此中自有其道理。

這樣解釋的自由說與必然說，不僅與道德無衝突，且而絕對的為維持道德之必需。必然是相似的物象之常相聯接一起，或是悟性之由此推彼之推論。我們常推論人之行為，我們這種推論，是根據相似的動機必有相似的行動之經驗的關係。若果一個人的行動不出自他的品性與氣質，他對那種行為就不負責。缺乏自由時，人的行動就無道德之可信，既不能讚賞之，也不能責貶之。道德的行為必出自人之固有的品性與氣質，因為這是自由的行動。若行動出自外界的強迫，便無褒貶之可言。因其不是自由的。

第八節　神

我們雖然信仰世界獨立存在，但不能證明之，因此，合理的宇宙論成為不可能的。我們也不能證明心靈實體之存在及靈魂之不死；因此，合理的心理學成為不可能的。最後，我們不能證明神之本性、屬性、命令計劃；因此合理的神學成為不可能的。目前常見的現象，譬如一塊石頭的分子及凝結力，尙且是不明白的，我們怎樣能確切的斷定宇宙的起源，追究其永久的歷史？我們的思想若欲上極悠久的往古，下究無限的來世，換言之，若欲研究宇宙之創造及構成、神之特徵及本質、無始無終、全知全能、無限無變、不可了解的普遍、神靈之能力與作用，我們的各種心能千萬做不到。

神之存在不成爲問題，其成爲問題者，爲神之本質。神之存在爲千眞萬確的，是我們的希望之本源，道德之基礎，社會之柱石。沒有什麽東西能夠無根源而存在，宇宙之根源我們叫作神，我們認神爲各種完全之標準。然而我們不能了解神之屬性，更不能假定他的完全有些像人類的完全。休謨極力攻擊目的論的論證，——由宇宙之秩序及美善推論神之智與善。他說，若非各種事件精密的相似，我們不能完全信任類推的方法。宇宙與房屋、家具及機器，其間大有不同；我們不能由結果中約略的相似而推論出來相似的原因。本來，智慧是自動的原因，我們看見自然之某某部分藉此自動的原因以產生變化於其他部分中。但人與其他動物之思想理智、計劃亦不過是像宇宙原本中之冷或熱、愛或憎及日常所見者之一。我們不能由部分推全體，而得到確實的結論。縱或能夠，我們腦中的小小激動，——所謂思想者，——又何能爲宇宙之模型呢？我們能想像自然不絕的很透徹的影印浩瀚的宇宙嗎？如果看見一所房子，我們可以十分確實的斷定他經過了建築家或泥瓦匠之手，因爲明明白白的是我們所經驗過的某種結果發生於某種原因。但宇宙不恰像一所房子，我們不能確切的推出相似的原因，宇宙中用類推是不十分可靠的。關於宇宙方面，若由結果推其相似的原因，祇有瞎猜或想像。

我們又不能以神心類似人心，若果如此，必流而爲擬人論（anthropomorphism）。人心不斷的變遷，決不配與神心之單純不變性相比擬。再者，爲什麽不以物質的世界爲止境呢？說神之理性的構成自有其秩序，由其本性使然，與說物質的世界之部分自有其秩序，由其本性使然，其意義相差不遠。我們經驗着物質是如此，經驗着精神想由宇宙之本性推論神之本性，其結果必發生毛病。用這個擬人論的推論法，我們必不能給神以無限性，因其結果不是無限的；又不能給神以完善，因爲宇宙不是完善的。縱或宇宙是完善的，但其精美的工作是否應該歸功於一個創造者，尙不能確定。在現世界成功之前也許經過悠久的時期，創造了許多世界，沒有好結果，白費工夫，迨經過許多的試驗，長久的時期，慢慢的進步，而後成功現有的世界。且而這種證據上也不能證明祇有一個神；也許有許多神聯合的製造此世界。再者，人是有死的，藉世代輪迴以更新其種族；然則我們又何必用此類推法，遂將宇宙的境遇摒出於神之外呢？又爲什麽不完成我們的擬人論，而給神以肉體呢？

據休謨說，還有一種假設，以世界是一個動物，神是世界之靈魂，他使世界實現，而世界又實現他。世界顯然的多似一個動物或植物，少似一個鐘或一件縫紉器。所以世界之根源類似動物或植物之根源，其或然度高多了。動植物之根源是繁殖或發育。所以世界之根源也可以斷定爲類似繁殖或發育。

其實，這些假設都幻想；我們並無建設宇宙創造論之材料。我們的經驗是有限的，不完的，不能揆度萬事萬物。但是比世界爲動物的假設，與比世界爲一個人的假設，是同樣的可能，或者前一種的類比，比後一種的類比較爲切近些。

休謨又說，我們不能由宇宙推論出來一個具有如同人類所具有的道德的性質的神。自然之目的或用意，似乎在保護並傳播種族，但不在保護並傳播他們的幸福。世界上苦痛多過幸福。世界上痛苦的事實，足以證明神不是仁慈的或萬能的。身體的與道德的罪惡，使我們不能推出來一個善神。也許有人說人類理性薄弱無力，不足以了解宇宙之目的但是這種說法也不足以推出神是善的僅足以警戒人必須由其所知的下推論不可由其所不知的下推論。

神是必然存在的東西；我們沒先天的論證。有的東西而不存在幷不矛盾。我們不能證明神是由於他的本性之必然結果而存在，因爲不知道他的本性是什麽。我們知道物質的世界有各種的性質，故足以證明物質世界之存在。

休謨對於宗教之起源，認爲人之所以信仰神，不是由於思想、好奇或純粹的愛好眞理之結果，乃是由於幸福之渴望，來世苦痛之恐懼，死亡之恐懼，報復之希望，飲食及其他必需之欲望。最古的宗教必是多神教或偶像崇拜，而不是有神論。

休謨雖有上面的一些懷疑的思想，但是他說若果有好的悟性的人，一受神之暗示，決難否認神之觀念。萬物中之目的、意旨或計畫是顯然的，我們若擴大我們的悟性，卽足以洞觀此目的或意旨或計畫，並且必定十分相信有不可見的，具有理智的原因或主宰之觀念。這種普遍的趨勢，——信仰不可見的具有理智的主宰，——若不是一種本能至少也是通常人性的從性，這種信仰可以認爲是造物主賦予人之一種特記或標幟。

第九節　反主知主義(Anti-Intellectualism)

神學不是一種可以論證的學問，我們不能證明神之存在或屬性。目的論的論證是不完全的；擬人論是一種偏見。休謨傾向一種有機體的宇宙觀，這與十八世紀之理想相反。他的宗教起源的意思，也與十八世紀的意見不同；十八世紀之學者，以宗教之起源是起於原始人的合理的心能或機巧的祭司之發明。休謨反對這些意見，他以神之信仰不是思想推論之結果，乃是根據於人之感情或衝動。宗教之根源在人之意志，這種主張便是宗教之主意的說明，代替了宗教之主智的或合理的說明。再者，宗教是逐漸生長的，不是一時造成的；有神論是由多神教進化而來的。休謨又把這些見解引入他的政治學中，他排斥十八世紀所盛行的神權的政治學說及契約論。沒有什麼顯明的得了大衆的同意而立的契約；契約的觀念遠非野蠻人所能了解。酋長的威權的運用，必是因特別的事故，必是出自當時所認爲緊要的事故，迨後覺着運用威權有利益，遂常常用之，用之既久，遂成習慣，習慣既成，就認爲得了民衆的同意。倘我們追究政府在榛獷廣漠之地開始之時，民衆即是權力與法律之源，本他們爲欲得到安甯秩序起見，自動的放棄其本來的自由，而受其同曹之法律之支配。這是歷史的或發生的政治觀，不是理性的政治觀。

第五章 英國之理性論的反動

第一節 劍橋學派

英國自羅哲爾・培根(Roger Bacon)及奧坎・威廉(William of Occam)以來，雖然經驗論大盛，然而持反對者未嘗完全消滅。經院哲學之理性論的傳統，依然保存於各大學中及神學者之間；因而唯心論的哲學起而反對霍布斯、洛克及休謨之哲學。劍橋大學之教授克德華斯(Cudworth, 1617—1688)在他的一千六百七十八年著的宇宙之眞智論(True Intellectual System of the Universe)中，由基督教的柏拉圖主義之見地，反對霍布斯之無神論及唯物論。他採取笛卡爾之理性論，而反對一切流於無神論之機械的自然觀。凡人都有相同的根本概念或範疇，凡是明明白白的知覺着的，概是眞的。這些先天的範疇，都是普遍的理性之必然的反映，即是神之必然的反映，並且構成萬物之本質。道德法律是這類的先天的眞理。克德華斯的倫理學載在他的遺著永久不變的道德論(Treatise Concerning Eternal and Immutable Morality，出版於一千七百三十一年)中及自由意志論(A Treatise of Free Will，出版於一千八百三十八年)中。

劍橋學派中其他名人爲謨爾(Henry More, 1614—1687)、蓋耳(Theophilus Gale, 1628—1677)及那尼斯(John Norris, 1657—1711)

參考書

Tulloch, Rational Theology, etc., vol. II; Martineau, Types of Ethical Theory, vol. II, Book II; Jodl, Geschichte der Ethik; Scott, Introduction to Cudworth's Treatise; Huebsch, Cudworth; Mackinnon, Philosophy of John Norris.

理性論——主張有思想上與實用上之普通必然的眞理，不是出自經驗，——依然存在於英國十八世紀之思想中。克拉克(Samuel Clark, 1675—1729)在其一千七百零八年所著之自然宗教之不變的義務論（Discourse Concerning the Unalterable Obligation of Natural Religion)中說，宇宙中有萬物之永久必然的差別與關係，神與人之理性中能知覺之。無論何人，不能否認正確的數學論證或道德眞理。武拉斯吞（W. Wollaston, 1659—1724）著的自然宗教(the Religion of Nature Delineated)及普麟斯（Richard Prince, 1723—1791）著的道德上的根本問題(Review of Principal Questions in Morals)與唯物論及哲學上的必然論(Letters on Materialism and Philosophical Necessity）皆同意於此說，後來又爲黎德(Ried)之蘇格蘭學派所採取。

第二節　蘇格蘭之常識學派

黎德(Thomas Ried, 1710—1796)所領導之蘇格蘭學派，反對柏克勒之唯心論及休謨之懷疑論。原來，經驗論曾經終於否認常識所認爲最確實的知識之事實，——外界之存在、靈魂之不死，——而懷疑於眞理之可能。如果實體與因果之概念僅是幻想物象(objects)不過是腦子中之觀念，則實質的靈魂不能有神之存在將不能證實而哲學亦要破產了。哲學不能與人類共同意識相反。感覺足以直接使人相信物象之實在，而對物象之信仰即是眞理之標準。一切證據端賴此直接的自明的知識，再沒有什麽別的還好些的證據。這種直接的證據及眞理的標準即是常識這種原理是我們由觀察而發現的，是必然的眞理之第一原理，又是偶然的眞理——實在的事實的眞理——之第一原理。黎德說屬於前者的，爲邏輯與數學之公理、文法、嗜好、道德及玄學的原理；屬於後者的，爲我們所認識的事物之存在；我們所應知道的自我之思想，我們自己的統一的人格及繼續的生存；我們由感覺明明白白知道的實際存在的萬物；我們有力支配我們的行動，決定我們的意志；我們區別眞僞之自然的心能不是錯誤的；我們的同曹有生命與智慧，相同的情形下，必有相同的事情。

蘇格蘭學派中其他的名人，爲比提(James Beattie, 1735—1803)奧茲瓦德(James Oswald)斯條亞(Dugald Stewart, 1753—1828)、布郎(Thomas Brown, 1778—1820)於一千八百零三年著因果關係論(Inquiry into the Relations of Cause and Effect)，想調和休謨哲學與常識哲學。到了哈密爾頓(Sir Wiliam Hamilton)這種哲學受了康德之批評哲學之影響。啓明時期之德國哲學家，大都感受蘇格蘭學派之思想，而翻譯其書籍。兩者同點甚多。法國之路瓦耶·珂拉爾(Royer-Collard)及喬弗羅(Jonffroy)擁護常識哲學，以反對感覺主義、唯物主義、實證主義。

黎德之著作及參考書如左：

Writings of Reid: An Inquiry into the Human Mind on the Principles of Common Sense, 1764; Essays on the Powers of the Human Mind, 1785, 1788. Collected Works by Hamilton, 7th ed. 1872; Selections from Inquiry by Sneath. See Fraser, Reid; Peters, T. Reid als Kritiker von D. Hume. On the whole movement see especially the works on Scottish and English philosophy.

第四篇　德國理性論之發達

第一章　來布尼茲

第一節　德國文化之興起

在十八世紀以前，德國哲學無大進步。宗教改革後所發生之虛空的神學上之爭論，及三十年戰爭（1618—1648）對於哲學與科學之發達皆有阻礙。德國當路德時文化甚低，當時英國有莎士比亞（Shakespeare）、培根、密爾頓（Milton）及洛克諸大學者，法國有蒙旦（Montaigne）、柯奈耶（Corneille）、拉辛（Racine）、摩利爾（Molière）、巴斯噶（Pascal）笛卡爾諸大學者，其文化皆較高。當時德國文字似非文壇上之工具，上流社會的說話用法文，一般學者著書用拉丁文，唯有一般平民方才用國語。經過無數的朝代，才引入法國文化而倣傚之。當時民族主義之精神衰落，德國疆域分爲多少獨立的國家，德國人民恥用德國名字。各大學——與英法各大學相仿，——不負傳播近代思想之責任；新科學與哲學祇發達於各大學之外而爲一般上流社會人物所鼓動。德國新文化之最先的大師：一、爲溥分道富（Samuel Puffendorf, 1632—1694），他擁護自然法則之理論；二、爲托馬西厄（Christian Thomasius, 1655—1728），他始以德文刊布定期刊物，并以德語在來比錫大學（University of Leipzig）講演三爲來布尼茲，他以數學、法學及哲學出名。崔爾浩森之富爾特（Walter von Tschunhausen, 1651—1708）亦是其中之一人。他與斯賓羅撒及來布尼茲相友善，採取數學之方法而以一切演繹法須以經驗的事實爲起點，在經驗中求其實證。這些學者都是德國近代思想及啓明時期之先鋒隊。這種近世思想及啓明運動業已種了種子於英法兩國，後來到了勒新（Lessing）、哥德（Goethe）、康德諸大哲之手，就得到最豐富的收穫。

第二節　問題

笛卡爾假定精神與物質爲一切解釋之兩種不同的原理。前者之根本性質爲思想，後者之根本性質爲體積。斯賓羅撒假定一種普遍的實體，有體積與思想。他們兩人皆認爲物質界與精神界爲絕對不相干的兩個系統，其不同者，惟笛卡爾主張二者在人之腦中有交互影響而已。他們把物理的東西作物理的解釋之，都認物質的宇宙爲一個機械。這種機械觀是近代哲學家及自然科學家所公同承認的。然而許多大學中所盛行的哲學，約兼神學的經院哲學，則極端反對之，並責之爲無神論，未嘗顧及世界中神的目的。來布尼茲與他的先輩人一樣，青年時期在大學中學經院哲學，而秉承新教的經院學者之傳統的宇宙觀，及其研究了近世哲學與科學，尤其是他發現了微積分，他的思想大加變動，認定必須把近世哲學與科學之成功與基督教經院哲學之寶貴的成分作同樣的價值看待，——簡而言之，必須有一種學說調和機械論與目的論，自然科學與神學，古代哲學與近世哲學。他的老師，耶拿大學教授，數學家外格爾(Weigel)給他的眞理概念，尤爲他後來努力建設他的宇宙觀的張本，卽畢達哥拉斯、柏拉圖的和諧宇宙觀。他從來沒有放棄宇宙是調和的全體，支配於數學的及邏輯的原理之觀念，所以認數學與玄學爲基本學問，論證的方法爲哲學之眞方法。

來布尼茲生於一千六百四十六年，死於一千七百一十六年。他的生產地是來比錫(Leipzig)。他在耶拿大學及阿爾特多夫大學(University of Altdorf)學法學、哲學及數學。他的老師是著名的托馬西厄之父親，托馬西斯厄雅各(Jacob Thomasius)及外格爾。迨後寄居馬因斯(Mayence, 1672—1676)，乃從事修改法庭審判手續。一千六百七十二年至一千六百七十六年間出使於巴黎，歸國後，爲罕諾發(Hanover)圖書館館長，以終其身。

他的著作多爲法文德文及拉丁文：

Meditationes de cognitione, veritate et ideis, 1684; Lettres sur la question si l'essence du corps consiste dans l'etendue, 1691; Nouveau systeme de la nature, 1695; Nouveaux essais sur l'entendement humain (in reply to Locke's Essay, 1704; first published 1765); De ipsa natura, 1698; Essais de Theodicee, 1710; La monadologie, 1714; Principes de la nature et de la grace, 1714.

Collection of philosophical writings edited by J. E. Erdmann, 1840; by Foucher de Careil, 1859, ff.; by Janet 2 vols., 1866; by Gerhardt, 7 vols., 1875-1890; German writings by Guhrauer, 1838-1840. New material in Couturat, Œuvres et fragments inedits; Kabitz, Der junge Leibniz; P. Ritter. Neue Leibniz-Funde; Baruzzi Leibniz, avec de nombreux textes inedites.

譯爲英文者：

Philosophical Works by Duncan, 2d ed.; New Essays, by Langley; Monadology, etc., by Latta; Correspondence with Arnauld and Monadology, by Montgomery.

關於他的參考書：

Merz, Leibniz; Dewey, Leibniz's New Essays; B. Russell, Critical Exposition of the Philosophy of Leibniz; Guhrauer, Leibniz, 2 vols., transl. by Mackie; K. Fischer, Leibniz; Cassirer, Leibniz's System; Couturat La Logique de Leibniz, and Sur la metaphysique de Leibniz (Rev. de met. et morale, X, pp. 1-23); Renouvier, La nouvelle monadologie; de Careil, Leibniz, Descartes et Spinoza; E. Pfleiderer, Leibniz und Geulincx; Stein, Leibniz und Spinoza; monographs on the Leibnizian and Lockian theories of knowledge by Hartenstein, von Benoït, and Thilly; van Biema, L'espace et le temps chez Leibniz et chez Kant. Cf. also Zeller's able work, Die deutsche Philosophie seit Leibniz; Fabre, La pensee moderne (from Luther to Leibniz); Moller, De Leibniz a Hegel. pp. 366-367.

Zeller, op. cit.; K. Fischer, Leibniz; Baumann, Wolffsche Begriffs-bestimmungen; Zimmermann, Lambert; der Vorganger Kants; Storring, Die Erkenntnistheorie von Tetens.

第三節 力之概念

來布尼茲研究新科學之假設，而發見其有不妥之處。他覺得縱是物理學的事實，也不能以僅僅有體積的物體與運動之假設解釋到滿意的地位。笛卡爾曾經說過運動的量是不變的。然而物體靜而復動，似乎運動又有消滅與發生了。這又有背於繼續的原理（principle of continuity）。由此，可知當運動停止之時，必有一種別的東西存在，爲運動之根本。這別的東西就是力（force），力之量是不變的。所以沒有什麼實體不動作，不動作不是力之表現。凡不動作的便不存在，唯動作者為眞實。所以物體之根本屬性不是體積，乃是力量。因而運動不滅律，要被力量不滅律壓倒。體積不是物體的根本屬性之另一證據，是體積構成的性質。凡為各部分構成的東西不能算為一個原始的原本。因此，必須有更簡單者。力就是此最簡單的、不可分的實體。

來布尼茲哲學中動的或力的自然觀，壓倒了幾何學的或靜的自然觀。物體不藉體積而存在，體積則藉物體（力）而存在；無力或動，體積就不能存在。據笛卡爾說，物體之存在有賴於體積；據來布尼茲說，體積有賴於力或物體之存在。力是機械的世界之來源，機械的世界是力之表現於人之感覺者。體積依賴物體中之擴張、發展、綿延之諸性質。物體中有一種力先體積而有。物體所以呈現其為堅固不可入的物質者，由其中有抵抗之力。力之么匿是靈魂與物質——自動性與被動性——之不可分的結合。他是有機的、自制的、有目的的力，所以限制自己，或有抵抗力。

所以由來布尼茲看起來，空間是諸力調合的共存之結果，空間不是絕對的，是相對的，——沒有物體存於其中的絕對空間。——力不賴空間，但空間有賴於力。所以萬物之間與萬物之外，不能有空間，因為力停止作用，世界就歸於烏有了。

第四節　單子說(Doctrine of Monad)

是以物體是一羣簡單的力之集合體。既然有許多物，自然中當不止一個單純的力，乃是無限量的力，各個力都是一個單獨的實體。力是單獨不可分的，所以是非物質的、無體積的。這種單獨的實體或力，來布尼茲名之爲玄學上的點形式的元子、根本的法式、實體的法式、么匿的單子。他們不是物理上之點，因爲物理學上的點是緊合的點；又不是數學上的點，因爲數學上的點雖是眞點，但非實點，乃是着眼點(points of view)。唯有玄學的點方是眞而且實，沒有他們就無物。何以呢？因爲沒有么匿便無麗雜，沒有一，便無多。再者，力的么匿，必是永久的，不能消滅的，——唯奇跡能消滅之。力又不是創造的，因爲力的單子無生無滅。這是來布尼茲把他青年時代在大學中所得的原來的經院哲學的單獨自動的實體法式之概念轉變爲單獨的力之學說。

我們既然知道物體界是由無限量的、非物質的、無體積的力構成的。然則這種原本我們在什麼地方知道的呢？我們在我們本身內知道的。我們在我們的內心生活中，發見這種單純的非物質的實體，靈魂就是這種實體。凡在靈魂中是眞的，在一切單子中也要是眞的。來布尼茲用類推法解釋單子爲心理的或精神的力。單子有些處與我們的感覺及傾向（意志）相似，他們有知覺與嗜慾。與表現於吾人心中相同之原本，亦作用於物體及動植物中。各處都有力，各處都沒有眞空；物質之各部恰如一個花園，充滿了的植物；一切的物質皆有生氣的，縱是其最微小的部分，亦是如此。

然而石頭與植物中怎樣有精神呢？來布尼茲說，對的，石頭、植物、人類三者之心理，不是絕對一樣的。笛卡爾以爲心中沒有什麼無意識的東西，物質中沒有什麼無體積的東西。然而物理學指出自然根本上是非物質的，心理學指出精神根本上是無意識的。物體與體積不是同一的名稱；心與意識不是同一的名稱。心由知覺與傾向構成的。這些知覺之判然明瞭，依各種單子而異。就是人心本身所顯示之知覺，其判然明瞭之度數亦有不同。當我們精細的注意於一個物象時其最注意的部分就判然明瞭些，而其不注意的周圍的部分，就漸漸的不明瞭，以至於完全辨別不出來。其距我們注意之焦點更遠的物象，更其微小而模糊。所以有明瞭的知覺與不明瞭的知覺之分。不明瞭的知覺，就叫作微小的知覺。當海洋中有怒號時，我們的感覺不能辨別其各波浪之運動對於我們所產生之細微的知覺，然此各波浪之聲音概含於感覺中。因爲各單子之明度各有不同，故其在知覺中之明度亦各不同。在最低等的單子中，無論什麼事物都是混淆不明，類似在睡眠中；他們是一種昏迷狀態，這在植物之生活中可以見之。到了動物就有帶有記憶的知覺，——意識；到了人類，意識就更加明瞭了。人類的意識叫做統覺（Apperception），是內心狀態之反省的知識或自我的意識。

各個單子有知覺或表現之力；他知覺或表現全宇宙。由此言之，各個單子是宇宙之縮影，——小宇宙，是宇宙之活的反照。但是各個單子各由其自己觀點表現宇宙，其表的明度有各種不同的等級。各個單子是有限的，是個別的，自身以外，還有其他一些個別的單子。等級愈高的單子，其所知覺或表現其在宇宙中之部分越是判然明瞭；愈近於宇宙的單子，其表現宇宙愈明白。由此可下一結論：全宇宙中所發現的萬事萬物，各個人都可感覺着，因爲各個人可由個體認識全體，可由任何一個特別的事物中發見隨處所有的事物，並且可於現在時間空間中，發見過去已久的時間空間中，及很遠的未來的時間空間中所有的事物。

再者，單子是逐漸進步的，由最低的進至最高的。宇宙是由無限數的逐漸明瞭的單子構造而成，其中單子沒有兩個恰恰相同；如果有之，必定不能辨別（不可辨別之原理）。自然中無間隔，由最低的東西至最高的東西中間，無罅隙，從最微小的一點無機物質，到至高的神，中間是一個無限小的差異之連續線索。宇宙中，沒有什麼是無結果的，沒有什麼東西是死亡了的，沒有什麼東西是不存在的。神是最高等最完美的單子，是純粹的自動力，是原始的單子，是單子中之單子。綿延繼續之原理需要此最高的單子。

斯賓羅撒承認祇有一個普遍的實體，來布尼茲則承認有無數的普遍實體。笛卡爾也假定實體不止一個，但他所謂的本質是直接相反的（心與物），來布尼茲所說之力則本質上是相同的。古來的原子論者也認有許多同質的實在，但都是物質的，然而來布尼茲所說之實在是心理的。來布尼茲之原理與柏拉圖之觀念一樣，是永久的目的，然而又與亞里斯多德所說一樣，是在萬物之中為萬物之命根（Entelechies）。來布尼茲曾說過：『要了解我，必須了解德謨克利塔斯、柏拉圖與亞里斯多德。』來布尼茲在青年時代，主張唯有個體是眞實，共相之基礎在個體中，共相除非在神心中，不能離個體而獨立。他永遠沒有放棄這種思想。他把全體宇宙分成了無數獨立的東西，而以這個獨立的東西為心理的實體。

各個單子是在進化的程序中，因內部的需要而實現其本性。他不由外面的東西規定；他周身無隙可入，他是由自己內部潛伏的力量規定。這是聯續的原理之必然的結論：照聯續原理說，不常常在單子中的東西，即不能在單子中，現在不在單子中的東西，永遠不能攢入單子中。單子經過進化中各階段，而發展其內部預先有的東西。全體人類是預先製成於亞當之種子中，伊弗 (Eve) 之卵巢中。發展成熟的個體預先製成於種子或胚胎中。單子中所有的東西不致喪失原始的階段中所有的東西，到後來各階段中俱未喪失，後來的各階段都是由原始的各階段預先規定。所以各個單子是由過去的階段放大而放大為將來的階段。這種預先的內定論 (the Incasement Theory) 是來布尼茲時代之生物學家——雷文胡克 (Lewenhock) 與算麥丹 (Swammerdan) 等——所共同的主張。一千七百五十九年，服爾富 (Kaspar F. Wolff) 出而反對之，他倡導新生論 (Thory of Epigenesis)，以各機體由原始的同質種子逐漸形成；但此說當時未得一般學者的同情，一直到一千八百五十九年達爾文之種原論出世後，一般人始同情之。

有機體與無機體的差異如下：二者雖然都是由單子或力之中心構成，但有機體有一個中心的原子或靈魂，代表其全體的圖像，指導其周圍的單子。無機體則無這樣集中的組織，他是由一盤散沙的單子聚合而成。物體的等級愈高愈是有組織的，高等有機體是單子之有好秩序的組織。

因此引出了心身關係的問題。中心的單子如何影響其身體呢？我們本可以假定二者之間有交互作用，但來布尼茲說過了單子無隙可乘，不能由外面的勢力影響之。機會原因說 (Accasionalistic Doctrine) 以神創造心物，而規定其彼此互相節制，恰如錶匠規定其鐘錶。來布尼茲復反對此說。他以神創造心物，使其平行，心物調和的關係，是神所預定的。這裏面沒有相互的因果關係；心的狀態與物的狀態之間有平行的關係 (Parallelism)。由這個意思說來，身體就是無數的單子或心理的力構成，各個單子是有機的，其行動是依據其本性中預定的法則。心靈藉欲望、目的與手段，依照究竟的原因之法則以活動。身體依據勢力的法則以活動。這兩方面是彼此調和的。換言之，有機體及其精細的部分是神造的，他們是神聖的自動機或神的機器。

這種思想擴大之後，包含宇宙全體。所有單子共同作用，如同有機體之各部分，每一部分執行其一部分之機能。萬物皆有因果的關係，但所謂因果關係不是相從的變化，乃是神所預先規定的各部分之調和的行動。換言之，神安置宇宙，使其獨立行動，各個單子中的各個狀態，是其以前的狀態之結果，又與其他的單子之狀態有調和的作用。宇宙完全是調和的。自然界之萬物，亦可以作機械的解釋，因爲物質界有法則、秩序與一貫。然而全體計畫中，露出一個高等的理性——神——爲萬象之究竟的原因。這就是來布尼茲以機械學之本源在玄學中爲其思想的根本的緣故。

我們不能證明自然法則或運動法則之必然；他們不像邏輯、算術、幾何學一樣的必然的法則。他們賴着他們的利用而存在，由此可以見其基本在神之智慧中。神選他們爲實現其目的之方法，所以宇宙之存在，賴着神的心中的目的。換言之，神是究竟的原因，用次等的或效驗的原因爲其方法。

由此我們可以得到機械論與目的論之可能的調和。解釋自然，本無需引入目的之概念，但機械論的哲學要引起神，因爲若無神的目的，我們不能解釋物理學機械學之普遍原理。宗教與理性由是而調和了。物理界與道德界——合理的心靈與神——之間亦有調和之餘地。靈魂是神之影本——小神，人之理性與神之理性同樣，唯其等級不同。人之目的與神之目的是調和的。所以我們是一個諸靈魂之統一體。這是精神界與物理界之對待。但建築自然的機界之神與主宰精神的天國之神是調和的。

第五節　神學

現在來敘述來布尼茲之神學。神是最高等的單子，——諸單子之單子。他的存在可由幾方面證明之。聯續的原理在諸力之序列之最後階段上，需要有一個最高的單子。再者，解釋諸單子之本身（註）必需有一個原因，以相當於充足理性的原理（宇宙論之論證）。最後，自然之秩序與調和需要一個調和者（物理的神學的論證）。世界之原因必在世界之外；原因必祇有一個，因爲宇宙是一個，又必是合理的，因世界中有秩序。還有一種認識論的論證。即是永久的必然的眞理，——邏輯與幾何學之眞理，假定有一個永久的智慧。

神如同一個單子，是一個個體，——人。但是他超乎一切單子之上，是超自然的，超理性的，最完善而眞實。人不能構成一個完備的神之觀念，因爲神是最高等的單子，而人是有限的單子。唯有完備的心方能知道完備的心。然而人能由各單子所有之性質以推及其最高等的單子，而以神爲全知，全能，絕對的善。人由這種方法構成神之概念，以神爲超理性的，但不能與理性相反。人慕神而又有神之曖昧的觀念。人對於神之認識，其明白的程度各不相同，因而有各種不同等級的宗教。

（註）來布尼茲在他的玄學論文中以單子爲永久的實體，唯奇跡可以毀壞一個單子。然而在神學中，則主張唯神能創造單子，能毀壞單子。有時，名單子爲神之閃光，因而接近於汎神論。

神是完美的，不與別的單子相同，無變遷與發展。他本身是完全的；他的知識是完全的；他的目光一傾注，就看見萬有之全體。他是實現的實體。他依照一種計畫創造這世界，世界爲一切可能的世界中之最好的。他的選擇不是無根據的，乃是依據善之原理——道德上之必然。他又受制於邏輯上的必然思想基本法之支配。神恰如其支配人。

然則世界上的罪惡，如何解釋之呢？這個世界是最可能的世界，換言之，這個世界中有最大的可能的差異與調和。然而世界不是一個完全的；他有他的缺點。神若無限制、無阻礙，則不能表現其本性於有限的法式中；這些限制是玄妙的罪惡，由此而生痛苦（物理的惡）與罪犯（道德的惡）。再者，惡非善與美的障礙，其對於善美之功用，恰如一幅畫上之黑暗處，所適所以完成美善的。且而道德之得到力量，在其與罪惡戰爭。惡實爲使吾人趨向善之刺激力。這種主張，又回到斯托亞主義與新柏拉圖主義，而爲中古時期基督教神學之公同的主張。

第六節　倫理學

倫理學是一種理性的學問。有些道德原理爲心靈所固有，不能論證，但其他一切的道德眞理，必須由他們產生出來。他們於不知不覺中作用於我們的心中，如同一些本能。但我們可以認識他們。所以求樂避苦之眞理，是根據於混沌的知識與內心的經驗——希望幸福之本能。別種原理能由此原理推演而出，其性質是自明的。雖盜賊團體，如欲保持其團結，亦必須順從之。

道德的本能直接的指導人，無需思慮，但不是無阻擾的，因其可以被情感與惡習所腐化。公道的原理，縱在野蠻的人羣中也是有的，因其本性中原來有他。心靈的這種傾向，雖然有陳訓、習慣與教育幫助發展，然而畢竟是根據人類的本性。

人類未曾常常的順從其生來就有的道德法則，本來也是實情，但這不足以證實人不知道道德法則。不認識道德與公衆的違犯道德法則，也不足爲道德原理非先天所固有之論證，祇能算爲道德法則未被認識之論證。其實，這些法則不是時常被人明明白白的認識着，必須加以證明，恰如幾何上之命題，須要證實。從來的學者也許不十分明瞭這些原理，必須有注意與方法始能使其明顯。

如前所述，精神生活之本質是知覺與嗜好，換言之，是認識與欲望。知覺與嗜好之結合叫作衝動或欲望。意志是意識的衝動，是明白的觀念所指導的衝動。所以意志決不是漠然不關心的或放縱恣肆的，常常是靠着觀念規定的。人之所以爲自由的，是因其意志不是靠着外面的勢力規定，單子無隙可乘，不能有什麽東西攢進去強制他。然而人之意志由其內在的力量規定，由其本性規定，由其衝動與觀念規定。決擇是出自最強的欲望。所以欲隨便決定這件或那件事，便是欲作一個愚人。

第七節　邏輯與認識論

來布尼茲之認識論是根據於玄學。他承認理性論，以眞知識是普遍必然的；其所根據之原理，不是由經驗而來。宇宙是一個數學邏輯的系統；唯理性能闡明之。既然心靈罩子是獨立的東西，外界的原因不能影響之，所以知識不能由外界來，必是由心靈本身內部來。所以心靈不是一個空白版，由外界的自然寫印東西於其上，——如洛克之主張。一切知識都含蓄於心內，知覺與悟性俱是如此；經驗不能創造他們，祇是顯明他們，發揮他們。理智中的東西沒有不先存於知覺中的。來布尼茲說，除理智本身而外。這可說是眞的。縱然我們不承認罩子論，但知識不是來自感覺是可以證明的。如果知識來自感覺，普遍的知識就成爲不可能了，因爲經驗的眞理，無必然性，他們是偶然的東西。我們不能說因爲某種東西曾經發現過，他必依同樣情形常常發現。所以普遍必然的知識不是來自感覺，是來自心的本身中。

洛克曾經說過沒有這種先天的知識，因爲我們不認識他。如就非心所認識的東西，即不是心所固有的東西而言，則洛克之論即是對的。如果笛卡爾派以精神生活與意識相同的主張是正當的主張，則經驗論者的主張，是確實的。然而心不是常常認識其觀念，縱然我們的心未認識着觀念與原理，可是他們可以存在我們心中。且而縱能指出眞理實在是由經驗產生出來，這種洛克派的見解對於入亦是無益。但眞理出自經驗，我們難有證明。出自經驗的眞理，或由歸納法而得之眞理，缺少普遍的必然性；他們產生不出來確實的知識；縱然有許多偶然的事例發現，也不能證明某件事情常常必然發現。我們有不依賴感覺的證明之知識，如數學上之普遍必然的眞理。這種知識有心所增加的，非感覺所供給的東西，這是顯然明瞭的。邏輯、玄學、倫理學、神學、法學上之眞理，多來自心之本身。本來，我們沒有感覺經驗，我們決不能認識這種原本；我們的感覺供給機會以認識他們，但不能創造他們。若無這種原本便無科學，祇有一堆材料而已。必然的眞理之最後的證據，祇來自悟性；其他的眞理，則來自經驗或感覺。我們的心能夠認識這兩種眞理，但心的本身是必然的眞理之本源。然而普遍眞理中縱然包含有許多的個別經驗，不過我們不能由歸納法絕對的確定之，除非由理性認識其必然性。感覺能引起、訂正、證實這種眞理，但不能論證其永久必然的確實性。

這種先天的眞理，不像意識的眞理，存於心靈中，我們學得理性之永久的法則，不是如讀行政官之布告由文字而了解，是感覺供給我們以機會時，我們注意於理性之永久的眞理，我們就能在我們本身中發現之。觀念與眞理之爲先天的，有如傾向及自然潛力。由這個意思說來，算術與幾何學是潛伏於我們心中；我們無需一點經驗的眞理，即能由內心闡明出來。這種眞理之發現，雖在其所由組織的觀念之後（洛克之說），並不能否證其起源；我們先認識符號，後認識觀念，最後認識眞理，——這種事實，亦不能否證眞理之此種起源。普通原理——例如同一原理——構成我們的思想的生命；我們的心無時不依賴這種原理，雖然必須有強大的注意而後認識之。我們甚至在我們的推論中，自然而然的應用邏輯之法則而未意識這法則。倫理學中也有這種先天的眞理，這是上一節已經說過的。

所以認定接受觀念之心能是空白的，這是一種幻想。我們決尋不出來一種空虛的心能。心靈預定有一種特殊行動的方法，——都有一種確定的傾向。經驗是刺激心靈所必需的，但不能創造觀念。心靈不是一塊供印像印入的蠟版，其有認爲印入印像的蠟版者，實際上有把心靈當作了物質的實體。經驗論者反對智慧中沒有什麼東西不先存於知覺中。來布尼茲說經驗論者的這種主張是對的，唯須加一句——除了智慧的本身。心靈中所有的是本質、實體、統一、一貫、原因、知覺、推論性質諸概念，決不是感覺供給我們的。

來布尼茲的這種學說的目的，在調和先天論與經驗論。這種工作後由康德擔任之。他以空間之概念爲心理之一種法式，這也是康德之先覺。他以感官知覺及理智均爲不可分的單子之功能，其種類相同，唯其程度不同。感覺是曖昧不明的觀念，而悟性之對象則是明瞭的。感官知覺不知道萬物之眞象，祇知道其曖昧不明的現象。諸單子之共存，由明白的概念思想觀之，是諸精神的實體之調和的秩序，而感官知覺則認之爲有廣袤的現象世界。換言之，知覺的本體，藉空間的幫助察見並想像精神的秩序。來布尼茲說我們的空間、形狀、運動、靜止之觀念皆發源於常識，起源於心的本身，因爲他是純粹悟性的觀念，然而他們與外界有關係。據這種意見，空間的觀念是與生俱有的，與後來康德的主張相同。然而空間是由衆單子之並存所引起於人心中之觀念；衆單子之並存產生客觀的物質世界。但空間不是實存的，是實在的東西力之表現或現象。

合理的知識惟有根據於先天的原本之確實的推論而後能成立。先天的原因有同一與矛盾的原理，及充足理由之原理兩種。前者爲純粹思想範圍中之眞理之標準，後者爲經驗範圍中之眞理之標準。來布尼茲以爲充足理由之原理不僅有一個邏輯的意義（每個判斷必須有理由以證實其眞理），並有一個玄學的意義（每件事物必須有充足理由以佐實其存在）；充足理由實含有邏輯的與實在的根柢。物理學與倫理學，玄學與神學，概是建築於充足的理由之原理上；我們若不承認充足理由之原理，則神之存在及其他哲學理論之證據都不能成立。

宇宙是一個合理的系統，其中沒有什麼不充足的理由；他可想像爲一個類似邏輯的系統，其中一切言論都是有合理的關係。哲學之問題在發見知識之基本的原理，這種原理同時又是實體之基本的原理或假設實在的宇宙中與邏輯的系統相同，也有同樣的必然性。來布尼茲之邏輯影響了他的玄學，但他的玄學同時又影響了他的邏輯，他的知識論建設於他的唯心論的單子論上。他的個人主義不是他的邏輯的宇宙論之必然的結論；獨立的個體之存在不是邏輯的理由所能證明的。然來布尼茲爲個體之存在求出了一種目的論的解釋，個體是神聖的創造意志之目的，所以必是自始就包含於宇宙創造中。這是把人類的價值看作有宇宙之邏輯之根柢。

判然明瞭的知識之外，又有混淆不明的知識。例如調和與美麗是根據於某種比例的關係。他們也許由學者看來是顯然明白的，但不是必須如此；他們表現於一種美的快樂之感情中，所以是人之調和知覺中之一種曖昧的知覺。心靈之知覺、萬有之秩序、宇宙之調和，亦是如此，無顯然明瞭的認識。他對於神有一種曖昧的感情。這也是一種混淆的知識，能變爲明瞭的。

第二章　來布尼茲之承繼者

第一節　常識哲學

來布尼茲的哲學，在德國為常識哲學所承繼，此種常識哲學與黎德所領導之蘇格蘭的常識哲學相似。來布尼茲是近世德國的第一個想建立玄學的系統的偉大的思想家，但是他的論文幾乎都是用法文或拉丁文著的，散見於各等雜誌上。哈勒大學（Halle University）教授服爾富（Wolff, 1679—1754）的工作即在組織來布尼茲的學說，用德文發表之，以適應常識。服爾富採取笛卡爾、斯賓羅撒與來布尼茲之理性論，並把哲學之方法視同數學之方法。同時，他又主張經驗之事實須與理性之推演一致，理性與感官知覺都是知識之合法的心能。他採取笛卡爾之精神與物質之二元論，但他認力為物質之根本的屬性，並以心物間之關係為神所預定的調和（來布尼茲之主張）。他同情於斯賓羅撒之處在他承認宇宙是一個內部相關聯的因果秩序；不過他的解釋則是歸本於來布尼茲之目的論。他并曾把進化之觀念引入他的學說中。

服爾富依據心靈之兩種心能——認識與嗜好——而分學問為理論的與實用的兩種。理論的學問包含本體論、宇宙論、心理學與神學——這些學問構成玄學。實用的學問包含倫理學、政治學、經濟學。一切學問若依據其立論來自理性或經驗言之，又可分為合理的與經驗的兩種。邏輯則是一切學問之入門。

服爾富關於這些學問，用德文或拉丁文著了一些教科書，採用於德國諸大學中歷許多年；今日所用的許多德文的哲學的名詞，還是他創造的。他雖缺乏創造的能力，薄弱了來布尼茲的哲學，但他給了德國人以研究哲學之原動力，而有貢獻於啓蒙哲學。

來布尼茲、服爾富之學派中之有名的承繼者，爲比勒芬勒（Bilfinger, 1693—1750）、包姆加敦（A. Baumgarten, 1714—1762）——德國的美學之建立人，及早年的康德。服爾富的哲學發展爲一種折衷的運動，企圖調和經驗論與理性論，而開了康德之純理之評批之先聲。折衷運動中之代表爲康德的先生克努岑（Knutzen）、鑑伯（Lambert, 1728—1777）及影響於康德之提吞斯（Tetens, 1736—1805）。折衷運動（Eclecticism）之其他代表，所謂通俗哲學家者，爲孟德爾遜（Mendelssohn, 1729—1786）、格爾甫（C. Garve, 1742—1798）、恩格爾（J. J. Engel, 1742—1802）、普勒提勒爾（E. Platner, 1744—1818）與尼高來（F. Nicolai, 1733—1811）。他們的主要工作，在把著名的哲學弄成通俗的體裁。這些思想家可認爲德國十八世紀啓蒙哲學之代表。

參考書：

K. Fischer, Leibniz.
Baumann, Wolfsche Begriffsbestimmungen.
Zimmermann, Lambert: der Verganger Kants.
Storring, Erkenntnistheorie von Tetens.

第二節　神祕論

來布尼茲與服爾富之理性論未曾滿足一般思想家。有些思想家雖不甚相信理性能夠得到眞理，然而也不願意與經驗論者或懷疑論者立於聯合戰線上。這般人是神祕論者之直傳後裔發見內心經驗中感情與本能中，有眞理之本源他們以爲最高的眞理不能論證，唯能感覺。來布尼茲以感情、慾望或衝動爲知識之另一階段，爲眞理之本能的法式。神祕論者之主張足爲來氏此種意見之保障。來布尼茲以此種知識爲低等含混的知識，而神祕論的哲學家則以感情或信仰之中有高等的知識：凡人之有限的理性所不能得到的，可以在宗教的、美術的、道德的感情中得着。這種學說之代表人物爲哈曼（Hamann）、赫德爾（J. G. Herder, 一七四四——一八零三年，著有超批評論〔Metacritique〕以批評康德之純理之批評）與雅科俾（F. H. Jacobi, 一七四三——一八一九年，氏由直覺的哲學以反對理性論的玄學）。

還有一種親近的運動叫做虔信主義（Pietism），發生於德國之新教主義（Protestantism）中，爲新教之理性化的神學之反動派。他們以基督教不是大學教授們運用思辨的學問，乃是一種內心的宗教的大悟。他們的代表人物爲斯佩訥（P. G. Spener, 一六三五——一七零五年）、佛郎克（A. H. Franke, 一六六三——一七二七年）、朗格（J. J. Lange, 一六七零——一七四四年）。最後的二人是服爾富在哈勒大學罷免教授職務之負責者。

第五篇　啓蒙哲學

第一章　啓蒙之進步

第一節　十八世紀

前面已經說過，近世的精神是推翻中古時期之社會及其制度與思想之革命的精神，爲人類理性在思想與行爲中之自白。文藝復興開始的工作，一直聯續到十六世紀及十七世紀；宗教改革、三十年戰爭及英國法國之政治的、社會的革命爲此變化之徵象。大陸上的思想，及英國之經驗論爲此種運動之煽動者；獨立自由的研究之精神，逐漸的、確實的改變了人生觀。然而這些新思想須得再加通俗化，須得廣播於人間，通十八世紀，就是作這種工作，這個時期，叫作啓蒙時期。啓蒙時期代表全部理智運動之頂點，這是前面已經說過的。那個時期有各種原理與宇宙觀；極信任人類理性能解決問題，人類的理性想了解人類生活——如國家、宗教、道德、語言、——並想使其容易了解，不唯對於人生如此，並且對於全宇宙亦作如是想。那個時期是哲學之獨斷的時期，有勇敢的著作，如服爾富所著之神世界人類靈魂及萬有論一類的書。那個時期是思想自由獨立的時期，能夠大膽的發表言論，在法國尤盛。

十八世紀之哲學，不僅反照了時代之努力，並且影響了當代人的行爲。哲學跑出了學者之書齋，恰如蘇格拉底之時期，跑到市場的羣衆中；哲學也不用學者所用之特殊的語言、文字作宣傳的工具，乃是用人民所公用的語言做宣傳的工具。在法國，因爲政治的、社會的、宗教的壓迫太甚，啓蒙的思想走於極端，其影響也最大。法國大革命，卽是宣傳新思想之結果。崇拜人類理性與人類權利爲近世最重要的哲學學說之特徵，遍布於十八世紀之人心中，而人道、善意、自然權利、自由平等、四海同胞等類的名詞，掛在人人的口上。縱是世襲的政府，亦當以爲人民謀福利爲其本分。中古的思想制度之革命，到了十八世紀之末期，得了勝利，舊的人文制度打倒了，新的社會成功了。近代精神所要求的：如信仰自由、機會平等、經濟自由、代議政體、法律平等，都有一部分的成功。

參考書：

Hibben, The Philosophy of the Enlightenment; Levy-Bruhl, History of Modern Philosophy in France; Macdonald, Studies in the France of Voltaire and Rousseau; the essays of John Morely on Voltaire, Diderot Rousseau, and Condorcet; Stephen, English Thought in the Eighteenth Century; Fabre, Les peres de la revolution (from Bayle to Condorcet); Damiron, Memoires pour servir a l'histoire de la philosophie au XVIII. siecle 3 vols; Hettner, Litteraturgeschichte des 18. Jahrhunderts; Ritchie, Natural Rights; and histories of politics.

第二節　福耳特爾

有助於喚醒新精神，廣播新思想於法國及全歐之最偉大的思想家，是福耳特爾（一六九四——一七七八年、與孟德斯鳩（一六八四——一七五五年）兩人都曾遊歷過英國，都極端的羨慕英國的制度。福耳特爾是啓蒙時期的一個聰明多才的宣傳家，運用洛克的思想而使之通俗化。他由英國帶回了洛克的哲學、牛頓的自然哲學及英國之自然神教，把他揉雜一齊，而於一千七百二十八年著成一書名叫 Lettres sur les Anglais，後來被出版檢查官之命令焚毀。他本人是一個自然神教之信徒，然而從來未放棄對於神之信仰。他說：『一切自然對我們說有神。』他早年的著作中也承認意志自由、靈魂不死，但是到了後來，他就懷疑於死後的生命，而傾向於決定論。他說『我若能做我所願望的，我就是自由的，但我必須願望我所願望的。』他常常嚴厲的攻擊迷信與教會的威權，他以啓示的宗教爲無知與欺騙之結果，是聰明的傳教士利用人類的愚笨與偏見，鉗制人類之技倆。他的宗教是基於道德上之不變的原理，他以各哲學家的學說中俱是如此。他反對一切壓迫，而爭奪知識的、政治的、宗教的自由、出版自由、選舉自由、集會自由；他又爲工商業上興起的第三階級要求政治的權利。然而他雖然持自由主義，但他不是民主主義之擁護者，他不相信下等階級之自治的能力。他說：『下等階級中免不了無知暴徒，無知的暴徒一論政，萬事都失敗。』所以理性之時代，其所賜福者未嘗想包括『僕從、鞋匠與傭女。』

福耳特爾的思想雖受有貝爾（Bayle）之辭典之影響（辭典幾乎影響了十八世紀的一切法國思想家），但大部分表現洛克哲學之精神。英國的思想在解放改革法國之事業上，亦佔大部分的功勞。

在法國贊助發揮並宣傳英國經驗論的哲學者，有康的亞克、愛爾法修、康多塞、喀巴尼思（Cabanis）、服爾尼（Volney）、波內（Bonnet）、拉美脫理（La Mettrie）、何爾巴哈（Holbach），尤其是一般百科全書家。

第三節　英國的啓蒙運動

英國的啓蒙運動不如法國之在比較短的時間中就大告成功其影響表現的亦不顯著他們的社會的情形不一樣。在英國方面很有進步新思想與理想逐漸的傳入民衆生活中。歸本洛克哲學的一般思想家，幾乎都是啓蒙運動家。自然神教家、道德家如休謨、哈德烈（Hartley）、普利斯特利（Priestley）伊拉斯莫斯・達爾文、葛德文（W. Godwin）、佩因（Paine），都是促進獨立思想之鼓動者。

第四節　德國的蒙啓運動

德國的來布尼茲與服爾富的玄學，到十八世紀中期還與盛，那時候由於翻譯了洛克、休謨、沙甫茲白利、赫起遜、弗格森（Ferguson）諸人的著作，英國的思想已漸在德國發生影響了。其結果，在德國發生理性論與經驗論之調和，即所謂常識哲學，以宇宙與人類歷史爲合理的、有目的的秩序，能夠使其完全爲理性所了解，因其是理性之表示。這種哲學的任務在掃淸神祕，破除迷信，用理性之光明照耀萬物。這種哲學貢獻一種合理的或自然的神學，證實並澄淸一切宗教所共同的根本教義——神之存在，意志自由，靈魂不死。前面已經指出：在玄學上，此種運動的主要人物。歷史之硏究上亦用這種理性論的方法，語言、法律、國家、道德、宗教皆發生於人類理性。例如語言是人發明爲交換思想之用的；國家是組織爲保護其福利之用的。既然這些事物爲理性之作用結果，所以不能不使其更爲合理的解除不合理的及偶然的成分；因爲這些成分由歷代加入致腐化了他們。這種思想之合理的態度，有助於改革德國之政治學說，並有助於化自然權利及平等——社會區別有背於自然及理性——之說爲通俗的學說。

啓蒙的、清明有用的精神並傳播入美術範圍中，詩歌、彫刻、建築、繪畫都順從理性論的態度。格勒特（Gellert）之小說，有人說是『道德哲學詩，』他的宗教詩，有人說是『有韻文的合理的神學。』哥特瑟德（Gottschede）著詩之藝術（Art of Poetry），說詩應該如何做，以便啓發人類而使之道德化。

這種運動，在一世紀以前，英國洛克哲學中已有其呼聲。反對此運動者，有使十八世紀末期德國知識界光輝燦爛之文學界哲學界之大師。康德攻擊啓蒙運動中之合理的神學，赫德爾（Herder）攻擊歷史之理性論的解釋，溫克爾曼（Winckelmann）、勒新（Lessing）、歌德、席勒爾（Schiller）攻擊理性論的美術。

第五節　唯物論與進化論

我們已經知道笛卡爾派的哲學後來成了麥爾伯蘭基（Malebranche）的客觀的唯心論；英國的經驗論後來變成了柏克勒之唯心論。這些大運動，到了十八世紀又變成了唯物論。笛卡爾原來把有機物界作爲機械的解釋，認動物是一個完全的機械。這種思想，暗示出來人亦是一個機械，心靈不是一個獨立的實體，乃是身體之一種機能。洛克之繼承者——康的亞克、吟德烈及其他諸人——想把一切精神作用悉歸於感覺。這種想頭不難變爲

「一切精神作用不過是腦髓的作用」之見解。來布尼茲把物質解釋爲力，認其與精神的活動相似；另有些人把精神的活動解釋爲物理的勢力。古代亞里斯多德的玄學中的精神原本被近世科學放逐於自然之外，被哲學葬埋於其他世界之中；另有些哲學家想把他們完全消滅，並把一切現象解爲物質運動之結果，又何足異。

唯物論的宇宙觀，在十八世紀之英國與法國中佔在思想界之上風，到了十八世紀末期，竟成了法國啓蒙社會中之普通學說。托蘭（John Toland，一六七零——一七二一年）在他臨死的先一年所著的汎神論（Pantheisticon）中說思想是腦髓的功用，是『腦髓之某種運動。』舌是味覺之機關，腦是思想之機關。哈德烈（一七零四——一七五七年）以精神作用倚賴腦髓之波動，其活動是遵循機械法則。心理學的關聯隨着生理學的關聯。然而意識狀態不屬於運動。哈德烈對精神與運動之關係，到底是否爲因果的關係，則未確定。然而發見輕氣的普利斯特利（一七三三——一八零四年）把精神的程序與運動視同一樣，因而大膽的承認心物問題之唯物論的解決。但他幷不否認神之存在或靈魂之不死，他效法霍布斯，主張人類及靈魂之物質的見解，並不與基督教的神靈及人靈的物質之概念之義不相容。

拉美脫理（La Mettrie，一七零九——一七五一年）受了洛克與笛卡爾之影響，根據笛卡爾之動物機體之機械觀，主張唯物論。他說如果動物是一個機械，人爲什麽又不是一個機械呢？德國的何爾巴哈（Baron d'Holbach，死於一千七百八十九年）把唯物論的學說構成玄學之概括的系統，而著成自然之系統（Système de la Nature，於一千七百七十年刊佈於倫敦）。萬事萬物皆以物質與運動解釋之。沒有什麽靈魂，思想是腦髓之作用，唯有物質是不滅的。人類的意志是有嚴密的規定的，自然界中或自然界外，無目的無神。

其餘的宣傳唯物論的人（雖不嚴格的明顯的屬於唯物論），有狄德羅(D. Diderot，一七一三——一七八四年，百科全書之纂輯者)、喀巴尼思(Cabanis，一七五七——一八零八年，以思想爲腦髓之作用，恰如消化爲胃之機能，膽汁分泌爲膽之機能)；特宙西（Destutt de Tracy，一七五四——一八三六年）。法國生物學者蒲豐（Buffon，著有自然史）及洛賓勒提(Robinet，著有自然論)，採取改變形式的唯物論（萬物有生論）。蒲豐以分子賦有生命，洛賓勒提（受了來布尼玆的影響）以物質之各細微分子，都有感覺。拉美脫理、狄德羅、波內一般人之著作中，都有進化論的學說，而開拉馬克與達爾文之先聲。

法國啓蒙時期之思想家，枝葉上雖有差異，但都同意於自然之現象無論其爲精神的或物質的，都有法則統治之，都同意於人類之精神的與道德的生活，爲自然之必然的結果。愛爾法修以此見解解釋人類的道德，經濟學者堵哥(Turgot)及康多塞由此見解發揮歷史哲學，孟德斯鳩(Montesquieu，一六八九——一七五五年）以此見解研究法律與制度。

參考書：

Hibben, op. cit., chap. v; Weber, op. cit pp 399-417; Hoffding, History of Modern Philosophy, vol. I, Bk V; Lange, History of Materialism; Cousin, Philosophy of Locke; Ueberweg-Heinze, op. cit., Section 18; Damiron op. cit.

第六節　科學

啓蒙時期的學者，不僅盡力宣傳前一世紀所發揮的一般思想，並且熱心於精神的與物理的科學之研究。當時的學者，在科學一方面之成就頗不減色。歐拉（Euler）、蘭格倫日（Lagrange）拉普拉斯（Laplace）在數學上大有成就；赫瑟爾（Herschel）及拉普拉斯在天文學上大有成就；賈法尼（Galvani）、服爾塔（Volta）在物理學上大有成就；拉瓦節（Lavoisier）、普利斯特利（Priestley）、德斐（Davy）、阿羽伊（Haüy）、柏濟力阿斯（Berzelius）在化學上大有成就；林內（Linné）、哈勒（Haller）、比沙（Bichat）、服爾富（C. F. Wolff）在生物學上大有成就；洪保德（Humboldt）爲科學大家；孟德斯鳩爲政治學及法學名家；揆內（Quesnay）、堵哥及亞當斯密爲新的政治經濟學之創業者；包姆加敦（Baumgarten）爲美術學之創業者；至於心理學家、道德學家前面已說過，不再重舉。

第七節　盧梭

啓蒙時期之知識、科學、美術、文化與進步，本足以爲榮人事之成就，本足以自誇。然而當時自負不凡之天之驕子盧梭（Jean Jacques Rousseau，一七一四——一七七八年）則極力掊擊之。他以當時的科學、美術爲淫逸墮落之結果，道德敗壞之本源。他主張返於自然之簡樸。他以爲人本來是天眞爛漫無往不善；人有保護自己、發展心能之衝動，並且又受同情及宗教的感情之鼓動。道德與宗教不是推理的思想之事實，乃是自然感情之事實。人的價值不在其智慧，乃在其道德的本性，道德的本性根本上是由感情構成的。祇有善意有絕對的價值。盧梭力言道德感情之重要，謂其為精神生活中之要素，而否認理性之發展足以完成人類。人本來是平等的，因社會上有私有制度，使人不平等，因而有主僕之分，貧賤之分，有斯文人與下等人之分。由這種不平等的原則所發生之文化，腐化了人類的自然傾向，一方面產生了屈卑、嫉妒、恨憎，他方面產生了輕侮、傲慢、殘忍，而使人生變成矯揉的機械的。這些見解與近世社會主義的理論多相似，在社會的情形下，尋求道德與罪惡之根源，而謀社會之改進，以為完成人類。

盧梭主張人民的直接政府（創制權與複決權），以代替代議政府。他的政治學說是瑞士的民主共和國所實行的政治學說。他所說的人民，不僅包含第三階級，並且包含第四階級，勞工階級，——他自己屬於此階級，——而為這些階級求平等的權利，與社會的解放，恰如福耳特爾之為中等階級要求政治的平等權，及思想與信仰之自由。盧梭極端的贊成洛克的民主主義之理想。如果人要有自由與平等，及相同的權利與能力，則不應受特權階級世襲的統治。法國一千七百八十九年與一千七百九十三年之『人權宣言』（註）多半是盧梭的思想。現今各國的立法，亦是根據他的思想而來。

（註）一千七百八十九年之『人權宣言』第一節說：『人生來是自由平等的，社會的區別祇是建築於社會的利用上。』第六節說：『法律是普遍意志之表示；一切人民都有親身或派代表參與立法之權。（參看 Hobhouse, Liberalism, P. 61.）

歸返自然足以解脫腐敗矯揉的現狀。欲達此目的，祇有創造自然的社會狀況運用教育之自然的方法。盧梭爲實現此目的起見，乃於一千七百六十二年著社會契約論（Contract Social），一千七百六十二年著愛彌爾（Emile）。自然的社會是建築在契約上，在這種契約的社會中各人依據民衆之普通的意志或道德的意志限制他的個人的自由以換取大衆的自由。自由是順從自己立的法。國家的主權在人民人民共同的意志——人民謀公同福利的意志——是最高的法律。政府執行人民所委託執行的命令。

盧梭的教育學說是自然的教育學說。其目的在自由的發展兒童之自然的、未被汚穢的衝動。未有知識的欲望之時，不得用教育。所以教育的功用大半是消極的，是解除不適宜的情形。兒童之個性必須注意研究，研究自然，亦有助於區別善惡的衝動。所以最好的教育是把兒童託付私人教師之手，離開社會環境，循着自然途逕以發展之。盧梭的教育學說，大有影響於現代教育。巴西多（Basedow）、裴斯塔洛齊（Pestalozzi）與福祿伯爾（Froebel）即是實行其學說。

盧梭的這些學說，並不與洛克哲學相衝突。如果心靈本來是一個空白版，則人之本性上是平等的，追後之所以不平等，是由於外界的一切原因。正如愛爾法修之所說，教育與社會環境是完成人類之重要工具。

盧梭與福耳特爾一樣，排斥唯物論與無神論，承認自然宗教。就此意而言，他是一個自然神教信徒。他以宗教是感情的事，不是思想的事。雖然宗教的眞理是可由理性證明，心靈是非物質的，自由的，不死的；來世的生活爲戰勝現世罪惡所必要。

盧梭對於德國學者——康德赫德爾哥德、席勒爾——大有影響。康德受了盧梭之影響而其思想發生變化；他的下列一段話可爲見證。『我自己天性上愛研究學問我覺探討知識最有興趣；我熱心的想增進知識，極端的以知識之進步爲滿意有一個時期，我相信這足以增進人類的榮耀；我輕視無知識的下賤。待我遇着了盧梭的著作我就改變了。往時氣蓋一世的誇張的心思消滅了；尊敬人類的心思發生了。我覺得若不尊重其他一切職業的價值，重建人類的權利，我便不如一個尋常的勞工的價值了。』

參考書：

Bibliothèque generale des sciences sociales, by many French scholars; Rodet, Le contrat social et les idees politiques de J. J. Rousseau; Mornet, Le Sentiment de la nature en France de Rousseau a Saint-Pierre; Hagmann, Rousseau's Sozi:'philosophie; Fester, Rousseau und die deutsche Geschichtsphilosophie.

第六篇　康德之批評哲學

第一章　康德

第一節　近世哲學的進步

近世哲學以人之心力可以得到一切知識的信仰爲出發點，其成爲問題者，是得到知識的方法如何，其界限又如何，經驗論者和理性論者都把眞正的知識看做普遍的必然的，差不多一直到休謨都主張在一定範圍內「自明的命題」是可能的。笛卡爾、霍布斯、斯賓羅撒和來布尼茲都建立有玄學的學說，而認其爲有幾何學一樣的邏輯的證明。培根不曾建立一種玄學學說；他以爲必到有新方法以建立事實時，不能辨此事；但他主張神的存在可得論證，自然的法則，事物的本質，可得發見。然而人的知力果能解決究竟的問題，甚至較小範圍的問題與否，這種疑問的興趣終是不免的。培根嘗以玄學和神學超越於自然的理性的能力之上。霍布斯和笛卡爾一樣，以爲經驗不能得到確實，但以人之一切知識來自感覺。洛克見知識問題研究的必要比向來所見的更爲透徹。他的結論是吾人於觀念的一致和不一致有一定的知識，於自己的存在和神的存在有確實的知識；數學和論理學是確實的，但關於外界的存在和事物之必然的關係沒有這樣的知識；自然科學內沒有眞的知識。柏克勒說無可知的外界（：物質界），吾人所可知的惟觀念、心靈和觀念間的關係。貝爾（Bayle）破壞玄學和神學，以為不僅遠於理性，而且違反理性。休謨倡為感覺論的知識論；倘吾人僅能知道由感覺中所經驗的東西，則合理的神學、合理的宇宙論和合理的心理學都是不可能的；神、世界和靈魂不是人的知識所能及的。就是吾人對於事實的知識也不過是或然，其必然的關係，實體和本身都不可得而知。甚且吾人不能說許多的觀念是必然的與吾人經驗他們時候的次序相合，而相信他們將來會重復發現。由比較許多的觀念，注意他們的關係，加之以推理，吾人能得一種「論證的知識」，此外則無可得。

第二節　神祕主義

從前曾破毀教權、因襲，而推重理性的批評精神，今則進而拘束理性自身，否認他的威權了。但秤量理性論而發見其缺陷的人，不獨是經驗論者，神祕家和信仰哲學者也反抗之，不信知識的能力，而別於人心的其他的機能中尋求一種沉靜渴望確實之方法。依他們說，悟性決不可以發現實在；眞理的本源乃在感情、信仰和一種神祕的眼力；實在的眞理不能由理性知之，僅可感之於心。在近世中特別的激起這種反理性論的原因，是機械論的必然論的世界觀，這種世界觀是科學的及理性的思想所必有的趨向，而視個體直同傀儡。就許多人看來，這種無所裨益的自然的知力之結果，不是成為一種無望而悲觀的懷疑說，就是成為一種悲劇的宿命論（Fatalism），這種宿命論嘲笑人類之最深的悲痛，使人之最可貴的價值都成虛構。

第三節　康德的問題

關於知力對於其本身之破壞的批評，和意志對於其本身在道德上與宗教上的價值之要求哲學不可不有何等的答覆。康德以這種責任爲己任；他想對於當時的啓蒙思想、經驗論、懷疑論和神祕論等諸種的思潮，做一個公平的判斷。當時有人說他的問題是『一方面限制休謨的懷疑說，他方面限制舊來的獨斷論，而又排斥、摧毀唯物論、宿命論、無神論、感覺論和迷信。』他自己是出自服爾富的理性論派，但又與英國的經驗論和盧梭接近，而休謨又驚醒了他的獨斷論的睡夢。他以爲考查或批評人類的理性，實爲急切的需要，由這種批評可以保證理性的正當的要求，同時棄去其無根底的要求，換言之，可以考查普遍必然的知識之可能與不可能，可以考查知識之本源範圍及界限。他以爲哲學之爲獨斷的，已經很久；哲學未曾事前批評其本身的能力。現在須有批評哲學，須公平的檢驗普通理性之能力。康德依此目的著其三種批評：純粹理性批評 (Critique of Pure Reason) 即理論的理性或科學的檢驗；實踐理性批評 (Critique of Practical Reason) 即實踐理性或道德的檢驗；判斷批評 (Critique of Judgment) 即美的和目的論的判斷的批評，或藝術與自然之目的之考察。

康德定眞的知識的意義爲普遍的必然的知識。他和理性論者的意見相同，認爲有這種普通必然的知識，——在物理學和數學中，——又和經驗論者的意見相同，認爲這知識只爲觀念的知識，現象的知識，不是物自體的知識；知識所以合理的玄學（宇宙論神學和心理學）是不可能的。他又和經驗論者同，主張吾人僅能知道所經驗的，感覺形成知識的資料而同時又和理性論者同，認定普遍必然的眞理不能從經驗得來。感覺供給知識的材料，而心以其自身必然的方法整理之。所以我們有關於觀念的秩序之普遍必然的知識（理性論），而無關於物自體 (Things-in-themselves) 的知識（懷疑說）。知識的內容雖是從經驗來的（經驗論），但是心依着他的先天的方法思維這種經驗，認識這種經驗（理性論）。然而無論如何，物自體是存在的，吾人能夠思維他，但不能知道他如同經驗界的事實。故若沒有道德意識或實踐理性，則超越時間空間的世界之存在，如神、自由、心靈不滅等問題，不能答覆，其實永遠也不得了解。

康德在一七二四年生於哥尼斯波 (Königsberg)，是一個馬具商的兒子。因其父母都是虔敬的教徒，故他的生活向來在宗教的環境中。他一生爲學生、教師和著作者，不曾出過鄉關一步。在大學預備時代（一七三二——一七四〇）專致力於羅馬的古典。到 Königsberg 大學（一七四〇——一七四六），乃學物理學、數學、哲學和神學。從一七四六年到一七五五年，他曾在 Königsberg 大學附近諸家充當家庭教師。一七五五年被任爲大學科講師，講授數學、物理學、論理學、玄學、倫理學、地文學、人類學、自然的神學和哲學的百科等。從一七六六年到一七七二年又兼任圖書館副館長，一七七〇年爲論理學和玄學教授，任職到一七九七年，因病弱退職，死於一八〇四年。康德當初年的時候，學當時流行的來布尼茲、服爾宵的哲學，自一七六〇年到一七七〇年，乃受英國經濟說的影響，而受洛克、沙甫茲白利和休謨的影響更大。他說過從獨斷的睡夢中喚醒他的是休謨。當一七七〇年，他已達到他負盛名的哲學觀點，而發表爲拉丁的論文大著 De Mundis Sensibilis atque intelligibilis forma et Principiis，以後十年間，即致力於此文。

他的著作如左：

His master-work, Kritik der renen Vernunft, appeared in 1781 (2d. revised edition, 1787) and was followed by Prolegomena zu einer jeden zukunftigen Metaphysik, 1783, Grundlegung zur Metaphysik der Sitten, 1785, Metaphisische Anfangsgrunde der Naturwissenschaft, 1786, Kritik der praktischen Vernunft, 1788, Kritik der Urtheilskraft, 1790, Die Religion innerhalb der Grenzen der blossen Vernunft, 1793, Metaphysik der Sitten (containing his philosophy of law), 1797, Zum ewigen Frieden, 1795. Uber die Pedagogik was published in 1803.

Works ed. by Hartenstein, 10 vols., 1838, ff.; by Rosenkranz, 12 vols., 1838, ff.; by Kehrbach in Reclam Universal-Bibliothek; recent new editions by Prussian Academy, 11 vols.; by Cassirer, 12 vols.; by Vorlander, 9 vols. See also B. Erdmann, Reflexionen Kants zur kritischen Philosophie, 1882, ff., and Reicke, Lose Blatter aus Kants Nachlass, 1839, ff. Separate ed. of Critique of Pure Reason by Kehrbach (based on Kant's first ed.), by Erdmann, and Adickes (both based on 2nd ed.).

譯爲英文的如左：

Critique of Pure Reason (of 2d ed.) by Meiklejohn, 1854; (of 1st ed. with supplements of 2d.), by Max Muller, 1881; paraphrase by Mahaffy and Bernard; Dissertation of 1770, by Eckoff; of Prolegomena, by Mahaffy and Bernard; Foundations of Metaphysics of Morals, Critique of Practical Reason, parts of Metaphysics of Morals, and first part of Religion, by Abbott, in one vol.; Religion, by Semple; Metaphysical Foundations of Natural Science, by Bax; Cosmogony, by Hastie; Critique of Judgment, by Bernard; Philosophy of Law, Principles of Politics, and Perpetual Peace, by Hastie; Perpetual Peace, by M. C. Smith; Pedagogy, by Churton; Dreams of Ghost-Seer, by Goerwitz; Selections, by Watson; a paraphrase of Critique of Pure Reason, by Fogel and Whitney

Muller's translation has been made use of in our account.

關於他的參考書如左：

Paulsen, Kant, transl. by Creighton and Lefevre; Wenley, Kant and his Revolution; W. Wallace, Kant; Adamson, Philosophy of Kant; to Kant; Green, Lectures on the Philosophy of Kant, vol. II of Works; Sidgwick, Lectures on the Philosophy of Kant; E. Caird, Critical philosophy of Kant, 2 vols.; K. Fischer, Kant, 2 vols.; recent German monographs by Kronenberg, Simmel, Adickes, Kulpe, Wernicks. Morris, Kant's Critique of Pure Reason; Prichard, Kant's Theory of Knowledge; Riehl, Philosophical Criticism, vol. I; Stirling, Text-Book to Kant; K. Lasswitz, Lehre Kants von der Idealitat des Raumes und der Zeit; Volkelt, Kants von Erkenntnisstheorie; Cohen, Kants Theorie der Erfahrung; Vaihinger, Commentar zu Kants Kritik der reinen Vernunft, 2 vols.; E. Pfleiderer, Kantischer Kritizismus und englische Philosophie; Wartenberg, Kants Theorie der Kausalitat. F. Adler, Critique of Kant's Ethics, in Essays in Honor of W. James; Porter, Kant's Ethics; Schurman, Kantian Ethics and the Ethics of Evolution; Messer, Kants Ethik; Cohen, Kants Begrundung der Ethik, 2d ed.; Cresson, Morale de Kant; Delbos, Philosophie pratique de Kant; Hegler, Psychologie in Kants Ethik; Foerster, Entwicklungsgang der kantischen Ethik; Schmidt, Entwicklung der kantischen Ethik; Thilly, Kant and Teleological Ethics, Kant-Studien, vol. VIII, 1; Sanger, Kants Lehre vom Glauben; Punjer, Religionslehre Kants. Tufts, Kant's Teleology; Meredith, Kant's Critique of Judgment; Stadler, Kants Teleology; Cohen, Kants Begrundung der Aesthetik. Bowne, Kant and Spencer; Lovejoy, Kant and the English Platonists, in Essays in Honor of W. James; Uphues, Kant und seine Vorganger; Bauch, Luther und Kant; Meyer-Benfey, Herder und Kant; Saisset, Aenesideme, Pascal, Kant; Spicker, Kant, Hume und Berkeley; Sydow, Kritisches Kant-Kommentar.

關於德國唯心論運動之參考書如左：

Royce, Spirit of Modern Philosophy; Pringle-Pattison, From Kant to Hegel; Kronenberg, Geschichte des deutschen Idealismus, 3 vols. (vol. I on pre-Kantian idealism); Liebmann, Kant und die Epigonen; works by Chalybaeus, Fortlage, Harms, Biedermann, Michelet, Willm, Drews. See also Pfleiderer, Development of Rational Theology since Kant. Bibliography on Kant by Adickes, Phil. Rev., vol. II.

第四節　智識問題

康德的基本問題是知識問題：何爲知識？知識如何可能？人類理性的界限如何？要答覆這些問題，必需考查人類理性，而加以批評。知識永遠表現爲判斷的形式，以肯定者爲何事物或否定者爲何事物。但不必每個判斷都是知識；在分析判斷（analytical judgment）中，其賓詞僅說明其已包含於主詞中者，例如物體是有積的東西。故判斷不可不爲綜合的；就是，附加事物於賓詞，擴張吾人的知識，不僅說明就算了，例如一切物體都有特種的重量。但不是一切綜合判斷都能給吾人知識，有的是從經驗來的，只能告訴吾人某物有如此如此的特性，能如此如此的動；不能說一定有如此的特性，一定如此的動。換言之，就是這種判斷缺乏必然性，理性不能強這種判斷的承認如同他強數學命題的承認。再者，這種判斷又缺乏普遍性；吾人不能因爲一類中的幾個物體有一定的性質，就說一類中一切物體都有。這種缺乏普遍必然性的判斷，卽經驗的判斷，不是科學的。如使成爲知識，則綜合的判斷爲必然的（不能設想其矛盾）；且爲普遍的（不容有例外）。這種普遍性、必然性不是從感覺或知覺來的，乃來自理性或悟性本身，不用經驗（卽先天的），吾人就知三角形的三個角的和必等於二直角，且永遠是相等。所以若要發生知識，則判斷必爲先天的。

於是得一結論，就是知識的成立，依於先天的綜合判斷，分析的判斷也常常是先天的，是根據於同一和矛盾的原理的；但不能增加吾人的知識。經驗的（即後天的）綜合判斷雖能增加吾人的知識，但其知識漠然不確實。學問需要絕對確實，而這種確實惟獨於先天的綜合判斷乃能得之。

康德相信有這種先天的綜合判斷，以爲物理學、數學和玄學內可有之。他確信普遍必然的知識的存在爲既定之事實，故不問先天的綜合判斷之可能與否，但問其如何的可能。什麼是這種知識的條件？有了這種判斷，什麼是其論理的昭示或必然的含義？所以他的批評的方法，如他自己所說，是獨斷的；知識論是一種嚴密的論證的學問，即先天的純粹的學問，其眞理是根據於先天必然的原理。他的方法不是心理的，是論理的，又先驗的。他不於吾人意識之內考查知識的發生的條件，——不求知識的心理的起源，——惟承認眞的知識，放談數學或物理學的命題，而求什麼是這種命題之存在的理論的昭示。例如關於空間的關係，或因果的關係的判斷，什麼是要必然發生的？無綜合的心不能有綜合判斷，無知覺空間的心，不能有空間的判斷，無思維因果的心，不能有因果的判斷。康德在應用這個方法時，自然是用人類的理性和其範疇，肯定知識的可能與確實，於此他是一個獨斷論者。但此并不稍撼康德，因爲他宣言若休謨否認知識的可能爲是，則亦不過一種可恥之事而已。蓋如於理性作用之先，須有理性自身能力的考查，則吾人將任何也不能得。

但數學、物理學和玄學中如何能有先天的綜合判斷？純粹數學、純粹物理學和純粹玄學是如何的可能？須得指出在此等學問內吾人如何且爲何能得眞正的知識。要答這些問題，必要考查知識的機關、能力、可能和界限。知識昭示有一個心思想必有對象。思想的對象爲感覺所與，若心無感覺，則不能感受之。感覺供給對象或知覺（康德稱之爲經驗的直覺 Anschauungen）於人，而經悟性加以思維、理解、認識，遂成概念。無感覺（即知覺）和思維（即悟性），則知識定不可能。此二要件雖根本的不同，但彼此互相補助。『知覺和概念是一切知識的要素，』無概念則知覺是瞎的，無知覺則概念是空的。理智所做的都是整理感覺所給的材料。此二種能力也許有一共同的根源，但吾人不知道。

於是知識如何可能的問題又分爲兩個問題：感覺的知識如何可能？悟性如何可能？第一個問題可於先驗的感覺論 (Transcendental Aesthetic) 中答之。第二個問題可於先驗的論理學 (Transcendental Logic) 中答之。二者相合則爲先驗的要素論 (Transcendental of Elements)。

第五節　感覺的知覺說

今先說先驗的感覺論。什麼是感性能力，或感覺的知覺之論理的預先條件？要知覺事物，不可不有感覺（色、音、硬等）。但僅有感覺，不能成爲知識；感覺僅爲意識內所起的變化，僅爲由某事物所生的主觀的狀態。感覺必託於空間和時間，必託於空間時間內的一定的地位，必認爲外界的物。吾人一切的感覺都是整列於空間的和時間的秩序中。所以知覺預定資料（感覺）和形式（空間和時間）。感覺組成原料（色、聲、重等），而感性以空間和時間的形式整理之，乃成知覺。心靈不僅接受感覺，並且依其直覺之力而知識之，就是在其本身之外，由空間時間之中，見色聞聲。感性具有認識空間時間的先天的能力；人的心之組織是這樣的：縱然沒有對象呈現時，也能認識空間、時間；即不僅能於空間時間中認識對象，且能識空間時間自身，這就是純粹知覺。

安排感覺材料於空間時間中之法式（或機能），其本身並非感覺。他們不是直覺之經驗的（後天的）法式，乃是心靈的本性（先天的）所原有的。時間是內感的法式，就是吾人心理的狀態若非時間的繼起，即不能了解之。空間為外感的法式，就是唯有影響於感覺機關的東西，吾人始能了解空間的性質。但因凡呈現於感覺的都是意識的變態，屬於內感，故時間為一切意象（Vorstellungen）或現象的必然的條件。

空間和時間不是自己存在的實物，也不是事物的屬性，乃是吾人感覺着對象的方法或機能。若世界上沒有原來具有時間空間的直覺者，則世界就不能為時間的與空間的。『倘無思維的主觀，則全體有形的世界即將消滅，因為世界不外是吾人主觀的感性之表現。』雖然空間洞然若虛，無所包含，但決不能想像空間是沒有的。換言之，吾人必賴空間以想像、以知覺。空間乃現象的必然的先決條件，故此為必然的先天觀念。這就是康德所謂先驗的方法的一個例。無空間吾人不能思考事物，但無事物却能思考空間；故空間為事物意象或世界現象之必然的先決條件。凡是必然的先決條件必是心的先天法式。關於時間也可有此同樣的說法。

由此，「純粹數學如何可能」的問題可答之如下：因為心有空間時間的法式，因為心的本性必須以空間的時間的方法有所知覺與想像，故於數學中有眞正的知識，先天的綜合判斷或自明的眞理。

但空間和時間僅是感性的條件，是感覺的知覺的法式，是吾人知覺事物的方法，所以他們的確實是只在認識現象界的事物時，而不可適用於物自體（即離吾人知覺獨立的物）。他們不能適用於吾人意像界以外。但無論空間時間是物自體所固有，或是僅爲吾人知覺事物的法式，經驗的知識則依然確實。吾人所知覺的事物不是物自體所知覺的關係也不是在物自體的關係。吾人若除去主觀，或僅除去感性，則空間中時間中一切事物的性質和關係，或空間時間的本身，必都歸消滅。他們的現象本身不能再存在，僅爲存於吾人心中的感覺，爲吾人意識的變形。至於超離感性的物自體，離開那對於感覺機關的影響而獨立的物，吾人不能知道。事物呈現於目則成色，入於耳則成聲，……，凡此都是內的感覺，其物自體離開那發生於人之意識上的影響而獨立，人不得知之。吾人所知的，僅僅是知覺此等物的方法，這種方法雖在人類爲必然的，而在一般動物則不必爲必然的。故空間時間是主觀的或理想的。然而吾人所有之一切現象，却是排列於空間和時間的秩序中，凡不在時間的條件下之事物不能成爲吾人之經濟，而演成外界現象的一切物體，又永遠與空間共存，故空間時間又是客觀的、實在的。

要之，人類所有的實在的知識，若沒有這幾個條件，則不可能。心必有些東西呈現於他的面前，他必能感受影響或接受印象。但若僅僅感受印象或感得意識的變形，則不免爲主觀所錮閉，不能知覺客觀的世界。吾人的感覺不可不爲外界的、客觀的，——排列於空間的時間的秩序中。吾人之認識客觀世界，全因人心有此等知覺的方法。

第六節　悟性論

但僅僅無關係不聯絡的知覺，不能成爲知識，僅僅空間時間中對象的知覺，不能產生知識。知覺着「太陽」又知覺着熱石，不是和知道太陽曬熱石子的知識一樣。以一定的方法結合這兩種經驗，乃能得「太陽爲使石子變熱的原因」的一個判斷。故必需把諸多對象結合起來，找出他們的關係，且要認識他們，思考他們。知識或判斷若沒有綜合的思維的心，若沒有悟性（Verstand）或理智，則不可能。理性不僅是受動的，而且是自動的。直覺是知覺的，理性是概念的（以概念思維）。吾人須使知覺爲明瞭的，置知覺於概念之下，又須使概念爲顯明的，給概念以知覺的對象。悟性自身不能直覺任何事物；感覺自身不能思維任何事物。二者相合，乃能發生知識。論感性的規則之學，叫做感性學（或美學），論悟性的規則之學，叫做論理學。

悟性認識或聯繫各知覺，有種種方式；因其都是先天的，不是從經驗來的，故叫做純粹概念或範疇。悟性表顯其本身於判斷中；其實悟性就是判斷之心，能思考，卽所以判斷。故悟性的認識方法，就是判斷的方法，而要發見這種方法，必分析判斷，以考查其所表現的方式。這種事業，普通論理學已經作過，若論述之，可得幫助論理學上的判斷表，足爲發見範疇的導引。判斷表中有種種判斷的可能純粹概念或範疇也有多種。康德的論理學中研究這種題目的部分，叫做先驗的分解論（Transcendental Analytic）。

康德分判斷爲十二種：（1）全稱判斷（universal judgment），如凡金屬是元素；（2）特稱判斷（particular judgment），如某植物是隱花植物；（3）單稱判斷（singular judgment），如拿破崙是法蘭西之皇帝。這三種判斷，是表示分量的範疇（category of quantity），卽總體、數多、單一等。（4）肯定判斷（affirmative judgment），如熱為運動的形式；(5)否定判斷(negative judgment)，如精神不是有體積的。這三種判斷是表示性質的範疇(category of quality)即實有、非有、限制等。(7)直說判斷(categorical judgment)，如物體是重的；(8)假說判斷(hypothetical judgment)，例如若空氣溫，則寒暑表上升；(9)選言判斷(disjunctive judgment)，如實體或為固體、或為液體。這三種是表示關係的範疇(category of relative)即實體、因果、交互作用等。(10)或然判斷(problematical judgment)，例如此或為毒物；(11)斷言判斷(assertory judgment)，例如此為毒物；(12)確定判斷(apoditic judgment)，如任何結果必有其原因。這三種判斷是表示形態的範疇(category of modality)，即可能、不可能、存在、不存在、必然、偶然等。

第七節　判斷的確實性

吾人如何得適用此等心的法式於事物呢？其客觀之確度如何？此等法式的來源是純粹精神的，而應用於經驗中。吾人把離經驗獨立的範疇使用到經驗中、使用到對象的世界中，果如何可能呢？我們有何權利做此呢？法律家稱合法的權利和要求的證明為推斷(deduction)。現在我們所需要的，則為範疇的先驗的推斷。康德的證明是說明沒有範疇，則經驗即不可做。沒有這種本源的先天的思維作用，或者沒有統一的自我意識，或者沒有統覺(apperception)，則無知識、無聯貫的經驗世界。悟性就是判斷，就是把許多知覺的對象統一於一個自我意識(統覺)中的作用。若無一個依一定的方法(空間和時間)以知覺，及依一定方法(範疇)以判斷與思考之合理的心，則不能有經驗對象的普遍必然的知識。知識就是悟性的純粹概念（卽範疇）之適用於感官所供給的對象而被知覺爲空間的時間的對象所以範疇爲成立經驗必需的條件卽是經驗惟一之判斷。例如水凍的知覺雖爲單純作用，若非心認識兩種狀態（液狀和固狀），在時間上有關，而聯接於一個思維作用中也不能成立對於判斷爲必要的統覺作用，對於知覺也是同樣的必要。作用於思想中之認識、再現及想像等自發作用，也作用於感覺經驗中而作用於兩方面的範疇，也是相同的。吾人的經驗界依範疇而存在現象的秩序卽吾人所認知的自然界依賴於吾人理智之法式，不是吾人理智之法式依於現象界或自然界如經驗論者的所見。此卽康德所說的「悟性規定其法則於自然界」。康德這種哲學上的革命有如天文學上的哥伯利的革命(Copernican revolution)。

因爲心規定其法則於自然界，所以吾人先天的得知自然界的普遍的法式。吾人能知道：知覺的世界永遠依可以理解的方法關聯着吾人的經驗永遠是依一定秩序而存在之具有空間性與時間性的事物，永遠是有實體與屬性，原因與結果和相互作用之關係的事物。故吾人於感覺界不能誤用範疇。但不可忘記範疇的使用，是僅限於經驗範圍的，僅限於現象界的，出此範圍以外，其適用就不能確切。吾人不能超越經驗，不能有超越感覺的物自體的知識。因此吾人不能先知經驗的內容，卽或有特種感覺（色聲重等）發生。吾人可以說無論他們如何，必可依心的必然的規則整理他們。

但理智的範疇如何適用於知覺，卽感覺的現象呢？依康德說，純粹概念和感覺的知覺是絕對不一樣的。果然則兩者如何關聯呢？兩者之間必有一個第三者作媒介，一面爲純粹的（沒有經驗的任何事物），同時他面又爲感覺的。這種媒介，康德叫做先驗的圖式（transcendental schema）用以結合經驗關聯經驗這種圖式的使用，就是悟性的圖式論時間的法式（Time form）正合這個要求，因爲時間是純粹的，且是感覺的。吾人的一切觀念，都依於時間的法式；吾人的經驗，都由時間定其秩序，都生於時間內。所以理知若要結合或關聯感覺經驗，則必使用時間法式。理知依時間的關係以想像他的概念或範疇。例如繼續的加一於一，則得數，這種數的作用，就是數量範疇的圖式，——這種範疇表現於時間的法式。時間的一剎那，表現爲單一；其幾個剎那，表現爲特種；其全體表現爲普通。故此，數量的範疇表現於時間系列的圖式。理知又想像那起於時間內的感覺，這種想像是表現性質的範疇之方法，即性質的概念表現於時間的內容的圖式（The schema of time-content）。理知又在時間中觀察永久不變的實在物，這是想像實體的範疇之法。理知又認實在物在時間中必發生其他事物的實在物，這是發現因果的範疇之法。理知又注意一個實體的性質和他一個實體的性質在時間上同時發生，這是想像相互作用的範疇之法。此等實體、因果、相互作用的範疇都表現於時間的秩序的圖式（The schema of time-order——連續、繼起、同時）。理智又想及某種時間中存在的東西（可能的範疇），或一定時間中存在的東西（確切的範疇），或常常存在的東西（必然的範疇）。此等可能、確切、必然的範疇都表現於時間的理解的圖式（The schema of time-comprehension）。

第八節　物自體的認識

前面已經說過，吾人不能超出經驗以上，不能先天的知道超感覺的物自體。知識包含知覺，而物自體不能由感官知覺之；在感覺的知覺中，僅能知道物自體表現於吾人意識中之方法。物自體也不能由理知知覺之，或直觀之。吾人無理知的直覺，吾人不能以理知於一剎那間認識事物。理知是推理的，不是直觀的。吾人若使用範疇於物自體，決不能證明他們，例如吾人不能證明現存的事物是理知界的實體。但吾人能想及這種物自體，說他不是感官知覺所能形容的，不在空間時間中，又不變化……。然而沒有一個範疇可以適用於物自體上，因爲吾人沒有方法可以知道有無東西與他相當。若知覺不給吾人以範疇可以適合於其中的事例，則決不知有無與實體概念相當的東西。關於物自體的事件，則知覺於吾人無所裨益。

物自體是不可知的，但這不是矛盾的概念，因爲吾人不能確確的斷定現象界是知覺之惟一可能的法式。感覺的知識，僅限於感覺的事物，物自體則非所及。理知思考的事物，感覺不能知之，所以物自體或本體（noumenon）的概念，爲感覺所不能知的，是限界概念（limiting concept）。人所得知的，僅在現象界，本體則非人所知。

吾人不能知物之本身，僅知其表象。同樣，我不能知道我自己的本體，僅知我之表象。我能意識着我的存在與動作，但意識着自己，不是知道自己的本體。知道是必有知覺之意。我不能知覺着我的「自我」，亦不能有我的「自我」的理知的直覺。惟藉知覺，卽時間的法式，各種狀態之聯續，我可以知我自己。但我雖不能知覺着我的「自我」，卻能思想到這個「自我。」康德的知識論全體卽根據於這個「自我」論。他所說的統覺卽不外自意識的「自我。」若沒有自我意識的「自我，」則知識不能成立；但自我意識的自我本身，終不可由知覺得知。

所以吾人對於所不能知覺的事物，不能有普遍必然的先天的知識。因之，不能有超越經驗的玄學，卽不能有物自體的玄學，不能有供給非現象界（自由意志、不滅神）的眞知識的玄學。惟能有現象界的先天的學問。數學是依於空間和時間的法式而有其必然性；幾何學是基於先天的「空間知覺；」算術則根據於表現先天的「時間知覺」之數目概念。自然科學是依據範疇以論實體與屬性、因果、交互作用等。休謨和經驗論者都是錯了。數學和物理學的知識是普遍必然的，但僅是現象的知識，是現象的排列法式之知識。吾人不能知道物自體，在這一點，休謨是不錯的。然而物自體是有的，且是必然有的，否則感覺卽不可解了。和現象相當的東西是必有的，他影響於吾人的感覺，供給吾人的知識材料。康德決不絲毫疑惑物自體的存在。他的批評的第二版中嘗證明其存在（觀念論的駁論）。但因他堅持「物自體之存在，」「物自體爲感覺的根底，」從而他的學說的性質上不由的遂使物自體的概念變成曚曨不定的了。物自體遂成了限界概念，不能由感覺知之。但雖不能知之，卻能思之。吾人不能適用範疇，就使能適用之，而這些範疇也沒有客觀的確實。故於此尚有未了的問題，康德自己對之非常注意，他的後繼者亦嘗努力解決之，後面可以知道。

第九節　玄學之不可能

康德的目的第一是反對休謨的懷疑論，而說明數學和物理學的知識的可能；第二是反對來布尼茲、服爾富等獨斷論，而說明超感覺的玄學的知識的不可能。這種意義的玄學便是假科學。(註) 現在就他的第二部分說之。悟性僅能知我們經驗的東西，理性則欲超過悟性所能及的限界而認識超感覺的東西——不能為知覺的對象的東西，僅能想到的東西。理性淆混知覺和思維，因此陷於種種的曖昧、誤謬、矛盾。這實是超越的玄學內常有的事。在經驗界有意義的問題，在超現象界則毫無意義。例如原因與結果、實體與屬性等概念，使用於現象界則完全正當，如移到本體界則了無意義。玄學往往忽略了這一點，混雜現象和本體，用那適用於現象界而有效的概念，論道本體界。故此陷於誤謬、錯亂。康德叫做先驗的錯誤。他又稱適用於經驗限界內的原理為內存原理，而稱超越這種限界者為超越原理或理性概念或觀念。誤以吾人主觀的原理為客觀的原理，而適用之於物自體，是理性所難免的錯誤。發見這種超越的判斷之錯誤以防備受其欺騙，是先驗的辨證學的職務。但這種錯誤是自然的、難免的，所以不能破壞他，吾人可以洞悉之而免受他的欺騙，但終不能擺脫他的糾纏。

精查玄學的議論時，可以見出許多論理的誤謬矛盾。前面已經說過，悟性是心的能力，即一般的理性按着規則或原理，可以結合吾人的經驗，以供給吾人以許多的判斷。而此等判斷則包括於更為溥博的先天概念之下。心的這種能力就是理性，也就是置悟性的規則於較高原理之下的能力。所以理性(vernunft)的目的在於統一悟

(註)康德認玄學之可能，祇在下列幾種意義中：(1)知識論的研究；(2)自然的法則和法式的絕對知識；(3)意志的法式和法則的絕對知識，即道德哲學；(4)根據於道德法的精神界的知識；(5)有一定或然度的宇宙的假設。

性的判斷。但這種高等原理，僅是對於悟性之主觀的經濟法，以求最能簡約概念。高等理性對於對象，不規定法則，也不說明他。

故此，理性在合理的心理學中，力圖把一切精神的作用都置於心靈觀念之下；在合理的宇宙論中，把物質界的事件都置於自然觀念之下；在合理的神學中，則把一切事變都置於神的觀念之下。所以神的觀念是包容一切事物的絕對的渾一的最高的觀念。這些觀念是超越的，沒有經驗的價値和需用。所以，吾人不能在想像的法式中表現出絕對的全體之觀念，這是一個無解答之問題。但這些觀念有爲悟性的指導者的價値和需用，能引之促進知識的探求。

（a）合理的心理學　故此，非有主體、自我、知之者，非諸多思想綜合於單一意識，若非判斷主格與云謂兩方面的自我是同一的，則必無知識，這個結論是正當的。但吾人不能推定這個自我是自存的、單純的、不變的「心靈體實」。故在推理中理性的心理學所下的判斷非由前提擔保他使用各種名詞（如主體、自我和靈魂）有種種的意義，這種謬誤的毛病，康德叫做謬誤推論（Paralogism）。吾人不能論理的證明自由意志和靈魂不滅。但理性的心理學雖不能增加吾人的知識，卻可使不致流爲靈魂的唯物論或無根底的唯心論。於是理性暗示吾人要擱下無用的懸想，把自我認識（self-knowledge）轉向於道德方面去。道德法教人惟尊重正義的意識，使得成爲其觀念中的良好世界的市民。

（b）合理的宇宙論　理性又想把吾人一切現象之客觀的狀態化歸一個究竟的且最高的狀態，無制約的狀態。吾人構成一個全體自然的觀念，或宇宙的觀念，或認之爲一切現象所依附的原理，或由現象自身中尋求此最高無制約的狀態，無論那一種情形都足以構成宇宙論的觀念，而生種種的詭辨，既不能由經驗證實之，又不能由經驗反駁之。康德稱之爲矛盾論（Antinomie）。這種理論的正面根據理性的必然，並無矛盾，而同時，其反面的理論，也以同樣必然的根底而成立。

矛盾論有四種，其中都是反正兩方面都可證明。其能證明的：（1）世界於時間上是有始的，又是無始的，永恆的；在空間上是有限的，又是無限的。（2）物體是可以無限的分割，又是不能無限的分割；物體是單純的，不可更分的原子（atoms）。（3）世界內有自由，又說世界內萬物都依自然法以動作。（4）世界有一絕對必然的實在體爲世界之因；又說世界以內，世界以外，都沒有這個實在體爲世界之因。任取這種兩相反對的理論的一方，以排其他一方，兩造都不是靠着論理的證據，乃各依其自己的興趣。凡思想正當的人，都有肯定（即獨斷論）一方面的實踐的興趣。世界是有始的，我的思想的「自我」是單純的，不滅的，又是自由的，不受自然的約束，組織世界的萬物之秩序，是從一個根本的實在體出來，所以有統一，有有目的之結合；——這些思想於倫理和宗教大有裨益。反之，佔在否定一方面的（即經驗論），則刼奪了此等裨益。若世界別無根本的實在體，若世界是無始的，不必有創造者，若吾人的意志不是自由的，吾人的靈魂是可滅的，則吾人的道德的觀念和原本，遂失去其確實性，而爲其根據的先驗的觀念，亦不能成立。

又有思索的興趣包含在內。因爲如果在肯定的理論中承認先驗的觀念，則吾人能先天的認識全體情狀的線索，得推知無條件者的來源是出自有條件者。否定的理論方面，則不能如是。但經驗論者若以假設與輕率爲滿足，則其原本祇能教人止於凡庸的要求。吾人之理知的假設及信仰其對實踐與趣的影響，是不應去掉的。經驗論者失掉了科學與合理的內視，因其以實在思索的知識不能有經驗以外的對象。但經驗論自身也成了獨斷論，竟大膽的否認直覺知識的範圍以外的東西，這實有害於理性之實踐的興趣。

康德解決矛盾論的難點，是指出否定理論所持者爲現象界，而肯定理論所持者則爲本體界。感覺的時間空間的世界，在時間方面，是無始的，在空間方面是無限界的。吾人決不能經驗着絕對的限界，吾人決不能遇到時間的起點，吾人在時間與空間之進程中不能棲止於任何一點。但有非空間的世界即幽靈的世界，有絕對的單純的實在體存在其中。不能因爲在這一方的世界不能有限界，就說在那一方的世界也不能有限界。據吾人所知，眞的世界可以有始的，是神所創立的，有限界的。再者，吾人萬不能於空間中求心靈的實體，而於超感界內求空間的物。

解決因果的矛盾，也如此。現象界之萬物都是爲其類似者所約制，每一結果必有其因。所以追索無限的因果的連鎖，是吾人之事務。然現象的情境還有其本體的情境，即於現象以外還有現象所依存者。由吾人理知本性可以決定我們於感覺界不能見出的自由的原因，故此吾人不能從經驗中得出自由的觀念。自由觀念是先驗的觀念，因爲理性幷未假經驗而創造他。如感覺界的一切因果，僅是自然的因果，則每樣事件一定必然的爲其他的事件所決定，每種行動也一定爲一種自然的現象之必然的結果。否認先驗的自由，必至破壞實踐的，即道德上的自由實踐的自由假定某種事物雖然不曾發生，但總應當要發生的，所以他的現象原因沒有絕對的決定力，而吾人的意志能離開自然的原因而產生之，甚至可以反抗這自然原因的勢力和影響。若先驗的自由可能實踐上的自由亦必可能，卽意志可以不受感覺的衝動之壓制，不像動物的意志之受其箝制。

因此自由和自然的必然得以調和。現象可以看做是由物自體所生的，物自體是不可知的，但其作用（現象）是可知的，是排列爲因果的鏈鎖。同一現象若看做空間時間的現象，卽爲因果的鏈鎖之一部；若看做不可知覺的物自體的作用，則爲自由原因的作用：此自由原因由自身產生結果於感覺界。由一方面觀之，事件僅爲自然的結果；由另一方面觀之，則爲自由的結果。換言之，此結果乃是一個現象，必有一個經驗的原因，但此經驗的原因自身又爲非經驗的原因，卽自由原因的結果。

適用此說於人類，則得次之結果。若依着感覺和悟性來看，人也是自然之一部，由此言之，人有經驗的性質，爲因果的鏈鎖之一部。但實際上人是有理知的有心靈的實體。對於這種實體，不能適用感覺的法式。人能創造其一切作用，也自知其有這種能力，故自己能感其責任。凡人想到一種動作爲一種現象時，必不能認他是自生的，而認他必有其原因。但對的理性則不可以此例看；不能說理性之決定意志的狀態，猶有其他的狀態以爲之先因。因爲理性不是現象，故不支配於感性的條件（時間空間因果），因之，吾人不能以自然法解釋他的因果，不能認他的動作另有原因。理性是其一切意志的動作之基本條件，經驗的性質不過是理知的性質之感官的圖式，是吾人想像人，或把人現象化的方法。

這明白的表出康德的意思。凡有意的動作是純粹理性之直接的結果；因之，人是自由的原動者不是自然的因果的鏈鎖之一部。然其動作自身看做現象時，則是絕對被決定的有因的。人自身是自由的原動者，能創造其動作。其動作爲心所知覺時，心卽爲之穿鑿前因後果而認其爲特種的衝動觀念、教育、氣質等的結果。然而動作的眞因，乃是理性，理性不受感覺之影響，幷不變化。

但康德於其純粹理性的批評中，目的不在建設自由的實在，或證明自由的可能。他僅要指出理性創造觀念，產生因果系列，和理性規定因果法於悟性；又僅要證明自然不是和自由因果的觀念相矛盾。

必然的實在和偶然的實在之矛盾，康德解之如下：理知不把現象界萬物是看做必然的獨立的；無論何物都是偶然的，又依屬於別個的。但這不是否認現象全體是依賴某一個離一切經驗的事情而獨立自由的，又爲一切現象的本源之有理知的實在。吾人可把感覺界的全體看做是某種有理知的實在之表現。這種實在是必然存在的，沒有他則萬物不能存在，而他的存在，則無需什麼東西。不能因爲有理知的實在於說明現象無用，就說他是不可能的。這種實在也許是不可能的，但不能依據對於悟性是眞的，遂說他不可能。當吾人說及現象時，必用感覺上的名詞，然而這不必是觀察一切事物的惟一方法吾人能夠設想物自體，或非感覺的思想的物，不似其表現於感官上之現象，但可想及之。吾人不能不確認有現象所依附之有理知的實在，但吾人不能認識之；吾人只能構成他們的某種概念，由使用經驗概念的類推法以想像之。

(c)合理的神學　吾人構造經驗全體的觀念，又把經驗世界認做離吾人而獨立的。吾人忘其爲吾人的觀念，故把他當做實體。吾人又把他當做個別的東西，而含有一切實在性，爲單純、永恆、全能的最高實在。這種觀念，康德稱之爲先驗的神學的理想。但此最高實在的理想，僅是一個觀念。吾人先造其對象，即現象的對象，次認他爲實體，後乃人格化之。

關於神的存在，僅有三個證明：即物理的、神學的、宇宙論的和本體論的證明，但都沒有價值。今先說本體論的證明：包容一切實在性之實在體的概念，不含有存在的意義。存在不能依據最實在的概念。吾人於此從一個完全任意的觀念，竟造出與其相當的一個物的存在。在宇宙論的證明中，吾人從可能的經驗（世界或宇宙）的觀念，論證一個必然的實在體的存在。這種實在體惟神可以當之。但不能因爲吾人設想必有一個絕對的實在體，遂斷定其存在。這實在又歸到本體論的證明了。再者，這種論證是從偶然論到原因。這種推論不能用於現象界以外，在宇宙論的證明中，是用以超越經驗的領域，應在禁止之列。康德叫這種推論爲論辯的假說。承認神的存在，爲一切結果的原因，是可以的，爲的是可以助理性之研求諸因的統一；但是爲說這種實在體是必然的存在，則不是正當的假設。要求一個無預件的必然爲萬事萬物之最後的支持者，原是人類理性之根基。

物理的神學的論證是由現世界的秩序推論神的存在。此種論證也不可靠。此說謂由世界的複雜、秩序、美麗，吾人不能想到其原因。此原因必具有最高的完備，遠出於吾人所經驗者。吾人認爲一切可能的完備結合於此最高的完備中而爲單一實體，有何不可呢？這種證明最爲人所尊重，是最古的、最明瞭的，且最契合於人的理性的；又足以指出與闡明吾人觀察所不能看出的自然的目的。但不能說這種證明是確實。這種論證是由自然物和人造物（家、船、錶）的類似類推到必有同樣的因卽悟性與意志存於自然之根底中。倘吾人一定要講原因，只好由人造物類推，因爲人造物的因果，是吾人完全知道的。若理性不依其所知的因果而依其所不知的，曖昧曚曨的說明原理，則這種論證必無辯解的理由。但這種論證祇能建立一個世界建築師，這個建築師是受其所用的材料的性質之桎梏，而不是建立一個世界創造者。故物理的神學的證明，由經驗開始，結局歸於宇宙論的證明，而爲變相的本體論的證明。如果，這種論證是可能的，則本體論的證明成爲唯一可能的。

經驗的範圍以外，因果的原理不能適用，且亦無意義。故吾人若不構成道德法爲根底，而爲所指導，則不能有合理的神學。凡悟性的綜合的原理，僅可適用於現象界，至於最高實在體的知識，祇能於超越的用法中行之。此則非吾人知識所能及。縱或因果原理得以超越經驗的限界，吾人也不能達到最高實在體的概念，因爲吾人決不能經驗一切可能的結果中之最大的結果，而由之以斷定最高實在體的原因。但先驗的神學有消極的重要用處，可爲吾人理性的監察，而排除一切無神論、自然神教和擬人論。

第十節　玄學在經驗中之用處

先驗的觀念雖難免陷於錯誤，其於理性則爲當然的，正如悟性的範疇對於理性一樣。但悟性的範疇實能表出眞理，能使概念和對象一致。每種機能，若吾人能發見其正當方向，都有用處。先驗的觀念也有其重大的用處，但若誤解爲實物的概念，則其適用就錯了。先驗的觀念沒有構成的功用，不是對象的概念；他有規制的功用，指示悟性到一定的目的其能統一概念之複雜性，恰如範疇之統一物象之複雜性。理性依此等概念以組織吾人的智識，藉一種原本而結合之。此組織的統一是合乎論理的；理性必保持統一組織的統一是一種方法；他是主觀的論理的必然而無客觀的必然。所謂科學的原本許多都是觀念有假設的價值，不是絕對的眞理。吾人先天所知的僅是實在的法式（是空間的與時間的），事物有因果的相關。至於基本的原因、能力、實體，不過是假設。吾人不能斷定有這種統一，但因理性的要求不能不求此統一，藉以組織吾人之智識。有些哲學家說，不能有多過必然之原理，就是承認自然中有這種統一。

有些自然學者（特別是懸想派的人），更注意於自然的統一，欲於差別中發見其類似；又有些學者（特別是經驗派的人），則常欲類別自然。後者的趨向是根據於邏輯的原理，此原理目的在求組織的完成。每個種（genus）有各樣的類（species）；每一類又各有其屬類（sub-species），各屬類亦如之。依理性的要求，沒有什麼類的自身可認爲最低的。所以同類之法則（law of homogeneity）和異類之法則（law of specification），都不是出自經驗。再者各類與其屬類之間又有中間的類（intervening species）。這是類的連續法（law of the continuity of species），就是從這一個到他一個，並不是一蹴而及，乃是由於微度的差異。此法假定有一種自然的先驗法（自然中的連續法），若無這種法，悟性易致違反自然，陷於舛誤。但此法式的連續也僅是觀念，經驗中沒有與之相應的對象可以指出。此法只普遍的領導悟性，而無關於特種的對象。此二原理（統一和差別）很易結合，但因吾人總把他們誤認爲客觀的知識，二者遂致不能一致，甚且流爲眞理之障礙。

此等觀念在某種的意義中，有客觀的實在但所謂客觀的實在，不是說因爲經驗界的任何處能有與之相當的對象；無論何處，吾人不能見一個最高的種，或一個最低的類，或無限數的中間的過渡的類。至以悟性爲他們的對象，又給悟性以法則在此意義中，觀念乃有客觀的實在。他們給悟性以遵循的方法，而對悟性說：尋求最高的種，最低的類。因此，觀念對於經驗的對象有間接的影響，而又堅實悟性的機能。

最高實在體卽神的觀念的惟一目的，在於維持吾人理性之經驗的最大統一。經驗對象之原因的觀念，助成吾人組織知識。心理學的宇宙論的神學的觀念，不是直接有關於相當於觀念的對象及對象之性質，但假定觀念中有此對象纔得擴張、組織吾人的知識。故此，依着觀念進行是理性必然的格律。在心理學中，爲統一吾人的事實起見，吾人不能不結合一切內心的現象，宛若心靈是永恆存續的單一實體，而有人格的齊一。在宇宙論中，吾人必須不斷的追求吾人內外的一切自然現象的狀態，宛若是無限的系列，沒有最初與最高的一個。在神學中，則必須視屬於經驗的關聯中之事物，宛若經驗所造成的一種絕對的統一；同時，又必須看此事物宛若一切現象的全體（感覺世界），有一個最高的、全能的根底，在他的外邊，就是一個獨立的、本源的、創造的理性。凡此並不是說：從單一思想的實體演出心靈的內在的現象；乃是說依着單一實在體的觀念，交互的推出這些現象。換言之，以科學的方法看待這些現象，這些現象之中有統一。這也不是說從最高的智慧推定世界的秩序和世界的組織的統一，乃是說爲圖理性的滿足，用這種最聰明的原因之觀念作指導，好去結合世界的一切因果。

此等觀念或原理不是僅僅的腦髓的虛構，乃是非常有用且爲必要的。吾人若不給觀念一個對象，若不使之實現或客觀化，則不能思考此組織的統一。但這種對象是不可以經驗的，可認爲一未決的問題。吾人認定有一個神，乃可有一定的根底，以定組織的統一，由他出發，又以他爲依歸。這些思想，又可適用於心靈實體之觀念上。心靈不可看做爲一個物自體，他是思想所根據的東西，又是意識狀態的中心點。吾人若只把觀念當做觀念，則不致把完全兩樣的屬於內感作用者之解釋和物質現象的法則混做一談，也不致承認心靈的生滅轉生等的空虛假說了。

人類知識始於知覺，進至概念，而終於觀念。這三種原素都是與生俱有的知識的本源。完備的批評論，基於這三種要素之關係，指出思辨的理性，決不能超越經驗的範圍。

第十一節　神學在自然中之用處

各觀念中，理性用以考察自然的觀念，是目的的觀念。關於這個觀念，康德在其所著判斷之批評中，很有精細的評論。又美的判斷的性質，亦爲論及。悟性設想自然的全體，是其各部分之協力的結果。但於有機體則似乎部分是依於全體，爲全體的形式、計劃或觀念所決定。各部分既是手段，又是目的，既以協力助成全體，而又爲全體的觀念所決定。於此又遇到反正兩面之論：依正面論，按着機械的法則，創造一切物質是可能的；依反面論，有些東西的創造不能按着機械的法則。吾人若不把此等命題當做組織的原理，而當做規制的原理，則矛盾即可排除。故照後者的意義，則正面論是要人在物質的自然界求其機械的原因，反面論是要人在幾種事實（甚或於自然全體）

中爲機械論所不能說明時，別求究竟的原因或目的。但這樣的解釋他們，不能說幾種的自然事物不能作機械論的解釋，也不能說他們只可以機械的因果解釋。人類的理性單求機械的原因，決不能發見自然的目的。在吾人所不知之自然的內在的根底中，不能把萬物之物質機械的系列，與其目的的系列，合併於一個原理中。吾人必須從理性的組織，即康德所謂之反省的判斷，認有機界是有目的的；但感覺經驗決不能發見這個目的，而吾人也沒有任何理知的直覺可以發見他。這個目的不可認爲盲目的，無意識的因爲那就成爲萬物有生論（物活論 hylozoism）了。那是自然科學的死滅；況且在吾人的經驗中，決不能找出這種盲目的目的。吾人所知的目的，是人之有意識的目的。康德反對生機論；他說吾人不要去決定有機體的統一之原因，不要認那個原因是具有理智的實在體。目的的觀念的價值，在其指導自然研究有裨於發見物體的機關和其部分之目的，及其藉何種充足原因實現其目的。所以目的論的自然觀，是理性難免的一種態度，是由考察現象的形式所喚起的，但除了作爲一種假設或指導原理外，於直接經驗中沒有正當的用處。

第十二節　理性及道德的神學之實際的用處

自然的究竟目的，是一個道德的目的。理性的全體興趣，無論是思辨的或是實踐的，都集中於三個問題：什麼是我能知道的？什麼是我應當作的？什麼是我可以希望的？在科學中，吾人決不能有靈魂不滅、自由和神的存在等的知識。但在靈魂不滅、自由和神的問題中，純粹思索的關係很小，縱然他們統通都可證明，也不能使吾人於自然科學上有何等的發明。關於知識上，此等問題對於吾人沒有裨益；他們實在的價值，乃在實踐上，或倫理上。理性命令道德法。道德法是必然的。道德法告訴吾人要如何行爲，乃得享受幸福，所以是必然的實踐法。因爲理性命令此法，故按理論的理性之必然，吾人可以希求幸福。道德與幸福是不可分離的，是相結合的，不過僅結合於理想（觀念）中。若神爲自然的秩序之創作者，則可望此自然的秩序也是道德的秩序，又可望在此自然的秩序之中，幸福將和道德相伴。理性使吾人承認自己是屬於道德與幸福相聯的世界。但感覺界僅表示現象，其中不見有道德與幸福的關聯。所以吾人不可不假定一個未來世界，其中有這種關聯。神和未來世界是兩個假定，這兩個純粹理性的原本之假定是與理性所加給吾人的義務（道德法）不可分離的。

道德的神學必引起一個完備的有理性的創始的神之概念。這個神必爲全能的，能宰制一切自然及其道德關係；又必爲全知的，能知內部的本質及其道德價值；又必爲無所不在的，能立致世界之最高善之要求；又必爲永恆的，能使自然和自由的調和絕不至於消滅。世界若是和實踐理性的要求一致，則世界不可不看做是從最高善的觀念出來的。實踐的理性要求道德與幸福的接合，若非把世界看做是有道德目的的——在世界裏面有實現道德目的的神，——這也是不可能的。因此，理論的理性和實踐的理性得以調和。因此自然的研究必至承認目的論，而成爲物理的神學。換言之，吾人必由道德法而承認目的論和神。

所以純粹理性在其實際適用上（道德的理性），結合知識和吾人最高的實踐的興趣。因之，他不致陷於獨斷論，而爲其根本目的之絕對必然的前提。

第十三節　倫理學

康德的道德哲學見於所著道德哲學原論、實踐理性批評和道德的玄學各書中，可看做是批評直覺說和經驗說，觀念論和快樂論的爭論。他的基本問題是要發見善、是非、義務和吾人的道德知識的意義；什麼是義務？人的道德性的效驗如何？

康德受盧梭的思想之影響，以為除善意外，世界內外沒有絕對善的東西。意志的善，是在於其依據道德法，即義務之意識而決定之時。由自愛、同情等衝動出來的行為，不是道德的，道德的行為必要反乎這些衝動，而是從尊敬道德法出來的行為。再說行為的是非，不在其結果，而在無關於幸福的動機。純粹的尊重道德法是最高的標準。康德嫌棄感情道德，如同他痛惡功利論的倫理學。道德法是無上命令法（categorical imperative），是絕對的無條件的；不是教「你如要得幸福成功，則做這個，」是教「做這個因為做這個是人的義務」（為義務的緣故去盡義務）。道德法不關特種的行為或普通的規則，乃是立定一個基本原理，『你要常常這樣行動，以便意使你的行動的最高的原理，成為普遍法；』你要這樣行動以便使他人必遵從你的行為的原理。此法實為是非的確切標準。例如，你決不欲他人爽約，因為每人都不講信實，則彼此不信任，而偽約本身亦必破敗。有理性的人不願有矛盾，而偽約足以致矛盾。有理性的人不能不顧及他人的福利，因為如常常不顧他人的幸福，則其自身他日必受非人道的待遇。他又焉肯為此無道德社會的一份子無上命令法是普遍必然的法，先天的具於理性自身中。普通人都具有此法，雖不能明瞭的意識他，但其所有道德的判斷，則都爲所統制；是非的標準都是依着他。包含於這個法的裏邊，另有一法與之同一意義，卽『要以待人如己爲目的，而不以之爲方法。』人各認其自己的存在爲目的，爲有價値，故不可不認一切人的存在也是一樣。這是人道的理想，從前爲斯托亞派和基督教所提倡，於十八世紀的倫理和政治的學說上，實占一個重要的地位。

所以合理的意志，課其自身以普遍法，可以適用於一切。如果人都遵從理性的法則，則可組成有理性的目的的社會。康德稱之爲「目的的國」(Kindom of Ends)。換言之，無上命令法之隱然的命令一種完全的社會，合理的心靈界的理想，必然的包含在內；故合理的實在體，都是普遍的「目的的國」之合法的一員，必要從其普通的原理或公理而行。他旣是君主，又是臣民，他旣立法而又須從法，藉着他的道德本性，他是心靈界的一員；又以其承認法的威權，故承認理想界爲最高的善。

人爲道德法所統制，而不爲其衝動性欲所轉移者，是眞自由。禽獸是其本能衝動的傀儡，人因知其原有的道德法，故能制止其自私的、感覺的情欲。因人能克服其感覺本性，所以是自由的；人應當自由，所以能自由。道德命令法(moral imperative)是人的「自我」的表現，而表現於道德法中的自我，卽是眞自我。道德法卽眞自我的命令，也就是各個有理性的人的命令。有理性的人把這個加在自己身上，卽謂之自律(autonomy)。

道德命令的事實，指出意志的自由。若沒有吾人的道德本性，卽實踐理性，則自由意志不能證明。通常科學的知識，是關於事物的現象的，是關於空間、時間的秩序的，因此萬物都是支配於必然的法則，現象界的事件是可絕對的決定的。假若這個空間時間的因果的秩序是實在的世界，則自由定不可能。但康德說呈現於吾人感覺方面的世界，不是實在的世界。故自由是可能的。至於自由的確實與否，若沒有道德法吾人決不能知。道德法乃能指示吾人一超時間、超空間的世界，即自由的實在體的理想界。換言之，人的道德意識，即是非的知識，洞見到一個不同於感覺所得的物質世界。

道德意識，包含意志的自由、神的存在和靈魂的不滅。這些概念，在純粹理性批評中，已陷於論證的獨斷。關於神的存在之道德的證明如下：無上命令法所命的，是絕對的善意，是道德意志，是神聖的意志。依理性，如此的意志是應享幸福的，即善人應有幸福，因而最高的善必要德福一致，因爲德沒有福，則不爲完全的善。但在現世界中，德與福不是並行的，有德者不必有福。理性就對吾人說，應有一個神按着功過以分配幸福。爲分配幸福起見，這個神必有絕對的智慧，以洞見吾人。全知；吾人又必有道德的理想，即是無所不善；又必有絕對的能力以調和德福，即是全能。因其全知、全善、全能，故是神。關於靈魂不滅的證明，也是根據於同樣的前提：道德法所命的是神聖或絕對的善意。因爲道德法是理性的傳達，故所命令的必是可實現的。但人於今世任何時不能達到神聖之域，所以要有一個趨向完成的永久進步。換言之，靈魂必不滅。

康德在純粹理性批評中排斥古來所論的意志自由、神的存在和靈魂不滅；但其純粹理性批評的結果，是消極的。他在實踐理性批評中，把這些概念根據於道德法。人是自由的、不滅的，神是存在的：凡此眞理，都是吾人內在之合理的道德法所必有的含意。道德法保證自由、不滅和神；宗教就是根據於道德。

他這個觀念與基督教的思想有密切的關係；這是康德自己說的。（一）道德要求神聖完全絕對的善意。（二）但人不能完全的實現這個理想。惟獨神是完全的、是神聖的；人因爲有強的情欲，所以傾向於惡。他所能爲的，只是尊重法則和實行義務。（三）最高的善僅可於未來世界實現。（四）完全遵行道德法的人，就是完全有道德的人，他有無限的價值，應受一切幸福。（五）然而道德、道德法不約許幸福。因爲那是正當的，吾人不能不作那種正當事，至於有無幸福可享在所不論。服從道德不必能保證幸福。（六）但依理性則有德者配享幸福。故此假想有個論功行賞、報施善人的神。不是無道理的有這種分配的世界，就是神的國。（七）但幸福決不能爲道德行爲的動機。吾人之行爲必須正當，這不爲永久幸福之故，乃是正當之故。世稱康德爲新教哲學家者，卽本於他的這種思想。

第二章　德康的繼承者

第一節　問題

新哲學提出許多問題。其第一個困難的事業，在理解哥伯利的革命的天文學說的本義。當時的人能識其意義者甚少。哈曼(Hamann)以康德爲普魯士的休謨，格雷夫(Grave)又以康德的學說與柏克勒的觀念論相同。有人認其學說爲破壞宗教的、歷史的根底和證明自然主義的巧具；又有人疑其學說爲傾覆信仰哲學的新助力。爲幫助了解哥伯利的天文學說的意義起見，康德著有將來玄學導言(Prolegomena, 1783)，叔爾茲(Johannes Schultz)刊布其解釋(Erläuterungen, 1784)，來印候特(Reinhold)刊布其關於康德哲學之書札(Letters on the Kantian Philosophy)，胡斐蘭(Hufeland)和叔爾茲組成批評哲學之雜誌(Die Jenaer Allgemeine Litteratur Zeitung)爲批評運動的機關雜誌。耶拿(Jena)爲新派哲學的老家，由席勒爾(Schiller)、來印候特、斐西特(Fichte)、謝零(Schelling)和黑格爾等的努力，哲學在德國遂成爲最尊貴的研究。

康德之後繼者所努力從事之其他的事業，爲闡發其認識論，認識論諸原理的統一，理想界和現象界，自由論和機械論，法式和質料，知識和信仰，實踐理性和理論理性間的問題之解決；及物自體的概念不堅實處之排除。又一種事業是基於康德所立的批評的根底，而建設普遍的學說系統。這是他最有名的後繼者斐西特、謝零和黑格爾等的主要事業。

第二節　觀念論與物自體

康德曾考察過數學、自然科學和玄學，以及道德學、美學、神學的判斷，而指出其所依據的前提和原理。但此等原理有無共通的根底，此問題康德自己又屢屢致意。「由基本的絕對的確實原理所統括的知識論」之思想，支配着當時許多的思想家。因而當時遂要努力造成一個包容一切的觀念論的玄學。但先於此期，已經有許多的努力要清除康德的純粹理性批評的難點。

來印候特（K. L. Reinhold, 1758-1823）於所著人類表象能力新論（Versuch einer neuer Theorie menschlichen Volstellungs-vermögens）中，從表象能力要求出感覺、悟性和範疇的能力。他以此表象能力是被動的，同時又爲自動的：接受質料，同時生出法式。離表象而獨立存在的對象爲物自體，是不可知的。叔爾澤於所著厄尼西底墨（Ænesidemus）中攻擊康德和來印候特的批評哲學，以爲他們去不了休謨的懷疑論，卻適所以恢復他的懷疑論。既否認認識物自體的可能，又承認物自體的存在；既說範疇的適用只限於經驗界，爲確實，又適用範疇於物自體。邁夢（Maimon）說要制服懷疑論和免去物自體概念中的矛盾，其惟一方法是拋棄不可知的和不能的物自體。萬有之原因和本源，是吾人不得而知的，是終久不能解決的問題。因此吾人不能有完全的經驗知識；經驗的對象不是由吾人產生出來的。但吾人產生思想的對象，所以是吾人知識之惟一對象。伯克（S. Beck）

受了批論的影響，以觀念論的意義解之，以爲必要排去物自體，否則，純粹理性批評必陷於矛盾。康德當不爲此矛盾哲學的著者。唯一可能的觀點是：意識中所有的，爲意識的產物。不用觀念論，純粹理性批評就不能成立。

第三節　新哲學的批評

詩人赫德（J. G. Herder, 1744–1803）反對康德的精神能力之二元論，而主張統一的精神生活；思想與意志，悟性與感覺，是從同一的根底出來的。此等要素共同作用於知識中。他以理性論用概念的方法不能得到活的實在之眞相。他把自然和精神作爲有機的和歷史的解釋。神自現於自然及人類中，更特別的自現於各民族的宗教、美術和生活中（汎神論）。人類的歷史就是向人道的理想發展的過程，就是人類一切心能應付環境的調和發達的過程。吾人合理的心能須訓練成爲理性，感覺須訓練成爲美術，衝動須訓練成爲眞的自由，動機須訓練成爲人道之愛。

雅科俾（F. H. Jacobi, 1743–1819）說，純粹理性批評的結果，勢必成爲主觀的觀念論，所以他力排其結論。依他說，此種絕對主觀論或虛無論（Nihilism）不能捉摸究竟的實在（神和自由）。批評哲學以對象爲現象，觀念、夢卽全然虛幻，自縛於觀念的網內，不能捉得實物的本質。在另一方面，獨斷的惟理論，以斯賓羅撒的數學的方法爲最堅實的例證，也不能達於眞理。依這種理性論，萬事萬物都是決定的，凡沒有根底的，都是不合理的，不存在的，推至極點，遂成爲無神論和宿命論。這種理性論討論普遍的抽象的東西，必定得不得自由和神的活潑潑地自發力惟理論反對個體，而過重普遍，反對直接確實，而過重演繹推理，反對信仰，而過重理性，又狹定經驗的概念爲不出於感覺以外。雅科俾以爲感情信仰中有眞理的固有的法式，故力排觀念論的懷疑論和惟理論的宿命論及無神論。他以吾人可直接的確定物自體的存在；這種信仰的可能，是由於物自體的直接表現，即由於吾人對於對象之直接的知覺。人與實在面面相對，不像觀念論所說的只是觀念；觀念不過是吾人所直接知覺的本源之印本，無論那種存在，都非理性的抽象原理所能證明。吾人經驗自己的存在，美、眞、善、自由、因果和神的存在，恰如直接的經驗外界的對象。康德與雅科俾同反對無神論和宿命論的自然主義，而力圖維持神、自由和不滅。因有此見解，故而人都不信論理的悟性爲究竟眞理的本源，同爲反主知主義者 (anti-intellectualists)；同以吾人不能夠有物自體的知識。然而他們兩人皆相當的承認自然主義；康德承認全體現象世界的地位，雅科俾承認有實在對象的世界，唯不是完全像決定論所講的樣子。但康德依合理的道德法說明神、自由和不滅，還不失爲惟理論者，雅科俾則直認神、自由和不滅的實在，是由含有直接確實或信仰之感情的內在經驗所保證的。康德的信仰是合理的信仰，立於實際道德的確實性，即人之是非的知識上的。雅科俾的信仰，則依於超感覺的東西之直接經驗：究竟的實在是直接表現於吾人的意識中，吾人直接遇着精神、自由和神；因爲能直接經驗之，所以信仰之。雅科俾與哈曼、赫德同擴張了經驗的概念，把評批哲學所認爲人類悟性所不能達到的實在的觀察，也包含在內。

佛黎斯 (Jacob Fries, 1773-1849) 於所著理性之心理的批評中想調和康德與雅科俾的學說。他把批評哲學的基礎建立於心理學上，而以自己觀察代替先驗法。依他的意見，康德以先驗的方法證實的理性原理，直接呈現於意識中；吾人能夠在本身內直接的明瞭其確定。吾人僅能知道感覺所知覺的，不能知道超感覺的物自體；這種物自體乃是滿足心意所要求之信仰的對象。

參考書：

Jacobi's Briefe uber die Lehren Spinozas, 1785; D. Hume uber den Glauben, 1787; Introduction to his works. Complete works in 6 vols., 1812–1825. Wilde, Jacobi; Crawford, The Philosophy of Jacobi; Harms, Uber die Lehre von F. H. Jacobi; Levy-Bruhl, La philosophie de Jacobi; Kuhlmann, Die Erkenntnistheorie F. H. Jacobi; Schmidt, Jacobi.

第七篇　德國之唯心論

第一章　斐西特

第一節　康德後之哲學

如前所述當時的學者及康德的繼起者之興趣集中在下列諸問題如何尋出自然科學、道德學、美學及目的論諸學問之原理之共同的基礎或如何構成知識之一貫的系統物自體到底是什麼樣如何訂正神、自由、靈魂不死之理想。到了現在，覺得把當時的各種思潮——批評的唯心論斯賓羅撒哲學、理性論信仰哲學及法國思想界與赫德之著作中所盛行的發展的概念，——融和了解於一個系統之單純體中，殊為尤宜。

康德反對自然科學的世界觀之機械論宿命論無神論唯我論及快樂論並且限定漫然的悟性於現象界，而以合理的信仰在人類價值中佔有一個地位。在感覺的世界中，——自然科學的對象——有法則支配一切萬事——人類的行為亦包含於其中，——皆在一個因果關係的鏈鎖中。除了感覺的世界之外，科學的知識是不可能的，因為就純粹理性批評之所示物自體是不可知的。但就康德所著的其他批評之所示，當人的批評的知識進步了，物自體之概念亦可隨之進步。始而認為抽象的思想者，迨後認為理性之必然的法則。——表示統一（靈魂、世界及神）之合理的要求之規制的原理。自由之觀念爲萬有之可能的或設想的根基。然而道德法則證實自由觀念之眞實，並保證神（精神世界）之存在及不滅。始而認爲抽象之物自體，現在解作自由、實際理性與意志，而認之爲理論的理性之根本。所以有一種比科學的知識高一等的眞理。吾人內在之道德法保證超感覺的世界之存在，這不是悟性之數學物理的方法所能知道的。但康德討論無上命令所暗示之實踐理性時，是很留神的；他不願意逕直超越經驗之限度；他不願領導他的後繼者流入假定的地位。他以超感覺的世界不能由理論的理性知道，又不能由直接經驗知道。愈近於直接經驗，或愈近於混亂，卽愈遠於眞理。知覺無概念，則是盲目的。我們固無直覺的權力以直接認識物自體。此柔和的批評家（康德）亦不能在感覺論或神祕論中尋出實體之中心；他實在輕視這種哲學的誇張。他雖持理性論，但他的方法中有信仰之要素。信賴道德命令可以免人流於不可知論、唯物論及決定論；因爲我們信仰道德律，所以我們知道道德律。若非爲道德律，我們不僅不認識自由與理想的秩序，並且難望脫離自然之機械論之束縛。使我們自由並證實自由者，是道德法則。這是大有影響於新世紀之新哲學之一方向。這一方向使人脫離了因果的宇宙觀，並不曾犧牲知識之正當的要求。十八世紀之末期，斯賓諾撒之哲學盛行於德國，許多思想家——縱然是反對斯賓諾撒者——皆認斯賓諾撒之哲學爲最堅固的獨斷論，爲玄學之究竟。勒與、赫德、哥德都傾向之，斐西特在未認識批評的哲學之前，亦崇拜其決定論。後期康德之觀念論之主要的代表爲斐西特、謝林、黑格爾。

康德由嚴格的批評檢定科學的道德的玄學的知識以決定其出發點，他的繼承者以可知的世界——自由

——為他們的思想之出發點。他們以理想的或超感覺的世界——精神世界——為眞實的世界。他們以這種自決的精神活動為原理，以圖解決哲學上之所有的問題，論述知識與經驗，解釋自然、歷史與人間的制度。他們說理想的原理統一我們的知識，統一疇範與理論的及實用的理性，能使我們克服機械論與目的論間之二元論，免除康德所主張之物自體之矛盾。我們想能了解實體，唯有用自決的理性解釋實體；故理性想了解世界，必須了解其本身。所以認識論——斐西特稱之為知識論（Wissenschaftslehre）——在康德的後繼者之思想系統中甚為重要，他們以為知識之正當的方法發見了，就足以解決玄學上的問題；哲學就是知識論。所以哲學是絕對的學問，是解釋萬事萬物的學問，也唯有哲學能解釋萬事萬物，僅僅的經驗的事實之知識不是眞知識，自然與歷史之經驗的學問不是眞學問。若以「知道」為了解實體之活動的、綜合的精神的程序，則祇是限於空間、時間、因果關係的現象之方法，不得謂之知識。關於此點，斐西特、謝林、黑格爾、士來厄馬赫（Schleiermacher），都是一致的。他們又認實在是進化的歷程，表同情於勒興、赫德、溫克爾曼（Winckelmann）、哥德諸人所主張之萬物是有機的歷史的見解，但他們得到這種見解之知識之方法則不同，這可於後面所述之中見之。

第二節　斐西特的原理

斐西特之基本思想是自由之概念，他認此概念為批評哲學之關鍵，他以意志或自我不是萬物中之一物——因果鏈鎖中之一節，——乃是自己決定的活動。唯有這種活動是眞的實在，其餘的都是死的被動的存在，這種活動是生命與精神、知識與行爲以及全部經驗界之原理，是進步與文化之主動力。一切知識以之爲根據，理論的理性與實踐的理性亦以之爲根據；所以知識之研究足證是哲學研究之首要。斐西特常不斷的做這一層工夫。認識論是一切知識之關鍵，斐西特在認識論中曾精細的研究了理論的與實踐的理性之條件、原理或假設。

斐西特於一千七百六十二年生於薩克森（Saxony），是一個窮織工的兒子。某貴人見其在兒童時是一個天才，大發慈悲，令其肄業於邁仙（Meissen）及叔爾普孚塔（Schulpforta）兩學校中。他曾在耶拿、來比錫及威丁堡諸大學（一七八零年——一七八四年）研究過神學。他因爲在私塾教書以圖取得生活費（一千七百八十四年——一千七百九十三年），荒廢了他的很久的大學學業。一千七百九十四年，有幾個學生請他教授新的批評哲學，他於是開始研究康德哲學，這件事情使他的思想革命化，並決定了他的生活的途逕。一千七百九十四年，耶拿大學舉他爲教授。這個大學在當時的德國爲思想之中心點，斐西特遂成新唯心論之領袖，其目的不僅在改造人生，並且在改造科學與哲學。他在耶拿大學中（一七九四年——一七九九年）著了下列諸書：認識論（Science of Knowledge）、自然權利（Natural Rights）、倫理學（Ethics）。一千七百九十八年，發表一篇論文名叫信仰神聖世界之根據，把神視同道德世界之秩序，因而引起別人的攻擊，說他是無神論者。他於是辭去耶拿大學之教授，而轉入柏林。他在柏林發揮他的哲學，以通俗的語言文字講演及著書。一千八百零七年至一千八百零八年間，拿破侖的軍隊佔領柏林時，他講演他的有名的告德國國民書（Address to the German Nation）以喚醒德國人的愛國心。一千八百零九年新建柏林大學，就聘他爲教授；他能忠實盡職，以終其身。他卒於一千八百一十四年。

他的著述如左：

Versuch einer Kritik aller Offenbarung, 1792; Grundlage der gesammten Wissenschaftslehre, 1794; Grundlage des Naturrechts, 1796; Das System der Sittenlehre, 1798; Die Bestimmung des Menschen, 1800; Die Anweisung zum seligen Leben, 1801; Reden on die deutsche Nation, 1808.

Posthumous works ed. by J. H. Fichte, 3 vols., 1834; complete works ed. by J. H. Fichte, 8 vols., 1845–1846; selected works, by Medicus; Letters, by Weinhold, 1862, J. H. Fichte, 1830.

譯成英文的如左：

Fichte's Popular Works (Nature of Scholar, Vocation of Man, Religion, Characteristics of Present Age), by Smith; Science of Knowledge (Conception of the Science of Knowledge, part of Grundlage, the Sketch of 1795, and minor essays), Science of Rights, and Systems of Ethics, by Kroeger; other works in Journal of Speculative Philosophy, by Kroeger, Vocation of Man and Addresses to German Nation in German Classics, vol. V.

關於他的參考書：

Monographs by Adamson, Everett, Medicus, Loewe, X. Leon, Fischer; Thompson, Unity of Fichte's Doctrine of Knowledge; Talbot, Fundamental Principle of Fichte's Philosophy; Raich, Fichte: seine Ethik, etc.; Zimmer, Fichtes Religionsphilosophie; Lask, Fichtes Idealismus und die Geschichte; Kabitz, Entwicklungsgeschichte der fichteschen Wissenschaftslehre. See also end of bibliography, p. 396, and Fuchs, Das Werden dreier Denker: Fichte, Schelling, Schleiermacker; Thilly, Fichte, Schelling, Schleiermacher, vol. V of German Classics, and Romanticism and Rationalsim, Phil. Rev., March, 1913. pp. 434–435.

第三節　認識論之方法與目的

據斐西特說，康德曾經由經驗中抽繹出來了範疇，但未曾指出他們是智慧之必然的法則，換言之，他未曾證實他的原理。斐西特說想證明疇範祇能由共同的根源抽繹出來，換言之，祇能用嚴格的科學方法。各種學問，如欲成爲科學，必須其全體的立論是聯貫的，由第一原本聯貫之；他必須是一切立論有互相聯貫的系統，是一個有機的全體。其各個立論，各有一個相當的位置，對於全體有一個相當的關係。所以空間的概念是幾何學上的中心觀念，因果的概念是自然科學的中心觀念。各種不同的學問，要求有一個包含一切的學問——學問之學問。這種學問，就是認識論。認識論建設各種學問所依據之基本原理。這種普遍的學問或哲學，必須由自明的或必然的立論而來，由絕對的第一原理而來，所謂絕對的第一原理，卽是其他一切學問之保障。

然而所謂中心的學問並不是立法者，乃是知識之編纂者，他認識心之必然的作用系統，觀察其必然的創造。然而他不僅登記一切發生的事件，他是想了解精神作用之必然性，發見各種知識之論理的前提。『如果如觀念論所構成之長的鏈鎖中之一段不能聯接，則我們的學問不能證明任何事情。』照這個假定，心理的本身是一個合理的組織，其行動如同一個有機的理性，理智之各種作用，不是一個無關聯的，無意義的活動，一切手段皆是爲着一個共同的目的；的要不是因爲這些理智作用理性之目的——自我意識之進化——將不能實現。所以哲學家在其從事演繹之前，須得了解一切意識之意義或目的。例如一架鐘，如果我們知其全部構造等等之目的，我們就能知其部分；我們若知意識之全體，就能知其部分。認識論之方法在指出理智之各種作用；是自我意識進化之手段，若不如此，則精神不能自由亦不能自明。斐西特在他的早年的專門的著作中，由基本的原理發揮知識之系統，在他的通俗的著作中，又由知識之觀察以達到原理，然而他的目的則始終如一，——說明知識之有機的統一。他有時叫他的方法為發生的方法(agenetic method)。然而他的目的不在記述知識原理之心理的發生，乃在指出那些原理如何由其必然的假定產生，指出理性如何啓發他們。

為研究合理的思想之發生起見，哲學家之思想必須依據意志之動作以活動，所以哲學不是以事實為起點，是以動作為起點，知識不是僅僅的一種世界之被動的反照或意見，乃是自己決定的活動的歷程，——不是一種佔有，乃是一種創造，眞知識祇能成立於自由的動作，我所了解者，祇是我在思想中所能自由創造的；我所不能創造的，便不能了解。意識不能由意識以外之任何東西解釋，不能由意識以外之任何東西產生，他是自發的動作或創造，可由創造的動作中認識之。換言之，知識必須假設純粹的活動，自己決定的活動。知識、理智、思想是自由的。沒有這種活動，便不能有感覺的世界，不能有經驗，不能有思想；所以這是我們所尋求的根本原理。純粹的自我或自己活動的理性，是認識論之出發點，是一切知識之自明的假設，又是認識論之目的，因為認識論若果達到完全的自我意識，意識就得着一切知識之意義。

如前所述，意志之動作為精神(自我)活動所必需的，但意志動作亦間或遵循必然的途逕。由此義而言，「必然」乃是自由之結果。我不是被迫而思想，但我若思想，必遵循思想之法則，——遵循空間與時間之法式，充足理性之原理等等。但是若無自動的自我，便不能有意識。例如A=A之判斷，這個判斷雖然簡單，若無綜合的心理，亦不能成立。如果自我不跳入實在及動作中，就不能有主觀、客觀及經驗的世界。既然無自我的條件，就無經驗世界、現象世界，所以不能假定自我是萬象之鏈鎖中之一鏈。

第四節　自我之知識

然則自我原理如何知道呢？我們能夠推定其爲經驗之根源思想之法式理論的與實踐的理性之統一。但叔爾澤(Schulze)以這種推論有背於康德之批評之精神，斐西特有時亦認唯心的根據之保障並不強於唯物的根據之保障。他貢獻了別的幾種論證，以維持其唯心論。其中有一個論證是與康德之道德哲學之結果相關聯，並且依據道德法則以說明原理。斐西特又採取康德之理智不完備之見解，以我們不能由漫然的悟性及其空間的、時間的、因果的法則，以了解活的實體，唯有依賴直覺——由認識之本性始能捉住現象後面之活動的實體，——自由、道德的世界及神。如果我們祇局限於科學的知識，決不能超出於因果的秩序以上而脫離自然之機械論。但是若依賴理智的直覺(in an act of intellectual intention)——自由意志之行動，——我們就認識義務之法則，或普通的意志脫離決定論之束縛，不爲因果鏈鎖中之一鏈，而爲一個自由的人。接受了義務之法則及自由意志，卽足以使我們的生活有價值與意義。自由意志能使我們了解世界是普遍意旨（自由之實現）之工具，並使我們不爲這種意旨之盲目的工具，而爲其意使的支持者。我們的尋常感官知覺的知識，是完成自由之實用的工具;他給我們以運用意志所必需之阻力,我們若不努力克服之,便不能自由所以我們須得有一個為我們奮鬭之目標之世界。所以如果完成自由之義務的命令不能實現世界就無意義。

因為有了此等思想,斐西特之哲學就得了倫理的唯心論之名稱,——根據道德信仰的宇宙觀。我們本不能由理論的理性證實自由的、自己決定的實體之卓越,——因為理論的理性一定不斷的尋求最後的根據,——但是我們所以承認這種原本為究竟的原本,因其足以滿足我們的道德的本性的要求,而給我們的生活以價值及意義。斐西特說:『一個人的哲學的選擇當因其為如何人而定,』——即是由此出發點而來。一個人若無道德的理想,若不能脫離自然之機械觀,就祇能認自己為一個物,而不能對其自由的自我發生興趣,不能認識並評賞其所未經驗者,又不能經驗到自由的自我,因其從來未嘗完成自由。一個人若解放自己,不為感覺之奴隸,而為一個自決者,就認其自身為一個高出於一切感覺的事物以上之權力,而不能認其自己是一個物。

斐西特之思想中另有一線索,依據此線索言之,自我在其本身中直接的認識其自由的活動,這是唯心論高於獨斷論或唯物論之處。唯心論之對象——自我——呈現於意識中,不像一個經驗的對象,不像一個現象或因果鏈鎖中之一鏈,乃是一個眞實的、高於一切經驗的自我本身。自我有一種自由的精神動作之直接的自我意識但這種意識不是強制的加於我們身上,我們必須藉自由之行動,以產生於我們的本身中。我們若不能有這種動作,就不能了解唯心論的哲學,就不能得着心理世界之眞象。獨斷論者否認自由之假定、自我之獨立,——這是因為他不能在他的世界中發見這種東西。若果獨斷論者無破綻,不回頭,他必是一個命定論者、唯物論者。我們不能普遍的證明有這種理智的知覺之動作，及直覺動作是什麼樣各個人必須直接在本身中發見這種動作，不然他就永久不認識這種動作。若我們欲對不認識直覺動作之人論證什麼是直覺，就如同對生而盲者解釋色彩是什麼樣子。然而各人的意識的各方面都有直覺動作發現，則是可以對任何人說的。凡是認定各種活動由其自己產生出來的便是默然的訴之於這種直覺。這是斐西特主張：凡有精神活動之處就有直覺之意識，——不管獨斷論者對他注意與否。

斐西特又指出唯心論之眞理可由經驗證實之。如果唯心論之假設是正當的，並且如果有正當的演繹法，其最後的結果必是一個必然的觀念之系統或經驗之總集。如果哲學之結果不與經驗符合，哲學必是假的，因其不能屬望其演繹全體的經驗及以理智的必然動作解釋之。但唯心論不以經驗爲所求之目的；他不注意於所經驗的東西。唯心論之程序祇是由基本的觀念推演其立論，並不顧及其結果如何。斐西特雖是這樣說，但事實上，他未嘗不注意於經驗。他叫人由理智之活動中察觀理智，由心理之作用中觀察心理。他的意思是僅僅的觀察這些作用，算不了哲學，還須了解這些作用與活動之基礎及目的，而這種了解，祇能由邏輯的思想達到

第五節　外界

斐西特以一切實在皆歸本於自我；自我既是萬事萬物，自我之外便無什麼超精神的獨立的物自體。所以唯心論的問題在：如何解釋客觀的實體爲主觀的東西，如何假定本質或存在是與生命、行動、精神衝突的。斐西特說，

這種問題是自我活動的原理之本性限制其自己。例如，我在我的紅、甜、冷之感情中，就經驗着我的限制；他們指出我是有限的，他們強迫的把他們的本身加諸我。獨斷論者欲解釋這種原始的感情或感覺爲物自體之結果。但據斐西特說，這種地方，超越絕論的解釋不能成功。客觀的世界是自我爲其自己構成的，因爲心有意把意識之純粹主觀的變化施於空間之中，或把那些變化構成對象。若無感覺及自我之動作或必然的機能（空間、時間、因果），我們就永不能產生我們所知覺的現象世界。什麼東西引起感覺，我們不知道。這個意思不是說我們對於現象界的知識無客觀的確實性。呈現於我們面前的萬象，不是幻象，乃是眞象。若謂我們以外有獨立存在的物自體，那就是幻象了。引起這種虛幻的概念者爲錯誤的哲學；常識不知道他。你祇承認你所看見的這個世界，你去求了解他，並且要依據他去作事。這是批評的唯心論之出發點：我們不能藉理論的理性超過意識。我們所能知者，爲自我假定其本身由「非自我」規定。其所以如此者，不能作理論上的解釋。然而斐西特由實際上解決這個問題。他說我們不能向理性解釋限度的起源，但他們的意義或倫理的價值是完全明瞭確實的；他們指出我們在萬有之道德的秩序中之固定位置。我們由他們所認識的東西有實在，這種實在是與我們有關係的唯一實在。我們的現世界是『我們的義務之感覺的材料』，我們有這材料，乃能夠並且必須實現我們的道德理想。世界是實現我們的目的之手段，所以世界到底是眞實或是現象，都不必管。自動的自我需要一個相反的世界，以便在其中能奮鬪，以便在其中能認識其自身及自由，並能完成其自由。自我需要有一個有嚴格的規定的世界，受法則之支配的世界，以便自由的自我可以依據這些法則實現其目的。自我必須認識其所盼望的東西，不然，合理的、有目的的行爲就成爲不可能的。

第六節　客觀的唯心論

這種見解中很多地方暗示其爲主觀的唯心論所以斐西特同時的許多人亦認他爲主觀的唯心論然而斐西特的哲學所根據之自我不是常識上之個人的自我乃是純粹的自我純粹的活動普遍的理性他以爲絕對的自我與個人的自我是大不相同的理性高於個人的自我是個人的自我之條件或邏輯的根基若無這種理性我們就不能想及個人的自我然而斐西特以爲邏輯的根基不是僅僅的邏輯的根基絕對的自我不僅是抽象的東西他是超出個體的實在他是普遍活動的理性同樣的寄於萬人中個人如決定他是這樣便覺查得出來的高等的自我意識是哲學家之自我意識是理智的直覺在此直覺中自我鑽入其本身中而認識其自己的活動這種自我意識超出於空間時間的知覺之上他再也看不見現象的因果的秩序僅見着其自己認識其自己由斐西特看來他的哲學所以有確實性者即是由於憑自我意識之直覺自我意識不僅推論出一種原理或依邏輯的抽象作用以得原理並且經驗着原理這種經驗之意比康德所承認的經驗之意義寬廣些斐西特在他的早年的著作中說這種原理爲作用於我們一切人中之普遍的理性他依普遍的文辭以思想他認識普遍的眞理並且有普遍的目的或理想在那個時期斐西特歡喜反駁自然主義反駁實在之機械論與命定論而注重一切經驗之唯心論的性質他未曾詳細的把自我之概念下一個定義因此引起一般人對於他的思想系統誤認爲主觀的唯心論但斐

西特自始就極力辨護。迨後，他更確切的加以解釋，方把他的學敵所認爲他的個人的主觀的自我，變成了神。

不管這種原理是普遍的理性、絕對的自我或神，但可以認之爲普遍的生命程序，而支配於一切個人的意識之中。我們的外邊，另有別樣的合理的東西他既動作於現象的世界之中，又以同樣的方法表現於現象的世界之中；他指出同樣的生命權力、同樣的普遍理性活動於一切自我之中。「自然」不是個別的自我所創造的，乃是主觀方面之普遍的精神原本之現象的表示或反照。普遍生命是眞的實在，一切個體的自我是這種實在之現象或結果；他支配一切個體的自我，有如自然法則支配一切個體的自我。所以就斐西特假定實在之普遍原本言之可以說他是一個實在論者。但他不認這個原本是靜止的實體（或心或物），祇認其爲活的動的自己決定的精神程序，自己表現於個體的自我中，而爲其本性之法則，爲其感覺的或現象的生活之共同基礎及思想之必然法則。這種普遍生活與理性使我們生活，使我們思想，使我們動作；我們因之而生活、而思想、而存在。就斐西特主張個人本身的意識以外有實在言之，他未嘗否認有越乎心理以外之世界。其實，他的本意是想指出若無普遍的生命程序，就無個體的意識。然而這種世界並不是一個死東西的世界，要排於時間、空間、因果的秩序之中；死東西的世界是絕對的原理之人類意識中所啓示的，若無普遍的自我，就不能存在。斐西特之主觀的唯心論受有客觀的或玄學的唯心論之補充；他自己名之爲實在的唯心論。人是普遍的自然之創造物，自然之普遍法則在我們身中發生思想，並產生意識。因此，自然必是精神，不是別的。

然則普遍的無限的生命原理如何的分佈於無數的個體的自我中呢？斐西特想用光線之比喻以說明之。光線遇着障礙而分散而反映於其本源，普遍的生命亦必遇着障礙而反映於其自體。普遍無限的生命活動，若不遇着障礙，就不能有意識，不能有自我決定的思想，不能有知識。所以他遇着障礙，受了限制的時候，就認識其自身。既然普遍的生命是無限量的，就不能盡耗費於有限的形體中；他必繼續無限的產生個體自我，並且在此分化的程序中認識其自身。意識似乎是發生於普遍的自我之自己的限定，似乎發生於意識產生以前之一種動作，而這種動作我們未嘗知道。絕對的自我不知不覺的產生個體的自我，而個體的自我就不知道他們的產生。

然而為何有生命呢？為何生命表現其自身於無數的意識之形式中呢？我們不能認識普遍生命的程序或純粹的活動為無目的的；普遍的生命若不是達到道德的目的之手段，必無意義。自然或非自我之目的亦是如此——亦是實現自我之手段。表現其自身於人類及自然界中，表現於個體的自我及非自我之中是同一個絕對的自我。世界之生命及世界中一切個體都是終極的道德目的之顯明的表現；他們若不是達到道德目的之手段，他們就無實在。然而個體的自我能藉意志之作用，由現象的狀態進而得到超感覺的知識，因此就採取普遍道德的目的為其自己的目的。

所以絕對獨立的自我與有所依賴的個體自我之間有區別。絕對的自我表現於個體的自我中，為行動之純粹的衝動，為道德的目的，為義務之意識，命令自我克服感覺世界之反抗，實現絕對的自我所逐求之自由理想。我們若明白了我們本身中之純粹活動，我們就認識實在之本質，我們若力圖實現我們的道德目的，我們就力圖實現宇宙之意義，——絕對的自我之目的。個體的自我在其本身中所認之目的，是絕對的自我所表現於萬事萬物中之目的。我們能完成我們的本性所強迫我們要做的；這種普遍意志鼓動了我們的動作，同時，又產生變遷於外界中。

然則個體的自我有什麼自由呢？個體的自我是絕對的活動之表示；他在理論一方面由思想與感官知覺之必然的法則規定，在實用一方面由普遍的目的規定。不管個人願意與否，普遍的目的是必需實現其自身於世界中的，感覺世界是要遵循其法則的。但個人有選擇之權力，不管其思想與否，——眞正的思想，是依賴意志之活動的。個人又能自裁，不管其以普遍的目的爲自己的目的與否；裁決也是依賴其自由的選擇。我們或爲普遍的目的之盲目的工具，或爲求善之意識的工具，全屬於我們的決擇之力。我們一旦自由的裁決了我們的義務，實現普遍的目的，我們再也不能自由了。我們自己變成了「絕對」之工具，我們的道德的生活就決定了。

由此種關係看來，所謂自由之意，是自由的隱然的選擇，是漠然之自由，是意志之突然的發動。斐西特由此種見解下一結論：人或是善或是惡，全由其擇善而行，或甘願爲感覺之奴隸而定，並說唯善能不朽。他又說障礙與道德的奮鬬是永難克服的；普遍的道德目的永難實現；道德生活不斷的向其永遠達不到的善進行，所以世界是不斷的更換的。

第七節　道德哲學

斐西特之全體思想都帶有道德的觀念；他以康德之無上命令爲起點，以神之普遍的道德目的爲終點。我們前面已經說過，他由道德法則演繹經驗世界，他以道德法則命令脫離感覺之支配。除非解脫世界所限定的自然的自我——不自由之狀態——之束縛，就不應解脫感覺之束縛。道德法則含有自由之意，自由含有排除障礙之意，而障礙含有感覺的世界之意。道德法則含有繼續奮鬪的生活之意，所以是不朽的；他又是一種普遍的目的或神。道德法含有宗教的信仰之意，無宗教的信仰則無意義。信仰給與那似乎是虛幻的東西以確實性，這種信仰是意志之決擇——願意信仰。良心是眞理及信心之基礎。

道德目的實現其自己於世界中，自然與人都是實現善之工具。所以人之職務在盡其本分，有意的實現至善，而注視於普遍的道德目的。他的良心命令他不爲感覺之奴隸，不爲一個物，而爲一個人。然而他若無知識，終不能脫離自然之決定，并不能有所作爲於自然上。所以人之必須求知識，是欲實現道德之目的，並非圖滿足好奇之心理。所以人之本分在了解其所作爲，若未了解其所作爲，不要動作。人的行動須出自自己的信心，決不要出自權威之強迫。自由之命令是命令人運用其理性，命令人了解良心所指示之目的。良心命令爲本分之目的而盡本分；這種命令含有實現目的之意。良心指示我們的目的應該是什麼。我們不是因爲某種東西是爲我們的目的而這樣做，乃是因爲我們應該這樣做才是一種目的。所以良心是不會失敗的，在各種具體的情形中，他要常常告訴我們如何去做。

斐西特以道德不僅由善意構成——崇拜道德法則是不夠的，——善意必須表現於行動中，必須設法克服自然之障礙。道德是奮鬪。然而與自然奮鬪並不是消滅自然，乃是使其適應人之道德目的。自然能夠並且應該用作理性之目的之適當的工具。因而自然物、財產、各項職業及事業之道德的意義，皆可用以實現普遍的道德目的。既然道德的生活不是一個孤立的個人生活，乃是一個共同生活，所以各個人必須認其自己爲社會上之一人，惟有爲共同的福利而犧牲其個人的福利，方能實現究竟的目的。各個人須依據其良心之命令在世界中自由的選擇其行爲之正當的範圍。然而欲達此目的，必須正當的選擇其需要的教育。個人不可不有教育以期有良心；若無教育則不知其本分之所在，又不知道本分之意義。

各個人在社會上有特別的地位，爲全體人類工作。同樣的道理，各民族在文化上亦有特別的地位，爲人類爭自由，盡其特別的力量。斐西特在他的愛國的告德國國民書中瀝言德國統一的理想；他說德國之使命在保持其國家之獨立，在執哲學界之牛耳，在建設一個根據個人自由的國家，在建設一個世界上未曾有之正義的國家，以實現萬人平等之自由。又言及人類的要務在團結一齊，成爲一個統一的團體，——各國家的普遍聯邦，把各時代各民族所貢獻的文化散播於全球。

然而世俗的目的不是至高的目的；我們提高世俗的人類目的爲達到普遍目的之手段；精神世界之實現方能給現象的世界以意義及價值。人是兩種世界之人民：若不爲現世有所工作，就不能爲來世有所工作。我們爲來世有所工作，在於有善意，我們根據善意而行，以感動神，又由神而感動其他的鬼神。良心的命令是神在我們心中的命令；精神世界由良心以達於我，我由意志以達於精神世界，而對他有所作爲。神是精神世界與我們人類中間之媒介。我們認識別人的行爲，尊重別人的行爲，是藉良心之聲，而良心之聲是神之聲。我們信仰感覺世界之眞理。

不過是信仰在此感覺世界上忠實的盡義務可以演進那提高自由與道德之生活。

人民和睦並絕對的控制自然之國家不是爲國家之目的而有之國家乃是一種偉大的自由的道德社會，人類必須自己造成這種理想實現這種理想。我們現今的生活是偉大的道德社會之一部分。這種偉大的道德社會之根本法則對於個人並不新奇，不過是出自個人自己的道德意志；對於社會也不新奇，不過出自社會之道德的意志。

『我不曉得我的完全的天職。我應該如何，我將如何，非我的思想所能及。但我確實的知道我隨時所應做之事；我應該發揮我們的理智，並且應該取得知識，以使擴大我的義務之範圍。我應該認定我自己——精神的與肉體的——不過是達到義務之目的之手段。我所能注意的是爲謀合理的人類之進步，而增進理性與道德。我認定我自己是達到合理的目的之手段，因而我敬愛我自己。世上所有的事情，我都以此目的爲準繩而測度之。我的全體人格都集中於此目標之探索。我在此最高的善與智之世界中，探討其計劃而實行之，不致有錯誤。我在此信心之下，安心而樂業。』

第二章　謝零

第一節　新唯心論與浪漫主義

斐西特的哲學是記述當時各種思潮而欲納之於一個潮流中。他與啓蒙時期的態度相同，反對教權與陳訓，而謀宇宙之合理的解釋。他高唱自由的人格、人類之權利、文化與進步、要求科學、哲學、宗教、教育、普通人生之改革：這是他完全表示出來了近代的精神。他對德國的統一的熱烈呼號及其根據平等與正義建立國家之理想，表示受絕對的專制與拿破侖戰爭壓迫之人民的呼聲。其以精神爲實體之中心原本，並拯救爲機械論所束縛的人們，是他希望宇宙是可以理解的，是同情於人類理想的。他表同情於新觀念論，新唯心論與德國文學界之大師勒興、赫德及哥德諸人，認實在爲道德目的所領導之進化中之動的歷程。他表同情於當時之古典的與浪漫的詩人及信仰哲學家——康德，——以活的宇宙非科學之範疇所能捉摸。他和哥德一樣，以宇宙是有機的，千頭萬緒中有一個統一；他和雅各俾(Jacobi)一樣以宇宙祇能由直覺認識之，因爲精神祇對精神說話。斐西特思想中之反理性論的及神祕的色彩，引起了兩個希勒格(Schlegels)、提克(Tieck)與諾伐利斯(Novalis)幾個浪漫派的詩人之注意。新觀念論中之其他方面，如主觀主義、歷史的解釋、德國文化之特異的概念，都是他們所最注重的。然而他們過於誇張此等特徵：理性就退居感情之後，而感情主義就大得其勢。斐西特之直覺論就變成詩傑之神聖的洞察理性的與道德的自我，就轉變爲浪漫的、神祕的、衝動的、個人主義的自我方與把「自然」一解作類似於這種的自我，而被認爲神祕的人格的勢力之軀殼，而歷史則以傳說及由過去產生以統御現在之神權爲根據。

參考書：關於詩人之浪漫派及其對於哲學之關係，參看德國文化史，其他書籍可看左列數種：

Haym, Die romantische Schule; Walzel, Deutsche Romantik; K. Fischer, Schelling; Noack, Schelling und die Philosophie der Romantik; T. Ziegler, Die geistigen und socialen Strömungen des XIX. Jahrhunderts; Windelband, Die Philosophie im deutschen Geistesleben des XIX. Jahrhunderts.

謝零受了這些思潮之影響，就中所受新觀念論與詩人的浪漫主義之影響特爲尤甚。他又愛好斯賓羅撒之哲學，以及受過批評哲學之影響而盛行於德國之自然科學之運動。謝零年青時，尙未出杜平根(Tübingen)神學研究所時，卽以善於解釋斐西特之哲學著聞；數年後，以自然哲學補充斐西特之哲學，不僅引起了浪漫派及哥德之愛好，且引起德國中許多自然科學家之愛好。

謝零生於一千七百七十五年，自一千七百九十年至一千七百九十五年，學哲學與神學於杜平根大學研究所中。在來比錫爲兩個學生之私人教師，兩年後，在來比錫大學中自己研究數學、物理學及醫學；一千七百九十八年，爲耶拿大學之教授，他在此處與浪漫派的奧古斯德(August)及希勒格(Caroline von Schlegel)親近，而發表其燦爛的著作。他曾在符次堡(Wurzburg，一八〇三年——一八零六年)、慕尼克(Munich，一八〇六年——一八二〇年)、爾蘭根(Erlangen，一八二〇年——一八二七年)各大學中工作過，重建慕尼克大學後，又在其中充當哲學教授（一八二七年——一八四一年），最後柏林大學聘其爲教授，以抵抗黑格爾之哲學、但少有成功。他死於一千八百五十四年。

謝零的早年時期，在紹述斐西特之哲學，著有自然哲學之觀念（Ideen zu einer Philosophie der Nature，一七九七年）、世界精神論（Von der Weltseele，一七九八年）、先驗觀念論（System des transcendentalen Idealismus，一八〇〇年）。他的第二時期，受有白魯諾（Bruno）及斯賓羅撒之影響，認自然與精神爲高等原本之兩面；這是他的同一哲學，而表現於一千八百〇二年所刊之白魯諾及同年所刊之研究法（Methode des akademischen Studiums）中。謝零之第三時期，發揮其所稱之積極哲學——啓示與神話之哲學——與柏麥（Jacob Boehme）之主張相似。宇宙被視爲神之墮落。宇宙的歷史之意義，可於啓示與神話之混沌的發端中求之，由此發端中可以看出人由神而來之原始的痕跡。這一期的著作除了關於人類之自由之一種著作而外，都是死後發刊的。

第二節　自然哲學

謝零醉心於新觀念論，以精神解釋經驗的世界，然而他不滿意於斐西特之自然觀。斐西特以自然是個人意識中之絕對的自我之生產品，意志之障礙物或刺激物，——『自然是我們的義務之材料。』謝零不表同情於此種見解。謝零進而至客觀的觀念論與汎神論，如斐西特之所爲；認識論上之純粹的自我變而爲玄學上之絕對的自我。如果實在畢竟是一個活的，自己決定的程序，類似於人類的精神，則自然不能認做意志之表面的障礙物或一個死的機械的秩序。我們所以能了解自然者，是因爲自然與我們親密；因爲自然是一種動的精神之表示；因爲自然中有生命、理性與目的；然而理性不一定是自覺之理智。謝零與浪漫派及信仰哲學家一樣，擴大了精神心理或理性之概念以便包括那表現於有機界、無機界及哲學家之最高等的自我意識中之無意識的本能的目的的勢力。無意識的自然與有意識的精神，俱有純粹的活動，自己決定的能力。實體完全是活動、生命、意志，萬物之絕對的根源是創造的能力，是絕對的意志或自我，是無所不在的世界精神，萬物由之而生，因之而存。理想與實在，思想與本質根本上都是相同的，都是表示於自覺意識的心理中之創造的能力，此種能力不知不覺的作用於感官知覺中，動物的本能中，有機物的生成中，化學的作用中，鑛物的結晶中，電氣的現象中，萬有引力中；所有這些東西中都有生命與理性。構成並運動我們身體之盲目的、無意識的衝動，逐漸認識其本身，而變成純粹的精神與純粹的自我意識。普遍的自我表現於我們的自我及其他無數的自我中；在心靈中他認識他自己。因我們的基礎建立在普遍的自我，故是眞實的；我們決不是獨立的個人，絕對的孤立是一種幻想。

這是謝零以自然爲可見的精神，精神爲不可見的自然。這種思想鼓動了浪漫派的想像，致使新詩人以世界具有生命與精神，具有愛的同情，不類似死的機械。

然而自然與精神本質與思想，並不是如斯賓羅撒之主張爲絕對之並行的兩面，乃是一「絕對」精神之進化中之各階段。「絕對」自行發展，有一種歷史；他是一種進化的程序，其最高的目標是自我意識。普遍的自我由黑晤而進至光明，恰如我們自身由無意識或半意識而至顯明的自我意識，然而依然是一個同樣的自我。一組物體的順序自無生命的自然漸進至人類，其逐漸的程序，顯然的表示一種創造力逐漸的進化爲完全的自由。自然之死的、無意識的生產物，是一種未成熟的理智，但其現象不知不覺的顯出理性之踪跡，自然在人類中達到其最高的目的，——自我意識。由是精神與自然表示其爲本來的相同。所以最完備的自然學說是自然之法則可以變爲思想與知覺之法則，在這法則中，整個的自然可以化爲理智。

所以無論以自然爲研究之起點，或以精神爲研究之起點，是無關重要的，到底是自然變成理智，還是理智變成自然，也是不關重要的。實在之原理與知識之原理是相同的，知識如何是可能的，世界是如何可能的，都是依據相同的條件與法則解決之。其結論都是相同的、研究自我意識發展之各階段，就同於研究自顯於自然中之絕對的原理之發展之各階段。「一切性質概是感覺，一切物體概是自然之知覺；自然是一團凝結的理智」

萬有中有同樣的法則：萬物之根本原理之動作，皆依相同的法則。這種根本原理之動作是膨脹與收縮之程序。他發表潛伏於其本身中的東西，使其本身客觀化，轉而豐富幷擴大其本身。自然在自我意識中，表現其本身爲主觀與客觀，在其表現之歷程中分化，並認識其本身。自然之各種勢力，根本上是相同的；熱、光、磁、電、有機物與無機物，是同樣原理之各階段。各種不同的有機體中有一貫之處；他們是由同樣的組織原本生出來的，不過其程度上有差異而已。自然中所產生之萬物，由創造的精神統一之；其各部分是全體之一部分；人是其最高等的生產品，其目的在實現自我意識。

謝零想推論自然發展中之必然的各階段，如斐西特想指出精神進化中之邏輯的階段，他與他以前的赫德、斐西特及以後的黑格爾一樣，在世界中尋求辨證的程序，這種程序中有兩種正相反對的活動調和成最高等的綜合。他名此爲三重法（the law of triplicity）：行動隨反動而來，調合或綜合由相反而來，又在時間之無限的運動中分解。所以自然中不能有死的、靜的實體，不變的原子，亦無完全靜止的東西，無絕對的固體，亦無絕對的液體，唯有二者之結合。謝零運用此種思想於有機界與無機界。這種法則表現於吸力、抗力、引力中，磁氣、電氣、化學中，感性、感應、再現中。我們不再說他的詩意與科學之混合，幻想與邏輯之相依；他的基本觀念是以自然爲一種動的進化，這是當時之流行的思想：這是要記着的。

自然有生命、有法則、有理性、有目的，所以我們能了解之。他是我們的骨髓之骨髓，筋肉之筋肉。謝零與斐西特一樣，排斥舊的不變的靜止的實體之概念，而主張動的觀念，普遍的生命之觀念，進化之活的、創造的、有目的的原本之觀念，由無意識而進化至有意識，其究竟的目的在人類之自我意識的理性。他反對數學物理的自然觀，而代之以目的論的自然觀，或以無意識的目的論調和機械論與舊的目的論。在低級的階段中，「絕對」之行動似有有意識的目的，其行動雖似無意旨，然不是由外面強之作機械的行動。若果觀察者不僅觀察萬物之外表的變化及階段，而由其內面觀察，就能發現萬物之衝動不是出自萬物之外面的強迫，乃是出自萬物之內面的強迫，知道萬物之動作出於其自己的意志，而自知其所嚮往。

謝零之自然哲學多含有荒誕之言論，大膽的論斷，虛妄的類推，巧語的比喻，以代替論證與事實。他想把自然納於邏輯的穿鑿附會中而不注意於細微之處。然而他引起了自然研究之興趣，緩和了片面的機械論，活潑了德國思想界所固有之求統一哲學的本能，並且高唱動的進化的實在觀，至今日猶為流行。

第三節　精神哲學

謝零之精神哲學詳載於其先驗的觀念論中，其倚傍斐西特之哲學，是顯然明瞭的，此處勿庸述。他的精神哲學是追踪自我意識之發展中之各階段，由元始的感覺至創造的想像，由創造的想像至反省的思想，由反省的思想至意志之絕對的作用。因為所有生命之形式中有同樣的原理，作用於一切生命形式中，所以我們可以希望各種精神活動，都與自然活動相符合，自然中之種種勢力繼續的作用於人類意識中。其所用之方法是與斐西特所用者相同，除非絕對的自我或勢力限定其無限的活動，並產出一個現象的世界，就不能有有限的自我；若無這種現象的世界，自我就不能完成其自我意識與自由。客觀界是絕對理性之出產品，他產生各個人之感官知覺思想之必然的範疇及自我意識，自我意識及自由之另一預件，是社會與有組織的國家中之生活。一個孤獨的自我不能有眞實的世界之思想，所以不能有自由之意識。在無意識的普遍理性所表示的國家中，生來的自私衝動由普遍的意志限制之，個人是不知不覺的社會化了的，並且是預備走向高尙的道德階段，在這程序上，其正當的行為是有意的，不是出自強迫的。自我意識發展到最高階段，是達到藝術。藝術創造的藝術家模倣自然之創造的動作，而認識自然；認識「絕對」之活動在藝術的創造中，「絕對」認其自己的創造力。藝術為人最高貴的機能（但斐西特以道德爲人類最高貴之機能），這種見解是德國文學之黃金時代及政治衰落時代之流行的意見。

第四節　邏輯與直覺

謝零之哲學是一種汎神論把宇宙認爲一個活的進化的組織認爲一個有機體其各部分在其全體中有其固有的地位而維持全體就這個意思說來主觀與客觀法式與物質理想與實在是一而不分的，一就是多多就是一；恰如一個有機體部分不能離開全體全體不能離開部分二者如果分離就不能了解精神生活中亦有這種千頭萬緒中之一致在認識之動作中知者與被知者是一而不分的。

然則此說如何證實呢？行動、生命或意志是萬物之原本並如謝零所說他們經過進化之各階段，我們有什麼保證呢？謝零的答案尙不一致有時候他說因爲世界是完全合理的，所以他是自明的理性能了解之我們能在思想中構成之且而世界之歷史中旣有邏輯我們卽能在我們的思想中重演進化之必然的各階段謝零之理想在產生知識之有機的組織在此知識論之組織中各判斷有其正當的地位其眞理倚賴於別的判斷及全體系統，關於此點他倣效斯賓羅撒運用幾何學的方法以使其哲學有邏輯的論證他雖然想由「絕對」之概念與目的推演心理與自然之進化的各階段，然而他未嘗始終不移的相信他的學說能建築在先天的普遍必然的假設上。據他說，哲學不能證實唯心論與其不能證實獨斷論或唯物論相仿；一個人的宇宙觀是他的自由的選擇證實自由或創造的原理之實在之唯一的方法，是自由的自決的東西的本身。當我們以自由爲我們的理想時，我們就是堅持絕對的創造的精神之實在，因爲如果世界是僅僅的物質，則爭自由便無意義，信仰這種理想，卽是信仰精神世界。想自由便是認世界是唯心論的，另有一論證，曾經斐西特用過，那個論證是：自由的東西可以認識自由是什麽東西，並且了解唯心論。我們祇能由哲學家所特有之理智的直覺、認識自由或絕對。自然中之活的、動的成分，——實在之內在的意義——不能用科學上的時間空間及因果等範疇捉摸之。謝零說，概念中所描寫者爲靜止的所以祇有有限的感覺的事物之概念。運動之概念不是運動的本身，若無知覺，卽不能認運動是什麽。然而自由祇能由自由知道，活動祇能由活動知道。自然科學與常識是把萬物作靜的觀察，祇能認其實質，哲學在其變化中視察之，而注意其活的、動的成分。自然科學與常識由萬物之外面觀察之，並把萬物撕散了，但哲學家須由萬物之內部認識萬物。我們若說直覺給我們以原本，使我們能建設一種合理的世界觀，也許能調和謝零思想中之理性論的與直覺論的思潮。

謝零當時，詩與藝術達於高潮之時代，他受了當時的這種影響，遂認直覺爲一種藝術的直覺。先時，他認自我意識或純粹的自我、反省爲絕對之目標，爲心理與生命之進化之最高等的成就，並認這種情形祇能由哲學家之直覺認識之，迨後，他認宇宙爲一種藝術作品，乃「絕對」實現其目的於宇宙之創造中。所以人類的最高機能是藝術，而不是哲學的知識。在藝術作品中，主觀與客觀，理想與實現，法式與物質，精神與自然，自由與必然，是一而不分的。在藝術作品中哲學家所尋求之調和可以得到。自然的本身是一首大詩，他的神祕由藝術中表現出來。創造的藝術家創造藝術品，以實現其理想，恰如自然之創造，由是而知自然的工作，所以美是直覺世界之絕對的模型，是哲學之眞髓。哲學家如同一個藝術的天才家，必須有認識宇宙之調和及一致之心能。美術的直覺是絕對的認識。美術的概念近似有機的概念，有時，謝零認之爲理智的直覺。「認識萬物之全體，個體中之共相，千頭萬緒中之一致，七零八亂中之齊一」之心能，卽是此直覺。謝零嶄明的主張直覺中無何神祕的東西；但是若無力以超越經驗之孤立的材料，由實體之外面透入實在之內面，就不能成爲哲學家。

此種思想正與科學之邏輯數學的方法相反；德國文學與德國唯心論的哲學皆擁護之。哥德對於自然、人生及美術之全部思想，都是建立於有機的或目的論的概念上；他亦以認識部分中之全體，具體的實在中之法式之能力，爲思想家及詩人最高的天才。

謝零之哲學發達至於極點，成爲宗教的神祕論。他把世界認爲神之墮落；人之目的在返於神；這祇能由神祕的直覺達到，在神祕的直覺中，心靈鏟除其自私而沉淪於「絕對」中。總之，謝零以絕對爲精神與自然，無限與有限之統一或結合，以理想爲在思想家之自我意識中，自由意志之行動中，美術的創造中，或宗教的感情中，由直覺以達於此原本之知識。

第三章　詩萊爾馬哈

第一節　宗教哲學

詩萊爾馬哈（Schleiermacher）富有深厚的宗教感情及顯明的理智才能。宗教是他的思想的中心。他的問題在發揮實在之概念以滿足理智與心意。康德、雅各俾、斐西特及謝零輩之思想及當時盛行於德國之斯賓羅撒哲學之風尚，為當時哲學界之大運動，他不能不注意之。當時的浪漫主義，他又不能不注意。他同浪漫派的許多代表很親善，因而他們的神祕主義透入他的宗教本性中。他研究希臘的唯心論，尤其是柏拉圖之觀念論，——他把柏拉圖之著作譯成德文，——供給了他的宇宙觀的材料。詩萊爾馬哈顯然受了這些知識運動之影響。他自命為哲學中之樂道者，其實他是一個折衷派。他的折衷論是獨立的、創作的，內中揉合有當時文化中他所認為足以滿足他的道德的與宗教的需要之要素。他的根本的目的，在建立新教的神學。他所以大有建白於宗教的思想上，及得到新神學之建立人之頭銜者，是因為他了解並欣賞當時的理智生活之故。

詩萊爾馬哈於一千七百六十八年生於北勒斯勞（Breslau）他的教育一部份得自虔敬宗教派的學校中。他受有新批評哲學之影響，繼續在哈勒大學（Halle University）研究哲學與神學（一七八七年——一七九〇年）。一千八百零九年在柏林三一教會中充當牧師；一千八百一十年，充當柏林大學之神學教授，至一千八百三十四年，死於其職。在柏林，他受有浪漫派領袖之影響，但未極端的信從那些學說。他雖以神學家著名，但又以哲學史家著名。

他的著作：

Works: Reden uber die Religion, 1799 (transl. by Oman); Monologen, 1800; Kritik der bisherigen Sittenlehre, 1803; translations of Plato's Dialogues, with introductions and notes, 1804–1828; Der christliche Glaube, 1821–1822. Complete works, 1834–1864; selected works by Braun.

關於他的參考書

Selbie, Schleiermacher; Cross, The Theology of Schleiermacher; Fuchs, op. cit.; Dilthey, Das Leben Schleiermachers, vol. I; Cramaussel, La philosophie religieuse de Schleiermacher.

第二節　知識與信仰

詩萊爾馬哈排斥斐西特之唯心論，因為斐西特欲從自我推演一切實在，而假定一個眞實世界之存在。我們須推想一切思想與本質皆有一個超越的本源；一切個體之根源皆在一個原理中，這種原理是同一之原理，一切差異與反對皆可其中消滅了。我們知道萬物之眞象，不僅知道萬物之現象，如康德所想者。然而因為我們的思想之知覺的性質，我們不能充分的認識萬物之本源。因為思想運用於相反的各方面，所以思想決不能實現其絕對的同一。問題在認識絕對的原理，認識思想與本質之同一——神；而此同一中含有合理的知識之可能。同一原理雖不能完全實現但可以近似的實現；概念的思想雖免不了差異與反對，但根本的原理無差異與相反。所以哲學不是科學，是認識論，是思想術或辨證法。哲學是社會的或共同的思想之結果，指示我們逼近目的之方法。我們不能依據康德之教訓，由實踐理性充分的認識神。詩萊爾馬哈之眞理標準在其神之概念中；他的知識論建築於其上，以人類理智有分離事物之習慣，不能捉摸神聖的自然之同一。

我們祇能在宗教的感情中，或神聖的直覺中實現理想。我們在宗教的感情中直接與神交通。思想與本質之同一——神，在自我意識中可以直接經驗着，但不能以概念的術語表明之。宗教是對於絕對世界之絕對服從的感情。有限的東西是無限的，其存在有賴於無限；暫時的東西是永久的，其存在有賴於永久：這是直接明瞭的。詩萊爾馬哈反對啓蒙時期具有神學的論證之淺陋的合理論，又反對正統派以神爲司賞罰者之功利的見地，並排斥康德與斐西特根據道德以立論之宗教。據他說，宗教不是由理論的教條構成，亦不是由崇拜的動作及道德的行爲構成。因爲神是不能認識的，所以神學必是宗教感情之學說，其職務在闡明宗教感情之含意。

第三節　神世界及個人

詩萊爾馬哈之神學是斯賓羅撒的哲學與唯心論之結合，這是德國十九世紀之初期所盛行的。「絕對是有機的，類似於人類的心理，是思想與本質之同一，是七零八碎中之齊一。詩萊爾馬哈本來未嘗堅實的發揮斯賓羅撒的思想，但他有意綜合他的汎神論與二元論。他認神與世界是一而不分的，但萬物不是無本質的形式，世界有相對的獨立合法的宇宙論必須肯定神與世界之不可分開。神離世界就不能存在，世界離神亦不能存在。然而神與世界之間亦不可不加以區別，神是無空間時間的統一體，世界是有空間時間的複合體。

我們不可給神以人格，若果給了，就是神有限了。我們也不可以說有無限的思想與意志，因爲思想與意志是互相衝突的，一切思想與意志之本性上皆是有限的。神是普遍的創造力，是一切生命之本源。赫德、哥德、斐西特、謝零對於斯賓羅撒的實體皆作這樣的解釋。

個人對於「絕對」之關係，在保持個人之自由與獨立。各個個體的自我，是自我決定的原理，自由之意是各個人的才能或天賦之自然的發展。然各個人的自我，似是埋沒於普遍的實體之中而爲宇宙之一員，其個性必與宇宙相符合。然而各個體的自我有其特殊的才能或天賦，在萬有之全體中，必有其一定的地位；所以必須表現其自己的個性，以便實現全體之本性。詩萊爾馬哈對於人格所給之最高價值，與他對於自我發展及自我表現之堅固的主張，是德國思想界中浪漫思潮之特色。阻止他埋沒人類的心靈於普遍的實體，並發生他的個人主義的倫理學者，卽是此種個人主義的思潮。他不同情於康德之嚴肅的道德論及理性與自然之二元論。若不把主觀的意志與客觀的意志結合於原始的自然的意志中，這種二元論永不能溝通。

自然與人類都有理性與意志。道德是已經表現於自然界下等物體中之精神之高等的發展。內含於自然中之理性是於人類所有之理性相同的。自然法則與道德法則之間沒有不可調和的衝突。理想不是破壞下等的衝動，乃是發展全體調和中個人所特有的本性。各個人之行爲之道德的價值，在其特異處。所以特異的人要發揮其特性。縱在宗教中各個人亦須自由的用其特異的方法發揮其特異的本性。這種主張不可認作自私的個人主義，因爲據詩萊爾馬哈說認識了自己的人格之價值，同時須認識別人的價值。普遍之意義是自己完成之最高等的條件。所有道德生活，是社會生活，是尊敬人道之特異的人類社會之生活。各個人愈類似宇宙愈能與別人交通，萬衆之統一愈能完成超越於自己之上，卽是達於眞正的不朽與永久之唯一途逕。然而光照個人全部生活，而使其全部生活統一者，爲宗教的感情。人在此虔敬的感情中，可以認識他欲成一個特異的人格，其方法是與宇宙之行動相調和。宗教認世界上一切事情爲神之行爲。人格的不滅是不成問題的；宗教之不滅是無限；此所謂不滅，是時間上的永久。

第四章　黑格爾

第一節　黑格爾及其前輩

斐西特與謝零都是以康德的假定的爲出發點。他們以心爲知識之原理；一切哲學，最後都是心理哲學，其中法式與範疇是最重要的事實。二人都承認動的實在觀，都以理想的原理爲活動的過程。二人雖然都有浪漫派的傾向，但都用邏輯的方法指出經驗所不可少的條件，以解釋經驗世界。我們已經知道謝零曾經修改過斐西特早年的主張，至少也修改了幾個重要之點。我們可以說，到了謝零，哲學又變成了玄學，自然與精神被認爲表現於有機界與無機界，個人生活與社會生活，歷史科學與美術中絕對原理之進化中之進步的階段。批評的認識論上之結果應用於本體論上；思想之必然的法式也被認爲本體之必然的法式。謝零之思想中，自然佔一重要位置，無意識的程序不僅作用於無生物界並作用於歷史社會及人心中。謝零早年的著作中所用的嚴整的邏輯方法，迨後逐漸改變了：美術的直覺變成知識之機關，美術的理想變成了人類發展之目標。

黑格爾(Georg Wilhelm Hegel)的哲學建築在斐西特與謝零所建築的基礎之上。他同情於斐西特之注重邏輯的方法及謝零之視邏輯與本體論或玄學爲一之主張；又同情於他們二人之認實在爲活的進化程序之主張。他也認自然與理性或精神是一樣。唯視自然附屬於理性。他認本質與理性是同一的，作用於理性中之程序無論何處都有之，所以他認爲凡是眞實的，都是合理的，凡是合理的，都是眞實的，所以自然與歷史中都有邏輯，而宇宙實在是一個邏輯的系統，然而「絕對」不是如謝零所說之無差別的絕對（如凡牛皆是黑的），乃是理性之本身。「絕對」不是斯賓羅撒所說的一種實體，不是生命、程序、進化、意識及知識之主體。一切運動及動作一切生命，不過是無意識的思想他們都遵循思想的法則所以自然中愈多法則，其活動愈是合理的。發展的「絕對」所向往之目標是自我意識；全部的程序之意義在其最高等的進化在實現眞與美在實現認識宇宙之意義及目的並把其自身認爲宇宙的目的之精神。

黑格爾於一千七百七十年生於司徒嘉德（Stuttgart），一千七百八十八年與一千七百九十三年之間，學哲學與神學於杜平根大學中；一千七百九十四年至一千八百零一年之間，在瑞士及富蘭克福（Frankfort）充當私人教師。一千八百零一年，他自薦於耶拿大學；一千八百零五年，在其中充當教授；一千八百零六年，耶拿戰爭後他被逼辭職。一千八百零六年至一千八百零八年之間他充當班堡（Bamberg）新聞紙之編輯；一千八百零八年至一千八百一十六年之間，他充當努連堡（Nuremberg）中學之主任。充當中學主任後，海得爾堡大學聘他爲哲學教授，後又充柏林大學之哲學教授，在那裏發生了大影響，並得到許多信徒；一千八百三十一年，他死於虎烈拉病。

他的著作如左：

Works: Phanomenologie des Geistes, 1807; Logik, 1812–1816; Encyclopedie der philosophischen Wissenschaften,

1817; Grundlinien der Philosophie des Rechts, 1821. His lectures on the History of Philosophy, Aesthetics, Philosophy of Religion, Philosophy of Right, and Philosophy of History were published by his pupils after his death, in the Complete Works, 19 vols., 1832, ff. Das Leben Jesu, 1795, was published in 1906, System der Sittlichkeit, 1893. New ed. of separate works by G. Lasson, Bolland, Drews, and in Phil. Bibl.

他的著作譯成英文者如左：

Logic vol. II, by Harris; Encyclopedia: Logic and Philosophy of Mind, by Wallace; Phenomenology, by Baillie; Philosophy of Right, by Dyde; History of Philosophy, by Haldane; Philosophy of History, by Sibree; Philosophy of Religion, by Speirs; Philosophy of Art: Introduction, by Bosanquet; Part II in J. of Spec. Phil., by Bryant; abridged tr. by Hastie.

關於黑格爾之參考書：

E. Caird, Hegel; Hibben, Hegel's Logic; W. Wallace, Prolegomena to the Study of Hegel's Philosophy; Stirling, Secret of Hegel, 2 vols.; Baillie, Origin and Significance of Hegel's Logic; Harris, Hegel's Logic; McTaggart, Commentary on Hegel's Logic, and Studies in the Hegelian Dialectic and Cosmology; A. Seth, Hegelianism and Personality; G. W. Cunningham, Thought and Reality in Hegel's System; M. Mackenzie, Hegel's Educational Theory and Practice; Haym, Hegel und seine Zeit; K. Fischer, Hegel; Ulrici, Princip und Methode der hegelschen Philosophie; Croce, Lebendiges und Totes in Hegels Phischichte Hegels; Nohl, Hegels theologische Jugendschriften; P. Barth, Geschichtsphilosophie Hegels; Bolland, Hegels Philosophie des Rechts, and Philosophie der Religion; Morris, Hegel's Philosophy of State and of History; works on post-Kantian philosophy.

第二節　哲學問題

據黑格爾說，哲學之職務在認識自然及全部經驗界，研究並了解其中之理性，這種認識不是認識其表面的一時的、偶然的法式，乃是認識其永久的本質調和與法則。萬物皆有一個意義，世界中之一切程序皆是合理的：太陽系統是一個合理的秩序，有機體是合理的、有目的的充滿意義的。因爲實在是合理的，是思想之必然的程序，是邏輯的程序，所以實在祇能由思想知道，而哲學之職能卽在了解理性作用所依據之必然的法則。所以邏輯與玄學是一體。然而世界不是靜的，乃是動的，繼續前進的；理性或思想亦是如此，眞概念亦是動的程序，進化之程序。在進化中，有些東西始而是未發展的，不分化的同質的抽象的，因而成爲衝突矛盾的形式，迨後逐漸進化發展，終成爲統一的、具體的、完整的東西。換言之，我們所由出發之無定的抽象的根基逐漸變成有定的具體的實在，其中一切差異與相反，俱調和而成一完整體。在進化的程序中，較高的階段是較低的階段之實現，是較低的階段所向往之目的，由此意而言，較高的階段是較低的階段之目的、意義、眞理。始而低等階級中所含蓄者，現在表顯於高等的階段中。在進化的程序中，各階段都是承先啓後，各階段都是其前一階段之結果，後一階段之原因，然而低等階段進入高等階段，爲高等階段所否定，不是其低等階段中之原形，不過還保持於高等階段之中。這些觀念黑格爾以止揚（Augehoben）二字表示之，而由這一方面轉到其反對方面之程序，他叫作辨證的程序（dialectical process）。

黑格爾說矛盾爲一切生命及運動之根源，萬有都是矛盾的，矛盾的原理支配世界，卽依據上述原理而來。萬有皆欲變化，皆欲轉到其反對的方面。萬有之種子中皆有變成別的東西之衝動，皆欲牴牾其自己，超越其自己，若無矛盾，就無生活、無運動、無生長、無進步；萬物皆成爲死的、靜的。然而矛盾並不是宇宙全體；自然不終止於矛盾，而力圖克服矛盾。萬物向其反對方面移動，本來是實，但這種運動繼續進行，終至克服反對，調和反對，而變成統一的全體之部分。相反是與其相反方面相反，並不是與統一的全體相反。單就相反的部分言之，是無意義與價值的，須就其爲全體之部分言之，而後有意義與價值。相反是事物之概念或理性或目的之表現。事物爲實現其目的或概念起見，克服其本質與概念間之矛盾，現在與過去間之矛盾。自然力圖克服其物質的東西，解脫其現象的障礙，實現其眞實的本質，以圖達到不滅，卽是其例。

再者，宇宙是一種進化程序，其所以進化的，是想實現其目的。這是有機體的宇宙觀，或目的論的宇宙觀。黑格爾說完全的有機體是實現其目的，或法式、或概念；換言之，是實現有機體之眞理。進化中最重要者，不僅是其開始所有的東西，並是其最後的目的所在的東西。眞理雖在全體中，然全體之實現，乃在進化的程序完成之後。全體最後目的之所在，就是眞理之所在。由此我們可以說絕對在根本上是一種結果；然而這種結果不是完整的全體；經過全部的進化程序之結果，始得爲眞正的全體。一種東西不消滅於其目的中，而消滅於其完成中。

所以哲學應該注意於各種結果，必須指出這個結果必由那個結果發生出來的方法。這種運動隱然的進行於自然及歷史中（如謝零之所說）。然而思想家能夠認識這種程序，並可以描寫這種程序，重複的思索各種概念。他若捉住了世界之理想，認識了世界之意義，了解了普遍的動的理性之作用、範疇、概念，就是得到了最高等的知識。他的腦子中的概念的本性，是與宇宙概念相同的。他的心理中概念之辨證的進化，是與客觀的世界進化相符的；主觀的思想之範疇是與宇宙之範疇相同的；思想與本質是同樣的。

第三節　辨證法

如果哲學之目的在探討萬有之本性，在闡明實在之本質、根由、目的，其方法亦必須與其目的相適合。哲學的方法必須重生合理的程序，或在世界中演化的理性之程序。這種目的非天才家的直覺或類似的神祕的方法能達到的；除了嚴密的思想之外，無其他方法。哲學是康德所說之概念的知識，但黑格爾說抽象的概念不能盡量的表現實在之眞象；實在是動的程序，辨證的程序，抽象的概念不能切切實實的表現之，因爲抽象的概念祇能表現一小部分。實在時而是這，時而是那；由此言之，實體是充滿了矛盾與相反。植物之有發芽開花凋落，人之有少年成年老年，即是其例。我們若想對於一件事物下正當的判斷，須得說出其全體的眞理，指出其一切矛盾，並說明其如何調和及如何維持於有條貫的全體之中。尋常抽象的思想，把萬有視作孤立的，而認其爲各種眞的實在，並討論其特殊的現象及其本身的矛盾。理智祇有區別、反對、關聯等作用，此外，無其他的作用；他不能認識相反中之一致，不能了解萬物之生命及內在的目的；所以理智祇能驚異動物的本性及其工作。理智輕視思辨的方法，但決不能捉摸住生命。萬物之種種關係若被抹殺了，則其種種矛盾便是無意義的現象。萬物之種種矛盾爲一個有機的聯貫的系統之部分，或者（如黑格爾的話）萬有祇在「觀念」中有眞理，因爲「觀念」是唯一的眞實在。「觀念」滲透於全體中及全體之諸部分中；一切個體在此統一中有其實在。統觀萬物，調和反對之活動，是心之最高等的機能，然而這種機能不能無理智。這兩種機能是並行的。

所以思想益從最簡單的、抽象的、空虛的概念，始進而至於比較複雜的、具體的、豐富的概念。黑格爾名此方法為辨證法。這種方法，康德的著作已有了，並經斐西特與謝零用過。他們認其中有三個階段。先由一個抽象的普遍概念（正）起，其次由此概念發生一個矛盾的概念（反）；最後調和此矛盾的兩概念，而成此兩個概念之統一（合）。例如巴美尼底斯（Parmenides）說實體是不變的；赫拉克利塔斯（Heraclitus）說實體是不住的變化的；原子論者說二者皆非，實際上有些東西是不變的，有些是有變的。然而新概念又暗示新問題與新矛盾，又須用別的概念解決之。這種辨證的程序，因實在之進化，繼續前進，一直達到最後的無矛盾的概念。然而無一個單獨的概念（縱是最高等的），能代表全體的眞理。所有的概念，祗是部分的眞理。眞理或知識是由全部概念構成的。眞理與合理的實在本身一樣，是一個活的邏輯的程序。

換言之，一種思想必引起一種相反的思想，與此相反的思想結合起來，而成另一種思想。這種辨證的運動，是思想之邏輯的自身發展。黑格爾似乎是說：思想或概念是自身思想，思想自身中有內在的必然性。他們如同一個正在生長的有機體，發揮其心能而變成一個具體的有機的全體。所以一切思想家應該讓其思想遵循其邏輯的程序，——辨證的程序。因為思想之邏輯的程序，如進行的適當，卽同於宇宙程序，可以是萬物本身中發展之結果。依據這種方法，我們能夠想及神之思想。

第四節　思想與實在

辨證的思想是一種研究動的活的有機的東西的程序，是調和差異之程序。哲學的概念是一切差異之有機的調和，是諸部分之渾一體，是一個統一而無差別的全部。當黑格爾說具體的普遍的概念是一切差異衝突之綜合時，卽是想指出思想及實在之性質。實在是浪漫派所愛說的類似生命與心的活動實在。實在不是抽象的理智所能捉摸的，因爲抽象的理智祇能捉摸實在之普通現象，他割碎實在而忽略其有機的性格。然而實在亦不能由神祕的感情、藝術的直覺或僥倖的猜想捉摸着。實在是一個合理的程序，有意義並且必是可思想的，實在不是一個絕對無意義的偶然發現物，乃是一個有秩序的進化。由他的結果可以認識他，就他所完成之目的觀之。他的表面的衝突與矛盾是有意義的、能調和的。我們想把實在分爲本質與現象、實質與屬性、力與其表現、無限與有限、心與物、內與外、神與世界，——這是不能成功的，這是虛僞的區分，任意的抽繹。自然無核心、無皮殼（Natur hat weder Kern noch Schale）：本質卽是現象，內卽是外，心卽是物，神卽是宇宙。

是以實在是一個進化之邏輯的程序。他是一種精神的程序，所以我們能由我們的本身中所經驗者了解之。然而我們要記着他不是特殊的觀念，不是經驗的或心理的內容使我們得到這種了解。一切思想中有一種合理必然性，我們必須重生之。我們的思想是合理的進化或發展；其進行是邏輯的、發生的、辨證的。因此，黑格爾名之爲普遍的、超經驗的先驗的或玄學的。眞理亦不表現於這個個體中或那個個體中，祇表現於種族生活中。神聖的精神或理性自現於種族意識之進化中——人類歷史中。然而我們不可不記着的是：祇有人類歷史是合理的必然的、邏輯的時候，我們方能說歷史是神聖的理性之表示。

黑格爾名神爲觀念，爲潛伏的宇宙，爲無時間性的進化之可能性之總匯、精神是此「觀念」之實現。此觀念之本身中隱然的含有表現於世界中之邏輯的辨證的程序之全體；進化之一切法則皆內含於其中，而表現於客觀的存在之法式中。這個觀念是創造的『邏各斯』或理性，其活動之法式或範疇，不是空虛的軀殼或無生命的觀念，乃是構成萬物之本質之客觀的思想、精神的勢力。研究創造的『邏各斯』之必然的演進，即是邏輯。這並非說純粹思想或邏輯觀念的神先於世界之創造而有；因爲黑格爾曾經說過世界是永久的創造，神聖的精神決不能無自己的表現；神是世界之活的動的理性，他自現於世界自然及歷史中；自然與歷史是神進化到自我意識之必然的階段（就無時不進化言之，進化不是暫時的。進化永久的向「絕對」發展，範疇永久的潛伏於其中，決不停止進化。範疇一個一個的繼續的進化，這一個範疇是那一個發展之條件。）神不是沒入世界中，世界亦不是沒入神中；無世界則神不成其爲神，神不能不創造世界，不然，就無從認識神。絕對中必有矛盾與一致。神不能離開世界。若無觀念，有限的世界不能存在，有限的世界不是一個獨立的東西，如果無神，他就無眞實的實在；世界所有之眞理皆有賴於神。我們心中的思想與感情，來來往往，不能耗盡精神，自然現象也是如此，來來往往，亦不能耗盡神聖的精神。我們的精神由思想與經驗而豐富、而擴大，漸次達到豐富的自我意識；神聖的觀念亦是如此，由其在自然及歷史中之自己表現而擴大，而漸次達到自我意識。在自給與自救之格律的程序中，普遍的精神實現其命運。他在他的對象中思想其本身，因而認識其本質。絕對祇能在進化中認識之，他高出於一切人之上。所以黑格爾不說神是一個自我意識的邏輯的程序，先於世界之創造而有。他離了世界便不能認識。神是一個正在進化的神祇，在人類的心理中充分的表示其為自我意識的；因為人類的心理可以把潛伏於普遍絕對的理性中之邏輯的辨證的程序，明白的表現出來。

第五節　邏輯與玄學

由上之所述觀之，可知邏輯是基本學問，因其能重生神聖的思想程序。辨證的思想表現普遍精神最裏面的本質，在這種思想中，普遍的精神認識其本身；思想與實在、主觀與客觀、法式與內容，合而為一。邏輯所發展出來的思想的法式或範疇，是與實在之法式相同的；他有邏輯的與本體論的價值。在萬物之本質中，思想認識其自己的本質。無論何處的理性，皆是一樣，並且無論何處，皆有神聖的理性發生作用。宇宙是神之思想之結果。無論我們研究我們本身中之理性（邏輯）或研究宇宙中之理性（玄學），我們常得到同樣的結果。在邏輯的思想中，可以說是純粹的思想研究其本身；思想者與思想是一體；思想者又發展其思想。其他一切學問皆是邏輯之應用。自然科學研究絕對或普遍的理性，精神哲學研究理性如何克服客觀的自然，回到其本身，或發展為自我意識。

有須注意者，在理性之此等啓示中，無論為自然或精神，理性是表現於無限的暫時的形式中。這些表現於外表上之偶然形影，不是哲學之對象。哲學之職務在了解萬物中之理性、自然與精神之本質、永久的調和與秩序、自然界之固有法則與本質、人類制度及歷史之意義，以及表現於暫時的偶然的東西中之永久的成分，實現於外表上之內性。且而萬物中的這種理性，我們祇能由辨證的或邏輯的思想中認識其概念而已。所以有價値的知識是先天的或哲學的知識。自然哲學、權利哲學、歷史哲學始配成爲哲學的知識。

第六節　自然哲學與精神哲學

邏輯研究概念，指出一個概念如何由別個概念產生，如果我們思想得不錯，我們必逐步的由這個階段進至那個階段而達於絕頂，並且指出思想中有必然的進化。當我們思想這些概念時，我們就是在眞的實在之世界中，宇宙之永久不滅的程序中。我們在邏輯中所思想之概念系統，構成有機的全體而代表萬物之眞本質。這不僅呈現於我們的腦子中，並呈現於世界程序中，精神與自然中，個人心理與社會心理中，世界歷史中及人類制度中。然而在邏輯中我們赤裸裸的直覺着純粹的理性，由此意言之，理性又是神創造世界以前的世界影子所以名之爲世界影子者，因其無本質或身體，因其是赤裸裸的思想，因其尙未披上宇宙之大褂子。黑格爾所說之邏輯，無實際的存在，除了人之思想外，邏輯永未實現過，換言之，在人類思想以外，普遍的理性大於純粹的思想，卽指此而言。我們在邏輯中所研究者不是理性之表示，不是自然，不是歷史與社會，乃是眞理之系統，觀念之世界。然而我們也能由理性之表示研究理性，看出其骨髓如何有了血肉，或者我們能由其血肉中看出其本身。在自然界中，理性表現其自身於時間空間中，外在與繼續中。我們不能眞實的說邏輯的觀念跑入自然中，邏輯的觀念卽是自然，自然卽是邏輯觀念之法式。自然是理性，是概念的，是有廣袤性之概念。黑格爾稱之爲化石的理智，爲無意識的理智。再者，自然是邏輯的觀念進化到精神所經之一階段。

精神（或心）經過進化之辨證的階段，而表現爲主觀的精神客觀的精神與絕對的精神，主觀的精神表現爲心靈（離自然而獨立的精神）意識（與自然對立的精神）與幽靈（與自然相調和的精神）。黑格爾以相當於此等階段者有人類學、現象學、心理學。觀念或普遍的理性在動物機體中，變成心靈。他構成身體，變爲特殊的個體的靈魂，其機能在運用其特有的個性；這是無意識之結果。這種靈魂爲其自身構成肉體之後，認識其自身與肉體有別。意識是由肉體表現之原理進化而來。意識之機能是認識。他由純粹客觀的階段出發（他在此階段中，認感覺的對象爲最眞實的東西），而進於另一階段，在此另一階段中，理性被認爲自我意識與客觀實在之本質。高等的精神統一此兩種機能，而產生知識。我們所眞知者，祇是我們所創造者。心靈之對象是其自己的生產品，所以其本質——尤其理論的心靈之本質——是認識。浸入對象之理智或心靈，是知覺。若果精神未透視一個對象，或未直覺了這個對象，決不能明明白白的說或寫這個對象。知識完全成立於認識的理性之純粹的思想中。表象（記憶、想像、聯想）是知覺與理性之媒介。理性演生概念。悟性或理智掌司判斷——分析概念之原素。理性再將概念之原素結合之，而下結論。理智在純粹的思想之發展中而看透其自身，認識其自身。

理智或理性是他的進化之唯一原因。所以他的自知之結果是一種知識，這種知識之本質是自決、是意志、是實踐精神。意志表現爲一種特殊的主體，或自然的個體，力圖滿足其需要，解脫其病苦。意志若沈淪於衝動中，卽最不自由。

第七節　權利哲學

觀念或普遍的理性不僅表現於自然或個人中並表現於人類制度及歷史中權利或法則（財產契約懲罰）中道德或良心中習慣或倫理的禮儀（家族社會國家）中在這些制度及歷史中理性實現其自身而變爲實際的因此可以稱之爲客觀的理性產生人文制度的理性與想了解人文制度的理性是同樣的以前無意識的發展法規習慣國家之理性今乃於權利哲學中變成有意識了權利哲學之職務不在指示國家應該如何乃在指示其所含之理性而達到這種目的祇有借逕於辨證的思想哲學之職務在指出合理的制度如何由權利或正義之觀念產生當研究人類制度時我們能依據歷史解釋之指出其存在有賴於什麼條件什麼情境然而這種因果的解釋不是眞的哲學的解釋這祇是一方面追究各種制度之歷史的進化指出其所由成立之情境需要及事情另一方面證實其中之正義及合理的必然性祇有我們了解了事情之概念時方能了解權利法則國家之理性。

客觀的理性實現於自由的個人之社會中在這種社會中個人決擇其民衆之法規與習慣個人將在主觀的良心道德附屬於普遍的理性之下在民衆之風俗及倫理的禮儀中個人發現其普遍的眞實的自我之表現個人在法規中認識其自己的意志在他的本身中認識法規之詳明的表現倫理的精神進化爲自我意識的個人之社會是活動的理性進化之結果個人在社會中積有許多經驗之後知道當決擇普遍的原因之時他就是自由的就

是決擇其自己的意志。當此之時實在與理想是一體；個人的理性承認普遍的理性爲其自己的理性；個人放棄其主觀性而將其自己的理性附屬於普遍的理性之下。普遍的理性表現於民衆精神中國民心理中，謂之人倫至理(Sittlichkeit)。實現完全自由之完美的國家，是宇宙的歷史所向往之目標；進化卽是自由意識發達之意。各民族及歷史上各偉人是宇宙的精神實現其目的之工具，各大民族都有執行神聖的進化之使命，而這種事情祇能由全體的發展方面了解之。當其完成其存在的目的之後，又進而至其他更強盛的民族。這一個國家被那一個國家戰敗了，就是被戰敗的國家所依賴之觀念附屬於戰勝的民族之觀念之下。這是強力卽權利，物質的權利卽是正義。因爲戰爭是思想或觀念之戰爭；所以黑格爾就認其爲正當的他的根據是假定強者應當制服弱者，人道之進化是由道德的物理的衝突增進的，世界史是世界最後的裁制 (Die Weltgeschichte ist das Weltgerichte)。神或普遍的理性又利用個人之感情及私慾，以實現普遍的目的，這是觀念之戰略；偉人就是神或理性之執行者。黑格爾在他的歷史哲學中力圖指出普遍的精神，如何依其本質之辨證的進化以實現其目的。

第八節　美術宗教及哲學

然而普遍精神在精神發展之前幾階段中未嘗認識其本身，或達到最高的自我意識及自由之境地。在那些階段中可以說思想與本質，主觀與客觀，不是一體，一切矛盾未嘗充分調和。邏輯的觀念進化之最高階段，是「絕對的精神，」其唯一的目的與工作，在使其自己認識自己的本性，所以是自由的，無限定的精神。絕對精神也經過三個階段表現於美術、宗教及人類精神哲學中。絕對精神之表現於美術中是依直覺之法式其表現於宗教中是依表象與想像之法式，其表現於哲學中是依概念或純粹的邏輯思想之法式換言之在完全的自由中認識其內在的本質之精神，是美術想像其可尊敬的精神是宗教在思想中認識其本質之精神是哲學哲學除了神之外，無其他對象所以根本上也是合理的神學，並且是永久的崇拜神，以便於求眞理。這三階段各實現於進化之辨證的程序中，皆有其歷史，——美術史、宗教史、哲學史。

「在哲學史上每個大的思想系統皆有其必然的地位而在邏輯的發展上代表一個必然的階段每個系統都引起一個相反的系統這種衝突調合成一個高等的綜合，而另生新的矛盾，如是進行，以至無已。黑格爾相信他的哲學代表最後的一種綜合，在這種綜合中絕對的精神認識其自身絕對的精神由其發展所經過之階段而認識其實在之內容。

第九節　黑格爾學派

自一千八百二十年至一千八百四十年之間，黑格爾之哲學是德國之當權的哲學。他的哲學是普魯斯所愛尙的，德國各大學中幾乎皆有其代表。其所以使許多思想家特別留意者，是其邏輯的方法足以避免理性論之抽象論及神祕論之幻想。黑格爾死後，其門徒分爲保守與自由兩派他未曾確切的論述神學上的問題——神、基督、不滅，——因此，關於神學的問題遂發生了許多歧異的見解。保守派如欣利克斯(Hinrichs)、格瑟爾(Goeschel)、格布勒（Gabler）以正統派的超自然的意義，解釋其老師的思想，而主張有神論、人格不滅及化身的神。自由派——所謂少年黑格爾派者，主張唯心論的汎神論，神是在人類中可以認識之普遍的實質。神化身爲基督，是神表現於人中。這種精神是普遍的精神，不是個人的精神。屬於自由派者有利希脫（Richter）、露格（Ruge）——寶厄（B. Bauer）、斯特老斯（D. Strauss）及費兒巴黑（L. Feuerbach），在有一時期中亦屬於此派。自由派中有些人甚至走到自然主義。寶厄、斯特老斯、費兒巴黑即是其人。反對黑格爾哲學的人如外塞（C. H. Weisse）、斐西特及哈利貝烏（H. M. Chalybaeus）也同情於保守派的有神論之見地。

早年的社會主義者——馬克斯及拉薩爾（Lassalle）——之經濟史觀，也是根據黑格爾的前提。據他們推論，以前認爲合理者，因進化之結果將成爲不合理的。私有制度曾被認爲對的、合理的，將被社會主義認爲不對的，而思有以推翻之。這是歷史之邏輯的辨證的程序之結果。

因黑格爾曾經鼓勵研究哲學史、宗教史，遂產了一些哲學史大家及宗教史大家。屬於前者的有特梭得楞堡（Trendelenburg）、李忒（Ritter）、布藍狄斯（Brandis）、愛爾特曼（J. E. Erdmann）、策勒（E. Zeller）、斐雪（K. Fischer）、溫德爾班（Windelband）；屬於後者的有普夫來得勒（O. Pfleiderer）。黑格爾又有大影響於歷史哲學、法律學、政治學及其他精神科學。

第八篇　黑格爾以後之德國哲學

第一章　赫爾巴特之實在論

第一節　對黑格爾主義之進攻

然而黑格爾之哲學也引起了大的反對，并發生了反動運動，反動運動者之極端的人，排斥一切玄學，認其爲無用的勾當。德國的新運動之各方面對於其唯心論、汎神論、理性論及其先天的方法論皆加以攻擊。有些思想家堅持較精細的科學方法，而得新的哲學：實在論與多元論。有些思想家否認世界是合理的，並且指出實在中之不合理的成分應爲哲學所注意。還有些思想家依皈神祕主義、信仰哲學、直覺主義，欲依理性以外之其他心理機能解決宇宙之謎。思辨哲學之兩位大師爲赫爾巴特（Herbart）及叔本華（Schopenhauer）。他們兩人都自認爲康德之眞門徒，都注意於自然科學，都欲於經驗的事實中尋求其思想之基本。二人都貢獻了玄學的系統。赫爾巴特貢獻了多元的實在論，而歸本於萊布尼茲；叔本華貢獻了汎神論的唯心論，類似於謝零之自然哲學及主意主義，歸本於斐西特哲學及謝零晚年之思想。

赫爾巴特之著作如左：

Einleitung in die Philosophie, 1813; Psychologie als Wissenschaft, 1824–1825; Allgemeine Metaphysik, 1828–1829; Allgemeine Padagogik, 1806; Allgemeine praktische Philosophie, 1808. Complete works, by Hartenstein, 13 vols., 2d ed., 1883–1893; by Kehrback, 15 vols., 1887, ff.; pedagogical works by Willmann, 2 vols., 2d ed., 1880. Transl. of Lehrbuch der Psychologie by M. K. Smith. Works on Herbart by Kinkel, Franke, Wagner, Strumpell, Lipps, Kaftan, Drobisch. Cf. Ribot, Contemporary German Psychology, transl. by Baldwin, and the histories of psychology.

第二節　哲學之實在論的理想

赫爾巴特 (Johann Friedrich Herbart) 生於一千七百七十六年，死於一千八百四十一年，是一個批評的思想家反對康德以後在德國所發展之一切唯心論的運動。他在到耶拿大學之前，曾研究康德及前乎康德之理性論者。一千七百九十四年他來耶拿大學聽斐西特之講演；既而爲講師，最後爲教授（自一千八百零二年起，至一千八百零九年止）。他以新哲學有背於康德所立之原理。一千八百零九年，哥尼斯坡 (Königsburg) 大學聘他爲哲學教授以繼承康德之講座。一千八百二十八年，他說他是一個康德派。他攻擊新哲學之方法及結論，而其所得之結論直接與當時所流行的哲學相反。依他的意見，我們不能由一個原理推演實在。這種原理是來自哲學之結論，不是來自哲學之起點。我們不能把實在認爲祇一個根源，所以一元論與汎神論是不可能的。想認識物自體，是不可能的，所以黑格爾所說的玄學祇是夢想。然而物自體是有的，不止一個，並有許多；世界不是我們的僅僅的觀念。赫爾巴特反對理性論的方法、先天主義、一元論、汎神論、主觀的唯心論及自由意志，而主張經驗論、多元論、實在論及決定論。

他說越過經驗的範圍之外不能希望知識之進步。哲學之職務在以經驗與科學之普通概念或民族中不知不覺發展的思想爲研究之起點。研究這些概念必須借助於形式邏輯因爲形式邏輯之機能在使這些概念之意義清楚明白，如其有矛盾之處，亦可以指出。所以普通哲學之職務在推論概念分析他們，比較他們，並且調和他們。邏輯尋出我們所認爲最簡單的、最明瞭的、最清晰的概念——事物、變化、物質、自我意識等類之概念——中之矛盾困難。例如尋常思想中的一個東西，就是一個許多性質之複合物；金子是有重量的，但有可鎔解性；一件東西是由多件東西構成的。赫爾巴特以爲凡是矛盾者，概不是眞實的，因此，恢復了哲學上舊邏輯之矛盾原理。實在祇可認爲一個絕對自相一致的系統。由此言之，赫爾巴特畢竟是一個嚴格的理性論者。眞知識是一個自相一致的概念之系統。所以如果我們的經驗供給我們一個矛盾的宇宙觀，他就不能成立。玄學的工作以矛盾爲起點，他必須調和並解除矛盾，訂正尋常的與科學的概念，以便使其結合一起構成不矛盾的實在使經驗世界易於了解。

第三節　玄學

赫爾巴特之玄學卽以此爲出發點。他承認康德所說之經驗祇能指示現象，然而他主張現象必是某種東西之現象，這種現象含有一個實在。這又是赫爾巴特露出了他的理性論；他依據這種基本概念由觀念轉至物自體。我們的感覺不能按照觀念論者之主張解之爲心理之出產品；感覺雖然是主觀的，然而他們暗示一個物自體的世界。其成爲問題者，不過是此世界——眞的實在如何構成而已。

現象世界是矛盾世界，是有許多性質與變化之世界。例如我們說一個東西有許多性質，一個東西變化其性質。一個東西如何能成爲許多東西呢？一個東西如何能爲白的、硬的、甜的、香的，如何能時而是這一個東西，時而是那一個東西呢？他決不能如此，因爲若果如此，將是矛盾的。萬物皆是他的實在的樣子，皆與其自身是絕對的一體；若以其有幾種性質或變化，便是矛盾之辭。每個感覺指出一個實在。一個東西是單純的，始終不變的，絕對不可分離的，不擴展於空間時間中。他不是聯續的，不然就不是簡單的、絕對的。由此觀之，同一原理是赫爾巴特之實體論所根據之基本原理。

然而如果一個物是一個單純不變的實在，將如何解釋複雜與變化之幻覺呢？爲什麽我們所經驗的萬物似乎有許多性質與變化呢？玄學想能解釋這種事情，祇有假定有許多單純不變的原理或實在。各個體及表面上似乎是單純的物，實際上不是一個單純的物，乃是一個許多單純的物之堅固的集合體。我們必須假定許多實在，因爲我們所謂的物具有許多性質。當某某等實在偶爾構成某種集合體，發生某種的關依之時，於是有了某種的現象結果。變化是許多實在之來來往往。我們說一件東西變化了他的性質，就是說構成那件東西的實在或原子之關係發生了變化；原來構成那件東西的原子是不變的，是始終保持其原狀的；祇有關係變化了的時候，原子就加多或減少。我們稱現象爲萬物之『偶然的觀點』，即是因此。同一條線可以是半徑，可以是切線，同樣的道理，一個實在可以與其他實物成立種種關係，而不變其本質。我們論述實在之相互關係是什麽，並不影響其本質，因爲這種論述，祇是偶然的觀點。

實在之世界是絕對的；其中無變化、生長、現象，各個皆是其原狀。但是我們把這個和那個關聯起來，就認爲有同有異；一切性質概是第二等性質。我們所認爲的同異即由此見解而起；而實在世界是絕對靜止的，其中沒有變化；一切事變祇是意識中之現象。

然而實在之本身終究似有變化。這可解之如次：各個實在力圖保持其自性的統一，抵抗別的實在之騷擾。所以同一實在，爲保衞自己、抵抗別的起見，而有各種各樣的行動。實在中無眞實的變化；爲維持其本質起見，而抵抗障礙，其抵抗障礙之法，因障礙之性質與程度而異。實在縱無障礙，亦將維持其性質。實在常保持其自身的原狀；他所呈現的表面永久不變，但爲維持其常態起見，所用之努力之程度，則因障礙之性質與程度而異。然而實在如何能夠不互相響影呢？實在似乎互相影響；一個實在發現了，雖不變化其他實在之本性，但引起其他實在在各種程度的活動（自衞）。空間、時間、運動與物質，皆可以這種方法論之；他們都不是實在，不過是實在之客觀的現象而已。

第四節　心理學

赫爾巴特的心理學是理性的心理學，是玄學之一部分。經驗的心理學不能爲哲學之基礎。心理學是玄學之前驅；無玄學的心理學，則理性批評之問題不能解決，甚至不能徹底的討論。心理學建築於經驗、玄學及數學之上。心靈是一個單純的、絕對的、無時間性的、無空間性的實在；他是一個首先的實體，所以不能如心理學者所說：有種種機能或能力。赫爾巴特由玄學的假設攻擊官能心理學。因爲心靈是單純的實體，所以除了自衞以外，不能有別的活動。心靈與身體有關聯，身體是許多實在之匯合，所以心靈居於腦子中。一切心靈本質上是相同的；心靈及心靈之發展其差異概是由於外面的情形，——如身體之構造。心靈原來無何官能，也無觀念、感情或衝動。他不知道他的本身，他沒有法式、直覺或範疇，也沒有意志或行動之先天的法規。當心靈維持自己抵抗別的實在的時候，就發生感覺。感覺是心靈自衞之機能之表示。進化了的心靈之內容是感覺之聯合及重生之結果。心理學是心理之力學。赫爾巴特之目的在創造一種心理的力學與物理的力學並行。舊物理學以力解釋萬物，新物理學把萬事萬物化爲運動。舊心理學以官能力解釋心理上的事物，新心理學以觀念之運動解釋心理上的事物。感覺與觀念傾向於固定，但別的心理狀態則衝動之；於是發生動作與反動。赫爾巴特想把他們中間所有的關係解作數學的。於是把精神生活解作觀念之錯綜混雜及衝突，感情衝動解作觀念之變形。意識不能概括一切精神生活；意識範圍以下——無意識界中——並有種種程序。自由意志是沒有的；精神中的一切事情概是遵循一定的法則，而心理的程序概能以數學規定之。

精神生活之固定的根本是心靈實體，不是所謂自己同一的自我，——自我意識的人格。自我意識的主體之概念是矛盾的。既是主體，如何能夠又是客體？自我又如何能代表或認識其本身？如說主體即是客體、認識者即是被認識者，便是矛盾了。再者，我們決不能認識自我，因爲自我是捉摸不住的，萬一要捉摸之，終究是一個自我。眼睛決不能看見其本身；自我祇能見其圖形。所見的自我終不過是能見的自我，所以自我永不能捉摸住。自我意識的自我不是一個原理，乃是一個結果。自我意識在有了對象之意識之後而有之，他是許多自我觀念之前驅。斐西特之純粹的自我是一個抽象的東西；我們所認識的唯一的自我意識是我們的經驗的自我意識，並且這種意識常是對象之意識。

赫爾巴特之心理學之特色在其排斥官能心理學，唱導表象爲心靈之唯一基本的機能之學說，無意識之學說、統覺論、聯想論、交互作用論、決定論及自我非原理乃結果之學說。時間、空間及範疇不是心理之先天的法式，乃是心理力學之結果，是心理原素交互作用之結果。

第五節　價值之科學

玄學討論實在，美學討論價值，而不討論實在。二者絕對不同。赫爾巴特反對結合此二者之一切嘗試。理論的判斷之外，有表示贊賞與厭惡的判斷、美醜好壞的判斷。美學的問題，卽在考察這些判斷之對象而發見其中何者使我們快樂，何者使我們不快樂。赫爾巴特說：使我們快樂或不快樂者不是判斷之對象之內容，乃是其形式。我們贊賞與否的感情，是事物間所存之關係引起的。

實用哲學是美學之一門，討論道德的美。我們所贊賞或不贊賞的是意志之關係。經驗指出有五種關係發生道德判斷，叫作典型或觀念。我們稱讚（一）個人的意志與其信念相合之關係（內在的自由之觀念）；（二）同一個主體之意志各種努力間之調和的關係（完全之觀念）；（三）以滿足別人的意志爲目的之意志所依之關係（仁慈的觀念）。我們不贊成幾種意志互相衝突的關係。（四）我們贊成各個意志容許其他意志阻礙其自己之關係（正義之觀念）。（五）我們不贊成有意爲善或有意爲惡而無相當的報酬之關係（報酬之觀念）。與此五種觀念相當者有五種社會組織：法律組織、工資組織、管理組織、文化組織等，此等組織結合一起以實現內在的自由之觀念而應用於社會上。社會之最高理想是意志與理想之結合，在此理想的社會中社會上各分子之間沓無釁隙。

赫爾巴特之教育學說發生很大的影響。他認教育學爲應用心理學，其目的由倫理學規定之。因爲他主持精神生活之機械觀，所以他在教育上力唱興趣之重要，統覺之價值。

柏勒格（F. H. Beneke，一七九八年——一八五四年），受有赫爾巴特、弗黎斯（Fries）及英國經驗論之影響。這同意於赫爾巴特所主張之心理學須根據經驗而排斥心理學依賴數學與玄學之主張。他以心理學爲內心的經驗之學問，爲我們的知識中之最確實的知識，並且必須爲玄學、認識論、倫理學、教育學之基礎，

第二章　意志哲學叔本華與哈特曼

第一節　叔本華

叔本華(Arthur Schopenhauer)於一千七百八十八年生於但澤(Danzig)。他的父親是一個有錢的銀行家，母親是一個當時有名的小說家。他幼而經營商業，迨後覺其無味，乃離開賬房而跑入大學。一千八百零九年至一千八百一十一年間，在格丁根大學肄業，一千八百一十一年至一千八百一十三年間，在柏林大學肄業，專心致志的研究哲學及西藏文學。他所愛的哲學著作家是柏拉圖與康德。他在柏林大學聽斐西特之演講，自然要受他的影響，不過他仍輕視謝零與黑格爾，說他們是『哲學之浮誇者』(the windbags of Philosophy)。自一千八百二十年起至一千八百三十一年止，他充當柏林大學私教師，間或講演他的學說；但此時是黑格爾哲學最盛的時期，叔本華的講學未能成功。他敵不過他的學敵，痛恨一切哲學教授，於一千八百三十一年辭出柏林大學講師，退居美因河邊之法蘭克福(Frankfort)而專心致志於覃思及著作。到晚年，聲勢漸噪。他死於一千八百六十年。

叔本華之著作如左：

Uber die vierfache Wurzel des Satzes vom zureichenden Grunde, 1813; Die Welt als Wille und Vorstellung,

1819; Uber den Willen in der Natur. 1836; Die beiden Grundprobleme der Ethik, 1841; Parerga und Paralipomena, 1851. Collected works ed. by Frauenstadt, 6 vols., 2d ed., 1877; by Grisebach, 1890, ff. (new ed. in Reclam, 6 vols.); by Steiner, 13 vols., 1894; by Deussen, 1911, ff. Index by Wagner.

叔本華之著作譯成英文者如左：

World as Will and Idea, by Haldane and Kemp, 3 vols., 1884, ff.; Fourfold Root and Will in Nature, by Hillebrand, 2d ed., 1891; Basis of Morality, by Bullock; Selected Essays, by T. B. Saunders.

關於他的參考書：

Monographs by W. Wallace, Whittaker, Zimmern, Caldwell, Volkelt, K. Fischer, Ribot, Grisebach; Paulsen, Schopenhauer, Hamlet, Mephistopheles; Simmel, Schopenhauer und Nietzche; Tsanoff, Schopenhauer's Criticism of Kant; Th. Lorenz, Entwicklungsgeschichte der Metaphysik Schopenhauers. Cf. Sully, Pessimism.

第二節　如同有意志與觀念之世界

叔本華採取康德之純粹理性之批評之思想，認經驗世界是現象世界，受制於人類理智之本性。人之心理有其知覺之法式（空時及時間）及認識之範疇。叔本華以認識之範疇爲簡單的因果之範疇。康德以超越理智範圍以外之世界，我們不能認識，我們所能認識者祇是其現象，至於其本體則決非我們所能認識。我們的直覺決不認識物自體，祇能知道有物自體。心理上之空間、時間、因果及其他諸法式，概不適用於物自體之上。

關於此點，叔本華與其老師康德不同。他說我們如果僅僅是一個有理智的人是一個由外面觀察的主體，我們除了知道時間、空間、因果中之現象世界以外，別無所知；這本來是實。然而我在我的內心的意識中認識了我的眞實的根本的自我，在意識中認識了物自體。物自體卽是意志，他是原始的、無時間的、無空間的、無因果的活動，表現於我們身中爲衝動、本能、努力、慾望。我並認識了自我是一個現象，是自然之一部，我想像我自己是一個有體積的有機體。我由兩種方法知道我自己卽是由意志與身體，然而自我還是一個意志，在自我意識中，表現爲活動之意識，在知覺中則表現爲物質的肉體。意志是我的眞實的自我，肉體是意志之表現。

第三節　自然及人之意志

自然及人之意志之思想是解決叔本華之玄學上之問題之關鍵。叔本華以萬物類似人類；世界是有意志與觀念的。這種主意論的宇宙觀並有事實證明之。當我向身內觀察時，我看見意志；向身外觀察時，我看見我的意志表現爲身體。我的意志自己客觀化了，成爲身體，而表現爲活的有機體。所以我們由我們自己的身體，推論其他物體爲意志之外面的表示，是不錯誤的。意志在石塊中表現爲盲目的力，在人類中，自己認識其自己。磁針常指着北方；物體下墜常成直線；實體互相影響構成結晶；所有這些現象都是自然界力之作用之明證，都類似人之意志。在植物界中，亦有無意識的衝動的痕跡。樹木需要日光，而力圖向上；他需要濕氣，而根鬚常向濕土中生長。動物之生長及活動，概由意志或衝動引導與支配。野獸爲得食物起見，而發達其爪牙與筋肉。意志爲滿其需要起見，而創造機體機能是機體之前驅。好以頭牴撞者就生角。圖生存的意志是生活之基本原理。

在人類與高等動物中，這種原始的衝動變爲有意識的，他創造智慧以爲其工具。智慧是照耀意志在世界上行走逍遙之燈光。意志爲其自身構造一個腦髓，腦髓是其藏身所。智慧與意識是腦之機能——在這一點上，叔本華之意見是與唯物論者相同的。在低等的萬物中，意志是盲目的衝動，其動作是盲目的無意識的；在人類中，意志成爲有意識的。智慧加於意志上，變成自衛之最大的工具。然而智慧常備意志之驅使。意志是主，智慧是僕。

意志支配知覺、記憶、想像、判斷與推論。我們所知覺者、所記憶者、所想像者是我們所欲知覺、記憶、想像者。我們的辨論常是爲我們的意志辨護。我們看由人類起至鑛物界止，智慧漸漸低落；然而意志則是通常一樣的，未常變化的。在兒童與野蠻人中，衝動強於其理智。在動物界中，本能逐漸變爲無意識的。在植物中，本能是無意識的。在鑛物中，理智之踪跡完全消滅了。

這種表現於人類界及鑛物界之根本的意志，不是一個人格，乃是一個有理智的神。他是圖生存之盲目的無意識的力。他無空間性、無時間性，然而表現於空間及時間中之個體中。換言之，我們的心見着他動作於空間及時間中之個體法式中。他表現其自身於永久不變的樣式中，柏拉圖名之爲觀念。例如有機體的種類是永久不變的樣式。個體有生滅，種類（意志）無生滅。意志由下等的物質進至高等的人，成一個等級聯貫的系列。個人有生有死，意志永不滅絕。所以我們的根本部分（意志）是不滅的；意志表現於其中之個體是有死滅的。自殺祇是意志之個體的表現的毀滅，不是意志本身的毀滅。

第四節　慈悲的道德

圖生存的意志是世界上一切衝突愁苦及罪惡之根源。萬物之盲目的意志，互相爭鬬，以圖生存；弱之肉，強之食；這種爭鬬不已的世界，不是一個好世界，乃是一個壞世界，是最壞的世界（悲觀主義）。人之生活是無價值的生活，因其充滿了愁苦。這是因爲人類意志的本性原來就充滿了愁苦。人生是由盲目的慾望構成的，如不能滿足慾望，即發生痛苦；第一種慾望滿足了，第二種慾望又發生了，如是進行，無有止境。所以人永久不能滿意；因爲每朵花中都有一個害蟲。人如同海中遭難的船上之船員，在兇浪之中，極圖挽救其疲勞的身體，其結果使其身體逐沒入水中。人生是不絕的生存競爭。其結局終歸失敗。一吸一呼之間，皆是圖抵禦其所懼怕的死亡。然而死亡終歸勝利，因爲有生必有死。生不過是死前之一時的食餌而已。可是人仍是辛辛苦苦，盡其力之所能，延長其生命，恰如兒童吹肥皂水而成汽泡，越吹越大，以至於破而後止。

一個生命斷了，意志就表現其原有的老程序於新的個體中。許多人的生活是充滿無厭的慾望與煩腦，經過四期而至於死，具有許多夢想。人生如同一個時鐘，發條捲上了，就向前進行，而不知其所以然。人於生時就是捲上生命時鐘的發條，重演其老調子，而無意義上之變更。

人生所以是惡的，還有別種理由，就是因其是自私的、卑賤的；這也是生於意志之本性。無情意的、膽怯的自私自利者，因恐怖而爲誠實的事，因虛榮而爲社會的事。然而在世界上成功之唯一法門，則是貪得與欺詐。知識與文化之進步，改善不了這些事情，祇是引起新的需要及自私自利與不道德之新痛苦。所謂道德，——勤勞、忍耐、節制、儉約——不過光明的自私。知識多者憂愁多；增加了知識，就增加了憂愁。歷史是虐殺、擄掠、陰謀、欺詐之聯續；讀其一頁，可以推知其餘。

叔本華說慈悲或憫憐是道德之基本與標準，某民族所以惡的，就是因其自私自利。善的行爲必是由純粹的慈悲引起的行爲；如果動機是爲自己的利益，則行爲便無道德的價值；如果動機在害人，便是可惡的行爲。人類之經驗的品性完全是決定的，但追悔之事實，則暗示意志是自由的。所以我們的意志必須對我們的品性負責。理智的自我形成經驗的自我。

因爲自私的意志是萬惡之本、愁苦之源，所以必須排斥意志、抑壓自私的慾望，以便得到幸福或享受安寧。這可由幾種方法做到。美術家或哲學家可以解脫自私的意志，可以忘其自我而淪入美術的探索或哲學的思索中；這種方法雖能救濟一時，但不能永久。個人如熟慮世界之可惡、慾望之徒勞、生存之虛幻，即可以解脫其自私的意志。他若思及這些地方，並且記着一切個人在本質上是一體，他們都是一個原始的意志之表示，他就要同情或憫憐一切衆生，他就要視人如己，以別人的愁苦爲自己的愁苦。這也是道德的方法，但也祇能供給暫時的救濟。最好的方法是基督教徒及佛教高僧之隱遁生活，完全排斥意志之生活。如果遁世絕慾，意志自然就成爲死笨的了。佛教之高僧斷絕意志，解脫紅塵，足以得到幸福或享受安寧。

第五節　哈特曼之無意識之哲學

哈特曼(E. Von Hartmann)生於一千八百四十二年，死於一千九百零六年，受有謝零、黑格爾、叔本華之影響。他想調和黑格爾之主智主義與叔本華之主意主義。他的思想所運用的方法是歸納的科學方法。他貢獻了一種類似謝零之自然哲學。他以機械論不是十分充足的解釋，必須用唯心論的思想補充之。我們若不假定自然界有意志之作用，就不能說明事實；而此意志必須認爲是由目的觀念規定的，然而這種規定是無意識的。例如動物的本能即是不知目的而趨向目的之有智慧的行動。這種行動不是由機械的或心理的條件規定的，乃是適應其自身於環境，改變其機關以應其需要。萬物中之主動的原理，是無意識的、無人格的，然而是兼有觀念與意志的；唯有在人的腦子中方足以充分的認識之。物質是由力之中心或無意識的意志衝動構成的；力之中心、代表絕對普遍的無意識的精神之活動。這種絕對的精神，原來是一種非活動的狀況——潛伏的意志或理性，——後來由無根本的意志使之活動。無意識的世界意志受制於合理的目的，表現於進化之合理的程序中，此即邏輯的理性。然而一切意志根本上是惡的，並且是不幸之根源。究竟的目的是斷絕意志，回到原始安靜的狀態——涅槃。想達到這種目的，祇有全體人類決定歸於消滅之時。然在人類未消滅之時，人的義務仍要肯定圖生存的意志，而不實行禁慾主義及遁世主義。

哈特曼之著作如左：

Philosophie des Unbewussten, 1869 (transl: by Coupland); Phanomenologie des sittlichen Bewusstseins, 1879; Grundproblem der Erkenntnistheorie, 1890; Religionsphilosophie, 1881, f.; Kategorienlehre, 1896; System der Philosophie im Grundriss, 1907, ff.

關於哈特曼的參考書：

Sully, Pessimism, chap. v; A. Drews, Hartmanns philosophisches System; O. Braun, E. v. Hartmann; Vaihinger, Hartmann, Dühring und Large.

第三章　新康德主義

第一節　思辨哲學之反動

康德曾經設法建立數學及自然科學之確實性以對付休謨之懷疑論，但他否認研究物自體之玄學之可能。他以合理的神學、宇宙論、心理學皆無科學的價值，我們不能證實神之存在、靈魂之不滅、意志之自由，這裏面都無理論的知識因其不能作經驗的對象。我們本來能夠造立玄學的假設，具有些許或然性，但不能由其中得到普遍必然的知識。然而我們可以由道德的直覺得到較高等的神自由及不死之認識。實踐的理性能給我們以這種眞理之確實性，——雖然我們不能給他們以感覺的內容，不知其科學的意義。

康德之最大的承繼者——斐西特、謝零、黑格爾——未嘗排斥玄學。黑格爾由種種方面給宇宙一個邏輯的解釋，他的哲學在德國以直到一千八百四十年，還執哲學界之牛耳。然而後期康德學派之外，仍有對於這種理性論的玄學之批評的反對。這可由佛黎斯、柏勒克、赫爾巴特、叔本華及其他著作家之著作中見之。此外，又有反對哲學有特殊的認識法——如謝零之美術的直覺、黑格爾之辯證的方法——之見解，又反對以科學的研究爲哲學之預備或謬誤的方法。思辨哲學被斥爲忽略事實或祇想由內心的意識構成哲學。自然科學之進步，引起對於經驗之精密的研究及證實主義（positivism）之發生，並使輕視玄學之風漸熾。一千八百四十二年，邁爾（Robert

Mayer）發見了能力不滅之原理。一千八百五十九年，達爾文發表其曠世絕作之物種由來哲學之衰落及自然科學之勝利，遂激起唯物論之興盛。在十五世紀時德國起了唯物論的戰爭（Materialismusstreit），其中有佛格特（Karl Vogt, 生於一千八百一十七年死於一千八百九十五年）、楚爾柏（H. Czolbe, 生於一千八百一十九年，死於一千八百七十三年）、牟雷斯珂（J. Moleschott, 生於一千八百二十二年死於一千八百九十三年）及畢希勒（L. Büchner, 生於一千八百二十四年死於一千八百九十九年）；畢希勒於一千八百五十五年發表其著作勢力與物質（Force and Matter）。這一般人，皆是反對唯心論的人。這種運動反對思辨哲學的猖狂，同時，又反對神學的反動，卒至將人道主義、唯心論的倫理學與唯物論的玄學結合一齊。實在的說來，他們所貢獻的學說，並不是堅固的唯物論的學說，乃是許多意見之混合。他們中有人認思想為運動，有人認思想為運動之結果，有人認思想為與運動並行之不可知的原理之一方面。畢希勒之勢力與物質，最時髦，竟發行到二十版。迨後這部書的位置，為赫克爾（Ernst Haeckel）一千八百九十九年發刊之宇宙之謎（Riddles of the Universe）所取代。

德國化學家阿斯特瓦德（Wilhelm Ostwald, 1853—）持運動說或能力說，以反對唯物論及機械論。物質之各種特性概是各種能力之法式。心理的能力，是能力之另一種形式，是無意識的或有意識的神經能力。交互作用解作從無意識的能力到有意識的能力或從有意識的能力到無意識的能力之轉移。

第二節　批評主義之復興

在這種情形之下，哲學家自然而然的要研究康德所嚴格注意的認識問題，而對於當時之各種思潮概加以批評的研究。批評的哲學遂成爲反對黑格爾哲學之方法與唯物論之進步，以及完全不信認玄學者之重要工具。一千八百六十五年，李布曼(O. Liebmann)喊出的口號是：回到康德。同他表同情者有外塞（Weisse）、芝勒爾(Zeller)、福忒勒(Fortlage)、亥謨(Haym)、斐西耶(K. Fischer)及著作最有聲色之唯物論史(History of Materialism)之朗格(F. A. Lange)。近年來，這種新康德派之運動擴大，德國著名的思想家幾皆爲新康德派，這派人皆力言認識論的研究之必要；有些人甚至於說研究康德的著作，尤其是他的純粹理性之批評，爲哲學家之最重要的事情。隈亭傑爾(Vaihinger)、愛爾特曼(B. Erdmann)、萊克(Reicke)諸人，即是這種主張。有些新康德派要把哲學限於認識論，承認實證主義之結論：我們祇能知道現象，不管是唯物論的玄學、或唯心論的玄學，皆非我們所能研究，應該一概的排斥之。

朗格的影響最大。據他說，唯物論的方法是對的，但其所主張的宇宙觀則不對，因其不能解釋物理的物體及心理的自我之根本性質。他覺得玄學的及宗教的思想是人類建設的本能之結果，無理論的價值；理想的世界之存在雖不能證實，但在人生上有實用的價值。馬堡學派(Marburg School)之首領科痕(H. Cohen)發揮批評哲學，並且依據康德之方法而建立其自己的哲學——一千九百零二年發刊其哲學系統。他的弟子拿托爾伯(P. Natorp)於一千八百九十九年發刊社會教育學(Sozialpädagogik)及斯坦姆勒爾(R. Stammler)於一千九百零二年發刊正當權利論。

第三節　內在哲學

另有一部分思想家受了柏克勒、休謨及康德之影響，以哲學祇限於意識狀態之分析。他們的學說叫做內在哲學。這一派的代表人物爲許帕（Schuppe）、勒姆克（Rehmke）、叔柏特·索爾頓（Schubert-Soldern）。這一派中有些人歸結於我知主義（Solipsism），但其中的大多數人唱客觀的唯心論，以普遍意識爲知識之必要的假設。

新康德派中之神學論者專重康德之倫理的哲學，以倫理的、宗教的經驗爲宗教之基礎。這一派的代表人物爲李特士爾（Ritschl）諸人。

第四章　新唯心論（新觀念論）

第一節　玄學及自然科學

黑格爾哲學衰落了，自然科學與唯物論就興盛起來，並且一切哲學都暫時衰落了。凡不了解並尊敬自然科學之結果與方法以及這種哲學之方法與結果之人，不能有重建哲學之希望。然而德國興起了一部分思想家，他們原來是自然科學家，因爲他們的努力，哲學在科學界又恢復了他們的尊貴的地位。他們裏面著名的人爲陸宰（Lotze）、費希奈爾（Fechner）、哈特曼（Hartmann）、馮德（Wundt）及泡爾生（Paulsen）。這班人都受有研究實證主義、唯物主義、批評主義、後期康德派的唯心主義各種思潮之益。他們都覺得如欲依舊派的理性論的方法，而不用自然科學之方法建立玄學，是徒勞而無益。他們雖然排斥主觀的唯心論，否認先天的辨證的方法，然而他們都可稱之爲德國唯心論之後裔。他們依據康德之純粹理性之批評，主張離了經驗就無科學與哲學；依據實證主義，主張無論什麼玄學都沒有絕對的確實性。

第二節　陸宰

陸宰（Lotze）之性情與學問，頗適宜於重新建哲學之任務。他結合了來布尼茲之單子論與斯賓羅撒之汎神論，以圖調和一元論與多元論、汎神論與有神論、機械論與目的論、實在論與觀念論。他名他的哲學爲目的論的唯心論。他的目的在表障道德的、宗敎的唯心論（斐西特所主張之唯心論）之要求，及自然現象之嚴格的科學的解釋。

陸宰生於一千八百一十七年，死於一千八百八十一年。他學醫學及哲學於來比錫大學，一千八百三十八年，爲該校之生理學及哲學之講師，一千八百四十四年充當格丁根大學之哲學教授，至一千八百八十一年轉入柏林大學。

他的著作如左：

Metaphysik, 1841; Allgemeine Pathologie und Therapeutik als mechanische Naturwissenschaften, 1842; Logik, 1843; Physiologie, 1851; Medizinische Psychologie, 1852; Microcosmus, 3 vols., 1856–1864; System der Philosophie: Logik, 1874, Metaphysik, 1879.

譯成英文者如左：

Microcosmus, transl. by Hamilton and Jones, 1884; Logic, by M Bosanquet, 2 vols., 1884; Metaphysics, by B. Bosanquet, 2 vols., 1884; Lotze's Outlines (lectures), by Ladd.

關於陸宰之重要著作如左：

H. Jones, The Philosophy of Lotze; Hartmann, Lotzes Philosophie; Falck nberg, Lotze; E. Pfleiderer, Lotzes philosophische Weltanschauung; V. Robins, Some Problems of Lotze's Theory of Knowledge; V. Moore, Ethical

Aspect of Lotze's Metaphysics; Lichtenstein, Lotze und Wundt; M. Wentscher, Lotze.

第三節　機械論與目的論

人不是僅僅的一個事實之反映，他不能在機械化的世界中滿足其道德的宗教的興趣。然而物理的世界——生命包含在內——必須根據機械論用物理化學的法則解釋之。有機的物質與無機的物質不同，其不同之點不在有機體有生命，乃在其部分之安排不同；這種安排是一種物理的反動之系統，規定各部分之方向、形式及進化。活的有機體是一個自動機，但比人造機靈敏多了。這種見解似乎忽視了人之地位、目的或理想；然而機械論所依據之假設不是如此。表現於知覺中之外界不是實在之寫眞，不像樸實的實在論者（naïve realist）所說者，乃是自己的意識對於外界之反應；是心靈在其自身中所創造的東西。具有空間時間的感覺世界是現象的世界，是意識之出產品。感覺、知覺及解釋現成的感覺之邏輯法則，概是主觀者之機能。然則外界的眞實物體之本質（物自體）如何呢？這個問題祇能由類推法解決之。這種類推法必引人達於玄學的唯心論。物自體必有能力自動與被動，或接受變化，但萬變之中有不變者在。這種性質我們可由我們的內心中知道，他是心靈統一之自決的原理。這種意識之統一——這種結合複雜的現象於意識之統一中之心，能使我們認定不可分的超感覺的心靈之存在，與肉體有別。唯有在此心靈中，我們尋出千頭萬緒中之一致，變化不已中之不變；凡我們所經驗者概未喪失，依然繼續發展，以至於今而爲精神生活之一部分。所以眞實的宇宙必須解作心理的，是我們所直接知道的唯一實在。科學所論述之原子，是非物質的本質與來布尼茲之單子或力之中心相仿，有類於我們的內心生活中所經驗的東西。空間不是一個玄學上的實在，乃是這些動的么匿之存在之感覺的現象——知覺之出產品。縱是最下等的物質，也不是死的、笨板的，乃是有很好的組織系統，充滿生命與行動。實在有各種各樣的等級，人類的精神代表精神生活上最高的自我意識的階段，而精神生活也表現於笨板物質中。

陸宰之採取玄學的唯心論，是根據實用的或倫理的根基。假定冷酷的物質的元子的機械論為美術的目的而存在，——那是一種不堪的思想。這種宇宙既無意義，又無倫理的價值。我們祇能把實在算作我們能絕對可讚美的東西，絕對善的東西。所以現象的世界，不能是一個無意義的幻想，必須認為一個有道德秩序的精神世界之表現。陸宰之邏輯與玄學，都是建立於倫理學上。我們不能想及不應存在的東西之存在，我們思想的法式（邏輯的法則）之根源，是在求善之中，實在的本身是建立於絕對的善之上。

心身之關係是一種交互的關係。心如何使身發生變化，身如何使心發生變化，頗難解釋，這種難關不亞於其他問題。所謂因果的作用，是說一個物象有了變化，其他一個物象亦發生變化，不過其間之關係為何，我們不知道。能力不滅之原理與心身之交互關係並無衝突，因為身體與心靈在本質上並無差異。陸宰與來布尼茲一樣，以肉體是單子或精神的力所構成的一個系統，心靈居於腦中，其與肉體發生關係，唯在腦中。心靈支配肉體，肉體如果生存，終受心靈之支配。肉體解體後，心靈變成什麼，本是一個不知的謎，但據陸宰說：萬有於其將來皆有其正當的

第四節　汎神論

我們且來看機械論在陸宰之思想中如何轉變爲交互影響的精神的實在。這種多元的世界若無統一的普遍的實體，就不能設想——一切現象皆此實體之表現。縱是機械論的宇宙觀——假定最小的原子之運動與其他原子之運動有相互的和諧關係——亦認這種無限的實在觀爲必要；其實自然之機械論卽是絕對意志之表現，絕對意志在這種機觀中表現其外表的有限的形式。我們若不認自然界之種種歷程爲包含一切的實體之狀態，就不能了解交互作用甚至不能了解因果關係。這是陸宰之哲學發展爲唯心論的汎神論——結合有來布尼茲與斯賓羅撒之成分。人類的心靈必須以最高等的實在解釋宇宙的實體爲一個人格；且而我們必須想到這個神聖的人格是絕對的善的東西是愛之神。

第五節　費希奈爾

費希奈爾（Gustav Theodor Fechner），生於一千八百零一年，死於一千八百八十九年，是來比錫大學之物理學教授精神物理學（psycho-physics）之建立人，又爲新唯心論運動之代表。費希奈爾用類推的方法由我們身內的精神歷程及其在我們身內的表現推論到動物植物及無機物中都有精神生活，唯其明瞭之程度逐級低下而已。全宇宙是有生命的——汎心主義（panpsyhism）。還有比人類精神生活較高之精神生活；地球及其他星體都有心靈。此等心靈都包括於一個最高等的神之心靈中。神對於宇宙之關係，類似心靈對於肉體之關係。自然界是神之身體，是宇宙靈魂之客觀的表現。宇宙靈魂高於自然，恰如人類靈魂高於人類肉體。

費希奈爾之著作如左：

Leben nach dem Tode, 1836; Das hochste Gut, 1846; Nanna, oder Seelenleben der Pflanzen, 1848; Zend-Avesta, 1851; Über die Seelenfrage, 1861; Elemente der Psychophysik, 1860; Vorschule der Aesthetik, 1876. On Fechner, see: Lasswitz, Fechner; Wundt; Fechner; Pastor, Fechner.

泡爾生（Friedrich Paulsen），生於一千八百四十六年，死於一千九百零八年，著有哲學概論（Introduction to Philosophy），盛行於德國及美國，論述一種類似陸宰及費希奈爾所持之唯心論的宇宙觀。

第六節　馮德

馮德（Wilhelm Wundt）生於一千八百三十二年，死於一千九百二十年；他的著作顯出他受有斯賓羅撒及德國唯心論者赫爾巴特、費希奈爾、陸宰及近世進化論之影響。始而他在海得爾堡大學當生理學之教授，（自一千八百六十四年起至一千八百七十三年止）。一千八百七十三年他充當沮利克大學哲學教授，一千八百七十五年又受來比錫大學之聘。他是近代實驗心理學之建設人，現今許多心理學教授多是他的弟子。

他的著作如左：

Lehrbuch der Physiologie, 1864; Lectures on Human and Animal Psychology, 1863 (transl. by Creighton an

Titchener), 5th ed., 1911; Physiological Psychology, 1874, 6th ed., 1908–1911; Introduction to Psychology, transl. by Pinter, 1912; Logik, 3 vols., 1880–1883, 3d ed., 1906–1908; Ethics, 1886 (transl. by Titchener, Washburn, and Gulliver), 4th ed., 1912; System der Philosophie, 3d ed., 1907; Einleitung in die Philosophie, 5th ed., 1909; Volkerpsychologie, 5 vols., 1900 ff.

關於馮德之著作：

König, Wundt als Psycholog und als Philosoph; Eisler, Wundts Philosophie und Psychologie; Conrad, Die Ethik Wundts; Hoffding, Moderne Philosophen.

馮德下哲學之定義說：哲學是普遍的學問（the universal science），其職能在結合專門科學所得之普通眞理，而組成一種自身堅固之系統。意識之事實爲我們的知識之基礎。所謂外界的經驗——外界之知覺——即是內心的經驗之一方面；我們的一切經驗概是精神的。然而世界並非如主觀的唯心論者所說之意識之反映；外界之存在，決不可否認（批評的實在論）。空間與時間、因果與實體、以及發生於心之種種概念，若無客觀的世界之協作，決不能發生於我們的心中。若無外界的原因及概念的法式，自然界之知識，一點就不能成立。我們若以外界的經驗爲我們宇宙觀之基礎，必歸結於原子論、機械論；我們若祇拘限於我們的精神生活的事實，必流而爲唯心論。然而我們不能認外界爲無內心生活的東西；宇宙的機械論是一個外面殼子，內中包含有一個精神的創造力，與我們在我們本身內所感覺者相似。就認識論之結果觀之，精神的原素是居優越的地位，因爲內心經驗，是知識之原始的材料。心理學指出精神生活根本上是活動，是意志。這種活動表現於注意、統覺、聯想、情感及意志中，而構成精神之中心原素（主意主義）。

心靈不是如唯物論者所說之實體，乃是純粹精神的活動。實在必須認作意志表現於物質的法式中之整個的全體，是由內在的目的規定的獨立的實在構成的目的論。我們必須依道德的理性，在普遍絕對的意志中認識個體的意志至於普遍絕對的意志之性質，我們不能下深切的定義。世界是一個心理之進化，是有交互的目的的法式之發展。

第七節　價值哲學

上述各種哲學系統中，有幾種是根據價值之判斷，其解釋實在是用至善——世界畢竟是以道德的、美術的或邏輯的意識所要求者爲理想。康德認宇宙之根本上含有道德意識之意義——應該如何。本體世界必是一個精神的世界自由的、合理的社會，其中各個人皆欲結成團體。斐西特之宇宙觀與此相彷；陸宰之思想也是由善之概念出發，我們若不根據善的原理就不能識世界。這些概念引入玄學之後，有些人就說剝奪了玄學之科學的性質。他們以哲學是擔任理智的工作，其職務在貢獻一種實在之解釋，脫離人類之道德的、美術的或宗教的本性之要求。宇宙不可認爲應該如何，祇可認爲實在如何。價值哲學家反對這種科學的與理性論的見解，而以求眞理之欲望本來就是價值之欲望——應該如何之欲望，我們的行動就由這個價值的理想指導。科學的宇宙觀有背於我們的秩序與調和之愛好或完善之理想。所以邏輯的衝動並不高於我們的本性之其他要求，無論什麽哲學系統，若不能滿足這些要求，就不是適當的哲學。

溫得爾班（W. Windelband）生於一千八百四十八年，死於一千九百一十五年受有康德與斐西特之影響，其持論帶有批評哲學之精神。據他說哲學是普遍價值之學問，是絕對的價值判斷（邏輯的、道德的、美術的）之原理之研究，其他學問之主旨在研究理論的判斷。這個東西是白的，這個東西是好的。這兩個判斷有根本的不同。前一個判斷是陳述屬於現有的客觀的內容之性質，後一個判斷是陳述一種關係，這種關係指出意識所規定之目的。邏輯的公理、道德的法則與美術的規程之確度，是不能證實的；其眞理皆依賴於一個目的之上，這個目的必定假定爲我們的思想、感情或意志之理想。換言之，如果想得眞理，必須認識思想原理之確度；如果想得是非之絕對的標準，必須認識道德軌範之確度；如果美必須是超出主觀的滿意，必須認識其普遍的軌範。這些公理皆是軌範，其確度皆根據下列的假設。思想之目的在實現眞理的目的；意志之目的在實現善的目的；感情之目的在實現理解美的目的。對於普遍的目的之信仰，是批評的方法之先聲；若無這種信仰，批評哲學就無何意義。

所以邏輯的法規是要求眞理之意志之必要的工具。然而這個意思不是實用主義所說之工具的利用，即是工具的眞理。眞理非生於人之意志，乃生於物之本身，不是一件任意揑造的事情。溫得爾班區別科學爲自然科學與歷史科學兩種。前者討論永久的、抽象的、普遍的法則，後者討論個體的、具體的、特殊的、新奇的事情。

屬於此系統者爲李刻特（H. Rickert 著有 Grenzen der naturwiss Begriffsbildung, 2d. ed. 1913; Kulturwissenschaft und Naturwissenschaft, 2d. ed. 1910.）、閔斯特伯（H. Münsterberg，著有 Psychology and Life, 1899; Eternal Life, 1905, Science and Idealism, 1906, Eternal Value, 1909.）、

底爾琪（W. Dilthey）力言精神科學之特色與自然科學有異，著有精神科學概論（Introduction to the Mental Science, 1883）。我們必須研究精神科學之關係、方法及假設；我們在他們裏面，由思索歷史及心理學中之心理表示，而得到實在價值、軌範及目的之知識。然而玄學（實在價值、目的之邏輯系統的玄學）是不能成立的。精神科學之基礎建立在目的論的、記述的、分析的心理學之上，而心理學又分普通心理學、比較心理學、社會歷史心理學。

第六節　倭伊鏗

倭伊鏗（Rudolf Eucken）生於一千八百四十六年，死於一千九百二十六年，貢獻了一種玄學，對於人類的價值及邏輯的知識，有正當的看待，並引起了各方面的學者對於倫理學的唯心論之注意。

倭伊鏗之著作如左：

Geistige Strömungen der Gegenwart, 1909 (transl. by Booth, under the title Main Currents of Modern Thought), first appeared 1878, under the title Geschichte und Kritik der Grundbegriffe der Gegenwart; Die Lebensanschauungen der grossen Denker, 1890. transl. by Hougy and Boyce Gibson, under the title, Problem of Life; Der Kampf um einen geistigen Lebensinhalt, 1896; Der Sinn und Werth des Lebens, 1907, transl. by Boyce Gibson, under the title: Value and Meaning of Life; Grundlinien einer neuen Lebensanschauung, 1907, transl. by Widgery, under the title: Life's Basis and Life's Ideal; Einführung in eine Philosophie des Geisteslebens, 1908, transl. by Pogson, under the title: The Life of the Spirit; Ethics and Modern Thought, 1913.

論述倭伊鏗之著作：

Boyce Gibson, Eudken's Philosophy of Life; Booth, Eucken: His Philosophy and Influence; Siebert, Eucken's Welt- und Lebensanschauung; A. J. Jones, Eucken: A Philosophy of Life.

據倭伊鏗說，無論自然主義或主智主義都不能圓滿的解釋實在；前者否認精神世界之假定，後者絕不能使經驗與邏輯的思想符合。渴慕無限之心理呈露於我們本身及歷史中，顯出一個普通精神的程序、獨立的並且可知的另一世界，爲一切個體精神生活之源。我們在我們本身中經驗着這種自由的自我活動的精神；這是一件確乎不拔的事實，但我們不能演繹他，祇能直接領悟。人之本質原是超越歷史的；唯因其不完善而企圖完善，就是歷史的東西。精神生活或是一種物質的本性之現象，或是一種自存的渾一體，——萬有之本源。如果人類生活是自然界之一種偶然的事象，便無價值可言；而其中之寶貴的高尙的東西便爲虛幻，宇宙便是不合理的。宗教所力求的東西，不在人之幸福，而在保存人類所根據之眞的精神生活。人類的精神秉賦，與其實在的情性間之銳利的衝突，激動人深信那活動於其自身中之高等的勢力。我們不能根本剷除人心中對於眞理與愛好之慾望，對於其生活之慾望。人之不斷的努力，若無無限的能力作用於人身中，便不可設想。如果無超越的世界，精神生活將歸於烏有，而喪失其內心的眞理。唯心論的汎神論發生一種高尙的世界之慾望。

宇宙的生命爲萬有——人類歷史、人類意識及自然本身——之根基。宇宙的程序是進化的，是由無機的而進至有機的，由自然而進至精神，由自然的心靈生命而進至精神的生命。宇宙在這種趨向獨立自現的進化程序中，逐漸認識其本身。然而人類的人格並不沉沒於此宇宙的精神中；其實，個性祇能在其中發展。

第九篇　英法哲學

第一章　法國之實證主義及其著名代表

第一節　感覺主義之反動

在法國方面由自然主義的哲學而引起之啓明運動，引起了大革命，致使政治上、社會上發生了擾動及大革命之後，盛行於十八世紀後半期之康的亞、霍爾巴哈及百科全書派所主張之感覺主義及唯物主義之學說失了權威，並且發生了新的哲學以代替其地位。原來，批評主義及自由主義走到極端，勢必引起保守主義的反動思想，自由走到極端，勢必引起注重典禮及超自然的哲學，以圖救濟之反動，這是不足怪的事情。故約瑟・得・梅斯特(Joseph de Maistre，一七五四年——一八二一年)說人類的理性曾經自示其自己不能管理人，唯有信仰、典、故權威能夠維持社會之常態。然而心理學爲對抗唯物論之最好的論證，並且爲最有希望之學問。加以康的亞之感覺主義，縱屬其同派，也感覺其不能滿足人意。唯物論者之喀巴尼思(Cabanis)也注意於生機的感情及本能的反應——這都是意識的生活之原素，難於解作外面感覺之產物。俾龍之緬因(Maine de Biron，一七六六年——一八二四年)原是私淑康的亞及喀巴尼思的人，在努力之感情中發見意識之中心原素及知識之基本原理。他以爲在這種內心的經驗中，我們直接認識了靈魂的活動及物質的世界之存在。這種努力的感情也就是勢力因果、統一、一致等等概念之基礎。

反對唯物論最力者爲路瓦耶・珂拉爾（Royer-Collard，一七九六年——一八四五年）、維克多・庫爭（Victor Cousin，一七九二年——一八六七年）、喬佛羅（T. Jouffroy，一七九六年——一八四二年）。索爾奔學校擅長口才之哲學教授路瓦耶・珂拉爾採取了黎德（Thomas Reid）之常識哲學。庫爭貢獻了一種折衷論及唯心論之要旨，顯出其所受於黎德、珂拉爾、俾龍、謝霖及黑格爾之影響，並成爲法國教育界之領導的勢力。

關於十八世紀初半期之法國哲學以左列諸書爲最好。

Levy-Bruil, History of Modern Philosophy in France; Morell, Speculative Philosophy of Europe in the Nineteenth Century, 2d ed., 1847; Flint, Philosophy of History in France; Damiron, Histoire de la philosophie en France au XIXe siecle, 3d ed., 1834; works by Taine, Ravaisson, Ferraz; Ueberweg-Heinze, op. cit., Part III, vol. II, Sections 35–40. Bibliography in Ueberweg-Heinze, op. cit.

第二節　聖西蒙

然而上面的一些運動之中，並無一種運動具有一種充分的力量，足以滿足自由、平等、博愛等理想之時代的要求。人類社會之改革，仍爲大部分的法國思想家之夢想，而他們認爲實際的問題，仍比折衷的哲家之理論爲重要。政治上的革命未嘗產生民衆的幸福；這是實情，下層階級之無識與可憐，依然未被人權宣言掃除。注重實際的思想家以為欲實現民衆的幸福，唯有藉助於社會進化，而社會之逐漸改革，非教育與知識不為功。聖西蒙(Saint-，Simon 一七六零年——一八二五年）認定一種新的社會學之理想，足以掃除貧富貴賤之不平等。據他說，主要的事務在工人之經濟的及知識的解放，政體如何不關緊要。但新的基督教是需要的，這種新宗教不是主張自滅，乃是主張愛世界，尤其主張愛貧苦之人。社會之改造須預先有社會的法律之知識，因而含有科學及世界觀之改造。他認當時是批評主義的時期，精神紊亂的時期，不是有組織的時期。中古時期還是建設的時期，精神上與社會上俱有組織，必須回復於那種時期方好。當時需要一種新思想系統，而新思想系統即是實證的哲學（positive philosophy）根據於經濟及科學的思想系統。

第三節　孔德

聖西蒙是一個熱情的社會改革家，不是一個系統的思想家；他未嘗建設實證主義。建設實證主義的哲學家是孔德；他受聖西蒙之委託，而著實業問答（Catéchisme des industriels）中之科學教育之系統一部分。但聖西蒙認其於教育之情緒的及宗教的方面之論說未嘗圓滿。孔德生於一千七百九十八年，其家庭所奉之宗教為舊教。一千八百一十四年及一千八百一十六年之間，他肄業於巴黎之工業學校，因而得着精確的科學之知識，並黏染着聖西蒙主義之原理。離校之後，研究生物學及歷史學，並教授數學以為生活之資。他贊助聖西蒙若干年，但主張不相投，可以說他的思想是獨出心裁，無所依傍。他一生雖然常欲充當大學教授，但終未能如願，一千八百五十七年就去世了。

他的著作不少，重要者如左：

Plan des travaux scientifiques necessaires pour reorganiser la societe, 1822; Politique positive 1824; Cours de philosophie positive, 6 vols., 1830-1842 (abridged transl. by H. Martineau); Systeme de la politique positive, ou traite de sociologie instituant la religion de l'humanite, 4 vols., 1851–1854 (contains Plan; transl.); Catechisme positiviste, ou sommaire exposition de la religion universelle, 1853 (transl. by Congreve). Letters of Comte to Valet, 1877, and Mill, 1877.

別人對他著的書有左列各種可用：

J. S. Mill, Comte and Positivism; E. Caird, Social Philosophy and Religion of Comte; Watson, Comte, Mill, and Spencer; Whittaker, Comte and Mill; Littre, Comte et la philosophie positiviste; Levy-Bruhl, La philosophie d'A. Comte; Duherme, Comte et son oeuvre; Dupuy, Le positivisme de Comte; Defourny, La sociologie positiviste.

第四節　社會及學問之改革

孔德之理想與聖西蒙相同，目的在改革社會。想改革社會，必須預先有社會的法律之知識（社會科學）而社會科學包含一切學問，又為一種哲學的見解。所以要改革社會，又要改革政治學、社會學及哲學。孔德畢生之力，即在建設新哲學。中古時期有一種宇宙觀，是自神學而來，代表初民思想之階級。近世自然科學之長足的進步（尤其是在法國），指示科學方法為新學問所應運用之方法。科學之唯一目的在發見自然法則，或事實間之不變的關係此種成功唯有靠着觀察與經驗，依觀察與經驗而得之知識，是實證的知識。唯有這種知識能應用於人事之各方面而有效，可以由實證的科學證實。凡是未曾得到這種知識之處，我們應當倣用高等的自然科學中所用之方法以得之。由這看來，我們可以看出孔德是站在經驗論的思想家一方面而爲休謨與狄德羅一派中之人。

第五節　知識之演進

孔德理想的實證知識，是歷史演進之結果。人類的心理經過三個階段（三級律），換言之，人類的哲學思想，用過三種方法：神學的、玄學的及實證的。這三種方法各有其實際的價值及相當的社會制度。在神學的階段中（人類之兒童時期），人類以擬人論解釋萬有，認萬有爲超自然者之表示，由拜物教（fetichism）經過多神教(polytheism)而至於一神教（monotheism）。在這個時期中政治上是專制政體，絕對的威權，有僧侶爲其領袖。在玄學的階段中（人類之青年時期），抽象的力量或實體代替了有人格的萬有；這種力量或實體爲萬物所固有，並且爲萬物之現象中之必然的原因；認識了萬物之原因，就可以推演萬物之結果。開始假定各種力量以解釋各種現象，——如化學的力、生機的力、精神的力，恰如前一時期之趨於一種原始的力。在玄學的時代，政治上是國家主義、民權主義爲主腦，法律家爲領袖。神學與玄學皆相信絕對的知識之可能及解釋萬有之內部的本質之可能。在實證主義的時期，想發見萬有之內部的本質之念頭，已被認爲徒勞無功而拋棄之，祇努力於現象間之一致的關係問題，不是『爲何？』祇是『如何？』自然法則代替了絕對的原因；目的在由觀察的方法確定各種事實間之不變的關係。格里略、刻卜勒與牛頓曾經建設了實證科學。我們雖不知道熱、光、電本身之爲何，但能知其在何種情形之下發現，並能知此種情形所公同之普通現象，——支配熱、光、電之普通法則。這種知識對實用的目的是足用的；先求知識以便預料事實，是實證主義者之動機。

人心愛求萬物之統一，此乃主觀的趨向。其實吾人不能將各種自然法則納於一種無所不包之法則中。據經驗所得，自然法則是各種各樣。孔德說實證之意，是實在有用，確實無疑而精確，即是消極之反面，——實證知識不是批評或消極。

第六節　學問之分類

然而建設一種實證的哲學，亦甚需要，因這種哲學可以搜集並安排各種科學所供給之普通法則，指示各種科學所共有之方法及各種科學如何彼此相聯，換言之，供給我們一種科學之分類；這種綜合對於教育頗有價值，並且是救濟專門科學弊端之工具。孔德之安排科學，是依其進於實證階段之秩序，其秩序如下：數學（內包算術、幾何、力學）、天文學、物理學、化學、生物學及社會學（社會學之後爲倫理學，爲一切科學之頂點）。此種分類又表示由簡單而進於複雜之逐漸進步；數學內含最簡單、最抽象、最普遍的言辭，在各種科學最先，爲各種科學之基礎。而社會學之言辭最複雜，承受其以前之一切科學。故法則之愈簡單而普遍者，其實用愈寬廣。幾何學的眞理可以應用於一切有體積（靜的觀點）的現象而不謬；力學的眞理可以應用於一切運動的現象（動的觀點）而不謬在此漸進的秩序中，雖然後者承受前者，然非謂其前者產生後者，例如運動現象產生生命現象。此將為唯物論的主張，但是孔德是排斥唯物論的人。他說，我們不能解釋有機的現象為力學的或化學的現象。在此六種科學之範圍內，各附加有新要素，與其他科學之要素不同。一門科學之內，亦有此現象；例如熱異於電，植物異於動物，各種生物，彼此不同。

孔德之科學分類中無邏輯、心理學與倫理學之名稱；邏輯為理智的功用，似應在數學之前；而一般法國學者則認之為心理學之一枝。據孔德言，心理學不是一種特別科學，心或靈魂是一種玄學的實體，在實證主義中不能存在，因為我們本身不能觀察精神程序，若用內省法，則內省是不可能的。我們祇能客觀的研究精神程序，換言之，我們祇能研究與精神程序有關之有機的現象及精神程序表現於其中之人類制度。所以心理學一部屬於生物學，一部屬於社會學。心理學插入科學分類表中，是孔德最大之困難。幾何學與力學不能適用於精神的程序上，科學分類亦不成立。如果有機的程序在科學分類中有其地位，則心理學之被排斥不足訝異。孔德未嘗堅持此論。他對加爾（Gall）骨相學的興趣及對唯心論的心理學的厭惡使他覺得心理狀態為腦之功用。

第七節　社會科學

孔德之科學分類表中，最後並最複雜而又進於實證階段之科學是社會學。社會學依賴於其他科學，尤其依賴於生物學（因為社會是由有機的個體組織而成）。他所包含者，為經濟學、倫理學、歷史哲學及心理學之一大部分。孔德以建設此科學自居，而爲之立名爲社會學。離開社會學、歷史哲學不能研究心理學、倫理學及經濟學；因爲他們所研究的現象都與社會及社會進化有相互關係。社會靜態學（social statics）是研究社會事實如萬有之法則社會之秩序。社會動態學（social dynamics）是研究社會之進化，卽是歷史哲學，其目的在追踪社會之進步。

社會生活之起源不是自利，乃是社會衝動。人本有自利的衝動，且亦爲社會所不可缺者；然而高尙的衝動是利他的衝動。利他的衝動是受理智的支配；自私的衝動始而本強過利他主義（孔德所立之名稱），若不加以限制，將使社會不能生存，幸有利他的衝動管束之。家庭爲社會的單位，爲較大的社會生活之預備。理智是進步的指導原理。進步包含有人類的機能之發展，所以區別人類與動物的。社會進化亦有三階段，與學問之三階段相當。軍國主義之特徵爲秩序、訓練及勢力組織，是進步之最初的情形。繼之而起者爲革命之階段，政治權利之階段。實證的階段爲工業主義的階段，在此階段中所注重者，是社會問題而非政治的與個人的權利。這種時期是專門家之時期，他們的職務在領導科學的研究，監督公共的教育，報告公共的意見，支配社會的生產。孔德反對庶民代表（popular representation）制，因爲庶民代表制要使專門家受制於愚人，公共意見爲昏庸政府之消毒劑。他又以社會問題畢竟是一個道德問題，實證的國家可由變更思想及風俗而來。

如前所述，孔德之主要思想在社會之改革，而社會之改革必須建築於倫理的理想之上。他以他的理想的眼光，解釋歷史。他說進步之意，卽人類理想之實現，亦卽在社會人之完成。歷史是趨向理想；理智的、社會的、倫理的進化是直達實證主義、人道的階段。由此，很可以看孔德之實證主義，歸結於獨斷主義，變成了玄學。

第八節　倫理學與人道教

孔德晚年，極致力於生命之感情及實用方面，並以倫理的理想爲最大的救濟。始而着重智慧；以其爲改革社會之最大原素；現則以理性及科學對於感情及實用有正當的關係，客觀的方法被主觀的方法代替了，所謂主觀之意，卽是將知識與主觀的需要相聯，與統一單純的宇宙觀相聯。倫理學作爲第七種科學，爲最高等的科學，其餘的科學皆是其部分。人類的大問題是盡可能的限度，將人格附屬於社會之下；萬事萬物必須與人道有關係，愛是中心的衝動，愛他爲絕對的需要。人道是最可尊貴者。

第九節　唯心論對於實證主義之反抗

實證主義未曾消滅庫爭之唯心論的折衷主義。然而折衷主義之本身中產生了一種反動，並有一部分獨立的思想家如拉魏遜（Ravaisson）等或由科學之觀點加以攻擊，或由德國唯心論之觀點加以攻擊，皆是不滿意於折衷主義。法國舊教中又有柏拉圖派的基督教運動之興起，比利時之羅範大學又有托馬斯主義之復興，至今日又爲嚴重的哲學研究之中心。然而實證主義之大部分學者如利特雷（Littré）、滕恩（Taine）、芮農（Renan），皆不願從事玄學的研究，而專注於心理學，——尤其是李播（Th. Ribot）——及社會學，——尤其是塔德（Tarde）

與涂爾幹(Durkheim)——之研究進化論也足以消滅唯心論之勢力。

利諾維爾(C. Renouvier，一八一八年——一九零三年)出領導其同調之人，依據康德之批評主義，反對實證主義及傳統的唯心論。利諾維爾編輯有批評哲學(Critique Philosophique)，自名其哲學爲新批評論(Neocriticism)。然發展之結果，又流爲一種唯心論的玄學，——有同於萊布尼茲之單子論，——多元論與人格論是其中之特幟。宇宙間無所謂實體或物自體；物之眞相如其現象，除了觀念之外無所謂別的實際的。無限之概念在邏輯上是矛盾，在經驗上亦是矛盾。宇宙是有限的事物之有限的總合。故現象中不能無限的轉移；因而必有不相連屬之概念。不相連屬之概念，含有無原因的起點與自由的意志之可能。故知識是相對的，祇限於發見事物間所有之關係。

利諾維爾之觀念內中有些已爲庫爾諾特(A. Cournot，一八零七年——一八七七年)所道及者，庫爾諾特在自然及歷史中尋出偶然及難料之性質。自然法則祇是近於眞，偶然成於事情之聯結，這些事情是獨立發現的一系列。

輓近哲學家，受利諾維爾之影響者不少，其最著者，則爲匹龍(E. Pillon)、部特羅克斯(E. Boutroux)、柏格森及詹姆斯。

參考書：

庫爾諾特之著作

La theorie des chances et des probabilites, 1843; Essai sur les fondements de nos connaissances, 1851; Traite de l'enchainement des idees fondamentales dans les sciences et dans l'histoire, 1861.

利諾維爾之著作:

Essais de critique generale, 4 vols., 1854-1864, 2d ed., 1875-1896; La nouvelle monadologie (with L. Prat), 1899, Le personnalisme, 1902; Derniers entretiens, 1905. Valuable critical articles by Pillon in Annee philosophique, of which he is the editor.

部特羅克斯之著作:

De la contingence des lois de la nature, 1874, 4th ed., 1902; Etudes d'histoire de la philosophie, 2d ed., 1901, transl. by Eothwell; Science et religion, 1908, transl. by Nield; Questions de morale et de pedagogie, 1896, transl. by Rothwell.

十九世紀下半期法國哲學參看下列各書:

Levy-Bruhl, op. cit.; Boutroux, La philosophie en France depuis 1867; Ueberweg-Heinze, op. cit., Sections 40-46. Bibliography of the movement in Ueberweg-Heinze. Cf. also Hoffding, Moderne Philosophen (French transl.: Philosophes contemporains); monographs on Renouvier by Seailles, Janssens, Ascher; Feigel, Der franzosische Neokritizismus. Eor Cournot see Revue de metaphysique et de morale, May, 1905; Bottinelli, A. Cournot.

菲葉(A. Fouillée，一八三三年——一九一二年）想用其觀念力（idées-forces）之主意論的與進化論的哲學，以調和唯心論與唯物論。唯物論是一面之見，因其注重運動而輕視其他原素；唯心論亦是一面之見，因其祇重思想。心物是一個完整的實在之兩種抽象的名稱，是同一事物之兩種看法。一切心理的現象是一種衝動之表現。心理的東西是一種唯一實在直接呈現於我們面前，所以我們可以把宇宙解作類似活動的心或觀念的力。

非葉之著名弟子居葉（Jean Guyan，一八五四年——一八八八年）注重趨向統一之普遍的生命衝動，此種衝動表現於人類的博愛及自然力中合羣的原理之進化為道德、宗教及藝術之同共特徵。

第二章　蘇格蘭之理性論的哲學

第一節　威廉回維爾

雖然英國哲學自威廉・奧坎以後，早已顯出趨向於虛名論及經驗論，並輕視玄學，然而反對派依然未完全消滅。前面曾經說過十七世紀劍橋大學中之柏拉圖派，十八世紀及十九世紀上半期黎德所領導之反休謨之學派，到了現在，蘇格蘭各大學已爲常識哲學所佔據。常識哲學之價值，多在批評經驗主義及英國流行之學說。及回維爾(William Whewell，一七九五年——一八六六年)與威廉・哈密爾頓(Sir W. Hamilton，一七八八年——一八五六年)，出蘇格蘭之哲學爲康德之批評哲學所佔領。回維爾著有歸納的科學史(History of Inductive Science)、歸納科學之哲學(Philosophy of Inductive Science)及道德哲學原論(Elements of Moral Philosophy)。他尋出歸納法中有爲經驗論者所忽略之點：心之本身給了現象的知識以觀念及原理，經驗之內容由之而構成，而統一。在未認識自然及其張本之前，我們由這些觀念及原理解釋自然，並翻譯其張本爲人類之語言。他們是無意識的推論，並且是必然的，若非必然的，便是不可設想的。

此種基本觀念與原理，作用於簡單的認識中；若無他們作用於心理中，則任何心理之作用皆不能設想。他們雖非生自經驗，然由經驗而取得、而發展；他們在心中不是現成的，乃是運用了心理以後而有的；他們似是心所有的作用於其材料上之方法。回維爾指出這些原理是空間、時間、原因、目的及道德的原則。回維爾與常識哲學派相同，留意於知識原理，惟忘記把這些概念加以分析化為統一而已。回維爾在歸納法上甚有功績，據穆勒說，若無回維爾作先鋒，他就成就不了他的邏輯事業。

第二節　哈密爾頓

哈密爾頓遵循康德之批評主義而超過常識哲學。他的思想，比回維爾深沉些，他是一個銳敏的邏輯家及辨論家。他的哲學史的知識富於前人。他的重要著作為哲學及文學之討論 (Discussions on Philosophy and Literature) 及邏輯與玄學之講演 (Lectures on Philosophy and Logic)。他最愛研究道德問題及宗教問題，而在批評哲學中求其神學的基礎。

哈密爾頓主張有必然的或先在的眞理，——簡單自明的眞理，絕對的確實的眞理，　這種眞理有普遍必然性。例如衆人皆相信兩根線不能劃一整個空間，必有一面未被線劃分。在所謂必然的眞理中，——如因果法則、實體法則、齊一律、矛盾律、排中律、——若說意識之吐露不必是眞理，便是不可設想的；但在偶然的眞理中，——如外界之存在——又不是不可設想的，然而實際上我們又不能相信其虛僞。一個命辭之相反的方面之不可設想，不足為其眞理之標準，因為這命辭本身也許是同樣的不可設想。故自由與必然，皆是不可設想的。一個命辭必須是積極的必然的，當其是可設想的，其正相反的方面是不可設想的時候，他方才是積極的必然的。『所有積極的思想皆存於兩極端之間，兩者不能認爲皆是可能的，然而互相衝突時，我們必認這或那爲必然的』這是哈密爾頓所謂之條件的法則（law of the conditioned）。他運用這種法則於因果原理之上。我們不能認定存在之絕對的開始，也不能認定一個絕對的終局。『我們必須在思想中否認某種事象表面上似是開始就認其實際上是開始；我們必須認其現在同於其過去。』『我們必須相信某一物象在其以他種形式而存在之前，已實際存在。然所謂某物象先以別種形式而存在，其意是說其有原因。』然而，我們也不能設想無限的無始無終。故我們不能認因果律有絕對的確實性；他祇依賴於反面之不可設想，那不得謂爲眞理之標準。如果他是積極的、必然的，則自由意志是不可能的，但因其非積極的法則，所以自由意志是可能的。究竟意志是否自由，全以明白的證據爲準。但我們有直接的或間接的意識之證據爲自由之事實。

我們所能知者，祇限於有條件的；我們不能從存在之本身中絕對的認識之，祇能就其特殊形態與我們的官能有關者認識之。果爾如此，我們就不能認識最後的實體或神，因爲他是無條件的。無條件的是絕對的或是無限的，但不能二者俱備，因爲絕對與無限是兩相反的方面。然而神既然必須是絕對或無限，我們又不能斷定其如何，合理的神學就成爲不可能的了。神不能由因推果的認識之。思辨的神學之辨護者無一人曾經能夠證實神是絕對的或無限的，縱然他們有些人把神認爲兼此兩相反對方面。哈密爾頓未曾主張無條件之概念是自相矛盾的，也未曾說絕對或無限是自相矛盾的。相信神是可能的，相信神是絕對的或無限的也是可能的，但相信其爲兼此二者，則是不可能的，因爲無法證明其如此。

無條件之法則之其他的應用爲實質與現象之原理。凡我們對於心物之知識皆是相對的、有條件的；我們祇認識其存在爲有條件的。我們被本性驅使，覺得現象是不可知的實體之已知的現象。我們不能想到這種相對是絕對的相對，——這種現象祇是現象不是別的。我們能假定其爲未曾表現之物之現象；我們認定其爲實體之偶然物。

哈密爾頓在其自然的實在論中，表現出蘇格蘭常識哲學派之影響。他說：我們直接意識着世界爲眞實的存在；我們所以相信其眞實存在者，因爲我們認識着感覺着並知覺着其存在。然而我們未曾直接知覺着物質的或精神的實體。我們所直接知覺者，是表現於萬有並存中之現象。我們不能不想着這些現象或性質是某種有寬闊、形狀、硬度等性質之現象。這種東西之能被認識，祇由其性質、影響、關係或現象的存在。思想法則驅使我們想到絕對的與不可知的東西爲相對的與可知的東西之基礎或條件。凡應用於物質上者，即可應用於精神上。可知的或被知的精神與物質爲現象或性質之兩種不同的系列；不可知的與不能知的，爲兩種實體，其中假定固有此各種不同的性質。所以我們直接知覺着性質、屬性、現象，而不能直接知覺着實體。

關於哈密爾頓之著作：

Veitch, Hamilton; Monck, Hamilton; Mill, Examination of Sir William Hamilton's Philosophy; also, for Hamilton and his school, see works on the Scottish philosophy by McCosh and Pringle-Pattison, and on English philosophy by Forsyth and J. Seth (pp. 254, f.); Höffding, Englische Philosophie, German transl. by Kurella; Ueberweg-Heinze, op. cit., section 57. Bibliography in Ueberweg-Heinze

第三章　穆勒之經驗主義

第一節　經驗主義與實驗主義

休謨曾立下他所認爲經驗主義之假設之最後的結論。如果自我不過是一束感覺，那嗎，我們就無普遍必然的知識了。因果之概念卽化爲暫時的繼續之觀念了；而相隨的必然之意識卽化爲習慣與信仰了；假定精神的實體或物質的實體爲我們的感覺之根源，皆是幻想了。休謨的思想因爲終於局部的懷疑論、存疑論及現象論，於是引起強烈的反動及蘇格蘭常識哲學之發展。然而當十九世紀之中期，因自然科學之進步及法國實證主義之興起，經驗論又來執英國思想界之牛耳。其基礎樹立在休謨及哈德烈之學說上，而其最大的成就則在穆勒之邏輯。雖然穆勒逃不了他所最羨慕的孔德之影響，然而他有英國傳統的學派中之先哲爲前導，這些先哲中，如邊沁(Jeremy Bentham，一七四八年——一八三二年)及其父親詹姆斯·穆勒(James Mill，一七三三年——一八三六年)之出世，都在孔德的著作出世之前。其實，法國實證主義及英國之後期的經驗主義之間實有相同之點，頗足以使哲學史家認後者爲前者之流派。兩種主義相同之特點爲：注重事實之價值及科學的方法之價值，而在原理上都反對玄學；並且二者之目的都在改良社會以幸福及人道之發展爲道德的理想。然而實證論者專重特殊科學之方法及結果，並欲分類及組織人類之知識，而英國學者則遵循其學派之陳法，以實證論者所疎忽之心理學及邏輯爲出發點，並於其中尋求問題之解決。

約翰・司徒亞特・穆勒(John Stuart Mill，一八〇六年——一八七三年)爲詹姆斯・穆勒之子，東印度公司之書記，而以經濟學、政治學、社會學、邏輯及哲學之著作家著聞於世。當嬰孩時期卽受其父親之理智教育及精密的保養。他的父親命他研究十八世紀之哲學，而哈德烈(Hartley)之心理學及邊沁之倫理學給他的印象尤深。哈德烈之聯想論爲其心理學之指導的原理；而邊沁之功利論爲其宇宙觀及人生觀之中心。當其遊歷各地及研究法律之後，不久卽於一八二三年充當東印度公司之書記，歷至一八五八年，始被國會議決革職。一八六五年被選爲國會議員，隸籍自由黨，供職凡三年。然其對於英國政治生活最大之影響，仍在其著作上。

穆勒之著作：

Logic, 1843; **Principles of Political Economy**, 1848; **Liberty**, 1859; **Thoughts on Parliamentary Reform**, 1859; Representative Government, 1860; The **Subjection of Women**, 1861; Utilitarianism, 1861; Auguste Comte and Positivism, 1865; Examination of Sir William Hamilton's Philosophy, 1865; edition of James Mill's Analysis of the Human Mind, 1869; Dissertations and Discussions, 1859-1874. His Autobiography and **Essay on Religion**: Nature, The Utility of Religion, and Theism were published after his death. Correspondence of Mill and Comte, ed. by Levy-Bruhl; correspondence with d'Eichthal; Letters, ed. by Elliot, 2 vols. New ed. of works in New Universal Library.

關於穆勒之著作：

Monographs on Mill by Douglas, Bain, Fox Bourne, Sanger, Lauret; Douglas, Ethics of J. S. Mill; Hoffding, Englische Philosophen; MacCunn, Six Radical Thinkers; Ribot, Contemporary English Psychology, transl by Baldwin; Guyan, La morale anglaise contemporaine. See also works under Comte, p. 506, and English philosophy, pp. 254, f.

第二節　科學與社會改良

穆勒求學之目的，在社會的與政治的改良之理想。他具有十八世紀力求進步與光明之熱忱，並相信教育有達此目的之最大的功效。因其覺得人類的天性無不可以改變，而人類的性格隨其思想爲轉移。欲求改革，知識最爲重要，必須知道正當的目的及實現正當的目的之方法。想得知識，必須有正確的方法。穆勒爲達此目的計，乃致力於邏輯之著作。自然科學之奇異的進步，暗示科學方法之研究及其在精神的或道德的科學——心理學、倫理學、經濟學、政治學、歷史學——上之應用。但知識方法之研究，若拋棄知識論之普通原理而不論，則不能成功，而此種研究卽在其邏輯中。此書爲經驗論派之認識論所未曾有之傑作。

第三節　邏輯

休謨曾主張我們不能得到普遍必然的知識；我們未曾經驗到萬物中任何必然的關係；直覺論者所誇張之判斷之必然性，不過是習慣之結果。我們所認識者爲我們的觀念，這些觀念彼此之相生依一種一定的暫時的秩序，其所依據之法則為相似、毗連、因果等類之聯想法則。這種聯想論是哈德烈造成的，是由休謨之三種法則化成的一種簡單的毗連法則(a law of contiguity)；觀念依這種法則喚起前已與之相連於意識中之觀念一切精神作用都可用此種法則解釋之。據此而論，知識不過是諸觀念之緊固的聯貫而所謂思想之必然，不過是此種聯貫之堅固性之表現。所以認識之意義，即是研究我們觀念的結果，刪除偶然的變異的聯接，並且發見永久不變的連接——確鑿可靠的結果。這須輔之以歸納法。穆勒說這種歸納法為近世實驗的研究所用之方法。所以一切推論與證據及一切眞理（非自明的）之發現，皆成立於歸納法及歸納法之解釋；一切非直覺的知識，皆由這個淵源而來。

第四節　歸納的推論

穆勒之全部的邏輯理論皆建立於聯想法則之上。兒童推論到被火烙了，必定要焦痛，因為火烙與焦痛，以前曾經同時捶到過。此種推論，是由這一個「個體」到那一個「個體」，不是由共相到個體或由個體到共相。這種推論即是一切推論之根本形式。由保羅之死或一切人之死，推論到彼得之死，是無何分別；不過後者之推論範圍擴充到無限數目的個體，以代替了一個個體。在這兩種推論中，都是由已知推到未知，且而都是同樣的推論程序。歸納法之結論所包含的，不止前提中所包含的。

三段論法(the syllogistic process)——凡人皆有死，保羅是人，所以保羅是要死的，——不是推論的程序，因其不是由已知到未知。在每個三段論法中，有一個問題之臆斷小前提（保羅是人）已經包含於大前提（凡人皆有死）之中。大前提未曾證實結論。如果我們確定了『凡人皆有死，』推論即算終結。大前提由一些個別例子證實；他是許多觀察與推論之結果之簡單表示，並是構成各種未曾預知的事件中推論之指示。大前提實際上是告訴我們已經發見的東西，是記載曾經推論過的東西，是記載曾經關聯一起的事實，必可推定其將來關聯一起，並給將來的歸納推論以指示。

第五節　歸納法之保證

歸納法有何保證呢？歸納法之假定是：凡發現一次者，在相同的情形之下，可以再發現，不僅發一次而已，有些次相同的情形，即可以發見幾次。這種假定又有什麼保證呢？這是經驗作保證：就我們所知的而言，宇宙之構成是這樣：凡在一件事情中是眞的，在其他相同的事情中都是眞的。這種自然界之齊一之原理，是歸納法之基本原理。然而他本身即是歸納法之一個例子，是達到嚴格的哲學的精密之最後的一種歸納法。果眞如此，如何能認為其他一切之保證呢？這不是穆勒之循環論證，由自然之齊一律證實個別的歸納推論，又由個別的歸納推論證實自然齊一律嗎？穆勒答以不然，自然之齊一律對於所有歸納法之關係，有如三段論法之大前提對於結論之關係；自然齊一律之貢獻不在證實歸納法，乃是歸納推論之證實必須有自然齊一律之一條件，若非自然齊一律是眞，結論即難證實。凡對於彼得、約翰及其他的人是眞的，則對於人類皆是眞的，這種假設的眞實證據即在如有不同的假設，便與我們所熟悉之自然界中之齊一律不相容。穆勒以這法則爲我們過去的經驗之總結或摘要；他祇是登記已經視察過的東西，法則不證實特別的推論，不過增加了那些個別推論的確實性。然而穆勒雖能免於循環論證的毛病，可是未曾爲他的歸納理論建立邏輯的基礎，則是顯而易見的。他未完成他所應許的東西，並且似乎未覺着他的主張之可疑的結果。

穆勒也曾指出可疑的齊一不是固定的齊一，乃是許多齊一。凡某種情形發見時，某種事實必發生；沒有某種情形時，必無某種事實發生，別種事實也是如此。這樣的一些齊一性存在於自然界，叫作自然法則。歸納邏輯之問題在確定自然法則，並追求其結果，目的在確定什麼樣的齊一性是完全不變的，普遍於自然界，並且確定什麼是隨時間、空間及其他有變異的情境而變異。有些齊一性，因其爲人類的目的所需要之確實性，可以認作十分確實、十分普遍的。我們能夠利用這種齊一性作出種種其他推論，與之同樣的確實而普遍。因爲如果我們關於任何歸納的推論指出他必然是眞的，或那些確實普遍的歸納中之一個必然容許有例外，則前者之結論可以得到後者之屬性所指定範圍中之確實。

第六節　因果法則

我們有同時之法則及前後繼續之法則。我們在數目之法則及空間之法則中，由頗難形容的方法，認識出我們所尋求的嚴正的普遍性。但是與現象有關的一切眞理，對於我們最有價值者在其聯貫他們的前後繼續的秩序。這些眞理中無一種曾經在任何事例中被任何情境之變異所擾亂。這卽是因果法則。因果法則就其幷存於任何繼續的現象之範圍中言之也是普遍的，凡有起原的事實就有一個原因。這種眞理在人類經驗之範圍內無往而不有之。

因果概念爲全體歸納理論之根本，所以不能不求其淸晰明白的觀念。歸納理論所需要之唯一的因果概念，是從經驗中所能得之概念。因果法則是最尋常的眞理，觀於自然界之任何事實，其間絲毫不爽。某種事實常追隨某種事實發生，我們相信其永久的追隨發生。所謂因果並不是萬事萬物間之神祕的最有力量的聯繫。凡一定的前事卽是原因；凡一定的結局卽是結果。哲學上所謂之因果卽是積極的與消極的情形之總匯。

這種原因之定義，似有反對之餘地，因其未曾涉及重要的原素，卽必然或必然的關係之觀念。如果一定的前事是原因，則黑夜必是白晝之原因，白晝必是黑夜之原因。穆勒爲免除這種反對論起見，乃說因果之意不僅是前事必隨有結局，並且祇要事物之現在的組織永存，他必長久如此。所謂必然，其意卽是無何條件（unconditionalness）。凡必然卽是將來亦然。所以一個現象之原因，卽是前事現象爲其必然的結果。我們如何知道結果是無條件的，這是由經驗解答之。在有些事情中，我們不能決定一定的前事之一定的前事。然而有些永久的原因，某某現象是其結果，並且是其必然的結果。一個人如知到現在的一切作用，與他們在空間中之排列，以及他們的一切屬性，換言之，知道作用的法則，就能預料宇宙之全體的結果之歷史。一個人如果熟悉一切自然作用之原始的分配及其繼續之法則，卽能演繹的構造宇宙之歷史中全體事情之系列。

我們看見穆勒的假定是嚴刻的法則與秩序支配於宇宙中有必然的無條件的結果，而這些結果能用構成科學方法之歸納、演繹及證實確定之。這種理論如切實的成立（實際上不能夠），將成爲一種理性論的科學，至少在理論上能成一種絕對的知識體系。然而這種理論與他的歸納論不相容，因爲據他的歸納論而言，因果觀念不過是信仰現象之繼續，這種信仰依賴於意識中觀念之繼續。穆勒遊移於理性論的與經驗論的因果概念之間，理性論的因果概念以因果含有必然的關係，而經驗論的因果概念以因果不過是必然的暫時的繼續。據後者的假定而言，對於因果之信仰，是隨我們的繼續的經驗而增加。其實當穆勒假定因果法則之普遍性時，通常即採用此種見解。穆勒又說：我們不能由人心有信仰這種假定的趨向，就確定這種假定是對的，因爲信仰不是證據，且而本能的信仰，沒有是必然的。縱然到了今日，仍有許多哲學家認意志爲因果法則之例外。穆勒在這個問題上的態度，是與他的自然齊一律之見解一致的。其實因果法則之普遍性，不過是自然界結果之齊一之一例。我們得到因果之普遍法則，乃由總括許多部分的結果之齊一而來。我們得到這法則本來是由疎鬆而不確實的歸納法而來，驟見之，這種原理將要證明科學的歸納法之基礎不堅固。然而方法之不堅固與通論之廣大成反比例，而因果法則之範圍極寬廣。關於確實性，他爲一切觀察的法則之冠，並且給了那些法則很多的證據。有人批評穆勒說他的歸納論之基礎放在因果法則之上，迨後又解釋因果法則爲歸納法之例子，這算是循環論證。穆勒解答之法與其解答自然之齊一之反對論相同。除了每件事情有無一個原因之可疑外，我們確定了某個別結論大致可靠而無疑義，我們就算盡了我們的能力。（可是穆勒忘記了他假定因果爲無條件的結果，並且自然中有恆常的因果，這種因果決定宇宙歷史之全部事情之系列。依照這種意見，特別的結論是勿容懷疑的因爲他假定了一切現象是自然之恆常的原因之結果。）

關於證據方面，我們既不需要絕對，也不能得到絕對。祇要在無數的事件中發見爲眞的，並且經過精細的考究之後發見不出假的，我們卽可認之爲暫時的普遍性，直至有毫無疑義的例外發見，始不能認爲有普遍性。然而我們不能確切的斷定這種普遍的法則，通行於我們的可能的經驗範圍之外。我們不要把他認作宇宙之法則，祇能認其爲我們的確切的觀察範圍內之一部分之法則。

第七節　先存的眞理

自然之齊一法則與普遍的因果法則皆是經驗之結果。他們都不是必然的或先存的眞理；其實，並無這種眞理。縱是邏輯之原理及數學之通則，都是由經驗概括而成。兩條垂直線不能相交於一點，——這個命題，也是由經驗歸納而來。且而，數學的眞理也不過是近於眞，若是沒有寬度，我們不能想像一條線完美的圓之半徑都相等，然而實際上並無這種圓。事實上並無眞與幾何學之定義相符之眞實的點、線、圓；這都是我們所經驗的點、線、圓……之理想化的形影。所以數學的命題祇有假設的確實性。如果命題之反面不可思議，這種命題不能由經驗產生，則這種論據也無用處。一件事物的不可思議，證實沒有什麼牴觸我們對於他的信仰之經驗的根源。所謂演繹的科學之結果是必然的，其意卽是必然從第一原理（公理與定義）而生；若果定義公理是實，則結果也是實。定義是實驗的眞理，因其建築於許多鮮明的證據上，公理則是由經驗歸納而來之最普遍的通則，是外表的官感及內部的意識所供給於我們的通則中之最簡易者。實證的科學無一非歸納的科學，其證據都是經驗的證據，但他們也是假設的科學，因爲他們的結論都是在假設上是眞，都是近於眞。

第八節　外界及自我

穆勒與批評的唯心論相同，主張我們祇能認識現象，不能認識物自體。關於精神及物質之至深的本性，我們依然莫明其妙。因爲物體自身表現於我們之前，是由感覺，我們就認物體爲感覺之原因，所以心（或思想原理）之被吾人認識着，也祇是由我們所意識着的感情。如果我們所認識的祇是感覺，祇是未曾知的外界原因之結果，我們如何能相信萬物之獨立於吾人之外呢？穆勒根據記憶、盼望及聯想律給我們的信仰以心理學的解釋。我看見一張紙放在桌子上，我閉了眼睛，或走到別的房裏；我未見着這張紙了，但我記得着他，並且希望或相信還可以看見他，如果在相同的情形之下。我們構成一些永久的東西的概念；所謂外界的物，不過是一種可能性，這種可能性卽是某某等感覺在其曾經發現過的同樣的秩序之下可以重複發現。我們過去的經驗是感覺之永久的可能性；——他們的反復是常有之事，——外界是感覺之一種永久的可能性。於是我們相信永久的可能性是眞有的，一去而不復現的感覺，僅是偶然之事或可能之表現。故信仰外界的物，是信仰感覺可以復現。這種信仰不是原始的信仰，也不是先天的概念，乃是我們經驗之結果，後天的信仰，聯想之結果。穆勒在這裏不是想證實物體存在吾入之外，他祇想記述下列的一種事實，——縱然我們所經驗的，不過是觀念之繼續，然而我們能夠構成存在意識以外之固定的物體界之形相。

然而我們在穆勒之哲學中，也發見出物自體，——一種不可知的東西之概念，與感覺有關係。穆勒雖然主張觀念論，終不能免去超越的實體或感覺之根原。認識之世界是一個現象的世界，然而除此之外，尚有一個本體世界，不可知的物自體之世界。在這裏有一個問題，爲穆勒所未討論者，這個問題就是依據他自己假設而有之不可知的世界及其概念之可能之問題。他說這些物自體爲實體與根原，卻未曾根據其實體與根原之定義而研究這種意見之可能。如果實體是感覺之複合，根原是必然的現象之前導，然而我們如何能說感覺系列以外的東西爲實體與根原呢？

穆勒對於心或自我之概念遊移不定。他宗述休謨和他的父親詹姆斯，說心是一串感情。他想把我們對於外物的信仰與我們對於自我永存之信仰解作一樣；信仰自我之永存是信仰感情之永久的可能性，而這種信仰跟隨着我們的實際感情。然而他看出聯想論以心爲感情之繼續之見解有困難，而顯然承認之。他說：『如果我們說心是一串感情，我們必須說這一串感情認識其自己的過去與未來；且而我們必須走兩條路，一條是相信心或自我異於一串感情，一條路是承認一種似是而非之論，這種似是而非之論，卽是假定心不過是一束感情，又能認識其自身如一束……。我深覺我們最好是承認這難於了解的事實，而不問其如何發生的理論；若必不得已而須假定一種理論，則關於意義可以隱祕之』（穆勒之思想中頗多矛盾之處，這是因爲他一方忠實的承繼英國聯想論

派之心理學，另一方面又承認當時理性論者之學說）

前面已經說過，穆勒對於社會改良及人類幸福深有興趣。他相信社會與政治方面之知識如有進步，其所得之結果必可等於自然科學之結果。然而他以爲欲得到這種知識，必須應用物理學、解剖學及生理學所應用有效之方法。他覺得最緊要者，爲改良精神的與道德的科學。

第九節　精神的與道德的科學

然而把人性作科學的研究，就假定了精神範圍內有秩序、法則、一致及必然的結果；可是這裏有一個問題：精神的範圍內能有科學嗎？人類的行爲也受法則的支配嗎？持反對論者說，人不受法則之支配，因爲人不是決定的，乃是自由的。穆勒與休謨相同，認決定論之主要的反對論起於一種誤解。決定論之正當意義是必然的、確實的、無條件的結果，不是强迫逼勒，不是這個現象逼出另一個現象，也不是某種動機逼出某種結果。他的意思是：有了動機、性格及情形，我們能預料行爲。某種行爲不一定跟隨於某種情形；別種情形也可以附帶生出另一種結果。所謂必然，即是某種原因必有某種結果，並非原因是不可抵抗的。命定論之錯誤在其以我們的性格是爲我們造成的，不是由我們造成的，其實想鑄造我們的性格之欲望是原因，如果我們願意，我們能夠改變我們的性格。如果我們願意，我們能夠抵禦我們的習慣與性情。道德的自由，是我們如果願意，我們即能夠。另一種的誤會，是以我們的行爲的動機爲快樂或痛苦之先兆。根據聯相律，苦樂是自生的，而我們構成欲望之習慣，並不受苦樂之思想之影響。

一切事實之彼此相隨皆依定律，這種地方卽能成立科學。然而這些法則也許尙未發現並且也許非我們現在的能力所能發現。在人性的科學中我們不能預料，因爲我們未曾盡知一切情形並且未曾盡知一切個人之性格。然而許多結果是由普通的原因決定，他們都是依賴人類所共有之情境與性質。關於這種地方，我們能夠有所預料，這種預料常能證實並且我們能夠立起眞實的通論。這種近似的通論必須與其所由生之自然法則有演繹的關聯，我們必須表出他們是普遍的自然法則之積累。換言之，我們必須有一種人性之演繹的科學。然而我們未曾研究什麼是人心之本性，僅研究什麼是思想、感情、意志及感覺之法則。且而心理學不是生理學；心理學之對象不是神經系的激動，乃是精神的事情。心之簡單的法則是由尋常的試驗方法發見出來的，如記憶之法則及觀念聯想之法則卽是這些法則；這些法則卽是人性哲學之普遍的或抽象的法則。一切共同經驗之格言，就是這種法則之結果。然而這些經驗的法則如逾越我們的觀察的範圍之外，就不是眞實，我們不能有所確定，因爲結局不是眞實的前提之結果，且而結果被化分爲更簡單的結果，也是有理由可以相信的。眞正的科學眞理是解釋這些經驗的格言之因果法則；經驗的格言證實因果理論。經驗的法則決非確切的眞實，除了在最單純的科學如天文學中，在這種科學中原因或勢力甚簡單，原因越簡單，越是整齊越有規律。

第十節　性格論

心理學確定心之簡單法則；他是一種觀察與實驗之科學。性格論（Ethology，養性論）追究這些簡單法則在複雜情境中之作用，是完全演繹的性格論是正在創造之學問；他的大問題在由心理學之簡單的或普通的法則演繹所需要的中間原理。由人類心理之普通法則，參照人種在宇宙間之普通地位，以決定什麼可能的情形之結合能夠增進或防止人類性格之產生，以便有利於我們。這種學問爲教育之基礎。自果推因的實證，必須與自因推果的演繹並行。理論之結果非與觀察相符，不可信賴；觀察之結果非由人性之法則及特別情形之分析演繹，以證實其與理論接近，也難信賴。

第十一節　社會科學

個人的科學之後，就有社會的科學。我們能把政治及社會之現象作爲科學的研究嗎？一切社會現象，就是人性之現象，是由環境作用於人類羣衆之心性而生之現象，所以社會現象也必須與固定的法則相合。社會的現象是難預料的，因爲張本太繁複，常變遷，且原因之複雜遠出於吾人預計力之外。哲學家研究社會與政治，有兩種錯誤的方法：一種是實驗的或化學的研究方法，一種是抽象的或幾何學的研究方法。眞的方法是演繹法，但是由多數的前提演繹，非由少數的前提演繹；這種方法以各個結果爲許多原因之臻集的結果，有時是由相同的精神作用或人性之法則所發生之作用，有時是由不同的精神作用或人性之法則所發生之作用。社會科學是一種演繹的科學，不像幾何學的形式，而像最複雜的物理學之形式。計算各種衝突的意向之結果是很困難的，所謂各種衝突的意向，卽是作用於各種不同的方向中之意向，與促進某種社會上某種事例中之各種不同的變化之意向。然而遇到這種地方，我們有一種救濟方法，即是證實——把我們的結論同具體的現象本身相比或與能夠得到的他們的經驗的法則相比。

然而社會學——演繹的科學——不是一種積極的實證之學，乃是種種趨向（tendencies）之學。所以他的一切通論都是假設的，皆基於假設的一束情境之上，並指出某種現有的原因如何作用於這些情境之上，假定沒有特別的與之結合。穆勒又指出各種社會的事實大部依賴於各種原因——如富之欲望，必須分別的研究，——這種研究指示我們以社會學的思想之顯然分離的（雖然不是獨立的）部分。例如政治經濟學即是依據人類取得財富消費財富之假設以研究支配各種作用之法則。財富之欲望所引起（如不被其他欲望所阻止）之行為是什麼？然而各種分離的科學之結論最後必因實用之故而有所更正，而這種更正是由其他分離的科學所供給的。

然而政治學是不能分離的，因其混合特別的人民及特別的時代之性質。政治學必須是普通社會科學之一部分。在這普通的社會學之中不能有眞實科學的方法，祇能有顛倒的演繹法，換言之他不問某種社會狀態中之某種原因產生什麼結果，祇問產生社會狀態之原因是什麼，某種社會現象之原因是什麼。他的根本問題在尋出社會狀態之演變所依據之法則。這引起了人類及社會進步之問題。人類之性格及其外界之情形，都有不停的演進。若適當的研究歷史，即可得到社會之經驗的法則。社會學必須確定這些經驗的法則並使其與人性之法則相聯，用演繹法指出這都是引伸的法則，自然而然的可以望其為那些根本法則之結果。經驗的法則之唯一的校正法是用心理學的及性格學的法則不斷的證實經驗的法則是同時幷存之法則與前後繼續之法則，因此我們就有社會靜學（social statics）及社會動學（social dynamics）。社會動學研究社會之進步的狀態；社會靜學研究社會之相互的行動及當時社會現象之反應，換言之，研究社會之現存的秩序。據穆勒說，社會靜學之一種主要的研究中，是研究固定的政治結合之需要：教育系統、忠實感情以及同情實爲首要。社會現象之靜的觀點必須與動的觀點相聯結，不僅研究各種因素之進步的變化，並須研究其當時的情形；如此，則在經濟上可以得到那些因素之同時的狀態及變化中之相當的法則。這種相當的法則可以變成人事及人性之發展之眞正科學的引伸的法則。歷史及人性之證據，指出人類之思辨的官能之狀態，爲社會進步之原因中之最著者。思辨之勢力爲社會進步之主要的原動力；對於社會進步有關係之人類其他心性皆依賴於思想，以完成其功用。人類各方面進步之秩序大半依賴於理智進步之秩序，換言之，依賴於人類意見之繼續改變的法則。然則這法則能夠先由歷史決定爲經驗的法則，次由人性之原理，用由果溯因的方法，演繹爲一種科學的理論嗎？這樣必須將全部的過去時間加以研究，必須研究有史以來之各種現象。用理論聯結宇宙的歷史之事實，已成爲眞實的科學的思想家之目的。

第十二節　倫理學

穆勒之倫理學說大半紹述英國快樂論者洛克、赫起遜（Hutcheson）、休謨及邊沁等之學說。穆勒讀了杜蒙

（Dumont）之立法論（Traité de legislation）及邊沁之論著後，在其思想史上生一大轉折。在他的功利主義（Utilitarianism）之中他同意於邊沁以最大多數的最大幸福爲至善，爲道德之標準。然而幾個要點與其老師不同。據邊沁說快樂之價値由其隆度、經久、確否、遠近、純粹及範圍而決定。性質上沒有區別；其餘的東西都相等，『穿針與作詩是同樣的好。』穆勒則謂快樂之性質上也有分別，理智官能之活動所生之快樂比感覺的快樂高尙，對於二者皆有經驗的人寧取高尙的快樂。沒有一個聰明人願作笨伯；沒有一個有知識的人願作愚人；沒有一個有良心的人願自私自利。你決不願把你的命運換爲一個笨人或痞棍之命運，縱然覺得笨人或痞棍對於他的命運比你對於你的運命滿意些。人類的不圓滿總比猪子不圓滿好些；蘇格拉底不圓滿總比笨伯的圓滿好些。猪子同笨伯也許覺得他們的圓滿些；但那是他們祇知他們一方面的問題。邊沁與穆勒也都以我們應該力圖最大多數之最大幸福，但邊沁之根據在自私，而穆勒之根據在人類之社會的感情，——希望人我如一。穆勒說，功利主義是要人處於自己的利益與他人的利益之間，爲一個公正無私的觀察者。耶穌之金律中卽有功利主義之完全的精神。己之所欲而施於人，愛人如愛己，——這都是功利主義的道德之理想。其實，最大多數的幸福之原理，若非個人的幸福算作無異別人的幸福，則無意義之可言；邊沁所說之『各人祇顧各人，則無人顧及旁人』可爲功利主義之注解。

穆勒之功利論同他的別的許多學說相同遊移於相反的見解之間；既趨向於經驗的聯想論的心理學與其快樂論、唯我論、決定論，又傾向於直覺論、完成論、利他論、自由論。然而功利主義之破綻引起許多人之注意，其中有許多東西爲相反的學派可以同意的。格林曾說過功利主義有很大的實際的價値，並且用批評的與理智的遵從，代替了盲目的與無疑的遵從。最大多數之最大幸福論曾經增進了人類的行爲與性格；贊助了人實行有利於衆人之理想，我們可以說這不是快樂論的因素之功，乃是尊重普遍主義之功，因爲功利論者之目的在實現較好的社會生活，在這種社會生活中，各人都顧及別人，不僅顧自己。穆勒是英國自由主義之哲學的宣傳家，並且是民治主義之理論的戰士。他在羣己權界論（Liberty）及婦女之降服（Subjection of Women）中，主張個人之充分可能的權利，因其覺得社會的幸福，必與個人的幸福相關聯。他指出人類及社會之性格的樣式有很大的歧異，於人及社會甚爲重要；又以人性有充分的自由得發展於很多的，並衡突的方向甚爲重要。他又以爲壓迫婦女之有損於婦女與有損於社會，毫無二致。他在他的經濟學之初版（一千八百四十八年）中，尙尊重經濟的個人主義，但是後來他的最後的進步之理想，超過民治主義而近於社會主義。他在他的自傳中說；我們雖然用大力反對許多社會主義的思想所假定的社會對於個人所加之暴力，然而我們希望社會不再分爲懶惰與勞動兩部分人；不做事不吃飯之法規，不僅施之於窮人，并要無偏無頗的施之於一般人。生產的勞動家不要像現今狀況，生存於不安定的狀態中，而一致的生存於公認的公平的原理之下；人類的努力不是純粹爲其自己的福利之取得，乃是爲其社會之安全之圖謀。將來的社會問題，在解決如何聯結大多數個人的行動之自由，與天然物之共有，以及共同的平等享受共同勞動之利益。他信仰人性有種種的可能；教育、習慣及感情之培養，可以使人爲國家共同耕織，如同其爲國家共同禦侮。

功利主義中之名人尚有辭支微(Henry Sidgwick)，辭氏生於一千八百三十三年，死於一千九百年著有倫理學之方法(Methods of Ethics)、倫理學史(History of Ethics)以及政治學原論(Elements of Ethics)。他的倫理學受有蒲脫勒(Butler)及康德之影響；他拋棄了穆勒之心理的快樂論，而採取倫理的快樂論，——普遍的幸福是至善，是是非之最後的標準；達到至善之目的有自明的實用原理，如合理的自愛或謹慎、仁慈及公平。

第四章　斯賓塞之進化論

第一節　知識之理想

斯賓塞（Herbert Spencer）之知識之理想，在思想有統一的系統。尋常人的知識是不統一的、不聯貫的、不鞏固的；各部分不相系屬。科學所供給的知識是部分的聯貫的知識。哲學纔是全部統一的知識，是一種有機的系統。哲學之問題在發見由力學、物理學、生理學、社會學及倫理學之原理所演生之最高眞理。一切言論均須彼此調和。他在第一原理（First Principles）中立下根本的原理，爲他的全部學說系統之基礎，迨後應用於生物學原理（Principles of Biology）、心理學原理（Principles of Psychology）、社會學原理（Principles of Sociology）以及倫理學原理（Principles of Ethics）之中。倫理學原理中有上述諸書中之通論，所以倫理學之眞理是建築於其他一切知識之結果上。這些科學之通論可由經驗確定之，然而亦可由第一原理演生。

斯賓塞稱他的哲學爲會通哲學（synthetic philosophy），以哲學之作用在把各種專門科學所得之普遍眞理，結合爲一種鞏固的系統。這與馮德之主張相同，而與哈密爾頓及穆勒有異。哈密爾頓完全沒有貢獻出一種哲學系統，而以其非人之心能所能貢獻者。他以絕對是不可知的。穆勒對於孔德之非議，卽以孔德想把貫通科學之念頭納入哲學中。穆勒實在也有一個眞理系統之理想，這個眞理系統是由普遍的原理匯集於其道德學之邏輯中，並暗示演繹的自然科學之可能，但他本人未嘗想把他的思想會通起來；其實，由他的普通觀點看來求得一個普遍的會通實屬不可能，因其前輩休謨業已看出。斯賓塞與經驗論者亦不相同，因其有意想把知識建立於康德所謂之心之先存的法式之上，而化這些作用為簡單的原理。關於這一方面他受有批評哲學之影響，這大都是由於讀了哈密爾頓之著作。他說，我們的一切知識皆依賴於思想之原始的行為；縱屬懷疑論者想否認知識之可能，亦假定思想之根本作用。若非人心有發見同異之才能及邏輯的理論之要求，知識即不能成立。這些作用沒有一件是個人經驗之結果。斯賓塞應用進化論的假設，想把他們解作民族經驗之結果，於是想由經驗主義方面來調和直覺主義與經驗主義。經驗之絕對的法則產生思想之絕對的法則。外界的法則，是為萬代的重複產生於固定的觀念之聯想及思想之必然法式。然而斯賓塞未嘗告訴我們，在知識萌芽時期，在沒有一個由果推因的綜合的心，這種關係何以能成立，他也未嘗根據下列之基礎，建立知識之確實性：今日認為必然之原理，是人類無數代相傳的經驗之代表，這種事實不足以保證他們的絕對的真理。

斯賓塞於一千八百二十年生於英格蘭，其先人多以教書為業；他似乎受有他父親的理智的才能之遺傳。他的父親是一個有優美的修養及獨立的思想的人。他的教授法重在使學生思想，以代替其記憶；這對於斯賓塞之教育學頗有影響。因為他的身體不健強，他的父親也就未強迫他讀書，而在學校中也就疏懶頑強，不聽教訓。他的最好的進步是由於在學校之外，受他父親指導研究自然，搜集事實，並作物理化學的試驗。迨後（一八三三年與一八三六年之間），又受其叔父托馬斯·斯賓塞（Thomas Spencer）之教育，叔父是一個官立教堂之牧師，有大方的精神及民主的思想；原來想送斯賓塞到劍橋大學肄業，但他覺得那裏所教的無興趣，拒而不去。他讀書能扼要，能決斷，他的數學及力學的才具也超絕同學。但記憶文字、文法則非所長。他的工作顯出他所受的教育之方法之影響。他有獨立的、創造的天才。他在一千八百三十七年，幫助他的父親教書，並研究市政工程學，他且教且學，以至一千八百四十六年始專心致力於新聞事業。他又分許多時間研究地質學及其他科學。他第一部大著為社會靜學(Social Statics)雖經學者之週轉選擇，然未引起許多人之注意。一千八百五十二年。他辭去經濟學者(The Economist)之編輯，而以其餘生致力於其會通哲學之系統，一千八百六十年發表其要旨。他因為刊布他的著作，經濟上受了不小的損失，到了美國的出版家願意為之出版時，他的著作才盛行於世。他死於一千九百零三年。

他的著作如左：

Proper Sphere of Government, 1842; Social Statics, 1850; Principles of Psychology, 1855; Education, 1858-1859; First Principles, 1860-1862; Principles of Biology, 1864-1867; Principles of Sociology, 1876-1896; Principles of Ethics, 1879-1893; The Man versus the State; Essays, 5th ed., 3 vols., 1891; Facts and Comments, 1902; Autobiography, 2 vols., 1904.

別人對於他的著作

Collins, Epitome of Spencer's Philosophy (preface by Spencer, giving summary of his philosophy), 5th ed., 1905;

W. H. Hudson, Introduction to philosophy of H. Spencer, and Spencer; Ritchie, Principles of State Interference;

Sidgwick, Ethics of Green, Spencer, and Martineau; Bowne, Kant and Spencer; Ward, Naturalism and Agnosticism, vol. I; Gaupp, Spencer; Duncan, Life and Letters of Spencer; books by Royce, Haberlin, Grosse, Schwarze; Ueberweg-Heinze, op. cit., Section 59. See also works on English philosophy, pp. 254, f., and under Mill.

第二節　知識之相對性

斯賓塞與哈密爾頓相仿，注意於知識之相對性，而以其可由分析思想之結果及檢查思想之作用以推得之。我們所得到的最普通的認識，不能化為較普通的認識，所以不能了解或解釋；解釋解釋終使我們不能明瞭；而我們所能得到的最深的眞理，必是不能說明的。且而，思想本身之歷程，含有關係、差異、相似；凡無這些東西的，卽不能認識。思想什麼就是關聯什麼，所以沒有思想能表示關係以外者。我們所藉以發見同異之思想的原始動作，一切知識——知覺與推論之中，俱有之。沒有這種思想的原始動作，卽無知覺與推論，所以人心之此種原始作用之確實，是必有的。

哲學之事業在把意識中所含有之觀念組成系統，在發現我們的基本直覺之含意，並在構成一種有關聯之言論體統。思想確實性之標準，一方面在其必然性（眞理之明證是其反對方之不可設想），一方面是其結果與實際的經驗相脗合。

如果知識是上面所說的相對的，我們就祇能知道有限。至於『絕對』或『第一因』或『無限』則不能知，因其既不同於別的東西，又不異於別的東西。然而我們常能把萬事萬物與絕對關聯起來；其實我們必須有一個絕對以與萬事萬物相關聯，——若無絕對，相對的本身就是不可設想的，——相對卽假定了一個絕對。我們所以能認識萬事萬物就因其彼此有關係，與絕對有關係。如果我們不能使萬事萬物與絕對有關係，就不能認識他們；他們的本身就是絕對了。我們覺得一切現象之背後有實體。想否認現象背後影藏有實在，是不可能的；由此不能對於實在性（實在論）有堅固的信仰。然而絕對的本身不能與其他任何東西相關聯，故絕對是不可知的。絕對之不可知不僅是由我們理智方面演繹的證實，且可藉科學之事實歸納的證明之。例如科學的最後的觀念：如時間、空間、物質、運動、勢力、自我以及心之起源等等，皆非我們所能理解。

然而我們不能因絕對之不可知而否認其存在。一切現象背後隱藏有絕對，這是科學與宗教之共信；一切現象背後有一個絕對宗教想爲我們求這種普遍的實體之各種解釋；不過宗教越進步，越覺得這個絕對之不可思議。人之思想仍是繼續的想爲絕對下一些定義，立一些觀念，然而依然是僅用一些符號勉強的表示之。我們必須認絕對似乎是主觀的力（例如筋肉收縮）之客觀的關係，認絕對是力本體與現象都是一個變化的兩面，我們不能認後者較前者眞實。

第三節　力之恆常

這種主觀的力因其與客觀的力有必然的關係，必須認爲恆常的。「有」變爲「無」是不可設想的；當我們說「有」變爲「無」時，我們就立下兩個觀念中間之關係，這兩個觀念中有一個觀念是不存在的。所謂力之永恆，卽是某種原因之永恆，超越於我們知識及思想之上。當我們確定他的時候，就是確定一種無始無終之無條件的實在(unconditional reality)。力之永恆超越經驗而又爲經驗之基礎，是唯一的眞理。因其爲經驗之基礎，所以必定是任何經驗的科學組織之科學的基礎。最後的分析使我們達到的這種結果；而合理的綜合必須建立於這上面。

所謂物質之不滅，卽是物質所用以感觸我們的力之不滅。這種眞理之顯露，不僅由於經驗的認識之分析，並且由於先天的認識之分析。另外一個普通眞理，是運動之連續。「有」——運動——變爲「無」，是不可設想的。然而運動常常消滅，似覺又有可疑之處。其實，空間之轉移，其本身不是一個東西，所以運動之消滅不是一種東西的消滅，乃是一種東西的表現之消滅。換言之，運動中之空間原素，其本身不是一件東西。地位之變化不是一個東西，乃是一個東西的表現。這個東西可以不表現其本身爲轉移，但是表現其爲奮力(strain)時，可以知其爲一種東西。這種時而藉轉移以表現，時而藉奮力以表現，並且時常藉二者之相合以表現之活動原理，是不能看見的；運動所指給我們的活動原理，是與我們的努力之主觀的感覺相關之客觀的感覺運動之不停眞爲我們所知道者，祇是力。

力有兩種：一種是物質用以表示其爲存在之力；一種是物質用以表現其爲活動之力（叫做能力）。能力(energy)爲表現於物質運動及分子運動中之力之公名。凡力之表現，不論其爲無機的行動、動物的運動、思想或感情，都祇能解爲前力之結果。精神的能力與身體的能力，都是所產生的能力與所銷耗的能力在數量上相當；如其不然就是「無」變爲「有」，「有」變爲「無」了。我們必須承認物理的及心理的變化，皆是相當的前力所產生，而物理的及心理的變化之結果比其所由生的前力之數量不得少也不得多。

是以科學之基本原理，是能力不滅之原理；能力是不增不滅的。這種原理斯賓塞未曾想以實驗方法證實；據他說，這種原理預存於一切實體中。我們不能想像「有」生於「無」或變爲「無」，這是思想之必然的結果。這種原理含蓄於因果之概念中或與因果概念相同。我們不能不承認有永存的東西。

第四節　精神與物質

絕對或不可知，表現其本身於正相反對之兩羣事實——主觀與客觀、自我與非自我精神與物質——之中。然而此二者皆是力之表現；凡我們所思者與思想之本身，都是力之不同的種類。而物質的東西及心理的東西都受相同的經驗法則之支配。如果心理的東西與物質的東西認爲『絕對』之不可化分的兩面相，則心理不能產生於物質，物質也不能變爲心理，猶如運動不能變爲熱。在初幾版的第一原理及心理學中，斯賓塞本認這是可能的；然而迨後又看出不能用能力不滅之原理解釋心理。但是以後，他依然用進化論之方式如勢力、物質、運動等於一切現象之上，而生命、精神及社會皆包括於此等現象之中。這是他的思想上現出唯物論的樣子，而受人攻擊的緣故（雖然他曾叫人不要解釋他的思想爲唯物論）。絕對是不可知的；我們可以解釋其爲唯物論的，亦可以解釋其爲唯心論的；無論如何解釋，都不過是用符號而已。力之性質非我們所能知，我們也不能想到他受時間空間之限制，但他發生種種影響於我們。這些影響中最普通者，我們稱之爲物質、運動、能力，而此等影響之間存有相似的關聯，其最固定的關聯我們名爲最確實之法則。

第五節　進化之法則

我們的知識祇限於相對的現象，換言之，祇以絕對之外表爲限。哲學家之職務在發見一切現象之所共同或事物之普遍法則，這種法則卽是進化之法則。進化之歷程中有種種現象：（一）集中（如雲、砂堆、原始的星氣、有機體及社會等之構成）；（二）分化（如物質與環境分離，物質中之特種物質之構成）；（三）決定（如各不同的部分合成統一的有機的全體之構成）。這就是進化與分散不同之處，分散中有分化而無組織。在決定中有各部分之分化與各部分之集中爲全體。進化是由無限定的不聯貫的同質之狀態，進於有限定的、聯貫的異質之狀態。這種法則是由歸納法而來，但也能夠由能力不滅之第一原理演繹而來，而物質不滅、運動（潛伏的與實現的）之繼續、勢力關係之恆在、運動方面之法則、運動之不斷的格律都由此而生。這種普遍的綜合之法則是物質與運動之繼續的分配法則。進化由物質之結合及運動之分離構造而成；分散由運動之吸收及物質之分散構造而成。當集中與分化達於平衡之狀態時，進化就達於極點。然而這種狀態不能經久，因爲外界的影響可以破壞之。換言之，分散卽是結果，全部的程序又將開始。然而這種現象不適用於全宇宙，僅適用於呈現於人之經驗中之特殊的全體。

斯賓塞把第一原理中所得之普遍原理應用於萬有之各種形式——生命、精神、社會及行爲之各種形式上。他們被假定爲眞實的並用以證實生物學、心理學、社會學及倫理學之特殊的眞理。倫理學是普遍的眞理之證例，普遍的眞理是特殊的眞理之解釋。所以進化法則適用於一切現象之上而在各項研究之範圍中所發見之特別法則，可爲普通法則之表示。這種經驗的法則或眞理當見之於普遍法則之特殊事件時，可以演繹的證實之。

第六節　生物學

生命是內部的（生理的）關係與外部的關係之繼續的適應。有機體不僅感受印相，並且以特別的方法適應外界之變化。換言之生物內部的變化是適應外部的關係的；內外事變之間有相互的作用。除非生物之內外關係之間相適應，生物不能維持其生存。內外關係之間適應得愈密切生物之發展愈高尚。最完善的生活必是內外關係之間完全適應或調和。

有機物非生於無機物，乃因外界原因之影響，而生於原來無定形的有機物或同質的原形質。有機物組織之分化、依照進化之普遍法則之作用，即是原來異質的物質起了分化作用。種類之發生由於生物與外界之間交互作用所生之結果。形態學的及生理學的分化，是外界能力分化之直接的結果。天文學的、地質學的及氣象學的情形之變化緩慢，已有幾百萬年之久。生物機體中之變化，起於外界的原因，如果適應環境，即爲天擇所保留。構成生物機體之生理的要素因各部分之繼續作用發生變化，而傳之子孫（後天性格之遺傳）。所以據斯賓塞說，天擇不能解釋種類之起源；而達爾文則甚誇天擇對於進化之直接影響。有機體適應其本身於外界，則此種適應卽使機體中發生新的平衡狀態。

第七節　心理學

物理學研究外界的現象；心理學研究內部的現象；生理學究研內外之關係。主觀的心理學是內省的；其所研究者爲感情、觀念、情緒及意志，又研究意識狀態之起源及相互的關係。心理的事象及神經的作用是同一變化之內外兩面。由客觀的方面研究之，是神經的變化；由主觀的方面研究之，是意識之現象。客觀的心理學不研究這樣的心理作用，惟研究其對於人類及動物的行爲之關係而已。客觀的心理學又像生物學之一部，研究精神現象之機能，藉此機能內的關係適應於外的關係。

印象太多了，必須加以整理時，就發生意識，換言之，人到了他的印象不加整理卽不能適應環境之時，就發生意識。所以意識是經過整理的內部的狀態對於外部的狀態之適應。然而意識不是感情與觀念之總和；其背後有一種實質的東西或結合的媒介，不過是不可知的而已，因爲一切究竟的東西，都是不可知的。然而這種實體所表現之狀態是可以研究的。心理學之職務在發見意識所由構成之原素。分析意識之現象的方面可知究竟的原素，斯賓塞認之爲神經的衝擊之心理的平衡。知覺由感情之原素構成，恰如各種感覺由共通的原素構成。心理的原素或原子，不能化爲物質的原素或原子。我們認物質的原子爲有抵抗力的，與我們自己感覺着的奮力相似，這是以運動的意識解釋物質的原子。依同樣的方法，我們又以物質的話語解釋精神的事情。斯賓塞在意識的生活中發見表現於相關的實在中之集中分化及決定之現象；意識也有進化的程序，逐漸由反射的行動，進而爲本能、記憶及理性。這都是理智之各階段，隨外界情境之複雜與分化而逐漸進步。例如記憶與理性是發生於本能。原始的推論完全是本能的。情境複雜了，自動的行動有所不能時，卽發生意志。前面我們已經看見斯賓塞怎樣由民族的經驗推演知識原理。現在他又同樣的用進化方法解釋感情；忿怒、正義、同情之感情，雖然本來是個人的，然而都是祖先與其環境奮鬭之結果。

第八節　外界

我們原來祇意識着自己之感覺，外界事物之存在，出自推論：這種觀念論者之言論，幷非眞理。觀念論是一種語病；他祇是文字上有之，而思想上則無之。理性貶損知覺之價值，也就毀壞了他自己的威權。實在論實出於意識之基本法則——理性之普通的假設。我們已經見着的並感着的物體，說他是無有，這是不可設想的。我們不能不想到一種超越精神的實在，又不能不想到他如同勢力，在我們本身中可以經驗着，並是不可知的客觀的存在之符號。這種不可知的實存也表現其徵象於我們的時間、空間、物質與運動之觀念中。

這是斯賓塞所說之變形的實在論（transfigured realism），代替了粗陋的實在論。據這種實在論說，表現於我們意識中之事物，不是客觀的實在之影像或模本，乃是各種符號，這種符號與其所代表之實在之少有共同性猶如文字與其所代表之精神狀態之少有共同性。然而意識以外有東西，是一種不可免的結論；若不如此設想，即是覺得變化之發生毫無前因。『有些本體的秩序爲我們所認爲空間之現象的秩序所由生者；有些本體的秩序爲我們所認爲時間之現象的秩序所由生者；有些本體的關係爲我們所認爲差異之現象的關係所由生者。這種外界的知識很是有限，然而對我們有益者，唯此種知識而已。我們必須知者並非外界作用的本身，乃是其固定的關係，而這種知識是我們所有的。眞實存在之永恆的感覺爲我們的理智之基礎。我們常常覺着有永久獨立存在的東西。我們不能構成這種絕對的存在之概念；我們所構成的各概念極端不同於其本身現象之背後有實在，這是我們不能免去的意識，因此我們對於實在就發生堅實的信仰。

第九節　倫理學

斯賓塞在其倫理學之序文上說，他以前的研究，都是他的道德原理之輔助工夫。他的目的自他的初次論文——政府之正當範圍（The Proper Sphere of Government，出版於一千八百四十二年）——發表之後，已爲普通行爲之是非的原理立下科學的基礎。他說，想了解道德的行爲之意義，必須了解全部的行爲——一切生物之行爲及行爲之進化，——並且必須由物理學的、生物學的、心理學的及社會學的方面研究行爲；換言之，我們必須借助於其他科學之結果研究行爲。

這種研究將使我們認行爲是順應目的之動作，或動作對於目的之順應，並且指示我們以最高等進化的因而在倫理上最有價值的行爲，是使個人及社會之生活更加豐富悠久之行爲。進化之究極的目的，在達到一種永久和平的社會，在這種社會中各個分子成功其目的，毫不傷及他人之成功（正義），並且各分子彼此互助，以達於成功之目的（仁慈）。凡使各分子容易適應者，就增加全體之適應，並增進生活之完全，有裨益於生活的行爲，我們稱爲好的行爲，有阻礙於生活的行爲，我們稱爲壞的行爲，這是根據一個假設而來，這種假設是生活之幸福多於禍害（樂天論）。凡是善的，都是可樂的（快樂論）。完全正當的行動是除了有助於將來的幸福之外，並且有直接的快樂。人類的行爲大部分不是絕對的正當，祇是相對的正當，因其有時產生痛苦。絕對的倫理學之理想的法典是規定完全適應於最進化的社會之人類行爲。這種法典使我們能由許多眞實社會之變動狀態解釋現象，並且使我們對於變態的社會之性質，立下近眞的結論，因而得到正常社會所向往之途徑。

斯賓塞說社會中各分子之生活是道德之最後的目的。社會之安寧是達到各分子之幸福之手段，所以有危及社會之安寧者，即有礙於社會之分子。始而唯我主義甚強，唯他主義甚弱；所以相關的道德法典即注重他人所加於行爲上之限制。這種法典禁止侵略的行爲，促進合作（正義），發揮仁慈同情爲仁慈與正義之根源。因爲社會理想在大多數的個人之完成與幸福，唯我主義不能不在唯他主義之前而有。然而唯他主義亦是生活發展、幸福增加之要義，並且自己犧牲並不減於自己保全。社會上各分子之唯我主義的滿足，有賴於唯他主義的行爲，見義勇爲，以圖別人之身體的、道德的、知識的增進。純粹的唯我主義與純粹的唯他主義都是正當的。因爲社會教育的增進，同情的快樂將成爲一般人所趨尙的。其結果，各人將制服其自私的要求，別人也不能偏向於利己的行爲

了

斯賓塞結合英國傳統的功利論與新興的進化論，而組成一種進化論的快樂論。由他看來，這是可能的，因爲他覺得最進化的行爲產生最大量的幸福。他並且以他的合理的功利論與他的前輩的經驗的功利論有別，其所持理由是：他的倫理學的系統是由各種科學所貢獻之根本原理演繹出來的道德之法則。

第十節　政治學

倫理的理想在產生完全幸運的個人，——最適的個人之生存與發展。這種目的之實現，唯在各個人感受其自己的本性及行爲結果之利害時。然而團體生活既爲適者生存之要義，各個人之行爲必須不妨礙他人之相同的行爲。在防禦戰爭時，個人要受更進一層的限制，甚至要犧牲自己的性命。故正義所要求的是：個人若不侵犯別人之平等的自由，是應該自由的爲所欲爲。所謂權利，即是平等的自由法則之集合：各個人都有相當的權利。

斯賓塞根據這些前提反對近世的社會主義的政治。據他說，無所不包的國家的機能是一種低級的社會形式之特徵；到了高等的社會，即喪失其機能。人民團結齊一，保持種種情形，在這種情形之下，各個人及其同曹都能得到可能的圓滿生活。國家必須防止內爭，抵禦外侮，逾此範圍，即失正義。國家機能之發展，實屬不幸，唯有顧及平等之立法制度，方能有成，而且在競爭的情形之下，各種無政府的動作也有最好的成就。競爭也強迫他們增進、利用最好的工具，以成最好的人。社會的需要之擴大也有助於此。最後，國家的干涉有一種惡影響。我們秉受於往古不開化的本性，對現今半開化的世界已不甚相宜，但是，若置於競爭情形之下，也足以慢慢的適應將來十分開化的要求。數千年來的社會生活之訓練，在時間之進行上，仍有其效力。人爲的陶冶終於不能執行自然的陶冶。斯賓塞猛烈的反對社會主義；據他想社會主義是要來的，來了就是民族之大害，但不能持久。他未了解社會主義對於互助及合作是有害的；他相信工業制度之特色是合作，將來必定要隆盛的，在工業社會裏頭各個人都陶冶到服從羣衆之目的適應合作的生活。他採取放任說（the laisser-faire theory）因爲他相信欲實現一般人的幸福，唯有讓各個盡力自救，國家不加干涉。

第五章　英美之新唯心論

第一節　德國唯心論之影響

十九世紀之初期，康德之唯心論因大文學家柯爾利治（Coleridge）、威至威士（Wordsworth）、卡萊爾（Carlyle）、納斯金（Ruskin）之介紹，而入英國，開始影響經驗論與直覺論，穆勒、休厄爾（Whewell）及哈密爾頓受有影響。然而嚴格的新的德國哲學之研究，則自斯忒林之黑格爾之奧祕（Secret of Hegel）——一千八百六十五年發表以後，自此以後出了一般嚴肅的思想家，深受康德及黑格爾之影響，完全作觀念論的運動，執英國思想界之牛耳，如格林（T. H. Green）、愛德華・開以德（Edward Caird）、約翰・開以德（John Caird）、卜拉德賚（F. H. Bradley）、包桑揆（B. Bosanquet）是最著名的。

新黑格爾派之第一種大著作，是格林的休謨通論（Introduction to Hume，一八七五年出版）；其次為愛德華・開以德之康德哲學之評述（Critical Account of the Philosophy of Kant，一八七七年出版）及康德之批評哲學（The Critical Philosophy of Kant，一八八九年出版）；此外又有很多的德國哲學之解釋及翻譯。詹姆斯・窩德（James Ward，生於一千八百四十三年）著自然主義與存疑主義（Naturalism and Agnosticism，3d ed. 1907）及目的之範圍（The Realm of Ends），為陸宰派之唯心論者，主張多元論以創造的神之概念代替一元論者之絕對唯心論的哲學流入美國，半因新黑格爾主義之介紹，半因直接研究德國哲學其在美國之勢力頗不小，各大學中之哲學教授現在頗多屬於此派，就中以羅益世為領袖。

此派學者之共同點為注重知識及心之有機論，而反對英國聯想論之原子論的解釋，駁斥宇宙之機械論，主張經驗的世界為哲學之材料。英國的哲學家未嘗採取德國哲學家之先天的或辨證的方法，也未嘗盲目的採取其結果，乃是遵循格林之教訓，依據康德之根本原理，以獨立的態度刷新德國唯心論之材料。

第二節　格林之玄學

格林生於一千八百三十六年，畢業於牛津大學後，就在其中當教師、講師、教授，始而講授上古史及近世史、上古哲學及近世哲學；及一千八百七十八年，被舉為道德哲學教授，至一千八百八十二年而死。他於學校教授之外，很努力於實用教育的、政治的及社會的工作。他曾贊助學校改良；他又是一個市議會之會員，英國公共教育改良委員會之委員；其對節儉運動、道德運動、慈善運動甚有興趣。他常對下層階級表溫厚的同情，又信仰民治主義。白賚士說：『民衆所以尊敬他的，因為他有高尚的義務之感覺及其為人直率、熱心公益，並不僅羡慕其學問也。』

格林之重要著作如左：

Introduction to the Philosophy of Hume, first published 1874 in Green's and Grosse's edition of Hume's works;

Prolegomena to Ethics, 1883; Lectures on Principles of Political Obligation, 1895. Works edited by Nettleship, 3 vols., containing all but the Prolegomena.

關於格林之重要著作如左：

Memoir by Nettleship, in Works, vol. III (also separate); Fairbrother, Philosophy of Green; R. B. C. Johnson, The Metaphysics of Knowledge, Being an Examination of T. H. Green's Theory of Reality; Sidgwick, Lectures on Green, Spencer and Martineau; Grieve, Das Geistige Princip. in der Philosophie Greens; G. F. James, Green und der Utilitarismus; Muirhead, The Service of the State: Four Lectures on the Political Teaching of Green; Ritchie, The Principles of State Interference; Thinkers. See also articles in Mind, Philosophical Review, and International Journal of Ethics.

格林之哲學的出發點是客觀的唯心論，受有德國唯心論者之影響，與英國之傳統的宇宙觀人生觀相反。他根據康德之批評論及其門弟子之唯心論的玄學，攻擊休謨之經驗論、穆勒之快樂論、斯賓塞之進化論，並欲以唯心論的玄學補充自然科學。他的哲學想調和當時相反的思潮：如理性論與經驗論、宗教與科學、汎神論與有神論、希臘文化與基督教、完成論與功利論、自由論與決定論、個人主義與普遍主義。他以人不是僅僅的一個自然之嬰兒；他所持的理由是：人如果是自然勢力之結果，如何構成種種勢力說，以解釋其自己？人是一個精神的東西，不是自然的事情（現象）的系列中之一種。人的身中有一種原理，不是自然的，其特別的功用在使知識成爲可能。這種精神的原理另有一種表示，由道德的理想之意識構成而規定人類之行爲。若不假定有這種精神的自我，就不能有知識與道德。

自然科學所研究的是觀察與經驗所確定之自然的現象的、時間的與空間的種種事實哲學或玄學所討論的是表現這些事實之精神的或本體的原理。經驗論者與進化論者之錯誤在以產生現象的秩序者爲現象的秩序之結果若無統一的組織的精神原理，自然界之知識將不能成立；這是格林與康德之批評一致之處。但他更進一步與後期康德派的唯心論者相同，以爲若無精神原理，自然界之秩序也就不能有。自然本是一個複雜體，但其中有統一；所以我們非把他解作與自我意識相似的東西而認之爲一個精神的宇宙，——由一個永久的智慧使其能成一個相關的事實之系統。這種有統一的意識包含於一個世界之存在中。他究竟是什麼樣子，我們祇能由他對我們的動作知道：他使我們能有世界之知識及道德理想。

第三節　人在自然界中之位置

然則人在宇宙中是一種什麼地位呢？人是一個有認識作用者是一個有自我意識者，其存在甚自由，——其活動不受時間之拘束，不是自然變化的鏈鎖中之一節，——除其本身之外，無何前提。自我意識從來無原始。凡腦髓、神經、纖維組織之歷程、生命與感覺之作用以及終身的聯續的精神現象都由普遍的意識規定。然而人類的意識本身是普遍的意識之重生，至少是綜合的、自己創造的。人不像普遍的意識之附屬物那樣的受普遍意識之規定。格林覺得進化論不得影響他這種見解。人類也許是由動物進化而來；動物也許是經過無數代的改變以至永久的意識能夠由其種種作用實現其本身，重生其本身。

格林說僅僅的印象或感覺之連續不是知識若無具有感覺及組織感覺之自我，知識不能成立。同樣的道理，若僅有動物的慾望、或衝動、或嗜好之繼起，不能構成人類的行爲。一種嗜好或動物的慾望，是一種自然的事情，不是一種正當的動機；他不能激動顯然的人類的行爲，除非是由自我意識提示於人的，換言之除非人有意的使慾望或衝動爲其自己的慾望或衝動，並努力以使其在慾望中所見之理想的對象實現，而後爲顯然的人類行爲。僅由動物的衝動激起之行爲，不是人類的行爲。當人把對於各種物象之衝動、情緒、傾向化爲其自己的時候，他就發生意志作用。人的意志是一種慾望，在這種慾望中，人是自動的，不是被動的。人之行善有賴其過去的情緒、行爲及已往的內心生活（決定論）。但過去的經驗中人是自己的對象，因而是自己的行爲之主宰。所以他負他現在的善的行爲之責任。且而他能認定一種更好的狀態，所以能求於將來變成好於現在的情形（自由意志）。

第四節　倫理學

人之所以爲道德的動物，因其能爲其自己認定一種更好的狀態而希冀之，實現之。其所以能如此的，因其是一個自我意識的主體，——永久的自我意識之重生。更好的狀態之觀念是理想的種子之交換，或神心之中究極的目的。這個觀念作用於人心之中，是因爲人存有一種絕對的慾望。這是人類生活中之道德化的原動力。

然則什麽是道德的善呢？滿足有道德的人之慾望者，即是道德的善。眞善是有道德的人力圖其最後的棲止之一種目的，是有道德的人之根本的自我——眞是的意志——認爲無條件的善，絕對的可貴，有絕對的價值。

人有其本身中可貴的東西的概念。這種自我是受有許多利害影響的自我，並受有別人的利害之影響。別人是我之目的；甚至是我之生存之目的之一部分。換言之，我認實現人類的人格、完成人類的心靈、發展人類的心能爲至善；爲努力實現此目的計，我必須援助別人的心靈；必有一種對於人我都是絕對的善之觀念作用於我之心中。然而與這種觀念相聯的有一種理想，這種理想之實現即是完備的道德，在這種理想的社會中各個人待人如待鄰居。

據說，若非法律及有權威的習慣作用於我們的祖先身上，我們就無現在的道德。這本來是眞的，但這種法律及習慣是有理性的人類之製造品，且而個人服從他們，是因爲認他們裏面有一種興趣，並給這類的行爲一種價值，以限制人之縱樂之意向。

在原先，道德的理想本來祇是對於其對象之無意識的要求，與快樂之慾望不相同。最下等的道德理想是各個人的幸福之要求，由這種要求產生家庭、種族、國家之制度，並進而規定個人之道德。制度之自然的發展以及對於制度之思想，對於維持生存之行動習慣之思想，都有助於更適宜的目的或慾望之改良。及人類範圍之概念繼續擴充，人類共存之普遍社會之理想亦因而發展。

我們雖然無完備的生活之適當的觀念，但我們的理想在完成全體人類。這種生活之實現必須有一種調和的意志，有一種獻身的意志，——一個人之意志是各個人之意志。格林所謂之獻身的意志並不是一種抽象的東西，乃是一種仁慈的世界，這種世界由獻身的意志維持之。且而他說，行爲之道德的價值，靠着其動機或品性，然眞正的道德動機，勢將常常產生道德的行爲。

格林尊重自己犧牲、社會的善、改良家之典型，並說這是現代精神的表示。但他似乎對於宗教的善、中古時期的完成及聖人又進一層的尊重。他說道德的努力之究竟形式是一種精神的行動，在這行動中，心向於神而求得個人的神聖之理想。這有一種本身的價值，並非來自本身以外。社會的意志（善意）及此種精神的行動，都有本身的價值；其不同者在善意之實際的表示有工具之價值，因其結果在改善人類社會。然而這些改良的目的畢竟發生一種神聖的心。人之最高的價值畢竟是其自己的完成。故實際的善或景仰神之善都有本身的價值，因皆出於心意及品性。沒有那一種善無結果，唯改良家一方面的是比較明顯的暫時的，而在聖人一方面的比較的不可解，且是內含的。

總而言之，格林之思想之要點：是社會改良及社會服務之目的在人之精神方面之完成，在發展人之品性與理想。他用文字表現這種思想，帶有宗教的色彩：他說神聖爲這種完成之良法；屈服自己於此神聖理想下之精神爲有最高價值之精神狀態。道德的努力之最後的目的必須是人類心靈態度之實現，必須是人格中之最高貴的意識之實現。社會改革是一種善事，然而社會改革之目的必須超過物質的快樂及舒服之增進。衣食住之問題固爲重要，然身體中居住何種心靈之問題尤爲重要。

輓近受有康德及格林之影響之倫理學者，爲麥肯尼（Mackenie），著有倫理學要旨（Manual of Ethics，一八九二年出版）；穆爾黑得（Muirhead）著有倫理學要論（Elements of Ethics，一八九二年出版）；刺犀德爾（Rashdall）著有善惡論（Theory of Good and Evil，一九零七年出版）；杜威與塔夫茲（Tufts），二人合著有倫理學（出版於一九零八年）。唯心論的倫理學之別種代表著作有梯里之倫理學導言。

第五節　卜拉德賚之玄學

現代英國唯心論者之中最著名者為卜拉德賚（F. H. Bradley，生於一千八百四十六年，死於一千九百二十四年），其頭腦精細，有近世哲學之芝諾(Zeno)之稱。其玄學之代表著作為現象與實在（Appearance and Reality）。

卜拉德賚之重要著作如左：

The Presuppositions of Critical History, 1874; Ethical Studies, 1877; The Principles of Logic, 2 vols., 1883; Appearance and Reality, 1893; articles in Mind. On Bradley see references on p. 550; Rashdall, The Metaphysic of Bradley; articles in philosophical journals; Höffding, Moderne Philosophen. Cf. the work of Bosanquet, The Principle of Individuality and Value, 1911.

卜拉德賚與德國唯心論者相同，以哲學為了解實在之學，或研究第一原理或最後眞理之學；亦卽了解整個宇宙，而不研究零碎的宇宙之學。我們有一種『絕對』之認識，雖不完全，卻是確實。因為人有一種本能想考究最後的眞理，故了解實在之嘗試完全為人性所容許。他與費希特、謝零、黑格爾及一般浪漫論者一樣，認推論的悟性不足以了解世界。他批評那關於實在之一般方法（如第一性質及第二性質、實質的及形容的關係與性質、時間與空間、運動與變化、原因與活動、自我、物自體等概念），而謂其皆自相矛盾：現象之中，我們能發見不出來統一；萬事萬物皆不過現相而已。然而現相之存在是絕對確實的。現象雖然自相矛盾，與實在不符，但不能離開實在。然則此現象所屬之實在之本性如何呢？除其存在而外，我們尙能有所云謂否？那僅是康德所說之物自體，或斯賓塞所說之不可知嗎？卜拉德賚認最後的實在爲自體堅固的一個全體，包含一切差異而成一個渾一的調和體。亂雜無章的現象必是統一的，自相鞏固的；因爲除了實在之中不能存在於其他何處。且而，其內容不是別的，乃是感覺的經驗；感情、思想、意志皆是存在之材料，除此之外，也無其他的材料。我們有限的人類不能詳細的構造這種絕對的生活，亦不能有其構成之特別的經驗；然而人能得其主要的現象之觀念，因爲此等現象在吾人經驗之中，且而此等現象之組織之觀念，在抽象一方面爲吾人所能知的。

第六節　直接的感情與思想

卜拉德賚解決宇宙問題，又借助於理智以外之心之機能。然而他觀察「絕對」，未嘗訴之於神祕的直覺；唯在尋常人類的經驗中發見究竟的實在之意義之指示。在感情或直接表現之中，我們有一個全體之經驗。此全體內包含一切差異，但是調和的。此全體暗示我們以全體經驗之普通觀念，意志、思想及感情是一個東西。我們又能構成一種絕對經驗之普通觀念，在此絕對的經驗中，一切現象的區分概行消滅。因此，卜拉德賚說我們有絕對之實在的知識，即建築於經驗上之實證知識，如詳思之，這是必然的。

故僅有思想不能達到目的地。思想是關聯的、辨論的：祇能指示零碎的東西，決不能指示實際生活。思想若不如此，卽等自滅；但是若果如此，又如何包含直接表現呢？思想之目的在達到一種直接的、自立的、無所不包的個體，然欲達此目的，勢將失其自性。卜拉德賚爲解決此種兩難起見，乃指示思想能構成一種理解之觀念，有似感情之傾向包含其關聯的努力所求之性質，而滿足其自己。僅有直接的感情不能使我們認識絕對，僅有辨論的關聯的思想亦是如此。唯有我們盡可能的近於直接的感情或理解或能構成絕對的觀念時，始能了解絕對。全體的實在是聚精會神時所想出之對象。這種實在又是滿足的感情。此二者之中，我們有直接的理解無須分析關聯。意志也是絕對；於是觀念與實在是相同的。這種直接經驗之輪廓如何充實，非我們所能想像本屬實情，但我們能說他是實在的；並且他把聯貫的理解之活的系統中之普通性質統一起來了。

第七節　絕對

因此，絕對是可知的。絕對是一個調和的系統，不是萬物之總集；絕對是一個統一的系統，萬物變化於此統一的系統中雖不同，等卻都相同。且而在此統一的絕對中，分離歧異之關係都消滅了。錯誤、醜陋、罪惡，在其中都消滅了；他們這都是絕對所固有的，而爲絕對之無所不包。絕對之中不止一個模式，所有別的東西皆納於其中。自然就其爲原始性質之骨骼言之，是死的，無所謂美麗，亦無可讚美之處。由此觀之，自然並無實在，他是科學所需要之一種理想的構造，是一種必然的假設的想像。我們必須對於我們的自然觀加上第二性質、憂、喜、感情、美麗。一切專門科學無論精神的或物質的都祇是討論這種想像；心與物都是抽象的東西，是現象或實在之特別方面；而唯心論唯物論都是一半的眞理。

實在是一個經驗我們在其中所能發見者，無一非感情或思想、或意志、或情緒、或其他類似的東西。然而這不流爲唯我論(solipsism)嗎？卜拉德賚說不然有限的經驗決不有所錮蔽。全體實在呈現於我們初次的直接經驗之中；他又表現於他的各個系屬物之中。有限的經驗是宇宙之部分的實現。全體宇宙呈現於有限的經驗中者，不甚完備，如其完備，則爲有限的經驗之完備。凡我們所經驗的皆是自我或我的心靈之狀態。然而那不能謂爲僅僅的自我之形相。自我爲實在之生長，是一種現象；然則經驗怎樣能爲其出產品呢？

是故，實在不僅是我們的經驗；也不是由心靈或自我構成。絕對並不是人格的，因其是超人格的。絕對不是別的，乃是經驗，他包含我們所能知能覺之最高等的東西，並是包含一切千差萬別之統一體；如就此意而言，絕對可說是人格的。然而此語易陷於誤解；絕對超出一切差別之上，而包含一切差別於其中。

絕對無其自身之歷史，雖其中包含有無數的歷史。無數的歷史都是暫時的現象之部分的方面。否認宇宙之進步，等於承認道德之不進步。

眞理是經驗之一面。因其是絕對的，故有一切可能的眞實的普通形式與形質。此種普通性質之宇宙是可以完全知道的。然其詳細的輪廓則非所知，也決不能知。若就認識即是經驗或實在言之，則全體決不能認識，眞理由一方面言，是全體世界，是哲學中最高之一方面，然而卽在哲學中，也感覺其自己的不完備。

第八節　羅益世

美國唯心論者之領袖爲約瑟・羅益世（Josiah Royce，生於一八五五年死於一九一六年）。羅益世曾充哈佛大學教授，博學深思，富有文藝之興趣。據他說，我們的常識的世界中無一不可以用觀念解釋之，故此世界完全是觀念所由構成之材料。凡我所能描寫的實在，因其是我們所能知的，即是一種理想。我們的經驗給我們一種觀念之系統，我們必須用之以爲行爲之指南。我們名之爲物質世界。然而沒有另一種東西與此物質的世界相對待嗎？實有一種相對當的世界，他也是我們心以外之一運觀念系統，但不在一切心之外。如果他是完全可知的，他必是一種精神世界。他是一種標準，存在於普通的心中，由他的觀念系統構成這世界。我能了解衆心，因爲自己也是一種心。絕無精神屬性的東西，完全非我所能知。凡絕對不可知者，即不能存在，因其毫無意義。凡可知的東西都是一個觀念，都是心之內容。如果能由心認識的東西，其本質已經是理想的與精神的了。實在的世界必是一個心或心之一羣。

然而超出我以上之精神觀念，我如何能得到呢？你決不能得到超出你以上之觀點，你也不應該想如此，因爲構成外邊的實在的世界之其他的心與你自己的自我，其本質是一樣。全體世界根本上是一個世界，根本上就是一個自我之世界。主體的自我與具有主體之較大的自我是一種東西。此種較深的自我，即是在統一中認識一切眞理之自我。所以祗有一個自我，他是有機的、反省的、意識的，包含一切自我、一切眞理。這個自我就是『邏各斯』，解決問題者無所不知者。關於這種世界之最先的唯一確實的東西，是合理的、有秩序的、可知的，所以無論如何，其種種問題是可以解決的，而且最深的密奧是最高等的自我所知道的。此種最高等的自我超越我們的意識，既然他包括我們，他至少是一個人格，其意識比我們還要明確。據羅益世說，自然與精神、物質與道德、神與人、命定與自由可以依據康德之超越的自由及行為之暫時的必然說調和之。

以上為羅益世之近世哲學之精神（Spirit of Modern Philosophy）之要旨。在他的世界與個人（The World and the Individual）中理倫尤加詳細，並應用於自然與人之解釋上。羅益世在後幾部的著作中，一部分因為他所討論的問題之性質、一部分因為防止過重理智的要素之批評，更進一層的比前幾部著作中注重經驗之意志的與目的的方面。所謂「有」不過是表示某種絕對的觀念系統之完全內部的意義。觀念之究竟的形式，即我們所尋求之最後的對象，是（一）我們開始尋求的有限的觀念之內部的意義之完全的表現；（二）不完全存在於此種觀念中之意志或目的之完成；（三）沒有別的可以代替個人之生命。

換言之，羅益世高唱觀念之活動方面以圖避免主智論之責難，注重絕對的自我中之個人的自我之位置，以圖避免神祕主義之責難。

羅益世在他的忠義之哲學（Philosophy of Loyalty）中，演述他的倫理學。他由基本的道德原理——忠義——演繹唯心論的宇宙觀。我的種種原因必須構成一個系統，他們必構成一個原因，一個忠義的生命；他們必須使普通的忠義是可能的。所以忠義即是對於普遍的原因、最高等的善、最高的精神價值之信仰。如果此種原理有任何意義，如果不是虛幻，必定有一種精神的統一，一切價值皆保持於其中。忠義之原理不僅是生命之指導，並且指示我們一種精神生活之永久的、無所不包的統一，即是眞與善之維持者。於是我們有一個神之存在之道德的論證，類似於康德之實用理性之批評中所說者。

羅益世之重要著作如左：

The Religious Aspects of Philosophy, 1885; The Spirit of Modern Philosophy, 1892; The Conception of God, 1897; Studies of Good and Evil, 1898; The World and the Individual, 2 vols., 1900, 1901; Outlines of Psychology, 1902; Herbert Spencer, 1904; The Philosophy of Loyalty, 1908; W. James and Other Essays, 1911; The Sources of Religious Insight, 1912; The Problem of Christianity, 2 vols., 1913.

美國學者之中受康德及後康德派陸宰之影響者，或與德、英、法之思想家相接近者，或獨立研究這種哲學者，或受這類哲學教師之影響者，有赫黎斯（W. T. Harris，死於一千九百零九年）、瓦特孫（J. Watson）、拉德(G. T. Ladd)、豪易孫(G. H. Howison)、奧蒙底(A. T. Ormond)、波恩（B. P. Bowne，死於一千九百一十年）、克累頓(J. E. Creighton)、希本（J. G. Hibben）、阿爾貝(E. Albee)、瑪利•卡爾鏗斯(Marry W. Calkins)、文勒（R. W. Wenley)、伽地訥（H. Gardiner)、斯特龍（C. B. Strong)、塔夫茲(J. H. Tufts)、羅澤斯(A. K. Rogess)、貝克威勒（C. M. Bakewell)、拉甫追(A. O. Lovejoy)、雷頓（J. A. Leighton）及霍金（W. E. Hocking）。此派中之少年學者如克累頓、貝克威勒、拉甫追、阿爾貝等，為對抗實驗主義、新實在論之批評，及辨護唯心論起見，乃採取反對論之所長，以發展唯心論之學說。

第十篇　現代對於理性論及唯心論之反動新思潮

現今思想界對於盛行已久之唯心論以及破壞個人自由思想、忽視人類價值之理性論的科學與哲學之方法與結果，很多表示不滿意之現象。我們無論遵照自然科學之機械觀，由物質之運動的分子着眼，或遵照客觀的唯心論，由邏輯的概念或普遍的目的着眼，都要看出人類的生命不過一種副屬的現象而已。在思想的歷史上，曾有種種念頭，以圖避免前人的思想所引到之境地；現今這種想頭又復興了，不過形式略有變動。然而理性論之反對者，並不限於想脫離自然主義及精神主義之壓迫之人，乃是屬於研究自然科學之人，他們的思想都受過休謨及實證論者之影響。現代反對傳統的哲學之思潮者，種類不一，或爲懷疑論者，或爲信仰哲學者，或爲理性論者，其性情大不相同。有些思想家說人類的理智不能解決宇宙之祕，玄學是不可能的。他們之中有些思想家說知識祇限於經驗的事實之記述與研究；有些思想家說知識是生活之意志之工具；有些說知識之結果祇是習慣或象徵或眞理之近似。另有些思想家也以理智不能了解實在之意義，而以知識之較確實的根源在人類心靈之另一方面，——感情、信仰、直接的或純粹的經驗、意志或直覺之中，並想在這些方面尋求方法，以避免懷疑論、機械論、決定論、無神論以及其他無生趣的學說。如前所說，這種運動在哲學中並不是新的；其實唯心論的學者之中，如費希特、謝零、黑格爾、陸宰、倭伊鏗、溫得爾班、閔斯德堡、利諾維爾及卜拉德賚之學說中，已有反主智論的或反理性論的趨勢。還有一派人頗多與赫爾巴特（Herbart）相似之處，擁護理智反對唯心論之有機的思想及其一元論與主觀論，而以分析爲科學的哲學之眞方法，多元論與實在論爲其邏輯的結果。更有一派人竭力反對傳襲的唯心論之見解，而回復於自然的實在論，認萬物不是主觀的或客觀的心之現象，乃是完全獨立於心之外者，並且以心爲萬物本身之進化程序中所發生出來的東西。

以下略述晚近哲學家的思想。

參考書如左：

Merz, History of European Thought in the Nineteenth Century, 3 vols.; Perry, Present Philosophical Tendencies; Thilly, Romanticism and Rationalism, Phil. Rev., March, 1913, and The Characteristics of the Present Age, Hibbert Journal, October, 1911; van Becalaire, La philosophie en Amérique; Lyman, Thelogy and Human Problems; Walker, Theories of Knowledge; Fouillée, La pensée; A. Rey, La philosophie moderne; articles on contemporary philosophy by Benrubi, Mackenzie, Thilly, Amendola, Höffding, Calderon in Revue de métaphysique et de morale, September, 1908; Chiappelli, Les tendencies vives de la philosophie contemporaine, in Rev. phil., March, 1910, and Dalla critica al nuovo idealismo; Berthelot, Un romanticisme utilitaire; Ruggiero, La filosofia contemporanea; Gaultier, La pensée contemporaine; Goldstien, Wandlungen in der Philosophie der Gegenwart; Eucken, Main Currents of Modern Thought; Stein, Philosophische Strömungen der Gegenwart; Riehl, Philosophie der Gegenwart; windelband, Die philosophischen Richtungen der Gegenwart, In Grosse Denker; Höffding, Moderne, Philosophen (in French: Philosophes contemporains), and Engishche Philosophie; Baumann, Deutsche und ausserdeutsche Philosophie der letzten Jahrzehnte; Ueberweg-Heinze, op. cit., Part III, vol. II; Falckenberg, Geschechte der neuern Philosophie, 7th ed.; W Caldwell, Pragmatism and Idealism, 1913.

第一章　新實證論的知識論

第一節　馬赫

奧國維也納大學哲學及物理學教授馬赫（Ernst Mach，生於一千八百三十八年，）著有感覺之分析（Analysis of Sensation，出版於一千八百八十六年，商務印書館有譯本）、科學講演（Popular Scientific Lectures，其第四版出版於一千九百一十年）。他根據休謨及實證論者之現象論建立一種知識論，以世界僅由我們的感覺構造而成，而物自體是一種虛幻。他的知識論之基礎不是建立在原理或先存的眞理之上，乃建立在直接純粹的經驗之上。科學之目的在完全的記述事實，在記述我們的意識之內容；科學之唯一職務在發見感覺之不可再分的原素之關聯，決不在以玄學的假定解釋這些關聯。發展一種包含一切的普遍的物理現象學，脫離一切假設之束縛之物理學之方法，祇有用類推法。科學起於假設，但這些假設不過是暫時的冒險，一種間接的描寫，所以使我們能了解事實，並且逐漸的代以直接觀察法，由經驗或感覺之現象以證實之。凡是科學都是有系統的把事實再現於思想中。如果複雜的變化之中，尋不出比較固定的東西，而欲反照世界於思想中，便是徒勞。在每個科學的判斷中，都包含有多數的觀察；我們的概念與判斷，都是代表一羣感覺之簡單的思想符號，是一種表示事實之簡單的方法。這是思想經濟之原理，一種法則不過是對於我們甚重要的事實之概括的敍述。物質是感覺之複合體。自我也是一羣感覺。感覺複合之比較固定的方面是表現於記憶與經驗上。記憶、情態、感情（與肉體有關者）之複合體——所謂自我者——是另一個比較固定的方面。依賴身體之感覺爲心理學之材料；同一感覺依賴於別種物體上，是物理學之材料。物體並不產生感覺，感覺乃是感覺之複合體構成物體。世界並不是由奧祕的物自體構造而成。科學之目的在聯結比較不固定的關係與比較固定的關係。

雖然這種學說把知識限於感覺的範圍中，因而與玄學相反，然而馬赫欲在主意說中爲其學說尋出哲學的基礎。知識是意志之工具，是實際生活之需要之結果（實驗主義）。思想不是生活之全體；他是光照意志之途徑之光明。我們需要一種世界觀，足以使我們與環境有關係；欲以經濟的方法達此目的計，我們就創造科學。思想與觀察之一致，是適應與選擇之手段。身體與自我之概念，是世界上實用的標準之一時的手段；必須廢棄之原子、勢力及法則之概念也是如此。各種實用的及理智的需要之滿足，在我們的思想能重生感覺的事實。我們的思想表現出感覺張本之全體，以至代表了他們，在這種時候，我們就感着滿意。馬赫說的一種衝動把事實理想化了、系統化了，並且完成了。

第二節　阿汎那利阿斯

建立經驗批評學派之阿汎那利阿斯（R. Avenarius，生於一千八百四十三年，死於一千八百九十六年）與馬赫爲同系。他以知識之唯一方法是根據於確實的知覺之記述。科學的哲學是經驗之普遍概念之內容與形式之記述。純粹經驗是一切可能的個人所共有之經驗。知識之職務在剷除不邏輯的個人的成分。我們正在接近宇宙之純粹經驗的概念。原來所有的人都有同樣的宇宙概念但因爲經驗中插入了思想感情及意志，把經驗分爲內的經驗與外的經驗，分爲主觀與客觀遂把實在弄錯誤了。我們應該剷除插入的成分而恢復原始的自然世界觀，——純粹經驗。

與馬赫之思想相近者，有馬克斯維耳（J. C. Maxwell，生於一千八百三十一年死於一千八百七十九年，有科學的論文集行於世）、克利佛德（W. Clifford，生於一千八百四十五年死於一千八百七十九年，著有視覺與思想——Seeing and Thinking，出版於一千八百七十九年，與精確的科學之常識——Common Sense of the Exact Science，出版於一千八百八十五年）、皮爾生（Karl Pearson，生於一千八百五十七年，著有科學典範——Grammar of Science，出版於一千八百九十二年）及黑爾茲（H. Hertz）。據潘伽累（H. Poincaré，生於一千八百五十七年，死於一千八百一十三年）說科學之公理祇是便宜的定義，我們選擇這些定義是依據經驗的事實，但不是任意而爲的，必以免除矛盾爲限。這也是與馬赫接近的思想。

第二章　實驗主義

第一節　詹姆斯

詹姆斯（W. James，生於一千八百四十二年，死於一千九百一十年）之思想受有他的生物學的研究及英國的經驗主義、法國之利諾維耳之影響。利諾維爾是擁護多元論最力者，據詹姆斯自己說他生長於一元論的空氣中而能免於一元論的迷信者全賴利諾維爾之力。詹姆斯不滿意於唯物論及唯心論的一元論之嚴肅的決定論的學說。他說：『如果萬事萬物（人也包括在內）都是原始的星雲或無限的實體之結果，道德的責任、行爲的自由、個人之努力與希望將如何呢？』個人不要爲絕對的實體之傀儡，——卽普通的物質或精神嗎？這種學說不足以滿足我們本性的要求，所以不是眞的。一種學說或信仰或教理之試驗必是其對於我們的影響，卽其實用的結果。這就是實用的標準。我們必須常常自問我們：若採取唯物論或唯心論、決定論或意志自由論、一元論或多元論、無神論或有神論在我們的經驗中究竟發生什麽差異。那一種是失望的學說，那一種是有望的學說。『據實用主義的原理，若神之假設能滿足人意，他就是眞的。』

故眞理之標準是其實用的結果，換言之，所謂眞理不是其自己的目的，乃是生活滿足之工具。知識是一種工具；知識是爲生活之目的，生活不是爲知識之目的。詹姆斯擴大此種實用的或工具的思想，而將實際的功利（邏輯的符合與證實）——之觀念亦概括於其中眞的觀念我們能消化能確定能證實給我們以所希望的實在之觀念是眞觀念。所以你可以關於眞理這樣的說那是有用的，因其是眞的，或說那是眞的，因其有用的。『科學之眞理是其對於吾人所給之最大量的滿足，舊眞理與新事實之一致，尤爲最有權威者。』

實驗主義主張哲學必須滿足邏輯的要求以外之要求，就這個意思看來他是反主知主義的。據詹姆斯說，道德的及宗教的要求是偏向於多元論、自由論、個人主義唯心論及一神教。這都是意志所信仰之概念，詹姆斯反對理智爲眞理之絕對的判斷，也是因此。然而符合是最有權威者。

絕對論假定完善是永久的、無始的、眞實的；雖然這種假定有一個完全確定的意義及宗教的作用，但多元論的方法仍與實驗主義的態度相合。因爲多元論的世界能夠救濟零零碎碎的東西。我們也可以相信我們的經驗之外有一個高等的經驗之形式，彌漫於宇宙中；我們也可依據宗教的經驗所供給之證據相信有一些高等的權力，並且用與我們的相似的理想救世界。

詹姆斯由別一方面也達到同樣的結論，所謂別一方面，就是澈底的或純粹的經驗論，這種經驗論與舊式的理性論及英國之舊式的經驗論相反。凡合理的就是眞實的這種主張是不對的；凡是經驗得到的方是眞實的。如欲得到實在，必須認未爲概念的思想所鍛鍊之純粹經驗之存在。換言之，我們必須深入概念的作用之背後，觀察我們的感覺生活之原始的情境，以便取得實在之眞象。哲學必須尋求這種實在運動之活躍的了解，不可像科學祇汎汎的搜集實在之零碎的死板的結果。哲學比邏輯重情感的見地，些邏輯祇尋求理性以供後來的見解之用。

詹姆斯與德國唯心論有相同之覺，他也以科學的領悟摧殘了實體，尋常感覺的經驗不能表出實在之眞象。但他與卜拉德賚不相同，他相信活躍的純眞的人類經驗。實在是純粹的經驗，獨立於人類的思想之外；那是很難尋的東西，那是將入經驗之中而尚未命名的東西，是信仰尚未發生，人類的概念尚未用於其上的東西；那是絕對無性質的東西，東西僅是人類心理之理想的限度。我們可以瞥見實在，但決不能捕捉他；我們所捕捉者祇是他的代替物，卽是人類的思想爲我們的消化起見而烹調的東西。然而這種直接經驗是繁雜中之統一；統一是與繁雜同原始的。所以經驗論之錯誤在其主張精神生活是由雜多的獨立感覺構造而成，理性論之錯誤在其主張雜多的感覺由心靈中之範疇結合而成。結合的媒介——所謂心靈——之概念是虛假的，因爲無獨立的要素可以結合。這兩種思想都是抽象的東西。實在之一部分是我們的感覺之流，動由何覺來的，我們不知道；一部分是我們的感覺或其在我們的心中之模型間之關係；另一部分是已有的眞理。那些關係有些是變化的偶然的，有些是固定的本質的，然而都是直接知覺之事實。關係、範疇是直接經驗之事實，與事物或現象無殊，換言之，觀念與事物是同質的，都是由同樣的材料構成。

詹姆斯遊移於兩種意見之間，一種意見以實在是純粹的經驗，未嘗接近思想之經驗，與兒童或半睡眠者之生活相近；另一種意見認實在是成人的全部意識之範圍，是滲入了思想之經驗。也許他的意思是認後一種實在由前一種實在而來。據他說，有一種感覺之流，其眞象自始至終，都是我們自己的創造物。世界眞是可以捶薄的，祇待我們的手去捶。實在不是已成的，尚在製造之中，依思想之努力向各方面發展。眞理發生於有限的經驗之中；有限的經驗彼此相依但全部經驗如果有之並不依賴什麼感覺之流以外無什麼結果可得；他祇能由自己的期許及潛勢希望救濟現象的事實之背後沒有什麼物自體、不可知、絕對；假定有一種實在，我們對他不能構成什麼觀念，想用這種假定的實在以解釋現成的具體的實在，實屬無理取鬧。這是主觀的唯心論之勾當，不是詹姆斯的意向。他從來沒有懷疑於越乎精神以外的世界之存在；純粹原始的經驗不是主觀的，乃是客觀的；那是產生意識之原始材料。

澈底的經驗論主張多元論：經驗指出宇宙之中，亂雜無章，複雜矛盾，不像絕對論者或一元論者所說之宇宙，是一個完全的有機的系統，一切差異矛盾俱調和於其中。且而多元論的宇宙能夠滿足我們的道德本性之要求，絕對論的宇宙則不能，這可用實驗主義的方法證實。本來，一元論也不僅是關於理智之學說；他足以滿足美術的神祕的本能之衝動。然而一元論未嘗顧及我們的有限的意識；他祇創造了罪惡之問題，又未嘗顧及變化；他是宿命論的。多元論承認知覺的經驗之價值，而具體的知覺之流，在我們自己的活動中貢獻很多的因果關係或自由意志之實例。多元論的世界中有變化、奇異及無制約之餘地（偶然主義 tychism or fortuitism）。多元論是淑世主義的（meliori tic），以世界之各部分若能各盡其力，世界是有救濟的。淑世主義的宇宙像一個社會，社會之各部分各盡其力，宇宙即有相當的成功。如無一部分盡力，即歸失敗，如各盡其力，就不至失敗。在這種世界中，人可以自由冒險，實現其理想。

一神教爲能滿足我們的情感及意志之唯一的有神論。神是宇宙之一部，是一個具有同情及權力之助人者是一個最偉大的侶伴，有與我們相同之意識、人格及道德。據有些經驗（忽然的變化及信仰的治療）所指示，我們能和這種神交通。本來這種有神論的假設不能完全證實，但有些哲學系統也不能完全證實；其根據都是建築在信仰之意志上。信仰之本質不是感情，也不是理智，乃是意志。信仰之意志不能用科學證實或否證。

詹姆斯之重要著作如左：

The Principles of Psychology, 2 vols., 1890; The Will to Believe, 1897; Talks to Teachers, 1899; Varieties of Religious Experience, 1902; Pragmatism, 1907; The Meaning of Truth, 1909; A Pluralistic Universe, 1909; Some Problems of Philosophy, 1910; Memories and Studies, 1911; Essays in Radical Empiricism, 1912.

關於詹姆斯之參考書：

Flournoy, The Philosophy of W. James, transl.; Boutroux, W. James, transl. by Henderson; Royce, W. James and Other Essays; Pratt, What is Pragmatism? Schinz, Anti-Pragmatism; Murray, Pragmatism; Hébert, Le pragmatisme; article on "Pragmatism" by F. C. S. Schiller in the Britannica; many articles in the philosophical journals.

第二節　杜威

杜威（John Dewey，生於一千八百五十九年）之反對舊派哲學，不減於詹姆斯；他譏笑舊派的方法說，舊派的方法之目的在發見超乎自然程序之實在，依超越尋常知覺及推論之合理的方法究研實在。他覺得這些問題是無意義的、無容解決的。他反對由人性之認識方面類推宇宙，以宇宙爲固定的關係中之固定的原素之組織，這些原素是機械的感覺的或概念的，並且以人性之別的方面——信仰、厭惡、感動、——爲附屬的現象、表象、主觀的印象或意識中之結果；他又反對把特別的感情、有意志的東西及具體的自我與現象聯結一起；他並反對在一種世界中人類的努力已經永久的完成了，一切錯誤都已超越了，偏僻的信仰已經永久的通達了，在這種世界之中無需要、不確、選舉、新奇、努力之餘地了。他原是一個進化論者，他以實在不是一個已成的、已完的、固定的系統，乃是一個變化的、生長的、發展的東西。他以眞正的哲學不要研究絕對的起原與絕對的究竟，須要研究產生他們的、特別的價值與特別的條件。知識之唯一的有效力的及可證實的對象是發生研究之對象之特別的變化以及由變化生出來的結果。這些變化之本質及善之最後的目標無可研究之處。這個進化論的哲學家之有興趣的問題不是舊的本體論的問題，乃是實際的、活動的、道德的及社會的問題。例如特別的變化如何與具體的目的相適應，萬物如何形成理智，公道與幸福如何增加。他說把宇宙理想化起來合理化起來是超越論者之責任。哲學必需成爲一個道德的及政治的診斷與預計之方法；世界是正在製造之中，我們必須幫助製造他。

這種新哲學需要改造思想的理論，需要一種新的進化論的邏輯，以思想之事實爲出發點。這種邏輯要說明確實性、客觀性、眞理及眞理之標準，其說明是根據他們在問題中之實際的意義。杜威欲於思想中求出工具以解除所已有者及所欲望者間之衝突，求出實現人類欲望、滿意的應付事物之工具。有了這種工具，纔算是思想之標準與目的。某種觀念、意見、思想、假設、信仰有了這種工具的成功，我們就認他是眞的。成功的觀念是眞觀念。我們繼續不斷的改變我們的觀念，至其發生效力能夠證實爲止。觀念之效力、觀念之成功就是他的眞理。如我說這個觀念有效，就同於說這個觀念是眞的。成功的效力，是眞觀念之根本的特色。觀念之成功不是其眞理之證據或原因，乃是其自己的眞理：成功的觀念是一個眞觀念。眞理之標準在受了觀念的影響之符合的實在之中。有一個證實了的觀念，就有一個符合的情境中之具體的事實。然而我們不要把成功的事實與其過程分開。若把他分開，那既不是眞理，又不是眞理之標準，祇是事實之狀態。在有些情形中，一種觀念被證實後他就沒有了。然而科學的觀念，如萬有引力之法則，作用於許多別的學術中，不再像一個僅僅的觀念，乃是一個證實的觀念。

思想是達到人的目的的，滿足欲望的，調和衝突的，是有用的；他的功用就是他的眞理。換言之，人類的意志所以激動思想者，因爲想藉思想實現人類的欲望。固定的東西（原子、神）是人遇到疑問時纔有的。我們的宇宙根本上是具有不確及疑難之處，人的態度在其中是眞實的。

這種新的邏輯又產生一種信仰之原理。信仰在科學中是有效的假設。信仰是一切事物中之最自然的、最玄妙的；知識是信仰之人事的及實用的生長；換言之，知識是一種有機的機能，所以指出信仰之內的意義及相互的關係，並且指導他們的構成與應用。所以信仰改變實在，形成實在而有經驗的、有意識的人類規定存在。果爾如此，就無需怕自然科學將要侵入並毀壞我們的精神價值，因爲我們能夠常常改變我們的社會的與政治的價值爲種種制度。杜威所注意之世界是活躍的個人之實際的世界。

世界是正在製造之中，並且永久在製造之中；我們製造世界以適合我們的目的；在這種製造的過程中，思想及信仰有大力量。杜威以爲認識不是經驗之唯一的方法。一切事物就是吾人所經驗之狀，每個經驗都是一個事物。被經驗着的一切事物即是被認識着的樣子，但他們被經驗着有屬於美術方面的，有屬於道德方面的，有屬於經濟方面的，有屬於工藝方面的；所以要給任何事物以恰當的記述，必須指出那個東西被經驗着的樣子。這是直接經驗主義之基本的假設。所以如果要尋出一個哲學名詞——主觀的、客觀的、物理的、精神的、宇宙的、原因、實體、目的、活動、罪惡、存在、性質，——有什麼意義，就去經驗他們，看他們被經驗的狀況。個人不僅是一個認識者，並且是一個有感情衝動與意志的東西；思想的態度是由意志引出來的，意志是個人之基本方面。

杜威之著作如左：

Works of Dewey: Psychology, 1886; Study of Ethics, 1891; Studies in Logical Theory (with his pupils), 1903, 2d. ed., 1909; Ethics (with J. H. Tufts), 1909; Influence of Darwin on Philosophy, and Other Essays, 1910; The School and Society, 1899; and many articles in the philosophical journals.

其他屬於實驗主義之學者及著作：

F. C. S. Schiller (Studies in Humanism, 1907, Personal Idealism, with Sturt and others, 1902, Plato or Protagoras? 1908, Formal Logic, 1912); H. Sturt (Personal Idealism, 1902, Idola theatri, 1906); A. W. Moore (Pragmatism and its Critics, 1910); H. Bawden (Principles of Pragmatism, 1910); Father Tyrrell (Lex orandi, 1903, Lex credendi, 1906); J. E. Boodin, Truth and Reality, 1912; G. Blondel (L'action, 1893); W. Jerusalem (Introduction to Philosophy, 5th ed., 1910, transl.); H. Vaihinger (Die Philosophie des Als Ob, 1911); G. Jaboby (Der Pragmatismus, 1909); Papini (Introduzione al pragmatismo, 1907, in "Leonardo"). See also articles by C. S. Peirce in Popular Science Monthly, January, 1878.

第三節　尼采

尼采（Friedrich Nietzsche，生於一千八百四十四年，死於一千九百年，）是一個德國的個人主義者；他反對傳統的思想算是達於極端了。他的著作雖在美國的實驗主義出現之前，然而他可算一個反對舊說之最可怕的人。他不僅反對舊的學說及方法，並且掃蕩一切舊的價值，貶折近代文明之全部趨勢，認定歷史的態度為現代萎靡不振之原因；他說現代的人受了往時的文字及價值之非常重大的負累。所以他說哲學之功用在改變一切價值，重新創造新價值、新思想、新文化。

尼采採取叔本華之根本概念，以意志為萬有之原理，但他以為意志不僅是圖生存之意志，並且是謀權力之意志；生活的本質即在努力謀權力之充實，此種豐富的本能是好的。他曾說過『一切善都是本能的』(Alles Gute ist Instinkt)。他根據這個觀念估計理智——知識、科學、哲學及眞理——之價值。心或理智不過是本能之工具，是圖生活與權力之意志之工具；他是身體所創造的『小理性』(little reason)；身體及其本能是『大理性』(big reason)。『身體中的理性多於最聰明的智慧中的理性。』知識之有價值，祇在其維持並促進生命，或維持並發展種類；所以虛幻與眞理是同樣的必要的。把眞理放在錯認及虛幻之上，為眞理自己之目的而愛眞理，不是因其為生活之手段而愛眞理，這是顚倒事實，是一種病體的本能。其實為眞理之目的而愛眞理，祇是避世主義之另一種形式，是為別種目的而否定生命。

再者，尼采又說沒有什麼普遍的眞理。向來所說的普遍的眞理都是錯誤。思想是實際上不精確的知覺；他尋求類似而忽略差異因而產生一種錯誤的實在觀。沒有什麼東西是永久的，也沒有實體、普遍的因果、自然界之目的及確定的目標，宇宙未嘗注意於我們的幸福或道德，宇宙之外無何神聖的權力能幫助我們。知識是求權力之工具；保衛自己之功用是發展知識機關之動機。我們在思想中擬定一個世界，認自己的生存是可能的，所以我們相信有些東西是永久的、照常發現的。我們依自己發明的方式與符號，把經驗所貢獻之混淆複雜的東西化為合理的有秩序的方案，這種目的在用有效的方法欺騙我們自己。由此而言，求眞理之意志是支配複雜感覺之意志，——把現象配成範疇。所以邏輯或理性之範疇祇是整理世界以為我們應用之工具。然而從前的哲學家卻誤解了範疇、法式為眞理之標準、實在之標準；他們老老實實的把人們為自衛起見而對事物之觀察法認為萬事萬物之尺度，眞實與非眞實之標準。因此，世界就被劃分為眞實的世界與貌似的世界，而人所住的世界——變化、複雜、相反、矛盾、戰爭之世界——遂遭誹謗而不見信任；換言之，眞實的世界反叫作虛偽的世界，似是而非之世界、虛構的不變的超感覺的世界，反叫作眞世界。

我們直接知道的是慾望與本能之世界；我們一切的本能可以化為根本的本能，——求權力之意志。各個生物都力圖消滅別的生物以增長其自己的權力；這是生活之法則。生活之目標在創造超人（supermen），這種目的，若不能經過競爭、痛苦、憂悶，并傷害弱者，不能達到。所以戰爭為和平之至寶；和平是死亡之朕兆。人生於世，非為快樂，非為幸福，亦非為其他的目的，乃為維持自己，肯定自己，繼續自己。所以叔本華所認為道德之源之憐憫是不好的東西；憐憫人者及被人憐憫者都受憐憫的損傷；強者與弱者都被他削弱，他又毀滅種族之力量，所以是不好的東西。

生活可怕，本屬實情，但非厭世主義之理由。其實，非有病的人與退化的民族，厭世主義與退避主義是不可能的；因爲精神健強的人，生活之欲望甚強烈，常欲排除痛苦與障礙。生活是一種實驗、一種選擇的過程，生活是選擇的、貴族的。他產生人性中之不平等，指出人不是平等的。有些人的身體與精神好過於別人，這種健強人——即天生的貴族——應該比平民有特權些，因爲他的義務比他們的多些。最健強的人應當爲治人者，所以平民主義、社會主義、共產主義、無政府主義，都是不可能的，因其與理想相反，阻礙了健強的個人之發展。奴隸制度以前曾經有過的，將來仍然要有。近代的勞工已經取了古代的奴隸之地位。婦人也不能有男人同樣的權利，因其創制力、能力及意志皆不及男人。現在最大的危險在求平等之狂熱。

尼采又反對傳襲的道德，因爲傳襲的道德之基礎放在憐憫之上，保護弱者以反抗強者。因此，他又反對宗教，尤其反對基督教。他因尊崇求得權力之意志，而輕視科學與哲學。和平、幸福、憐憫、克己、厭世、溫柔、不抵抗、社會主義、共產主義、平等、宗教、哲學與科學都與生活相反，所以認這些東西爲可貴而遂求之的思想制度是衰弱之朕兆。

尼采之前輩中最極端的個人主義者是麥克思·斯忒勒（Max Stirner，生於一千八百零六年，死於一千八百五十六年，著有 Der Einzige und sein Eigentum）。

尼采之著作如左：

Works of Nietzsche: Die Geburt der Tragödie, 1872; Also sprach Zarathustra, 1883, ff.; Jenseits von Gut und Böse, 1886; Zur Genealogie der Moral, 1887. Collected works ed. by Koegel, 1895, ff.; collected letters, 1900, ff. English translations ed. by A. Tille; and by O. Levy.

關於尼采之參考書：

E. Foerster-Nietzsche, Das Leben F. Nietzsches, 2 vols.; monographs by Dolson, Mügge, Riehl. Vaihinger, Gallwitz, Ziegler, R. Richter. R. M. Meyer, Lichtenberger (French and German); Rud. Eisler, Nietzsches Erkenntnistheorie und metaphysik.

第三章　柏格森之直覺主義

第一節　理智與直覺

現今反對理智主義的運動中之最有興趣及勢力者爲柏格森（Henri Bergson，生於一千八百五十九年），其著作與詹姆斯之著作相仿有很多的人誦讀。柏格森與浪漫派實驗派及神祕派相仿以科學與邏輯不能透入實在之裏面；概念的思想對於生活及運動無所幫助。科學所能了解者祇是死東西的結晶創造之剩餘廢物無時間、生成之糟粕，而可以預料者。然而理智之作用仍有其目的，恰如實驗主義者所說爲圖生存的意志之工具。然而理智之作用不僅如此；而實驗主義者所說的話，不過半眞而已。概念的思想所以用以適應死的固定的世界，即機械主義所支配之物質世界，並且獲得了很大的勝利。在無個性無裏面的死板世界中科學與邏輯方有實用及理論的價值。但科學與邏輯若推廣其作用於動的活的及生長的世界中，就發生錯誤。理智不能認識多端的變化，並以變動不停爲虛幻；理智建設死的骨骼，並以其爲眞的實在。他常把靜的分子、永久的實體及原因加入變化之流中，凡與邏輯系統不合者，棄置不顧。科學之理想是靜的世界；他把流動的時間轉變爲空間的關係：因此綿延、運動、生命及進化，他都認爲虛幻；科學把他們都機械化了。生命與意識是不能用數學的科學的邏輯的態度處理的；科學家以尋常數學物理的方法研究他們、分析他們，因而割碎了他們，毀壞了他們，並且喪失了他們的意義。玄學家對於他們不能給我們以科學的知識；哲學必須依賴直覺造出一種宇宙觀；直覺卽是生命，眞實而直接的生命，對其本身一悟了然。宇宙中有一種東西類似詩人之創造的精神，這種東西是活的，是推向前進的力，是生命的衝進(an elan vital)，不能由數學的理智了解，僅能由一種神聖的同情領會之。這種同情比理性能接近萬事萬物之本質。些哲學是在宇宙程序中、在其生命衝進中捉摸宇宙之方術。直覺有似本能，是靈敏的心理的本能。本能對於生命比理智及科學對於生命接近些。實在、變化、內性、生命、意識，祇能由直覺領會。爲觀察之目的而觀察，非爲行爲之目的而觀察，『絕對』方可觀察出來。絕對之本質是心理的，不是數學的或邏輯的。正當的哲學對於理智及直覺須公平看待，因爲祇有由此二者之結合，哲學家纔能接近眞理。

第二節　玄學

柏格森對於理智與直覺、科學與哲學之區分是根據他的二元論的玄學。物質是一種無記憶的大機械；精神或意識是一種力，其本質是自由與記憶，換言之是一種創造力，這種創造力把一切過去堆積起來，恰像滾雪球，在經歷的各刹那間都加上新的東西於舊有的東西之上，這就是眞的創造。意識不僅是各部分彼此相聯之部署，乃是一種不可分的程序，其中無重複的情境，祇是自由創造的動作。意識呈現於一切活的物質上；其實生命不過是爲其自己的目的而運用物質之意識。一個活東西是不定的難預料的東西的集合體，卽可能的有選擇的東西的集合體。生命自己利用物質中之彈性，插入惰性的物質可以表現之非決定的細微分子，以供其自由之用。動物發生意志的動作，祇是行使其食物中所含蓄之潛力發生之微光。

意識是一種動作繼續不斷的創造並增加物質是一種繼續不斷的破壞並消滅其自身之動作。無論構造世界之物質或應用物質之意識皆不能以其自身解釋二者都有共同之根源。世界上生命之全部的進化實賴此根本的創造力之努力，這種創造力穿過物質而達於人類之境地但縱然達到人類的境地，依然未實現完全。當意識想組織物質以供自由之用時，他自己反受累贅；其結果，自由爲必然與機械所拘束。唯人類曾打破了此鏈鎖；人類的腦能反對相反的習慣並產生必然以反抗必然。我們的行爲如果是出自我們整個的人格，是我們的人格之表現，我們就是自由的；所以我們的生活中眞的自由動作是稀少的。

物質產生障礙與刺戟，使我們感到我們的力量並使我們加強力量。歡喜（非快樂）是生命勝利之符號，鼓勵我們任何時候竭全力以活動之符號；凡有歡喜之處，卽有創造。人生最後的理由是創造，創造是一切人於刹那間能夠求得的而一切人依自己以創造自己，繼續不斷的增進其人格，其增進人格所用之原素並非出自其自身以外，仍是出自其自身之內。意識穿過物質，必使原來混亂的種種的趨勢顯明，成爲顯然的人格之形式並使此等人格考察其自己的力量，同時依自己創造之力以增加之。但意識又是記憶堆集並保存過去，是其根本作用之一；在純粹的意識中一切過去未嘗消失，意識的人格之整個生活是一種不可分的聯續。這足以使我們假定努力可以達到彼岸。也許在人類中，祇有意識不滅。

——柏格森之著作如左：

Works of Bergson; Time and Free Will, 1888, transl. by Pogson; Matter and Memory, 1896, transl. by Paul and Palmer; Laughter, 1900, transl. by Rothwell; Introduction to Metaphysics, 1903, transl. by Hulme; Creative Evolution, 1910, transl. by Michell; Life and Consciousness, in Hibbert Journal, October, 1911.

關於柏格森之著作：

Carr, Bergson; Le Roy, A New Philosophy: H. Bergson, transl. by Brown; A. D. Lindsay, The Philosophy of Bergson; J. M. Stewart, Critical Exposition of Bergson's Philosophy; Dodson, Bergson and the Modern Spirit· Berthelot, Une romanticisme utilitaire; Grandjean, Une revolution dans la philosophie; Coignet, De Kant a Bergson; Brod and Weltsch, Anschauung und Begriff; numerous articles in the philosophical journals.

第四章　對唯心論而起之反動的實在論

第一節　新實在論

柏格森表同情於德國的唯心論者認科學的知識有缺陷，因其分割實在；他並想尋一個方法，發見實在之有機的性質。英美方面對於這些唯心論，發生一種反動的運動，叫作實在論，以科學爲最確實之知識，並以哲學若與科學分離，便是哲學的災害。這一派依據他們所相信的科學方法之精神，反對唯心論的知識論，以種種關係是內部相連的有機的，而不與事物之本性有關，不是外在的。一條直線與圓之半徑、方形之邊線、三角之高，是同樣的直線。所以這一派注重分析，——這種方法本是黑格爾及其門徒，甚至實驗主義者及直覺主義者所認爲眞理之不適當的方法。這一派並看出這種方法走入多元論而不走入一元論。羅素 (Bertrand Russell) 說：『我的哲學是分析的，因其主張尋求複雜體所由構成之簡單的原素是必要的，並且主張複雜的東西包括簡單的東西，而簡單的東西則不包括複雜的東西。』這種哲學又是實在論的，因其認定實在不能依賴於認識。『邏輯、數學、物理學及其他許多科學所研究之實體不是尋常所說的精神的。』這些實體之本質與本性不受認識之影響。

屬於這一派的，在英國方面有羅素、穆耳 (G. E. Moore)、亞歷山大 (S. Alexander)；在美國方面，有侯爾特 (E. B. Holt)、馬耳文 (W. T. Marvin)、孟德鳩 (W. P. Montagne)、帕黎 (R. B. Perry)、匹特金 (W. P.

Pitkin)及斯包丁(E. G. Spaulding)。這六位實在論者都是大學教授曾經聯合起來於一千九百一十二年發刊新實在論(The New Realism)及六個實在論者之宣言(The Program and First Platform of Six Realists)。馬克吉耳佛利(E. B. McGilvary)也同情於這種實在論的運動。

武德布立吉(F. J. E. Woodbridge)反對主觀的唯心論及傳襲的意識觀。他說意識本身是關係；——一種意義之關係，——恰如時間空間等事物間之關係。明瞭不過是事物在被認識着的情境中所有複雜的不可抗拒的意義之聯結。認識對於實在所增加者祇是增加實在而已，並不能變更實在。認識實在者不是外在的心依其自己的觀念，實在之被認識，是依其自己之擴展及重整的秩序。事物不是代表意識以外的別的事物之觀念，乃是眞實的事物，在意識中時，有互相表現之心能。

此派學者之著作如左：

Russell, Foundations of Geometry, 1901, Principles of Mathematics, 1903, Philosophical Essays, 1910, The Problems of Philosophy, 1911; G. E. Moore, Principia Ethica, 1903, Ethics, 1912; Marvin, A. First Book in Metaphysics, 1912; Perry, Approach to Philosophy, 1907, The Moral Economy, 1909, Present Philosophical Tendencies, 1911. See also the articles by all the realists in the philosophical journals.

第五章　理性論及其反對論

第一節　反主知論之功績

現今反主知主義的哲學之特點在其反對主知主義之唯物論的、唯心論的、極端的決定論。他們都要求一個較有彈性的宇宙，在這種宇宙中人生不僅一個戲劇中之戲子，僅僅的照例排演，乃是有戲子的生活以上之生活。他們都反對缺乏自由、創造、責任、新奇、冒險、機會、浪漫之世界；他們的興趣都由共相而轉入個體，由機械的而轉入有機的，由理智轉入意志，由邏輯轉入直覺，由理論的轉入實用的，由神轉入人。晚近的浪漫主義(Romanticism)所要求之世界，是人類在其中有奮鬬的機會之世界，各人憑其努力以形成適合其目的及理想之世界，在這種世界之中各人能有成功與失敗。他要求世界回到其表現於無反省的常識之原狀。

這些新思潮中有很多好處。他們給了古典哲學一種勇氣，並給了一種相當的地位。若無反對論——彼此的辨駁，——哲學卽容易流入睡眠的狀態，沉入已經決定的意見之鼾睡鄉中。衝突好過於自滿或不留意。『戰爭是一切之主，又是一切之父，』這不僅在精神的世界爲然，卽在其他世界亦無不然。被承認了的信條就是死的。穆勒說得好『師生若無學敵，立卽陷入眠睡之中。』哲學之完成就是哲學之崩潰。

一般新哲學家幫助了哲學之復興，並且集中了注意於容易忽略之點。他們又提出自然科學與哲學之關係之問題——全部知識之問題,並且注重於人類在萬有中之價值,換言之,他們引起了需要新答案之問題。他們曾經警告學者不要把實在之普遍的骨架誤認爲實在之本身,並叫學者注意於具體的經驗。他們反對有所偏頗的玄學,這種玄學對於人類之各種經驗未嘗有公正的待遇,僅以經驗之片面觀解釋世界,認其爲一種物理的、邏輯的或目的論的機械。他們不承認外觀的理智所記載之世界及由人類認識的心理類推之世界爲完成的世界。他們採取活動的實在觀,承認赫拉克利塔斯派(Heraclitean)的動的宇宙觀而反對伊里亞派(Eleatics)之靜的絕對,並且認實在與人類的意志相似。

第二節 理性

上述諸點及最新的哲學改革家之著作中所有之其他諸點,爲思想史上所常有,並且常注重之點。他們不完全信任理智之最後的動機,是因爲恐怕貶低了標準道德的及宗教的價值。然而我們要記着:根據意志之要求而不信任理性,不一定是一種眞實的不信任。滿足信仰之意志者,不滿足了解經驗世界之意志。信仰之意志必須使其自身是可知的;理性必須足以承認其要求,並且滿足認識之意志。信仰之意志必須訴諸理性,理性足以幫助吾人解除自然及迷信之束縛。各個反主知論者都是這樣的訴諸理性,實驗主義者要人家採取他們的學說,就是因其學說是合理的,因其是記載事實的,因其是眞的。且而縱屬信仰的哲學家也常訴諸理性;他們爲人們建設一個世界,在這種世界中,信仰之意志未嘗建設一種不合理原素。康德承認無上的命令及其含意,就是因他相信有一種合理的宇宙在這宇宙中無一件東西不合於理。

第三節　理智及實在

若果指出理智把實在弄錯了，指出理智使人建設了不眞實的實在觀，那就是理智之致命傷。這種理智之反對論假定另有一種知識之根原與理性之結論相反且而較之眞實而有力。如果理智給人一種無生氣的宇宙，實際上並無一種無生氣的宇宙理智就應在排除之列。但下面的幾個問題自然而然的要發生：人類的悟性果眞剝削了實在之生命祇給人們一種死的骨骼嗎？合理的思想所要求者是一種錮閉的系統，在這種系統之中，從前所沒有的現在就不能有嗎？現在所有的從前已經有了，將來仍然常有，宇宙之間無新的東西，所謂新的東西不過是舊的東西之重新的安排，這種主張果眞是由理性之本性而來的嗎？我們若說實在是一堆固定的惰性的物質，除了能推動與牽引之外，不能有別的，那嗎，凡實在之中，從前所無的就不能發生出來了。我們若認實在是心，心是一種東西，這種東西若無別的東西衝撞，就不能有所作爲，或者我們認實在爲一種靜的普遍的目的，那嗎，這個宇宙又是一種錮閉的系統，在這種系統中、從前所無的，現在不能再攢進去了。然而我們不一定要給實在以這類的定義，人類的理智也未嘗被本性強迫到這樣的想像實在；人類的理性祇要承認應該承認的定義之結果。且而這種實在觀並不是歷史上偉大的思想系統給我們的實在觀；依這樣的意義建設的實在觀，是虛構的實在觀。其實，人類的心自有其思想的方法；我們的問題及結論皆由我們的思想之本性而來。沒有一個信仰哲學家直覺主義者或實驗主義者不依這種普通人類的思想方法以思想，不求思想之鞏固，不尋求他的經驗中之同異，不選擇他的經驗，不依一定的方法把那些經驗聯貫起來。心有他自己的方法，那些方法中，有些方法若聽其自然勢將把實在弄成一個靜止的骨架；在理智中常有偏於一面之危險；遇着新的東西仍然穿插於舊的架子之上，任何時地，都運用康德、費希特、謝零、柏格森諸人所承認之祇適用於死的世界中之方法，對付生命及意識，如同對付物質。這種危險是有的，慣用抽象的法式對付實在的思想家常常遇着。哲學之正當職務卽在免除這種危險，聰明的運用各種方法；理智經過醫治一次，就進步一層。

人心之本性中並無什麼東西使其化實在爲可以計算、排列、測度的死東西。也無什麼東西阻止其公平的對付新哲學家所常注意之流動的生活的經驗。理性論並不是死死的局限於數學物理的方法及靜的絕對，也未嘗被任何假設阻止其達到動的發展的宇宙觀。黑格爾曾經假定這種世界，而使理性與之步調相合；在他的意見中，合理的思想是一種動的程序，正如世界之程序。沒有一個浪漫主義者能夠高唱理智之不可恃，縱屬有之，也不過想避免理智之錯誤，決不是捨棄理智依憑信仰與直覺；浪漫論者覺得理性的本身就能救濟零碎的悟性之偏見。

第四節　哲學之目的

不論黑格爾想把動的宇宙程序再生於思想中之嘗試曾否成功，然而人類的理性不需要一個靜的宇宙觀，以圖滿足。有理性的人也不一定要像邏輯學者之心理，把宇宙認爲無血肉的範疇之骨架，或把宇宙認作一個無情感想像的神哲學之目的在說明其所遇之經驗，換言之哲學之目的在理解經驗，把經驗化為通曉的，把經驗的問題加以解決。哲學未嘗想由先天的眞理製造實在，離開經驗建設概念的系統，並未嘗閉目塞聽，在黑暗中摸索世界。他主張公正的觀察經驗：首先觀察事物之眞相，然後了解他們彼此的複雜關係。他未嘗排斥贊助他達到目的之任何方法，——不論是理智的、美術的或直覺的。然而他不採用未加批評之任何方法。

且而新派哲學中無一派想逼迫我們信任他們的直覺或信仰之意志而不說出為什麼要信任這種方法而不信任那種方法之理由，不過其所說之理由是否充足尙是問題耳。純粹經驗、直接經驗、理智的直覺、同情的美術，感情或道德或宗教的信仰能夠最明白最眞確的看透實在，這種意見之中通常有多多少少的理性論。求知慾強的人，對於巫術魔術之盲目的信仰不是依其證據且而無經驗足以說明之。

第五節　死宇宙

費希特、謝零、柏格森及其他無數哲學家所注重之內心經驗，——人之內的精神生活，若無豐富的認識之保障，不能等閒視之，或化為僅僅的現象。新哲學的運動反對生活與心理之機械觀，這也許是對的，但他們不反對理性論與理智；自柏拉圖以來，很多哲學家主張理性論而反對靜止的機械的宇宙觀。改革家們對於唯心論的死宇宙觀，原子論的精神論或目的論的專制主義之抗議也許是對的，但不是理性論之勁敵，因為理性論未嘗視精神生活如木石。理性論之職務在了解經驗提出問題。

其實，理性祇作用於合理的世界中，在這世界中，異之外有同，多之外有一，變之外有不變。理性所要求的不是靜的死的世界，理性不爲生活、變化、進化所妨礙，如果創造與新奇不是絕對的紊亂的；理性也不爲創造的進化新奇所妨礙。在亂雜無章的世界中，理性就有所迷惑。絕對的變化、不經的新奇、萬事萬物之出沒杳無關係，在此情形中不論是理性或直覺，都無所用其技。新的若與舊的無關係便無意義，因爲無舊不能有新。然而新的事物之來並不能使理性無從研究。生活之現象與意識之現象同機械的事情比較起來，也許是特殊的事情，理性論若不能把他們化歸一種單一的原理，就須承認他們的特殊性。理性之職務不在誤會經驗之世界，乃在正當的了解經驗之世界。理性存着一個簡單統一之理想，但他並不一定要消滅差異。理性之本身就是參差中之統一，多中之一，並未妨礙其本性。

第六節　理智與直覺

把經驗機械化了的思想方法，我們無妨叫作理智，得到別的不同概念的機能無妨叫作別的名稱。如果我們願意，我們也可以區分理智與直覺，認前者爲科學的研究之方法，後者爲高等秩序的玄學知識之來源。但這種區別是人爲的，浪漫主義者認其把不能區分的東西也強勉分割了，因而反對之。無論什麽直覺絕對缺少不了理智。無論什麽哲學、什麽知識，無不有理智之作用。澈底的經驗主義、樸素的實在主義及直覺主義，都是力圖直接得到實在之眞髓，皆是渴望得住實在，進入玄學之堂奧。這些學說如能成功，理性論也能採取之。然而未經作用於尋常生活中之理智檢查過的任何經驗，——不論是粹純的、直接的或直覺的——能做哲學的眞理之基礎嗎？這種理智能夠沉默不動嗎？能夠流入一種非理智的神祕狀態嗎？假如能夠對於科學與哲學又有何用？無論什麽學說，如果要確定其方法及知識之來源，決不能不對其直接的經驗加以反省及分析，指出其如何構成，並應用許多範疇說明之。新哲學家所說之純粹經驗並不是完全純粹的經驗，乃是分析與反省之結果，卽是他們所反對的概念的思想作用之結果。呼聲雖是赫拉克利塔斯之呼聲，而手腕則是巴美底底斯之手腕。

如果理智衹給人們以外表的世界，衹給以因果的機械的關係中之物理的物象，那嗎，他未嘗給人們以全豹卽是實情。如果理智痲痺其所見的事物，停止運動，殘害生命，損傷實在，那嗎科學的思想就不適宜，哲學就當放棄並且需要另謀特別的方法。概念的思想如果犯了這類破壞的毛病，那嗎，直覺論者反對邏輯與概念的思想、或者說邏輯與概念的思想衹配應付死的世界，就是正當的批評了。感官的知覺不是知識之唯一的來源，感官所知覺的事物不是知識之唯一的對象。直覺論者的這種主張也是正當的。衹能外觀者必不能得到經驗之全體，因爲經驗中有非外觀的理智所能得到。活的意識是世界中的一種事情，衹有活的意識能認識之。如果有了靜止的絕對方能有科學，那嗎，想用科學去應付生命與精神，必定發生錯誤，最好是科學不要去理會生命與精神。可是不要側看了理智與知識。科學不限於外表的知覺。理智之功用不限於分割、計算、測量，并且整理零碎的事物；理智之功用，對於分析與綜合是同等重要的。這兩種功用互相包含不能分離，無此就不能有彼；然則計算、測量、整理又如何能彼此分離呢？

第七節　結論

總之，如以理性論由先天的原理演繹世界，離開經驗建設絕對的系統，因而反對之，這種反對是很對的。一切思想之目的在解釋我們所遇之經驗，決不是由先天的原理組成經驗。我們研究種種學說以便幫助我們了解實在；而這些學說的基礎必須放在經驗上，決不可懸在空中。縱然心理希望眞確，並希望一個互相關聯的判斷之系統爲其理想但現今的理性論決不，並且不能要求有完整的眞理。再者，人類的思想有其自己的方法或習慣，當理性論認識思想之範疇及習慣時，理性論是對的。然而這些範疇或習慣不是任意而爲的，並且他們未曾僞造眞相。假定在這世界中生長的心必有其精神的東西，——這是自然而然的假設；心在一個未嘗有過習慣的世界中，如何能構成種種習慣，或者，心如何能生長於一個不知法則的環境之中，遵守法則——這是難於明白的。如果把世界範疇化了，就是誤解了世界，豈不是有健全的精神是瘋子，瘋子的精神是健全之二重奇怪嗎？

再者，如果理性論以經驗之表面的複雜爲幻象，由抽象的作用而得之具體的個體之絕對的領域爲物質、能力、精神或神，則多元論之反對是對的。統一離開複雜是死的，正如複雜沒有統一是紊亂的。思想的本身對於絕對統一無所用其技，恰如對於絕對的混沌無所施其技。感官知覺、感情及直覺在這種場合亦無不如此。理性論未嘗強迫我們把一切程序化爲一種簡單原理；有差異、反對、變化之世界不是不合理的世界。無統一與法則之世界，不能有知識；無差異與變化的世界中也不能有知識。理性論不以科學或哲學之目的與途徑爲演繹的；他也未嘗把心拘限於數學物理的方法之上；他也未嘗強迫人把生物學、心理學及歷史化爲物理學；他也未嘗強迫人把一切事物化爲靜止的絕對及無生氣的宇宙。他留有很多的冒險及選擇之餘地；他公平的待遇經驗，並且發見經驗中之和諧及理性。縱然自然及其法則是繼續不斷的變化，理性論依然不放棄其在此不斷的變化中仍能發見變化的法則之主張。如果自然完全是無法則的，理性論就要歸於失敗。然而這不僅理性論要歸於失敗，其他的哲學——實驗主義直覺主義及其他主義——無不歸於失敗因爲任何哲學都是理想經驗，若在不合理的世界中，都是不能發揚的。且而在這種世界中，任何事情都不能做。

理性論之根本假設是：經驗是可以理解的，正當的問題是可以解決的，理性對於他們如果應付的得當，能夠解答他們。然而理性之要求不一定要阻止自由、責任、變化、新奇、進化之可能聽憑絕對的決定論之張牙舞爪。如果實在破碎爲物理的因果或精神的因果系列，則具體的個體（人或物）都要成爲機械的或目的的事情。不論人是被物理的機械或普遍的目的所驅使，終究人是等於奴隸。然而爲什麼我們要以這樣無生氣的方法說明因果、目的及進化之範疇，並且堅持所見之事物（生命及意識包括在內）爲靜止的絕對呢？這樣的見解，顯然是理性及理智之狹隘的及非歷史的見解，並且是給機械論以容易得勝之機會。避免死的宇宙觀，不是遵循浪漫派主義之途逕，乃是遵循心地寬宏的理性論的哲學之途逕。

西洋哲學史 / 梯利(Frank Thilly)著； 陳正謨譯. -- 臺一版. -- 臺北市：臺灣商務, 1966 [民55]
面； 公分. --(大學叢書)
ISBN 957-05-1366-7(平裝)

1. 哲學 - 西洋 - 歷史

140.9 85013829

大學叢書
西洋哲學史
定價新臺幣四二〇元

著作者 梯利（Frank Thilly）
譯述者 陳正謨
發行人 張連生
出版者 印刷所 臺灣商務印書館股份有限公司
臺北市重慶南路一段三十七號
電話：（〇二）三一一六一一八
傳真：（〇二）三七一〇二七四
郵政劃撥：〇〇〇〇一六五—一號
出版事業登記證：局版臺業字第〇八三六號

• 一九三八年七月初版第一次印刷
• 一九六六年五月臺一版第一次印刷
• 一九九七年二月臺一版第八次印刷

版權所有・翻印必究

ISBN 957-05-1366-7（平裝） 13575001